공용수용의 공공필요 검증론

유민총서

18

공용수용의 공공필요 검증론

| 정기상 지음 |

홍진기법률연구재단

머리말

　LH사태를 비롯하여 최근 우리 사회의 이목을 집중시켰던 일련의 사건들은 공용수용제도 자체에 대한 사회적 관심을 불러일으켰다. 재산권의 강제적 박탈이 헌법상 정당화되려면 해당 사업을 위한 수용에 공공필요성이 인정되어야 할 것인데도 특정인이나 특정집단이 막대한 사익을 취하기 위하여 수용권을 남용할 수 있다는 사실은 국민적 공분을 일으키기에 충분했다. 이에 따라 공용수용의 공공필요 검증 강화를 요구하는 사회적 목소리가 높아지고 있다. '공익'이라는 명분 아래 실상 공공필요를 흠결한 사업을 위해 수용권이 행사되는 것이나 사업 추진과정에서 특정인이나 집단이 그 이익을 독점하게 되는 것에 대한 국민의 우려는 공용수용을 둘러싼 우리 사회의 주된 관심사에 변화를 가져왔다. 공용수용에 관한 사회적 논의의 중심이 '손실보상액의 많고 적음'에서 '공용수용의 헌법적 정당성'으로 점차 이행(移行)되고 있는 것이다.

　종래 공공필요성의 흠결이 제대로 걸러지지 못하는 사례가 적지 않았던 데에는 국가에 의한 개발 주도의 시대상, 국민의 권익 보호에 관한 사회의 성숙도 등 다양한 요인이 개재되어 있을 텐데, 법제도적 요소도 상당한 영향을 미쳤을 것으로 짐작할 수 있다. 개인이나 특정 집단의 도덕적 해이 또는 일탈을 넘어 제도적으로 공용수용의 개시단계에서 공공필요의 존부나 범위를 제대로 검증하기 어려운 구조가 형성되어 있을 가능성과 특히 사인수용에 있어 공공필요성에 대한 통제나 감시기제가 미흡할 가능성을 상정해 볼 수 있다.

　필자는 십여년 전에 서울행정법원에서 토지수용 전담 재판부의 판사로 근무하면서 공용수용 제도에 깊은 관심을 가지게 되었다. 토지수용 사건들은 대체로 수용절차가 마쳐진 이후에 손실보상금의 많고 적음을 다투는 사건들이었다. 그런데 보상금의 적정성을 떠나서 사업의 내용을 들여다보면 과연 공공필요성을 충족하였는지 의심이 드는 개발사업들이 종종 보였고, 수용권이 지나치게 남용되고 있다는 느낌을 지울 수 없는 사안들도 적지 않았다. 사법부가 나서서 공공필요 검증에 대한 단호한 의지를 보여주어야 한다는 확신이 있었지만, 여러 제도적·현실적 한계로 인하여 당사자들이 소를 제기하는 것조차 쉽지 않음을 알게 되었다. 더욱이나 개발사업의 공익성보다는 손실보상금의 다과(多寡)에 관심을 집중했던 우리 사회의 풍조로 인하여 수용의 전제인 공공필요에 대한 사회적 논의와 학술적 연구마저 부족했던 것이 현실이다.

필자는 지난 십수년간 공용수용의 공공필요 검증기제와 그 기능의 제고 방안에 관하여 꾸준히 연구해왔고, 그동안의 연구를 집약한 결정체인 이 책을 통하여 공용수용의 공공필요 검증 강화에 대한 사회적 요구에 응답하고자 한다.

논어(論語) 위정(爲政)편에 담긴 '學而不思則罔(배우기만 하고 생각하지 않으면 얻음이 없다)'을 되새기며 이 책을 써내려갔다. 으레 당연하다고 익혔던 것들이 사회적 혼란과 폐해를 낳은 것은 아닌가 하는 생각에 공공필요 검증을 둘러싼 제도적 흠결을 찾아내고 그 개선방안을 모색하는 데에 심혈을 기울였다. 아직 부족하지만 부디 이 책이 공용수용의 정당화 기제인 공공필요에 대한 사회적 관심을 고취시키고 후속 연구에 영감을 줄 수 있기를 소망한다.

이 책이 세상에 나오는 데에는 여러 분들의 도움이 있었다. 이 책의 주제에 관하여 아직 사회적·학술적 관심이 본격화되지 않아서 그 취지에 공감하면서도 선뜻 출간을 맡기는 어려운 것인데, 필자와 뜻을 함께 해주신 홍진기법률연구재단 홍석조 이사장님과 관계자분들께 진심으로 감사드린다. '연구하는 법관'의 참된 길을 필자에게 제시해주시는 안철상 대법관님,

지난 10여년간 공용수용 연구를 함께 해오며 연구의 나아갈 바를 밝혀주시는 김일중 성균관대학교 교수님, 핵심을 꿰뚫는 조언으로 연구에 힘을 북돋아주시는 박성규 박사님, 조병구 서울중앙지방법원 부장판사님, 이호준 박사님께는 늘 감사한 마음이다. 언제나 내 뜻을 지지해주고 묵묵히 집안의 대소사를 맡아 가정을 지탱해주는 아내 오서현과 똘망똘망한 눈으로 놀아달라며 아빠를 쳐다보는데도 때론 매몰차게 외면하고 이 책을 썼던 아빠에게 여전히 사랑의 포옹을 안겨주는 딸 정다나에게 고맙고 미안한 마음을 전한다.

2023년 1월
광교호수공원이 바라보이는 곳에서 필자가

일러두기

이 책에서 서술된 견해나 검토의견은 필자가 소속된 기관의 공식적인 견해나 실무례가 아님을 밝혀둔다. 더불어 이 책의 내용에 오류나 부족한 점이 많을 것인데, 독자 제현의 가차 없는 지적을 부탁드린다 (E-Mail : snujks@scourt.go.kr / snujks@naver.com).

1. 법령약어

법령의 명칭을 온전히 드러내야만 하는 경우를 제외하고는 아래와 같이 각 법령명을 약칭한다.

- 공익사업을 위한 토지 등의 취득 및 보상에 관한 법률 = 토지보상법
- 공익사업을 위한 토지 등의 취득 및 보상에 관한 법률 시행령 = 토지보상령
- 공익사업을 위한 토지 등의 취득 및 보상에 관한 법률 시행규칙 = 토지보상칙
- 구 공공용지의 취득 및 손실보상에 관한 특례법(2002. 2. 4. 법률 제6656호로 폐지되기 전의 것) = 구 공특법
- 구 토지수용법(2002. 2. 4. 법률 제6656호로 폐지되기 전의 것) = 구 토지수용법
- 국토의 계획 및 이용에 관한 법률 = 국토계획법
- 국토의 계획 및 이용에 관한 법률 시행령 = 국토계획령
- 개발이익 환수에 관한 법률 = 개발이익환수법
- 개발이익 환수에 관한 법률 시행령 = 개발이익환수령
- 도시 및 주거환경 정비법 = 도시정비법

2. 문헌약어

이 책에서 인용되는 서적이나 논문 등에 대하여는 아래와 같이 저자명과 출간년도만으로 인용표시를 하되, 같은 저자가 같은 출간년도에 다수의 서적을 발간하거나 논문 등을 게재한 경우에는 각 서적이나 논문별로 출간년도 뒤에 Alphabet을 붙여 표시한다. 약칭된 문헌의 전체 서적명 또는 논문명은 이 책의 가장 뒤편에 있는 '참고문헌' 목록에서 확인할 수 있다.

[예시]
석종현(2019) ← 석종현(2019), 신토지공법론 제12판, 박영사
정기상(2022a) ← 정기상(2022), "공용수용에 있어 공공필요의 검증과 헌법재

판", 헌법논총 제33집, 헌법재판소

　정기상(2022b) ← 정기상(2022), "공용수용에 있어 공익성 검증 제고를 위한 제언: 권력분립의 원칙에 기반하여", 법경제학연구 제19권 제1호, 한국법경제학회

　Michelman(1967) ← Frank I. Michelman(1967), "Property, Utility, and Fairness: Comments on the Ethical Foundations of 'Just Compensation' Law", Harvard Law Review Vol.80(6)

　Epstein(1985) ← Richard A. Epstein(1985), Takings: Private Property and The Power of Eminent Domain, Harvard University Press

3. 판례 인용

　가. 판례는 아래와 같이 선고일자와 사건번호를 모두 표시하되, 병합되는 사건번호가 3개를 넘어설 경우에는 대표적인 사건번호 하나만 기재하고 그 뒤에 '등'을 붙인다.

　[예시]
　대법원 판결 → 대법원 2011. 1. 27. 선고 2009두1051 판결
　대법원 전원합의체 판결 → 대법원 2010. 11. 18. 선고 2008두167 전원합의체 판결
　헌법재판소 전원재판부 결정 → 헌법재판소 2019. 12. 27. 선고 2018헌바109 결정

　나. 판례의 내용을 인용할 경우 원칙적으로 큰 따옴표 "" 안에 그 판시내용을 그대로 가져오되, 판시내용을 현행 법령이나 인용 목적에 따라 사소하게 일부 변경하여야 할 경우 대괄호 [ ]로 수정·변경한 부분을 표시한다.

차 례

제1장

서 론

I. 논의의 배경

 사유재산제는 자본주의의 기초이자 원동력이다. 사유재산제 아래에서 개인은 인간다운 삶을 누릴 수 있는 경제적 기반을 마련하고, 나아가 자신의 삶을 주체적으로 결정할 수 있다. 그런데 이러한 사유재산제를 일부 희생하면서 '모두의 이익'을 도모하여야 할 현실적 필요성이 있었고, 이로써 생겨난 것이 공용수용이다. 따라서 개인의 재산권을 전면적·강제적으로 박탈하는 공용수용은 사회구성원 모두의 이익에 기여하리라는 믿음 위에서 존재한다. 그런데 막상 현실을 들여다보면, 과연 공용수용이 '우리 모두의 이익'을 위한 것인지 의문이 드는 경우가 적지 않다. 몇 가지 사례를 짚어보자.

 〈사례1〉
 A시는 낙후된 지역경제를 되살리는 목적으로 도시계획을 수립하였다. 그 계획에는 다국적 제약사의 공장을 유치하는 내용이 담겨 있다. A시장은 그 공장 유치로 지역경제 활성화, 많은 일자리 창출을 이룰 수 있다고 자신하였다. 그런데 그 공장부지로 예정된 지역 내의 일부 토지소유자들은 다국적 제약사와의 소유권 이전 협의를 거부하였다. 이에 A시장은 그 일부 소유자들의 토지에 대하여 수용권을 행사하였다.

 〈사례2〉
 B시는 지역개발 명목으로 주식회사 ○○을 지역개발사업 시행자로 지정하였다. 주식회사 ○○은 그 사업구역 내에 고급골프장과 리조트

를 건설하여 관광객을 유치할 계획이다. 주식회사 ○○이 사업구역 내 일부 토지소유자들과 보상협의에 이르지 못하자, 관할 토지수용위원회에 수용재결을 신청하였고, 위원회는 수용재결을 하였다.

〈사례3〉
　C시는 쾌적한 도시환경을 조성하고자 도시녹화계획을 수립하고, 일부 지역을 도시공원구역으로 지정하였다. 자연공원으로 지정된 구역 내의 토지소유자들은 그 토지를 자신들의 목적대로 사용할 수 없고, 자유롭게 처분할 수도 없었다. 이에 토지소유자들은 C시에 자신들의 토지를 취득해갈 것을 요구하였는데, C시는 지난 30년 동안 아무런 조치를 취하지 않고 있다.

　위 사례들을 접하고 어떤 생각이 드는가? 일단 사례1, 2에서는 수용권 행사의 목적이 되는 사업이 제약공장, 고급골프장, 고급리조트의 건설이라는 것이 마음에 걸린다. 이러한 대상들이 '우리 모두의 이익'을 위한 것인지 의문이 생기는 것이다. "내가 이용해본 적도 없고, 나와는 별로 관계없는 것들인데…"라는 생각이 드는 순간 '모두의 이익'으로 귀결되는 목적으로만 수용권이 발동되리라는 믿음이 여지없이 흔들리게 된다. 이러한 의문에 대해서 그 수용권 발동이 '따지고 보면' 우리 모두의 이익을 위한 것이라는 강력한 반론이 등장한다. 거대한 제약공장, 고급골프장, 고급리조트가 들어서서 일자리도 늘어나고 지역경제도 좋아지면 결국 모두에게 이익이 되는 것이라는 논리를 내세운다. 그럴듯한 이 논리를 들으면 우리 생각의 무게추가 다시금 '모두의 이익' 쪽으로 기울게 된다. 갈피를 잡을 수 없는 이러한 논쟁 속에서 적어도 '모두의 이익'이라는 것이 얼마나 유동적이고 불명확한 것인지는 알게 된다.

그렇다면, 사례3의 경우는 어떠한가? 도시공원으로 지정되어 소유자의 의지대로 그 토지를 사용·수익할 수 없는데 수용이 되지도 않아서 토지소유자는 꽤나 극심한 재산권의 침해를 받고 있다.[1] "내 토지가 도시녹화사업에 활용되는 것에 동의하는데 왜 토지를 가져가서 실제 활용하지 않고 지금 상태로 묶어두기만 하는가?"라는 불만은 집단행동을 이끌어낼 정도로 심각하다.[2] 어찌 보면 30년이라는 매우 긴 기간 동안 도시녹화사업을 구체적으로 진행하지 않았다는 것은 해당 토지가 더 이상 그 목적에 제공될 필요가 없음을 드러내는 징표일 수 있다는 생각마저 든다. 그럼에도 이러한 상황이 일어나는 배경을 생각해 보면, 보상은 하기 싫은데 해당 토지를 개발행위 등으로부터 지켜내기는 해야 한다는 딜레마(dilemma)가 낳은 '꼼수'가 아닌가 하는 생각을 지울 수 없다.

이들 사례는 우리에게 2가지 질문을 던진다. 어느 정도로 모두의 이익에 기여할 수 있어야 개인의 재산권을 강제로 빼앗아오는 것이 정당화되는가? 수용의 목적사업이 진행되는 중에도, 나아가 그 사업의 완료 이후에도 일정한 재산권이 '모두의 이익'을 위해 제공되고 있는지 여부를 어떻게 확인할 것인가? 이들 질문은 개인의 재산권을 강제로 박탈하는 것이 정당화되는 이유와 그 정당성을 담보할 방법이라는 공용수용의 가장 근본적인 화두(話頭)를 관통한다.

이 책을 통해 이러한 공용수용의 근원적인 질문에 대한 해답을 찾아가는 여정에 나서고자 한다. 먼저 공용수용의 정당화 기제에 대해서는 많은 선행연구가 축적되어 있다. 선행연구를 비교·분석함으로써 '모두의 이익'이 갖는 함의를 찾아낼 수 있으리라 생각한다. 기존의 논의에서 간과되었거나 과소평가되었던 부분을 재발견하는 데에 초점을 맞출 것이다.

그런데 공용수용의 정당화 기제를 검증하는 제도적 장치들에 대해서는

---

1) 정기상(2022d), 627면.
2) "사당동까치산공원 사유재산 50년 묶어… 전체수용·보상하라", 뉴스필드(2020. 2. 5. 자).

관련 연구가 부족한 실정이다. '모두의 이익'이 무엇인지, 어느 정도 갖추어져야 하는지 알아냈다면, 다음 과제는 이를 따져볼 방법 또는 '모두의 이익'을 빙자한 수용권의 남용을 걸러낼 기제를 마련하는 것이다. 그럼에도 이에 관한 연구가 무르익지는 않았다고 보인다. 따라서 이 책에서의 논의는 이 부분에 집중하기로 하되, 권력분립의 원칙에 입각해서 각 권력기관들이 공용수용의 정당성 검증기능을 어떻게 분담하고 있는지 현행 법제를 살피고, 나아가 입법론·해석론으로서 그 기능을 제고할 방안을 모색해 본다.

II. 논의의 범위

1. 좁은 의미의 공용수용으로 논의범위 한정

공익사업을 추진함에 있어 일정한 재산권을 그 권리자의 의사와 관계없이 강제로 취득하는 방법에는 좁은 의미의 공용수용 이외에도 환지, 매도청구 등이 있다. 환지는 사업시행자가 사업구역 내 토지소유권을 이전받는 과정 없이 소유자들의 구 소유권을 일정 시점에 새로운 소유권으로 변환시켜 주는 것이다.[3] 매도청구는 토지소유자의 동의 없이 사업시행자의 일방적인 의사표시에 따라 매매계약 체결과 같은 법률관계를 발생시키는 것이다.[4] 환지나 매도청구 모두 권리자의 의사와 관계없이 소유권 변동의 효과를 강제로 발생시킨다는 점에서 공용수용과 크게 다르지 않다. 단지 그러한 법률효과를 낳는 법리적 구조가 다를 뿐이다. 따라서 이 책에서 다룰 공공필요의 검증과 관련된 논의내용은 환지나 매도청구에 있어서도 그대로 타당하므로, 논의의 편의상 공용수용을 중심으로 여러 쟁점들을 검토하기

---

3) 김종보(2001), 32면; 즉, 환지는 종전 토지소유자들의 소유권을 분합·배분하는 것이다.
4) 성중탁(2014), 6~7면.

로 한다.

'물리적 수용'5)에는 이르지 않으나 행정규제가 실질적으로 소유권의 공적 이전이 수반되는 수용과 유사한 효과를 낳는 경우를 규제적 수용이라 한다.6) 규제적 수용에 대한 이론적 논의는 미국 법원의 판례를 중심으로 형성되어 최근 우리 학계에서도 활발하게 이루어지고 있다. 이는 행정규제와 그 보상에 관한 광범위한 담론으로서 좁은 의미의 공용수용, 물리적 수용에 있어 공공필요와 같은 선상에서 논할 수 없는 부분도 있다. 규제적 수용에 있어 공공필요 요건에 대해서는 후속 연구의 과제로 남겨두고 여기서는 따로 다루지 않는다.

2. 예산과 관련된 논의의 배제

입법부는 법률을 제정할 권한 이외에도 행정부에서 편성한 예산안에 대한 심의·확정권을 갖고 있다. 행정부에서 제출한 예산안은 입법부의 심의를 거치게 되는데, 행정부가 추진하는 공익사업들에 대한 예산을 확정하는 과정은 공익사업 추진 여부에 중대한 영향을 미치게 된다. 따라서 입법부는 예산안을 확정하는 단계에서 행정부가 계획하고 있는 공익사업들이 공공필요를 충족하고 있는지를 검토함으로써 견제 기능을 하게 된다.7)

공익사업을 추진하는 행정부처의 입장에서는 해당 부처의 성과 및 영향력을 높이기 위해서 계획된 사업을 적극적으로 추진할 유인이 강하다. 그러므로 행정부의 사업추진단계에서 공공필요 검증이 제 역할을 하지 못한

---

5) 미연방대법원은 좁은 의미의 공용수용을 수용 그 자체(*per se* taking)라고 보면서 이를 일컫는 용어로 '물리적 수용(physical taking)', '물리적 전용(physical appropriation)'을 사용하였다[*Horne v. Dep't of Agriculture*, 576 U.S. 350 (2015)]. 이와 같은 물리적 수용의 개념에 관한 상세한 설명으로는, Echeverria(2020), pp.745~749 참조.

6) 김일중·변재욱·박성규(2018), 27면.

7) 김일중 외(2013), 75면.

다면 무분별한 사업추진 및 공용수용이 일어날 개연성이 높다. 행정부가 사업 추진을 계획하는 단계에서 이루어지는 예산과 관련된 검증절차가 바로 예비타당성조사이다. 예비타당성조사는 1990년대 후반 국가재정위기 아래에서 재정지출을 절감하고 효율화하기 위해 도입된 제도로 예산편성단계에 가장 주요한 타당성 검증단계로 자리 잡았다.

국가재정법 제38조에서는 대규모 사업에 대한 예산을 편성하기 전 예비타당성조사를 의무화하고 있다. 이에 따라 사업 추진단계에서 대규모 국책사업에 대한 타당성을 예비타당성조사를 통해 분석하고, 그 결과를 토대로 행정부는 예산을 편성한다. 그리고 편성된 예산안을 입법부가 확정하는 과정에서도 예비타당성조사 결과는 주요한 참고자료가 된다. 이러한 측면에서 예비타당성조사는 대규모 공익사업을 추진하기 이전의 단계에서 거치는 공공필요 검증 절차라고 볼 수 있다.[8]

그런데 예산과 관련된 각종 제도는 온전히 수용의 공공필요성을 검증하는 절차로만 기능하는 것은 아니다. 오히려 본래의 목적을 수행하는 과정에서 수용의 공공필요가 간접적으로 확인되는 구조가 형성되어 있다고 평가할 수 있을 따름이다. 여기서는 수용의 공공필요를 검증하는 것을 직접 목적으로 하는 각종 법제를 검토하기로 하고, 예산과 관련된 여러 논의는 별도로 다루지 않는다.

---

8) 김일중 외(2013), 77~78면; 예비타당성조사에서는 사업의 공익성을 크게 세 부분으로 나누어 검증한다. 국민경제적인 관점에서 사회적 투입비용 대비 사회적 편익이 얼마나 큰지를 살펴보는 경제성 분석, 해당 사업이 관련 법규 및 정책과 얼마나 조화를 이루고 있는지를 살펴보는 정책적 분석, 그리고 지역 균형발전에 얼마나 기여할 수 있는지를 살펴보는 지역균형발전요소 분석이 그것이다.

제2장

공용수용제도 개관

Ⅰ. 공용수용의 개념과 필요성

1. 공용수용의 일반적 개념

공용수용에 관하여 규정하는 최상위의 법은 헌법이다. 헌법 제23조 제3항에서는 "공공필요에 의한 재산권의 수용·사용 또는 제한 및 그에 대한 보상은 법률로써 하되, 정당한 보상을 지급하여야 한다."라고 선언하였다. 수용이 정당화되려면 공공필요가 전제되어야 하고, 정당한 보상이 수반되어야 하며, 수용과 보상에 관한 구체적인 내용은 법률에서 정하여야 한다는 점을 이 헌법조항에서 도출해낼 수 있다. 그런데 이 규정은 정작 '수용'이 무엇인지에 대해서는 알려주지 않는다.

헌법 제23조 제3항의 법률유보에 따라 제정된 법률에서는 '수용'을 정의하고 있으리라는 기대로 토지보상법을 찾아보지만, 토지보상법에도 '수용'을 정면으로 정의한 규정은 없다. 오히려 사업시행자가 해당 사업을 위하여 토지 등을 '취득'한다는 표현과 '수용'한다는 표현이 혼재되어 있을 뿐이다.1) 토지보상법 제3장 '협의에 의한 취득 또는 사용'과 제4장 '수용에 의한 취득 또는 사용'에 담긴 전체 조항의 내용과 체계를 뜯어보아야 비로소 토지소유자 등의 의사와 관계없이 강제로 토지 등의 재산권을 빼앗아 사업시행자에게 넘겨주는 것이 '수용'임을 알게 된다. '공용수용'은 그러한 수용의 개념에다 재산권의 박탈을 정당화하는 핵심 기제인 '공공필요'를

---

1) 이를테면, 토지보상법 제2조 제5호, 제3조, 제4조 등에서는 토지 등을 '취득'한다는 표현을, 제4조의2, 제19조, 제20조 등에서는 토지 등을 '수용'한다는 표현을 쓰고 있다. 물론 이들 표현들은 서로 다른 의미를 가지고 위 규정들은 이 점을 염두에 두고서 용어를 달리한 것이다. 단적으로 표현하자면, '취득'은 '수용'을 포괄하는 개념인데, 이에 대해서는 뒤에서 설명한다.

덧댄 표현이다.

이로써 일반적으로 '공용수용'은 공공필요를 위하여 개인의 특정한 재산권을 그 권리자의 의사와 관계없이 강제로 박탈하는 것을 말한다고 이해되고 있다.[2] 헌법재판소도 공용수용을 "공공필요에 의한 재산권의 공권력적·강제적 박탈"이라고 정의하고 있다.[3]

여기서 한 가지 중요하게 언급해둘 점은, 공용수용의 개념과 범위를 정하는 문제가 공용수용으로서 규율되는 범위를 확정하는 문제와 맞닿아있다는 것이다. 즉, 공용수용에 통용되는 통제원리(공공필요와 정당보상)를 어디까지 적용할 것인지 하는 선결적 판단에 따라 공용수용의 개념정의는 달라질 수 있다. 이러한 점이 가장 여실하게 드러난 것이 Epstein 교수의 수용개념이다. 그는 재산권의 사용·수익권한, 처분권한 등 재산권에 어떠한 영향이라도 주는 국가의 행위를 포괄적으로 수용의 개념에 포섭하고자 하였다. 이른바 규제적 수용(regulatory taking)과 그에 따른 보상의 필요성을 역설하고자 수용의 개념을 매우 넓게 본 것이다.[4] 뒤에서 자세히 설명하겠지만, 미국, 독일, 프랑스, 일본 등 세계 각국의 공용수용 법리도 공공필요의 검증과 정당한 보상의 필요성이라는 관점에서 공용수용의 개념을 형성해나갔음을 알 수 있다.

2. 공용수용의 필요성

국방, 사회간접자본, 기초과학의 연구성과 등 한 사람의 소비가 다른 사람의 소비를 제한하지 못하고(비경합성, non-rivalry), 그 이용대가를 지불하

---

2) 김동희(2019), 384면; 박균성(2019), 483면; 박평준·박창석(2012), 387면; 석종현(2019), 276면.
3) 헌법재판소 1998. 3. 26. 선고 93헌바12 결정 등.
4) Epstein(1985), ch.4~6; 그는 가격·진입규제, 토지이용규제, 세제, 복지정책 등 국가의 행위 전반을 수용의 범위에 포섭하고자 하였다.

지 않는 무임승차를 차단하기 어려운 특징(배제불가성, non-excludability)을 갖는 공공재의 공급을 시장에 맡겼을 때 효율적 자원배분을 이룰 수 없다는 사실은 이미 역사적으로 증명되었다. 따라서 공공재의 공급에는 국가의 개입이 필요불가결하다고 할 것인데, 이러한 공공재의 공급에 필요한 물적 재산을 확보하는 방법에 있어서는 현실적인 문제가 있다.

국가가 대규모 물적 재산을 필요로 하는 사업을 시행하면서 온전히 시장에서 매매를 통하여 필요한 토지 등을 확보해야 한다면, 협상비용이 크게 증가하여 자원배분의 효율성이 낮아지는 결과가 나타날 수 있다. 이를테면, 토지소유자 등은 반드시 해당 토지 등을 취득하여야 하는 사업시행자에 대하여 그 토지 등의 매도를 거부하면서 더 많은 대가를 지급받고자 할 '기회주의적 버티기(opportunistic holdout)'[5]의 유인을 가질 수 있다.[6] 그런데도 자발적인 매매에 의한 토지 등의 취득만을 그대로 관철한다면, 거래비용이 해당 공익사업에 따른 잠재적 이익을 넘어서는 결과가 발생할 수 있다.[7] 이는 공익사업의 시행 자체를 좌초시킬 수 있고, 설령 사업이 시행되더라도 그 사회적 잉여(social surplus)가 일반 공중이 아닌 특정한 토지소유자 등에게 고스란히 이전되는 결과를 초래하게 된다.[8]

결국 기회주의적 버티기를 억지하기 위하여 공익사업의 시행에 필요한 재산을 강제로 취득하는 방안이 고안되었는데, 그것이 공용수용이다.[9] 즉,

---

5) Kelly(2006), pp.19~20; 토지소유자 등이 진정으로 해당 토지 등의 재산적 가치를 높게 평가하고 사업시행자가 지불할 의향이 있는 가격의 상한이 그 가치에 미치지 못하는 경우도 있을 수 있으나, 이를 기회주의적 버티기와 구별할 현실적인 방법은 없다.
6) 일정한 사업의 시행이 일반 대중에게 알려지는 순간 기회주의적 버티기의 문제는 발생할 수밖에 없다는 설명으로는, Calandrillo(2003), pp.468~469 참조.
7) 사업구역 내 토지소유자 등이 많은 경우 또는 어느 한 토지소유자라도 해당 토지의 매도를 거부하면 그 사업의 시행에 중대한 위협이 초래되는 경우에 특히 기회주의적 버티기의 문제가 심각해진다고 한다. 이에 대한 상세한 설명으로는, Shavell(2004), ch.6, §2.3, p.124 참조.
8) Merrill(1986), pp.73~75.
9) Epstein(1993), p.572; Posner(2007), pp.40~42.

공익사업의 효율적인 시행을 위하여 사업시행자가 토지소유자 등의 의사와
는 관계없이 토지 등의 재산권을 취득할 수 있도록 한 것이 공용수용이다.

3. 재산권의 내용제한과 사회적 제약

가. 재산권의 내용과 한계에 대한 법률유보

(1) 헌법 제23조 제1항 제2문의 의미와 성격

헌법 제23조 제1항에서는 재산권을 보장하면서 "그 내용과 한계는 법률
로 정한다."고 규정하고 있다.[10] 다른 기본권과는 달리 재산권에 있어서는
그 한계뿐만 아니라 내용까지도 법률에 의해서 형성하도록 정한 것이다.

이 규정의 의미와 성격에 대해서는 입법자가 재산권의 내용과 한계를 법
률로써 구체적으로 형성하여야 한다는 의미라고 해석하는 견해(재산권 형
성적 법률유보설)가 다수의 지지를 받고 있다.[11] 입법자는 재산권의 내용
과 한계를 구체적으로 형성함에 있어 넓은 입법형성권을 가지지만, 사유재
산제를 부정하거나 재산권의 본질적 내용을 침해하는 것은 입법형성권의
한계를 벗어난다고 한다.[12] 헌법재판소도 이와 같은 취지에서 "우리 헌법
상의 재산권에 관한 규정은 다른 기본권규정과는 달리 그 내용과 한계가
법률에 의하여 구체적으로 형성되는 기본권 형성적 법률유보의 형태를 띠
고 있으므로 재산권의 구체적 모습은 재산권의 내용과 한계를 정하는 법률
에 의하여 형성되고 그 법률은 재산권을 제한한다는 의미가 아니라 재산권
을 형성한다는 의미를 갖는다."고 판시하였다.[13] 특히 "재산권은 이를 구체

---

10) 이하에서는 헌법 제23조 제1항 제2문을 가리켜 '재산권의 내용제한규정'이라고 한다.
11) 권영성(2010), 566면; 김철수(2010), 688면; 김학성·최희수(2021), 531면; 성낙인
    (2022), 1488면; 전광석(2021), 415면; 정연주(2021), 294면; 한수웅(2021), 860면.
12) 헌법재판소 1993. 7. 29. 선고 92헌바20 결정; 헌법재판소 2000. 6. 29. 선고 98헌마36
    결정; 헌법재판소 2005. 7. 21. 선고 2004헌바57 결정.

적으로 형성하는 법이 없을 경우에는 재산에 대한 사실상의 지배만 있을 뿐이므로 다른 기본권과는 달리 그 내용이 입법자에 의하여 법률로 구체화됨으로써 비로소 권리다운 모습을 갖추게 된다."라는 판시에는[14] 재산권의 본질을 바라보는 헌법재판소의 시각이 고스란히 드러난다.

이에 반하여, 이 규정의 의미는 재산권의 한계를 정해서 재산권의 내용을 확정한다는 뜻이 아니라, 헌법에서 이미 보장된 재산권의 내용을 전제로 그 한계를 법률에서 정해야 한다는 의미라고 해석하는 견해(재산권 제한적 법률유보설)가 유력하게 제시되고 있다.[15] 애당초 재산권의 내용을 그 한계 속에서 이끌어낼 수 없고, 법리적으로도 제한할 대상이 먼저 정해져 있어야 그 한계를 논할 수 있다는 점을 근거로 내세운다. 헌법재판소도 사안에 따라서는 "재산권의 내용과 한계를 법률로 정한다는 것은 헌법적으로 보장된 재산권의 내용을 구체화하면서 이를 제한하는 것이라 볼 수 있다."라고 판시하여 재산권 제한적 법률유보설에 기운 듯한 입장을 보이기도 하였다.[16] 이러한 판시내용보다 더 분명하게 재산권 제한적 법률유보설을 취한 결정례가 있어 눈길을 끈다. 헌법재판소는 토지보상법 제72조 위헌소원 사건에서 "불법적인 사용의 경우에 인정되는 수용청구권이란 재산권은 입법자에 의하여 인정된 바 없으므로 재산권에 포함되지 않는다. 달

13) 헌법재판소 2004. 4. 29. 선고 2003헌바5 결정; 헌법재판소 2010. 9. 30. 선고 2008헌가3 결정; 헌법재판소 2011. 11. 24. 선고 2010헌바231 결정.
14) 헌법재판소 1998. 12. 24. 선고 89헌마214, 90헌바16, 97헌바78(병합) 결정.
15) 허영(2021), 569~570면; 한편, 헌법 제23조 제1항은 기본권 형성적 의미와 제한적 의미를 모두 담고 있다고 보아 절충적 입장을 취한 견해로는, 이준일(2019), 656면; 정재황(2021), 1309면 참조.
16) 헌법재판소 2001. 4. 26. 선고 99헌바37 결정; 헌법재판소 2006. 2. 23. 선고 2003헌바38·61(병합) 결정; 헌법재판소 2018. 2. 22. 선고 2016헌바470 결정; 위 판시내용 중 '헌법적으로 보장된 재산권의 내용'이라는 문구에서 재산권 제한적 법률유보설의 색채가 묻어나는데, 이를 헌법상 재산권 보장이념의 일반적 표현에 불과하다고 보고, 오히려 위 문구 바로 뒤에 오는 '구체화'라는 문구에 주목한다면, 이는 종래의 재산권 형성적 법률유보설을 다르게 표현한 것에 불과하다고 해석할 수도 있다.

리 이것이 헌법이 직접 보장하는 재산권에 속한다거나 자연법적인 의미의 재산권도 아니다."라고 판시하였다.[17] 위 결정에서 법률에 의하여 형성되는 재산권이 아닌 재산권의 영역, 즉 헌법에 따라 직접 보장되는 재산권과 자연법적 의미의 재산권을 인정한 것이다. 다만, 이 결정 이외에 같은 판시를 한 예가 없어 이를 일반화하여 헌법재판소의 확립된 입장이라고 단정하기는 어려울 것이다.[18]

생각건대, 재산권의 내용과 한계가 언제나 서로 분명하게 구별되는 것은 아니다. 대체로는 재산권의 내용으로 획정된 범위가 그 자체로 한계로 기능하기 때문이다. 재산권 보장영역의 외연을 넘어서는 경우 재산권 보장의 한계를 벗어난 것이 된다. 헌법재판소가 재산권 형성적 법률유보설을 취하면서도 때론 재산권 제한적 법률유보설에 기운 듯한 판시를 하는 것도 이러한 맥락에서 이해할 수 있다. 결국 재산권 형성적 법률유보설에서는 입법자에 의하여 재산권의 내용과 한계가 확정된다고 보아 헌법 제23조 제1항 제2문의 적극적(positive) 의미에 주목하는 반면, 재산권 제한적 법률유보설에서는 헌법에 의해서 폭넓게 보장되는 재산권이 입법자에 의하여 한계지어진다고 보아 위 규정을 소극적(negative) 의미로 받아들일 뿐, 결국 법률에 의해서 재산권의 보장범위가 구체적으로 형성(확정)된다는 결론에 있어서는 다를 바 없다.[19]

---

17) 헌법재판소 2005. 7. 21. 선고 2004헌바57 결정.
18) 이 결정에 대해서는 헌법 제23조 제1항 제2문에 따른 재산권의 내용과 한계에 대한 입법형성명령을 외면하고, 재산권의 가치서열이 존재하는 것과 같이 인식되도록 한 것으로서 타당하지 않다는 비판이 제기된다[표명환(2012), 34~35면].
19) 가령 A라는 대상이 재산권으로서 보장되는지 여부를 논증함에 있어 재산권 형성적 법률유보설에서는 관련 법률에서 A를 재산권으로 포섭하고 있음을 밝히는 과정을 거친다면, 재산권 제한적 법률유보설에서는 관련 법률에서 A를 재산권에서 배제하지 않고 있음을 규명하게 된다. 어느 견해에서든 관련 법률을 뒤져보아야 이 문제를 해결할 수 있는 것이다.

(2) 재산권의 내용과 한계에 대한 입법형성의 자유와 통제

헌법 제23조 제1항 제2문에 따라 입법자는 재산권의 내용과 한계를 형성할 자유, 즉 입법형성권을 가진다. 물론 이러한 입법형성의 자유에도 일정한 제한과 한계가 있다. 헌법재판소는 "입법자는 재산권의 내용을 구체적으로 형성함에 있어서 헌법상의 재산권보장(헌법 제23조 제1항 제1문)과 재산권의 제한을 요청하는 공익 등 재산권의 사회적 기속성(헌법 제23조 제2항)을 함께 고려하고 조정하여 양 법익이 조화와 균형을 이루도록 하여야 한다."고 판시하는 한편,[20] 재산권에 대한 제한입법은 "다른 기본권에 대한 제한입법과 마찬가지로 과잉금지의 원칙(비례의 원칙)을 준수해야 하고 재산권의 본질적 내용인 사적 이용권과 원칙적인 처분권을 부인하여서는 안 된다."고 판시하였다.[21] 비례의 원칙, 본질적 내용침해 금지 등 재산권의 입법형성 자유에 대한 제한법리 자체는 다른 기본권의 경우와 크게 다르지 않은 셈이다. 여기서 주목해야 할 부분은 재산권의 입법형성 자유 제한에 관한 헌법재판소의 심사기준이다.

헌법재판소는 "재산권 행사의 대상이 되는 객체가 지닌 사회적인 연관성과 사회적 기능이 크면 클수록 입법자에 의한 보다 광범위한 제한이 허용되고, 개별 재산권이 갖는 자유보장적 기능이 강할수록, 즉 국민 개개인의 자유 실현의 물질적 바탕이 되는 정도가 강할수록 그러한 제한에 대해서는 엄격한 심사가 이루어져야 한다."고 판시하였다.[22] 재산권이 갖는 자유보장적 의미와 사회적 기능의 갈등관계 속에서 차별적인 한계심사의 당위성을 역설한 것이다.

차별화인 심사강도와 판단기준에 대해서는 비록 재산권의 제한입법에

---

20) 헌법재판소 1998. 12. 24. 선고 89헌마214, 90헌바16, 97헌바78(병합) 결정.
21) 헌법재판소 1999. 10. 21. 선고 97헌바26 결정; 헌법재판소 2020. 4. 23. 선고 2018헌가17 결정.
22) 헌법재판소 1998. 12. 24. 선고 89헌마214, 90헌바16, 97헌바78(병합) 결정; 헌법재판소 2006. 7. 27. 선고 2003헌바18 결정.

대한 판시는 아니지만, 입법형성과 그 전제인 입법자의 예측판단을 심사하는 일반적인 기준을 밝힌 헌법재판소의 결정례에서 시사점을 얻을 수 있다.

헌법재판소는 "법률이 개인의 핵심적 자유영역(생명권, 신체의 자유, 직업선택의 자유 등)을 침해하는 경우 이러한 자유에 대한 보호는 더욱 강화되어야 하므로, 입법자는 입법의 동기가 된 구체적 위험이나 공익의 존재 및 법률에 의하여 입법목적이 달성될 수 있다는 구체적 인과관계를 헌법재판소가 납득하게끔 소명·입증해야 할 책임을 진다고 할 것이다. 반면에, 개인이 기본권의 행사를 통하여 일반적으로 타인과 사회적 연관관계에 놓여지는 경제적 활동을 규제하는 사회·경제정책적 법률을 제정함에 있어서는 입법자에게 보다 광범위한 형성권이 인정되므로, 이 경우 입법자의 예측판단이나 평가가 명백히 반박될 수 있는가 아니면 현저하게 잘못되었는가 하는 것만을 심사하는 것이 타당하다."고 판시하였다.[23)]

입법재량에 대한 심사강도는 규율대상이 개인의 핵심적 자유영역을 제한하는 정도에 비례하고, 사회적 관계나 기능과 관련되는 정도에 반비례한다. 즉, 완화된 심사(합리성 심사)와 엄격한 심사(비례원칙에 따른 심사) 사이에서 이들 요소의 관여 정도에 따라 심사의 강도와 밀도가 정해지는 것이다. 결국 재산권의 제한이 자유보장적 기능을 제한하는 정도가 낮고 사회적 연관성 또는 사회적 기능이 큰 경우에는 그 제한이 합리적인 범위를 벗어나지 않는 한 허용되지만,[24)] 그 반대인 경우에는 재산권 제한의 목적과 수단 간에 엄격한 균형관계가 성립하는지 여부를 따져보아야 한다.

---

23) 헌법재판소 2002. 10. 31. 선고 99헌바76, 2000헌마505(병합) 결정.

24) 합리성 심사에서는 입법자가 고려해야 할 요소를 빠짐없이 고려하였는지, 그 쟁점이 공론의 장을 통하여 충분히 숙의되었는지, 입법자의 결정이 신뢰할 수 있는 정보에 터 잡은 것인지 등을 검증한다. 이에 대한 자세한 설명으로는, 강일신(2019b), 73~91면 참조.

나. 재산권의 사회적 제약

(1) 재산권의 사회적 제약에 대한 규정취지

헌법 제23조 제2항에서는 "재산권의 행사는 공공복리에 적합하도록 하여야 한다."라고 규정하고 있다. 재산권은 그 특성상 다른 사회구성원들의 일상생활에 영향을 미칠 가능성이 많으므로 모든 구성원들과 더불어 살아가야 하는 공동체생활에서의 조화와 균형을 유지하는 범위 내에서 보장되어야 한다는 한계를 갖는데, 이를 가리켜 재산권의 사회적 제약이라고 한다. 재산권의 사회적 기속성, 사회적 의무성, 사회적 구속성, 공공복리 적합의무 등 다양한 용어로 불리지만, 이들 모두 사회적·공동체적 관련성에 따른 재산권의 제한이라는 의미를 전달하고 있다.[25] 헌법재판소는 재산권의 사회적 제약에 대하여 "사유재산제도의 보장이 타인과 더불어 살아가야 하는 공동체생활과의 조화와 균형을 흐트러뜨리지 않는 범위 내에서의 보장임을 천명한 것으로서 재산권의 악용 또는 남용으로 인한 사회공동체의 균열과 파괴를 방지하고 실질적인 사회정의를 구현하겠다는 국민적 합의의 표현"이라고 판시하였다.[26]

(2) 공공복리의 의미와 공공필요와의 관계

(가) 재산권의 사회적 제약을 판단하는 기준인 '공공복리'의 의미와 관련해서는 헌법 제23조 제3항의 공용수용 요건으로서의 '공공필요'와 대비하여 양자의 관계를 둘러싼 오랜 논쟁이 있어왔다. ① 공공필요가 공공복리보다 좁은 개념이라는 견해,[27] ② 공공필요가 공공복리보다 더 넓은 개념

---

25) 헌법재판소 결정례 중에는 '재산권 행사의 공공복리 적합의무'나 '재산권의 사회적 의무성'이라고 표현한 예[헌법재판소 1994. 2. 24. 선고 92헌가15내지17, 20내지24 결정], '사회적 제약'으로 표현한 예(헌법재판소 2012. 7. 26. 선고 2009헌바328 결정) 등이 있다.

26) 헌법재판소 1989. 12. 22. 선고 88헌가13 결정.

이라는 견해,[28] ③ 공공필요와 공공복리가 동일한 개념이라는 견해[29] 등이 대립한다.

　① 견해에서는 헌법 제23조 제2항과 제3항이 재산권 제한의 기준으로 각각 서로 다른 용어를 사용하고 있는 점, 공용수용의 재산권 제한효과가 재산권의 사회적 제약보다 더 중하다는 점, 공공필요가 공공복리와 같은 의미라면 매우 포괄적인 공용수용이 가능하게 된다는 점 등을 그 논거로 한다.

　② 견해에서는 공공필요가 정책적 고려는 물론 사회정의를 위하여 필요한 경우까지 포괄하는 점, 공공필요가 공공복리뿐만 아니라 국가안전보장이나 질서유지도 포함한다는 점, 공용수용은 정당한 보상을 전제로 하므로 재산권 제한적 요소가 희석된다는 점 등을 근거로 내세운다.

　③ 견해에서는 공공필요와 공공복리 모두 공익을 지향하는 개념적 표지를 가진다는 점, 공공필요와 공공복리는 목적 개념으로서 결과 개념인 공익보다 좁은 개념으로서 목적성의 관점에서 달리 해석할 이유가 없다는 점 등을 지적한다.

　㈏ 헌법재판소는 "공공필요의 요건에 관하여, 공익성은 추상적인 공익 일반 또는 국가의 이익 이상의 중대한 공익을 요구하므로 기본권 일반의 제한사유인 공공복리보다 좁게 보는 것이 타당하다."고 판시하여 명시적으로 ① 견해를 취하였다.[30]

　㈐ 생각건대, 재산권의 사회적 제약은 일반적으로 재산권의 일부 권능을 제한하는 형태로 나타나는데, 헌법 제23조 제3항에서 수용 이외에 그 자체로 재산권의 일부 권능에 대한 제한적 박탈을 표상하는 사용·제한까지도

---

27) 김남욱(2009), 294면; 이동훈(2016), 281면 이하; 전광석(2021), 426면; 한수웅(2021), 886면.
28) 권영성(2010), 568~569면; 성낙인(2022), 1511~1512면; 정종섭(2018), 728면.
29) 김학성·최희수(2021), 545면; 홍강훈(2016b), 191~197면.
30) 헌법재판소 2014. 10. 30. 선고 2011헌바129·172(병합) 결정.

규정함으로써 적어도 문언상으로 규율범위가 중첩되었다는 점이 논란의 단초를 제공하였다고 본다. 똑같이 재산권이 제한되어도 헌법 제23조 제3항에 해당하면 보상이 따르고, 같은 조 제2항에 해당되면 보상이 따르지 않는 것이 원칙인데, 이를 나누는 기준이 무엇인지 하는 문제를 남긴다. 또한, 재산권의 전면적 박탈을 의미하는 수용과 재산권의 일부 권능에 대한 제한적 박탈을 의미하는 사용·제한은 서로 본질적으로 다른데, '공공필요'라는 공통된 용어에 이들 이질적 대상의 정당화 요소를 담아내야 하는 문제가 발생한다.

헌법 제23조 제3항의 중심이 '공용수용'에 있는 이상 재산권의 전면적 박탈을 정당화하는 요건인 '공공필요'와 재산권의 사회적 제약을 설정하는 기준인 '공공복리'를 개념적으로 구분하여야 한다고 본다. 공용수용이 재산권을 전면 박탈하는 만큼 강화된 통제기제가 필요하다는 생각이 '공공필요'라는 특유한 목적 요건을 탄생시켰음은 널리 받아들여지고 있다.[31] 따라서 '공공필요'가 재산권의 일반적인 제한원리인 '공공복리'보다는 엄격한 의미를 가진다고 새겨야 한다(① 견해).

문리해석의 관점에서 보면, 공공복리는 '일반 공중의 이익'을 포괄하는 데 반하여, 공공필요는 공익성에서 더 나아가 필요성이라는 제한원리까지 내포하므로, 양자를 같은 개념으로 보기는 곤란하다. 목적론적 해석의 관점에서 보더라도 서로 다른 용어를 써서 다른 의미를 전달하고자 한 헌법제정자의 의도를 외면해서는 안 된다. 공공필요에는 공익성의 범위를 좁히려는 의도가 표출된 통제기제까지 내재되어 있음에 주목해야 한다. ② 견해에서는 공공필요의 판단에 정책적 고려가 담긴다고 지적하는데, 이는 공익성 개념의 추상성, 불확정성에서 연유하는 것이지, 공공필요의 개념 자체가 공공복리보다 넓기 때문이 아니다.[32]

---

31) 공용수용의 허용요건인 공공필요의 존재의의와 의미에 관한 세계 각국의 논의는 제3장에서 구체적으로 다룬다.

4. 공용수용과 재산권의 사회적 제약의 구별

가. 독일에서의 논의

헌법 제23조 제3항에 따른 공용수용과 같은 조 제2항에 따른 재산권의 사회적 제약을 구별하는 문제는 특히 손실보상과 관련하여 중요한 의미를 가진다. 재산권의 사회적 제약에 대해서는 헌법에서 명문으로 손실보상의 무를 정하지 않았으므로, 원칙적으로 재산권의 사회적 제약은 손실보상을 수반하지 않는다고 해석될 수 있기 때문이다.

독일에서도 공용수용과 재산권의 사회적 제약을 구별하는 문제는 오랜 기간 뜨거운 논란의 대상이었다. 우리 헌법 제23조와 유사한 독일 기본법 제14조의 해석을 둘러싸고 독일 최고법원들 간에 의견의 차이를 보이면서 매우 정치(精緻)한 이론이 형성되었으므로, 이를 살펴볼 필요가 있다.

(1) 종래 연방대법원(BGH)의 경계이론(Schwellentheorie)

(가) 종래 연방대법원(Bundesgerichtshof)은 보상의무가 없는 재산권의 사회적 제약과 보상의무를 수반하는 공용수용을 구별하면서 수용개념을 유연하게 해석하여 보상의무의 범위를 조정하려는 경향을 보였다. 연방대법원의 이러한 입장이 가장 잘 드러난 이른바 주택법(Wohnungsgesetz) 판결[33]의 구체적인 내용을 살펴보자.

---

32) ② 견해에 따르더라도 공공필요나 공공복리나 모두 정책적 고려가 담긴다는 점에서 차이가 없다고 본다. 국가안전보장이나 질서유지도 일반 공중의 이익으로 넓게 포섭될 수 있다.

33) BGHZ 6, 270.

⟨사안의 개요⟩

제2차 세계대전 이후 극심한 주택난에 시달리던 독일 정부는 주택법을 제정하여 주택의 소유자들로 하여금 주택청(Wohnungsamt)에 주거공간을 등록하게 하고 주택청이 임차인에게 이를 할당할 수 있는 권한을 갖도록 하였다. 그러나 이 법은 등록된 주거공간에 임차인을 할당하지 않는 행정상 오류, 할당받은 임차인에게 차임을 지급할 의사와 능력이 있는지 여부에 대한 검증의 현실적·제도적 한계 등 각종 문제점을 노출하였다. 이에 주거공간의 공실, 임차인의 차임 미지급 등으로 피해를 입은 임대인들이 보상을 요구하며 소를 제기하였다.

⟨일반론⟩

재산권은 본질적인 유용성을 해하지 않는 범위 내에서 사회적 유대관계 속에서 '일반적인' 법적 제한을 받을 수 있다. 이러한 의미의 사회적 제약은 역사적 상황에 따라 그 정도를 달리하는데, 국가적 위기 상황에서는 더 넓게 인정될 수 있다. 그런데 재산권의 사회적 제약은 공용수용에 해당하지 않는다.

공용수용은 직접 법률의 규정에 따라서 또는 법률에 근거한 행위에 따라서 특정한 개인이나 집단의 재산을 침해하는 것으로서 개인에게 행해진 불평등한 특별희생(Sonderopfer)을 강요하는 것이다. 수용의 수혜자에게 그 수용에 대한 보상의무를 합리적으로 분담시킬 수 없다면 일반 공중이 그 의무를 떠안아야 한다.

결국 공공의 이익을 위한 재산권의 제한이라도 일반적이고 추상적인 법률에 따라 '평등하게' 부과되는 경우에는 재산권의 사회적 제약으로서 보상의무가 따르지 않지만, 개별적인 법률에 따라 특정한 개인에게 특별한 희생을 강요하는 경우에는 공용수용으로서 보상의무가 뒤따른다.

따라서 일반적이고 추상적인 법률규정에 따라 '모두에게' 부과되는

재산권의 제한은 원칙적으로 공용수용에 해당될 수 없고, 그 법률이
헌법적 한계를 일탈하였다면 해당 입법행위는 사회적 제약의 범위를
벗어나 무효로 된다. 단지 무효인 법률에 근거한 개개의 위법한 집행
행위가 수용유사적으로(enteignungsgleich) 보상의 영역 내에 놓일 수
있을 따름이다. 적법한 수용이 보상되어야 한다면 그 내용이나 효과가
수용이나 다를 바 없는 위법한 재산권의 침해도 당연히 보상되어야 하
는 것이다.

〈이 사안에 관한 판단〉

연방대법원은 주택법을 통하여 일반적으로 명령된 재산권의 제한이
재산권의 사회적 제약으로서 수인될 수 있는 범위를 넘어섰다고 보았
다. 따라서 무효인 법률에 근거한 위법한 개개의 집행행위는 수용유사
적 침해에 해당되므로 보상이 행해져야 한다고 판시하였다.

(나) 연방대법원이 이 판결에서 내세운 핵심은 '불평등한 재산권의 제한
= 특별희생 = 보상의 영역'이다. 즉, 재산권의 사회적 제약과 공용수용을
구별하면서 '그 제한이 얼마나 가혹한가'를 따진 것이 아니라 '그 제한이
얼마나 불평등한가'를 문제 삼았다.[34] 그 논리의 귀결로 재산권의 제한이
평등하다면 그것이 수인할 수 없는 정도에 이르더라도 곧바로 공용수용에
해당되는 것은 아니고, 단지 그 법률이 무효로 되어 이에 근거한 개별적인
집행행위가 위법하게 된다고 본 것이다. 나아가 적법한 수용이 보상된다면
수용과 사실상 동일한 내용과 효과를 지닌 위법한 재산권의 침해도 '마땅
히' 보상되어야 한다는 논리를 구성하기에 이르렀다.[35] 이처럼 위법하지만

---

34) 연방대법원은 바이마르 공화국 시대 제국법원의 개별행위이론(Einzelakttheorie)을 기
반으로 하고 평등원칙을 연결시켜 특별희생이론(Sonderopfertheorie)을 발전시켰다고
한다[Heinz/Schmitt(1992), S.513 ff.].

책임 없는 재산권의 침해가 실질적으로 공용수용과 다를 바 없는 경우를 가리켜 '수용유사적 침해(Enteignungsgleicher Eingriff)'라 한다.[36]

그런데 특별희생과 평등성에만 천착하게 되면 아무리 작은 재산권의 침해라도 그것이 특정한 개인에게만 행해진 것이면 보상의 대상이 되고, 그와 반대로 아무리 중대한 침해라도 일반 공중을 대상으로 하면 보상의 대상에서 제외되는 불합리가 발생한다. 이에 연방대법원은 이 판결에서 다음과 같이 판시함으로써 재산권의 제한 정도가 특별희생의 중요한 고려요소가 됨을 밝혔다. "사물의 성질로서 부여된 또는 종래부터 방해되지 않고 사용되어 온 방법을 금하고 이것을 본질적으로 침해하는 평등의 원칙을 벗어난 특별한 희생을 부담시키는 것은 공용수용에 해당된다."[37]

㈐ 연방대법원은 주택법 판결 이후 부쉬크룩다리(Buschkrug-Brücke) 판결[38]에서 수용개념의 확장과 재정립에 있어 다시 한 번 진일보를 이룬다. 이 판결은 연방대법원의 확장된 수용개념을 확인할 수 있는 중요한 내용을 담고 있으므로 판결내용을 간략하게 살펴보자.

---

35) 같은 취지의 후속판결로는, BGHZ 7, 296; 13, 88; 32, 208 등이 있다.

36) 연방대법원은 위법·무책한 재산권의 침해에만 수용유사적 침해의 법리를 적용하다가 그 후 국가배상의 영역에 속하는 위법·유책한 재산권의 침해에도 위 법리를 확대 적용하였다(BGHZ 7, 296; 13, 88). 이 경우 손실보상청구권과 국가배상청구권은 상호 병렬적으로 독립하여 존재한다고 한다(청구권 경합관계). 양자 간에는 손해전보의 범위나 증명책임에 차이가 있으므로 원고가 유리한 법리를 내세우면 될 것이다.

37) 연방대법원의 주택법 판결에 대해서 재산권의 제한 정도에 따라 재산권의 사회적 제약과 공용수용을 구별한 것이라는 평가[표명환(2003), 386면]가 있다. 그리고 보면, '경계이론'이라는 용어 자체도 이 판시부분에서 착안한 것으로 보인다. 그러나 정작 이 판결의 판시내용 대부분은 '불평등한 특별희생'에 초점을 맞추고 있다. 희생의 특별성 또는 평등성에 재산권의 제한 정도를 가미한 기준에 따라 재산권의 사회적 제약과 공용수용을 구별한 것으로 이 판결을 이해하는 것이 더 정확하다고 본다.

38)　BGH, NJW 1965, 1907.

〈사안의 개요〉

독일 베를린 부쉬크룩거리에 한 영화관이 있었는데 인근 도로 및 지하철 공사로 인하여 부쉬크룩다리가 폐쇄되었다. 이로 인해 부쉬크룩거리의 일반 통행량도 현저하게 감소하였고 그 공사가 오래도록 지속되자 영화관의 고객도 점차 줄어들었다. 이에 영화관의 문을 닫게 된 영화관 경영자인 원고가 보상을 요구하며 소를 제기하였다.

〈이 사안에 관한 판단〉

도로의 통행이 그 도로를 낀 영업에 필수불가결한 것인데, 어떠한 행정행위가 보호된 법익의 본질적인 내용을 침해한다면, 당초 그러한 행정행위로 의도되지 않은 침해라도 경우에 따라서는 '수용적 침해(enteignenden Eingriff)'에 해당될 수 있고, 이는 보상되어야 한다.

㈘ 연방대법원이 이 판결에서 처음 판시한 '수용적 침해'는 비전형적이고 예측할 수 없는 부수적 결과에 따른 재산권의 침해를 말한다.[39] 수용유사적 침해가 수용과 유사한 '위법한' 재산권의 침해를 의미한다면,[40] 수용적 침해는 '의도되지 않은' 부수적인 재산권의 침해를 뜻한다. 수용유사적 침해와 수용적 침해 모두 공용수용의 전통적 개념에 포섭되지는 않지만 보상이 필요한 경우를 합목적적으로 해결하기 방안으로 등장하였다. 이들 개념을 두고 공용수용 개념의 '확장'이라고 표현하는 것도 그러한 연유에서다.

---

39) 이 판결과 같은 취지의 후속판결로는, BGHZ 57, 359; 64, 220 등이 있다.

40) 수용유사적 침해에 대하여 그 침해받은 자는 위법한 재산권의 침해에 대한 취소소송을 통해 그 침해상태를 제거하던지 그 침해를 받아들이고 보상을 구하던지 하는 선택권을 가진다[Maurer(2011), §27 Rn.25].

(2) 연방헌법재판소의 분리이론(Trennungstheorie)

㈎ 연방헌법재판소(Bundesverfassungsgericht)는 재산권의 사회적 제약과 공용수용을 하나의 연장선 위에서 파악하는 연방대법원의 입장과는 달리 양자는 엄격하게 분리된다는 법리를 발전시켰다. 연방헌법재판소의 이러한 입장이 가장 잘 드러난 선도적 결정(leading case)인 이른바 자갈채취결정(Naßauskiesungsbeschluss)[41]의 구체적인 내용은 다음과 같다.

⟨사안의 개요⟩

원고는 Münsterland 북부에서 채석회사를 운영하였고, 회사는 1936년 경부터 인접한 두 필지의 토지(채석장)의 지하수층까지 이르는 지하 영역에서 모래와 자갈을 채취해 왔다. 원고는 1965년 2월 지하수의 이용에 앞서 개발허가를 받도록 정한 수자원관리법(Wasserhaushaltsgesetz)에 따라 지하수층의 채석을 계속할 수 있도록 하는 허가를 신청했다. 관할 행정청은 1973년 10월 채석장에서 상수도원까지의 거리가 구간에 따라서는 120m 정도에 불과하여 수질 오염 등의 위험이 있다는 이유로 신청을 거부했다. 원고가 그 거부처분의 취소와 손해배상을 구하는 소를 제기하였으나, 그 청구는 모두 기각되었다.

원고는 Nordrhein-Westfalen 주를 상대로 자신의 재산권(지하수 이용권)에 대한 침해를 주장하며 그에 따른 보상을 구하는 소를 제기하였다. 이 소송의 상고심인 연방대법원은 토지소유자의 지하수 개발·이용에 대하여 사전에 관할 행정청의 개발허가를 받도록 하는 재산권의 제한은 보상의무를 수반하는 공용수용에 해당하는데도 수자원관리법에서 보상규정을 두지 않은 것은 기본법(Grundgesetz)에 위반된다고 보아 연방헌법재판소에 위헌법률심판제청을 하였다.

---

41) BVerfGE 58, 300.

〈일반론〉

입법자는 기본법 제14조 제1항 제2문에 따라 재산권의 내용과 한계를 일반적이고 추상적인 법률을 통하여 정하되(내용규정),[42] 이로써 정당하게 형성된 구체적인 재산권을 기본법 제14조 제3항 제2문에 따라 법률에 의하여 박탈하거나(입법수용), 법률을 통하여 수용의 실행을 행정부에 위임할 수 있다(행정수용). 이들 재산권의 내용규정과 공용수용 규정은 각각 다른 허용요건을 요구하고 있으므로, 서로 엄격하게 분리된다. 즉, 재산권의 내용규정과 공용수용은 임의적으로 교체할 수 있는 것이 아니고, 양자는 각각의 다른 기능에 따라 실질적으로 행해진다. 따라서 양자는 재산권 제한의 강도 또는 효과가 아니라, 입법의 형식과 목적에 따라서 구별된다.

재산권의 보장은 1차적으로 재산권의 대상 그 자체에 대한 존속보장(Bestandsgarantie)을 의미하고, 기본법 제14조 제3항에서 정한 공용수용의 모든 요건이 충족되었을 경우에 한하여 2차적으로 손실보상을 매개로 한 재산권의 가치보장(Wertgarantie)으로 전환된다. 따라서 재산권자는 공용수용에 해당되는 침해행위에 대한 보상규정이 존재할 때에만 이를 근거로 법원에 손실보상을 청구할 수 있고, 그렇지 않을 경우에는 재산권의 존속보장을 관철하기 위하여 행정쟁송을 통해 그 침해행위의 취소를 구하여야 하는 것이다.

---

42) 연방헌법재판소는 기본법 제14조 제2항의 사회적 구속성은 재산권의 내용과 한계를 형성하는 기본적인 틀로서 재산권 자체가 가지는 사회적 관련성(soziale Bezüge)과 기능에 따라 변화한다고 보았다. 재산권의 대상이 갖는 사회적 관련성과 기능이 밀접할수록 입법자의 입법형성권이 넓어지고, 재산권의 범위는 상대적으로 축소된다고 한다(BVerfGE 100, 226). 앞서 설명한 우리 헌법재판소의 결정과 같은 맥락이다.

기본법 제14조 제3항 제2문은 공용수용의 근거법률에서 반드시 보상의 종류와 범위를 동시에 규정하도록 하고 있기 때문에 보상규정이 없는 공용수용을 정한 법률은 위헌이다. 이러한 위헌인 법률은 그 효력이 없고, 무효인 법률에 근거한 재산권 침해행위도 당연히 위법하게 된다. 이 경우 당사자를 구제할 방법은 연방헌법재판소의 해당 법률에 대한 위헌 판단과 그 법률에 근거한 침해행위의 취소뿐이다. 법원이 이러한 절차 대신에 보상을 허용해 줌으로써 보상규정의 흠결을 치유할 수는 없다.

〈이 사안에 관한 판단〉

토지소유자의 재산권이 당연히 지하수 개발·이용권을 포함하는 것은 아니고,[43] 수자원관리법에서 토지소유권과 지하수 개발·이용권을 분리하여 규율하면서 지하수 개발에 별도의 행정허가를 받도록 정한 것이 재산권의 침해에 해당하지는 않는다. 따라서 지하수 개발·이용에 대한 사전 허가는 보상의무 있는 공용수용이 아니라 수인하여야 할 재산권의 제한에 해당되므로, 수자원관리법에서 지하수 개발·이용의 제한에 대한 보상규정을 두지 않았다고 하여 그 법률이 기본법에 위반된다고 볼 수 없다.

---

43) 연방헌법재판소는 "지하수는 지하의 수로를 따라 흐리기 때문에 어느 특정 토지에 속한 한정된 재화가 아니다. 지하수의 개발로 다른 토지소유자의 지하수 이용이 어렵게 되거나 지하수 오염 등의 악영향이 초래될 수도 있다. 지하수 개발은 공공용수의 확보와도 불가분의 관련성을 가진다."는 논거를 들어 토지소유권과 지하수 개발·이용권을 분리하여 후자를 공법적인 규율대상으로 삼는 것은 정당하다고 보았다.

(나) 연방헌법재판소는 재산권의 존속보장과 가치보장의 이중적 체계가 기본법 제14조에 내재되어 있다고 보았다. 원칙적으로 재산권의 대상 그 자체가 보장되어야 하고, 예외적으로 공용수용의 엄격한 요건을 충족한 경우에만 가치보장으로 전환될 수 있다고 보아 재산권의 존속보장 우위를 확인하였다.44) 분리이론에 따르면 재산권의 내용규정과 공용수용은 엄격하게 구별되므로, 그 내용규정에 따라 도저히 수인할 수 없는 특별한 희생이 존재하더라도 수용유사적 침해로서 확장된 수용개념에 포섭되는 것이 아니라 원칙적으로 그 법률규정의 위헌 문제가 남을 뿐이다.

(다) 연방헌법재판소는 "기본법 제14조 제3항의 공용수용이란 개인의 재산권에 대한 국가적 침해이다. 그 목적에 따르면 공용수용은 같은 조 제1항에 의하여 보장되는 구체적이고 주관적인 법적 지위의 전면적 또는 부분적 박탈(Entziehung)을 의미한다."고 판시하였다.45) 공용수용 규정이 기본법 제14조 제3항의 요건을 충족하지 못하면 그 법률규정은 위헌이다. 특히 수용을 정한 법률에서는 반드시 그에 대한 보상도 함께 규율하여야 한다.46) 공용수용과 손실보상이 묶여서 규정되어야 한다는 의미에서 이를 불가분조항 또는 결부조항(Junktim-Klausel)이라고 한다.47) 수용만 정하고 보상을 규정하지 않거나 다른 법률에서 보상을 정하거나 그 보상의 수준이 기본법 제14조 제3항 제2문과 제3문에서 정하는 요구에 부합하지 않는 경우 그 공용수용 규정은 위헌이다. 재산권 가치보장으로의 전환을 엄격하게

---

44) Maunz/Dürig(2009), Art.14, Rn.8 ff.; 손실보상은 재산권의 완전한 보장이 아니고, 보상만 해주면 어떠한 재산권의 침해도 가능하다는 발상은 그 자체로 기본법에 반한다. 단지 재산권자에게 그 침해상태를 제거하기 위한 행정쟁송을 기대할 수 없거나 재산권의 존속보장이 불가능한 경우에 비로소 손실보상을 인정할 수 있는 것이다.

45) BVerfGE 24, 367; 42, 263; 52, 1; 58, 300; 70, 191.

46) BVerfGE 100, 226.

47) 다만, "만약에 이 법에 따른 조치가 공용수용을 의미한다면 그 손실을 보상하여야 한다."는 식의 이른바 예비적(보조적) 보상조항(salvatorische Entschädigungsklausel)은 명확성의 원칙에 반하므로 허용되지 않는다고 보아야 한다. BVerfGE 100, 226; Detterbeck(2011), Rn.1127; Maurer(2011) §27 Rn.95 참조.

제한하여야 재산권의 존속보장 우위가 실현될 수 있다고 본 것이다.[48] 따라서 법관이 임의로 위헌인 공용수용 법률을 유효하게 취급하고자 보상을 보충하는 등의 해석을 할 수는 없고, 연방헌법재판소에 위헌법률심판제청을 하여야 한다.[49]

(라) 연방헌법재판소는 재산권의 내용규정에 대한 위헌성 심사기준으로서, 비례의 원칙, 평등의 원칙, 신뢰의 원칙 등을 들고 있다.[50] 재산권의 내용규정이 비례의 원칙, 평등의 원칙 또는 신뢰의 원칙 등을 위반한 경우에 해당 규정은 위헌이 될 것인데, 보상을 통하여 그 위헌성을 완화·제거할 수 있는지 여부가 문제된다.

연방헌법재판소는 이른바 의무납본결정(Pflichtexmplarentscheidung)[51]에서 '보상의무 있는 내용규정(ausgleichspflichtige Inhaltsbestimmung)'이라는 법리를 제시하였다. 1949년 6월 23일자 Hessen 주 언론법 제9조에서는 문화교육부장관이 그 법률에서 정한 범위에 속하는 인쇄물의 사본을 일정한 도서관에 무료로 제출하도록 행정명령을 발할 수 있다고 규정하였다. 이에 근거한 의무납본명령 제1조 제1항에서는 Hessen 주의 모든 출판사가 주립도서관에 새로운 출판물 1부를 무료로 제출하도록 정하였다. 연방헌법재판소는 이러한 의무납본이 공용수용에 해당되지 않고 재산권의 내용규정에 속하지만, 고가의 출판물 등에 대한 예외 없이 일률적으로 부과되는 무료납본의무는 비례의 원칙과 평등의 원칙에 위반된다고 판단하였다. 다만, 출

---

48) 수용과 보상을 함께 규정함으로써 이러한 재산권 보장효과 이외에도 재산권 내용규정의 외관을 띤 보상규정 없는 위헌적 재산권 침해규정의 제정을 막는 입법적 경고효과와 의회 이외의 다른 국가기관이 법률규정에 없는 보상을 허용함으로써 발생하는 국가의 재정적 부담을 방지하는 의회 예산특권의 보장효과를 도모할 수 있다고 한다 (BVerfGE 46, 268).

49) Hesse(1985), Rn.451; 즉 연방헌법재판소는 보상규정의 흠결을 보완하려는 법원의 해석에 의한 보상은 어떠한 경우에도 허용되지 않는다고 본 것이다(BVerfGE 46, 268).

50) BVerfGE 52, 1; 58, 137.

51) BVerfGE 58, 137.

판사가 무료로 제출되는 출판물의 가치에 상응하는 보상을 받는다면 납본 의무에 이의를 제기할 수 없다고 하였다.

이와 같은 (조정적) 보상의무 있는 내용규정에 의하여 연방대법원의 확장된 수용개념이 실질적으로 부활하였다고 평가하는 견해가 있다. 보상의무 있는 내용규정은 수용적 침해와 그 적용영역이 상당 부분 겹치고, 보상의무 없는 재산권의 내용규정에 있어 어떠한 경우에 조정적 보상의무가 발생하는지에 관해서는 경계이론에서 사용되었던 특별희생이론 등이 다시금 떠오를 수밖에 없기 때문이라고 한다.[52] 이러한 비판이 독자적인 재산권 보장의 법리를 구성하고자 했던 연방헌법재판소의 입장에서는 다소 '뼈아플'지는 모르지만, 적어도 조정적 보상의무를 통해 '재산권의 사회적 제약 = 보상의무 없음, 공용수용 = 보상의무 있음'이라는 엄격한 이분법적 틀을 벗어난 것임은 분명해 보인다.

재산권의 내용규정이 재산권자에게 수인할 수 없는 희생을 요구하는 경우 입법자는 조정적 보상을 통해 '예외적으로' 그 내용규정을 기본법 제14조 제1항에 합치되도록 할 수 있다. 여기서 주목할 점은 조정적 보상이 입법사항이라는 것과 어디까지나 예외적으로만 허용된다는 것이다. 조정적 보상은 법적 근거를 요하고 기본법 제14조 제1항 제2문에서 곧바로 독자적인 보상청구권이 도출되는 것은 아니다.[53] 조정적 보상이 가능해보이더라도 그에 관한 명문의 규정이 없으면 그 법률규정의 위헌성은 제거·완화될 수 없다. 또한, 재산권의 제한이 비례의 원칙이나 평등의 원칙에 반하여 특정한 재산권자에게 그 부담을 요구할 수 없을 정도여서 재산권의 존립을 보장할 가능성이 없을 때에 한하여 조정적 보상이 인정될 수 있다.[54] 즉,

---

52) Maurer(2011), §27 Rn.81, 108.
53) Maurer(2011), §27 Rn.81; Detterbeck(2011), Rn.1178.
54) 조정적 보상의무의 예외적 인정요건과 관련하여 입법수용과 내용규정의 구별문제가 다시금 부상(浮上)한다. 연방헌법재판소는 내용규정과 입법수용은 별개라고 하면서 이는 수범자의 입장에서 구별되어야 한다고 보았다. 즉, 어떠한 법률규정이 이미 형성

조정적 보상은 위헌적인 재산권의 내용규정을 헌법에 합치되도록 만드는 전가(傳家)의 보도(寶刀)가 아니다.

(3) 연방대법원의 수정된 입장

연방헌법재판소의 자갈채취결정 이후 연방대법원은 수용유사적 침해와 수용적 침해에 대하여 기본법 제14조 제3항에 근거한 포괄적 보상청구권을 인정하였던 종래의 입장을 포기하고, 기본법 제14조 제3항의 요건을 충족하는 경우에 한하여 수용을 인정하는 협의의 수용개념을 받아들였다.55)

그런데 연방대법원이 수용유사적 침해와 수용적 침해의 법리를 완전히 폐기한 것은 아니다. 오히려 몇 차례 판결에서 이들 법리를 적용한 결론을 내렸다.56) 이상한 점은 수용유사적 침해와 수용적 침해는 '확장된' 수용개념을 전제로 하는 반면, 연방헌법재판소의 수용 법리는 엄격하게 기본법 제14조 제3항에 따르는 '협의의' 수용개념에 기반하므로 서로 모순된다는 것이다. 이에 연방대법원은 수용유사적 침해와 수용적 침해의 근거를 기본법 제14조 제3항에서 찾지 않고, 프로이센 일반란트법 서장(Einleitung zum Preußischen Allgemeinen Landrecht) 제74조와 제75조57)의 희생사상

된 재산권자에게 적용되면 재산권의 박탈이므로 입법수용이고, 새롭게 형성되는 재산권자에게 적용되면 재산권의 내용을 확정한 것이므로 내용규정이라는 것이다 (BVerfGE 58, 300). 애당초 재산권이 새롭게 형성되는지, 이미 형성되었는지 구별하는 기준이 명확하지 않은데도 위와 같이 해석하는 경우 재산권의 내용규정 형식을 띤 입법수용을 억지하기 어렵게 된다. 이에 연방헌법재판소는 조정적 보상의무를 제시하면서 실질적으로 특별희생의 존부를 다루었다. 결국은 경계이론으로 회귀하는 것이 아니냐는 비판도 무리가 아니고, 심지어는 조정적 보상의무가 내용규정과 입법수용의 엄격한 준별이 어렵다는 점을 자인한 결과는 아닐까 하는 의심마저 든다.

55) BGHZ 121, 73.
56) 수용유사적 침해에 대해서는 BGHZ 90, 17; 92, 34 등. 수용적 침해에 대해서는 BGHZ 91, 20 등 참조.
57) 프로이센 일반란트법 서장 제74조는 "국가 구성원의 개개의 권리 및 이익과 공동체의 복리를 증진시키는 권리 및 의무와의 사이에 현실적으로 충돌이 발생한 경우, 후자는 전자에 우선한다."고 규정하였고, 제75조는 "그 대상으로서 국가는 자신의 특별한 권

(Aufopferungsgedanken)에서 도출하기에 이른다.[58] 즉, 연방대법원은 수용유사적 침해와 수용적 침해를 기본법 제14조 제3항의 수용으로부터 분리하여 관습법적 법리로 선언한 것이다.[59]

연방대법원은 수용유사적 침해를 인정하면서도 입법적 불법만큼은 수용유사적 침해의 범주에서 배제하고 있다. 입법적 불법이란 형식적 법률 자체가 위헌이어서 그 자체로 재산권을 침해하는 경우, 구체적인 집행행위의 위법성이 전적으로 그 근거법률의 위헌성에서 나오는 경우를 말한다.[60] 연방대법원이 입법적 불법을 수용유사적 침해에서 제외하는 이유로는 국가재정에 미치는 광범위하고도 예측할 수 없는 부담, 의회의 재정특권에 대한 존중, 법정책적 고려에 따른 다양한 해결방안의 가능성이 제시되고 있다.[61] 이로써 수용유사적 침해의 적용범위는 ① 형식적 법률에 근거하지 않은 위법한 사실행위에 따른 재산권의 침해, ② 합헌적 법률의 위법한 집행행위, ③ 위헌인 법률에 근거한 집행행위이더라도 그 위법이 집행행위 자체에서 나오는 경우로 매우 제한된다.[62]

한편, 수용적 침해는 조정적 보상의무 있는 내용규정과 그 적용영역이 많이 겹쳐서 결과적으로는 이미 연방헌법재판소에 의해서 일정 부분 허용되었다고 표현해도 과언이 아니다. 공익사업으로 인하여 인접 토지 등에 발생하는 침해는 예견할 수 없어 사전에 보상규정을 둘 수 없다는 생각은 더 이상 통용되지 않는다. 이러한 전형적인 결과를 예정한 법률들이 다수 제정되었기 때문이다. 따라서 해당 공익사업의 시행에 따라 충분히 예견할

리 및 이익을 공동체의 이익을 위하여 제공한 자에 대하여 보상을 하여야 한다."고 규정하였다.
58) BGHZ 90, 17; 91, 20; 99, 24.
59) Maunz/Dürig(2009), Art.14 Rn.720 ff.
60) BGHZ 100, 136; 102, 350; 111, 349;125, 27; 134, 30 등.
61) Detterbeck(2011), Rn.1149; Maurer(2011), §27 Rn.91.
62) Wolff et al.(2010), §72 Rn.62; Wüstenbecker(2010), Rn.790; Detterbeck(2011), Rn.1150.

수 있는 전형적인 재산권 제한에 대하여 보상의무를 규정하는 것은 보상의
무 있는 내용규정의 영역에 속하는 것이고, 수용적 침해는 전형적인 결과
를 넘어선 예측할 수 없는 우연한 침해만을 포함한다고 보는 견해가 널리
받아들여지고 있다.[63]

나. 우리 헌법재판소의 입장

(1) 헌법재판소 결정례의 경향

헌법재판소는 다음과 같이 여러 결정을 통해 헌법 제23조 제3항에 따른
공용수용·사용·제한을 포괄하는 공용침해와 헌법 제23조 제1항 제2문의
내용제한규정 및 같은 조 제2항의 재산권의 사회적 제약을 구별하는 기준
을 형성하였다.

㉮ 헌법재판소는 개발제한구역 내에서 건축물의 건축 등을 할 수 없도
록 한 규정에 대해서 "토지재산권에 관한 권리와 의무를 일반·추상적으로
확정하는 규정으로서 재산권을 형성하는 규정인 동시에 공익적 요청에 따
른 재산권의 사회적 제약을 구체화하는 규정"이라고 보되, "종래의 지목과
토지현황에 의한 이용방법에 따른 토지의 사용도 할 수 없거나 실질적으로
사용·수익을 전혀 할 수 없는 예외적인 경우에도 아무런 보상 없이 이를
감수하도록 하고 있는 한, 비례의 원칙에 위반되어 당해 토지소유자의 재
산권을 과도하게 침해"한다고 판시하였다.[64]

---

[63] Maurer(2011), §27 Rn.109; 연방대법원도 이러한 입장을 취하고 있다(BGHZ 140, 200).

[64] 헌법재판소 1998. 12. 24. 선고 89헌마214, 90헌바16, 97헌바78(병합) 결정; 대법원도 개발제한구역 내의 건축물 이축을 일정한 범위 내로 한정하여 허가하도록 규정한 구 개발제한구역의 지정 및 관리에 관한 특별조치법령 조항이 개발제한구역 내의 건축물 소유자의 재산권을 과도하게 침해하여 헌법에 위배된다고 할 수 없다고 판시하였다(대법원 2007. 4. 13. 선고 2006두16373 판결).

㈏ 택지의 소유에 상한을 두거나 그 소유를 금지하고, 허용된 소유상한을 넘은 택지에 대하여는 처분 또는 이용·개발의무를 부과하며, 이러한 의무를 이행하지 않을 경우 부담금을 부과하는 규정에 대해서 "헌법 제23조 제1항 및 제2항에 의하여 토지재산권에 관한 권리와 의무를 일반·추상적으로 확정함으로써 재산권의 내용과 한계를 정하는 규정"으로서 "공익목적을 위하여 개별적·구체적으로 이미 형성된 구체적인 재산권을 박탈하거나 제한하는 것으로서 보상을 요하는 헌법 제23조 제3항 소정의 수용·사용 또는 제한과는 구별"된다고 판시하였다.[65]

㈐ 행정청이 아닌 시행자가 도시계획사업을 시행하여 새로이 설치한 공공시설은 그 시설을 관리할 국가 또는 지방자치단체에 무상으로 귀속되도록 한 규정에 대해서는 헌법재판관들의 의견이 팽팽하게 대립하였다. 4인의 헌법재판관들은 이 규정에 대하여 "그 규율형식의 면에서 개별·구체적으로 특정 재산권을 박탈하거나 제한하려는 데 그 본질이 있는 것이 아니라, 일반·추상적으로 사업지구 내의 공공시설과 그 부지의 이용 및 소유관계를 정한 것이라 할 것이고, 그 규율목적의 면에서도 사업주체의 법적 지위를 박탈하거나 제한함에 있는 것이 아니라, 다수인의 이해관계가 얽혀 있는 주택건설사업의 시행과정에서 불가피하게 재산권의 제약을 받는 사업주체의 지위를 장래를 향하여 획일적으로 확정함에 그 초점이 있다고 할 것이어서 헌법 제23조 제1항, 제2항에 근거하여 재산권의 내용과 한계를 정한 것"이라고 판단하였다. 반면에 3인의 헌법재판관들은 이 규정이 재산권의 내용과 한계를 정하는 규정이자 재산권에 대한 사회적 제약을 구체화한 규정이라고 보면서도 비례의 원칙에 위배되어 위헌이라고 보았다. 2명의 헌법재판관들은 특정한 토지의 소유권을 박탈하는 것이어서 전형적인 입법수용에 해당되는데도 무상수용을 인정한 것은 헌법 제23조 제3항에 위반된다고 판단하였다.[66]

---

65) 헌법재판소 1999. 4. 29. 선고 94헌바37 등 결정.

㈘ 학교환경위생정화구역 내에서 여관 영업을 금지한 규정에 대해서 "공익목적을 위하여 개별적·구체적으로 이미 형성된 구체적 재산권을 박탈하거나 제한하는 것으로서 보상을 요하는 헌법 제23조 제3항 소정의 수용·사용 또는 제한과는 구별"된다고 판단하였다. 나아가 건물의 용도와 영업의 종류에 대하여 일반적이고 광범위한 제한을 하는 것이 아니라 여관이라는 특정 용도로 건물을 사용하는 것을 제한할 뿐인 이상 "별도의 보상적 조치를 두지 않았다고 하더라도 이를 들어 재산권에 내재하는 사회적 제약의 범주를 넘었다고 할 수는 없다."고 판시하였다.67)

㈙ 민간사업시행자가 설치한 정비기반시설은 그 시설을 관리할 국가 또는 지방자치단체에 무상으로 귀속된다고 규정한 구 도시정비법 규정에 대해서 "정비사업의 시행으로 새로이 설치된 정비기반시설과 그 부지를 개별적이고 구체적으로 박탈하려는 데 그 본질이 있는 것이 아니라, 정비사업의 시행으로 새로이 설치된 정비기반시설과 그 부지의 소유관계를 일반적이고 추상적으로 규율하고자 한 [것이므로], … 재산권의 내용과 한계를 정한 것으로 이해함이 타당하다."고 판시하였다.68)

㈚ 가축전염병의 발생과 확산을 막기 위한 도축장 사용정지·제한명령을 정한 규정에 대해서 "공익목적을 위하여 이미 형성된 구체적 재산권을 박탈하거나 제한하는 헌법 제23조 제3항의 수용·사용 또는 제한에 해당하는

---

66) 헌법재판소 2003. 8. 21. 선고 2000헌가11, 2001헌가29(병합) 결정; 위헌의견이 5명으로 과반수이지만, 헌법 제113조 제1항에 따른 위헌정족수 6명에 이르지 못하여 합헌결정이 선고되었다.

67) 헌법재판소 2004. 10. 28. 선고 2002헌바41 결정; 헌법재판소는 이 결정 이후에 학교환경위생정화구역 내에서 PC방 영업을 금지한 규정에 대해서 같은 내용의 판시를 하면서 이러한 조치가 '재산권의 내용과 한계'에 해당한다는 취지로 판시하였다[헌법재판소 2010. 11. 25. 선고 2009헌바105, 2010헌바308(병합) 결정].

68) 헌법재판소 2012. 7. 26. 선고 2011헌마169 결정; 헌법재판소 2013. 10. 24. 선고 2011헌바355 결정; 행정청이 아닌 사업주체가 새로이 설치한 공공시설이 관리청에 무상으로 귀속되도록 한 구 주택건설촉진법 규정에 대한 같은 취지의 결정으로는, 헌법재판소 2015. 2. 26. 선고 2014헌바177 결정.

것이 아니라, 도축장 소유자들이 수인하여야 할 사회적 제약으로서 헌법 제23조 제1항의 재산권의 내용과 한계에 해당한다."고 판시하였다.[69]

(2) 구별기준에 대한 비판적 검토

(가) 헌법재판소는 헌법 제23조 제1항 및 제2항에 대해서는 '입법자가 장래에 있어서 추상적이고 일반적인 형식으로 재산권의 내용을 형성하고 확정하는' 의미로, 같은 조 제3항에 대해서는 '국가가 구체적인 공적 과제를 수행하기 위하여 이미 형성된 구체적인 재산적 권리를 전면적 또는 부분적으로 박탈하거나 제한하는' 의미로 해석하였다고 보인다.[70] 즉, 재산권의 제한이 개별적·구체적인 경우에는 공용수용·사용 또는 제한으로, 일반적·추상적인 경우에는 재산권의 내용제한규정으로 보되, 그 판단기준으로 재산권의 법적 지위(이미 형성되었는지, 새롭게 형성되는지)를 고려하려는 경향을 띤다고 요약할 수 있다. 이는 독일연방헌법재판소의 분리이론에 따른 것이라는 평가가 일반적이다.[71] 분리이론에서 재산권의 내용제한규정과 공용수용을 구별하는 핵심적인 기준을 사실상 그대로 원용했기 때문이다.[72]

---

69) 헌법재판소 2015. 10. 21. 선고 2012헌바367 결정; 따라서 보상금은 도축장 사용정지·제한명령으로 인한 도축장 소유자들의 경제적인 부담을 완화하고 그러한 명령의 준수를 유도하기 위하여 지급하는 시혜적인 급부라고 보았다.

70) 헌법재판소 1999. 4. 29. 선고 94헌바37 등 결정.

71) 성낙인(2022), 1516면; 정재황(2021), 1322~1323면; 정하중(2003), 76~80면; 한수웅 (2021), 877면; 이에 대하여 헌법재판소가 경계이론을 채택하였다고 평가하는 견해도 있다[최정일(2012), 173~177면]. 헌법재판소의 판시내용 중 "재산권의 내용·한계규정이 사회적 제약의 범위를 넘는 수용적 효과를 가지게 되는 경우에는 보상을 요한다."는 부분을 그 근거로 삼는다. 그러나 이 판시부분은 조정적 보상의무가 필요한 경우를 설명한 것으로 볼 수도 있다. 따라서 분리이론에 따라 이 판시부분을 해석할 수도 있으므로, 이 부분만으로 헌법재판소가 경계이론에 입각하였다고 단정하기는 곤란하다.

72) 독일 연방헌법재판소가 어떠한 법률규정이 이미 형성된 재산권자에게 적용되면 재산권의 박탈이므로 입법수용이고, 새롭게 형성되는 재산권자에게 적용되면 재산권의 내용을 확정한 것이므로 내용규정이라는 기준을 제시하였음은 이미 설명하였다 (BVerfGE 58, 300).

(내) 그러나 다음과 같은 몇 가지 이유에서 헌법재판소의 이러한 입장에 동조하기 어렵다. ❶ 무엇보다도 우리 헌법 제23조 제3항과 독일 기본법 제14조 제3항의 구조와 규율범위가 서로 다른데 독일의 분리이론을 수정 없이 그대로 가져다쓰는 것에는 의문이 있다.[73] 우리 헌법 제23조 제3항은 독일 기본법 제14조 제3항과는 달리 수용 이외에 사용과 제한까지도 보상영역에 포섭하였다. 재산권 제한의 양태만을 달리한다는 전제에서 수용, 사용, 제한을 병렬적으로 보상영역에 편입시킨 셈이다.[74] 그런데 독일의 분리이론은 기본법 제14조 제3항의 수용개념을 '좁게' 또는 '엄격하게' 인정하는 것을 핵심으로 한다. 애당초 명문에도 없는 사용이나 제한은 기본법 제14조 제3항의 규율범위에 속하지 않는 것이다. 이로써 독일의 분리이론상 내용제한규정에 속할 어느 영역이 공용사용 또는 제한으로서 우리 헌법 제23조 제3항의 규율범위에 들어올 수 있는데, 헌법재판소의 결정들 중에서 이 점을 지적한 예를 찾기 어렵다.

❷ 또한, 이미 형성된 재산권과 새롭게 형성되는 재산권의 구별이 언제나 명확한 것은 아니다. ㉯ 결정에서 '새로이 설치된 정비기반시설과 그 부지'는 새롭게 형성되는 재산권이라고 할지 모른다.[75] 그렇다면 ㉰ 결정의

우리 헌법 제23조 제3항	독일 기본법 제14조 제3항
공공필요에 의한 재산권의 수용·사용 또는 제한 및 그에 대한 보상은 법률로써 하되, 정당한 보상을 지급하여야 한다.	수용은 공공복리를 위해서만 허용된다. 수용은 보상의 종류와 범위를 정한 법률로써 또는 법률에 기해서만 행하여질 수 있다. 보상은 공공과 당사자의 이익을 공정하게 형량하여 정하여야 한다. 보상액 때문에 분쟁이 생긴 경우에는 정규 법원에 제소할 길이 열려 있다.

73) 우리 헌법 제23조 제3항과 독일 기본법 제14조 제3항의 규정내용은 다음과 같이 분명히 다르다.
74) 뒤에서 살펴보겠지만 이러한 규정내용이 재산권의 내용제한규정과 공용사용·제한의 구별을 어렵게 하고 있다.
75) 뒤에서 설명하겠지만 단지 새로이 형성되는 재산권이라도 그 규율의 내용이 재산권의 전면적·강제적 박탈이라면 공용수용의 영역에 편입시켜야 한다고 본다.

'도축장 사용권'도 새롭게 형성되는 재산권인가? 오히려 이미 형성된 재산권의 사용권능을 가축전염병 등을 이유로 사후에 제한하는 것으로 보아야 하지 않을까? ㉓ 결정에서도 여관영업이 개시되기 전에 '학교환경위생정화구역'이 지정된 경우(새롭게 형성되는 재산권)와 영업 개시 후에 구역지정이 된 경우(이미 형성된 재산권)는 분명히 규율이 달라야 할 것인데도 이를 특별히 구별하지 않고 있다. 이러한 구별기준의 모호성은 헌법재판소가 미리 정한 결론에 따라 보상이 필요하면 공용수용, 사용 또는 제한으로, 보상이 필요 없으면 재산권의 내용제한 또는 사회적 제약으로 귀속시킨다는 '오해'마저 불러올 수 있다.

❸ 나아가 재산권의 내용제한규정 및 사회적 제약과 공용수용·사용 또는 제한을 규율의 일반성과 개별성으로 구별하려는 시도는 입법수용을 간과할 위험성을 내포한다. 뒤에서 살펴보겠지만 우리 헌법 제23조 제3항에서 수용의 법률유보를 선언하였을 뿐, 그 수용의 방식을 제한하지는 않았다. 따라서 법률규정 자체로 수용의 효과를 발하는 입법수용도 허용된다고 보아야 한다. 그런데 입법수용은 법률이라는 형식의 특성상 일반적이고 추상적인 규율의 면모를 띤다. 헌법재판소의 입장에 따르면 입법수용도 재산권의 내용제한 또는 사회적 제약에 포함된다고 해석할 여지가 생기는 셈이다. ㉓ 결정에서 2인의 헌법재판관들은 반대의견으로 이 점을 지적하였다. 도시계획사업으로 새로이 설치된 공공시설을 국가 등에 무상으로 귀속시키는 것은 재산권의 전면적인 박탈에 다름 아니어서 전형적인 입법수용이라는 것이다. 재산권의 제한에 대한 헌법적 정당성과 손실보상이 걸려있는 중요한 쟁점에 대해서 헌법재판관들의 의견이 일치를 보이지 못할 만큼 그 기준이 분명하지 않은 셈이다.

한편, 헌법재판소는 하천을 국유로 한다고 정한 구 하천법 규정에 대하여 입법수용을 정한 것이라고 판단하였다.[76] 이 결정과 ㉓ 결정은 무엇이

---

76) 헌법재판소 1998. 3. 26. 선고 93헌바12 결정.

다르기에 전혀 상반된 결론으로 이어졌는가? ㉓ 결정에서는 도시계획사업으로 새롭게 형성되는 재산권을 다루었기 때문에 구 하천법 결정과는 차이가 있다고 할지도 모르겠으나, 재산권을 전면적·강제적으로 박탈하는데도 단지 규율의 형식이 일반적·추상적이어서 재산권의 내용제한규정이라는 논리는 받아들이기 어렵다.

❹ 헌법재판소의 구별기준은 공용수용의 공공필요 검증마저 무력화시킬 수 있는 위험성을 내포한다. 재산권의 일반적·추상적 제한이면 내용제한규정에 해당된다는 단순화된 기준은 자칫 일반적 규율의 형식을 띤 재산권의 전면적·강제적 박탈에 대하여 광범위한 입법형성의 자유를 인정하는 논리로 흐를 수 있다. 뒤에서 설명하겠지만 공용수용의 헌법적 정당화 기제인 '공공필요'에서 요구하는 공익성은 특별히 중대한 고양된 공익이다. 그런데 재산권의 내용제한규정에 대한 심사법리는 이러한 엄격한 심사기준과는 거리가 멀다. 헌법재판소의 구별기준이 '손쉽게 수용의 효과를 도모하려는 시도'를 제대로 막아내지 못할까 우려스럽다.

❺ 손실보상의 관점에서도 아이러니한 상황과 마주하게 된다. 재산권의 존속보장 우위를 관철하기 위해 선택한 분리이론이 재산권의 내용제한에 대한 '지나치게 완화된 기준'과 맞물릴 경우에는 오히려 가치보장을 해야 할 영역마저 부정해버리는 재산권 보장의 공백을 초래할 수도 있다. 어떠한 재산권의 제한을 재산권의 내용제한으로 볼 경우에도 그것이 재산권의 본질적인 내용을 침해할 경우에는 그 규정 자체를 위헌으로 보아야 한다.[77] 그런데 입법형성의 자유라는 명목에 가려져 재산권의 본질적 침해를 제대로 걸러내지 못하면 재산권자는 어떠한 법리로도 재산권을 보장받지 못하는 상태에 놓이게 된다.

---

77) ㉓ 결정과 ㉕ 결정은 특히 수긍하기 어렵다. 설령 이러한 시설의 무상귀속을 재산권의 내용제한 또는 사회적 제약이라고 보더라도 재산권의 전면적인 박탈은 그 자체로 '재산권의 본질적인 내용의 침해'인데도 헌법재판소가 이를 외면한 것이 아닌가 생각한다.

(3) 조정적 보상의무

재산권의 제한이 헌법 제23조 제1항, 제2항의 내용제한규정이나 사회적 제약의 한계를 벗어나면서 같은 조 제3항에 따른 공용수용·사용·제한에도 해당되지 않지만 중대하고 수인할 수 없는 정도로 재산권을 침해하는 경우 보상규정을 통하여 그 위헌성을 완화·조정할 수 있는지 문제된다.

독일의 분리이론을 채택한 헌법재판소는 다음과 같이 판시함으로써 조정적 보상의무 있는 내용제한 법리까지도 받아들였다. "재산권에 대한 제약이 비례원칙에 반하여 과잉된 것이라면 그 제약은 재산권자가 수인하여야 하는 사회적 제약의 한계를 넘는 것이므로, 입법자가 재산권을 비례의 원칙에 부합하게 합헌적으로 제한하기 위해서는 수인의 한계를 넘어 가혹한 부담이 발생하는 예외적인 경우에는 이를 완화하는 보상규정을 두어야 한다."[78]

그런데 헌법재판소는 조정적 보상의 방식을 금전적 보상으로 한정하지 않았는데, 다음과 같은 판시내용이 이러한 생각을 함축적으로 담고 있다. "재산권의 침해와 공익간의 비례성을 다시 회복하기 위한 방법은 헌법상 반드시 금전보상만을 해야 하는 것은 아니다. 입법자는 지정의 해제 또는 토지매수청구권제도와 같이 금전보상에 갈음하거나 기타 손실을 완화할 수 있는 제도를 보완하는 등 여러 가지 다른 방법을 사용할 수 있다. 즉, 입법자에게는 헌법적으로 가혹한 부담의 조정이란 '목적'을 달성하기 위하여 이를 완화·조정할 수 있는 '방법'의 선택에 있어서는 광범위한 형성의 자유가 부여된다."[79]

---

78) 헌법재판소 2005. 9. 29. 선고 2002헌바84·89, 2003헌마678·943(병합) 결정; 헌법재판소 2020. 4. 23. 선고 2018헌가17 결정.
79) 헌법재판소 1998. 12. 24. 선고 89헌마214, 90헌바16, 97헌바78(병합) 결정.

다. 우리 헌법상 새로운 구별기준의 정립

(1) 헌법 제23조 제3항과 독일 기본법 제14조 제3항의 구조적 차이

앞서 간단히 설명했지만, 우리 헌법 제23조 제3항과 독일 기본법 제14조 제3항의 규정내용과 규율범위는 서로 다르기 때문에, 독일의 분리이론을 가감 없이 그대로 받아들이는 것은 오히려 재산권의 내용제한규정 및 사회적 제약과 공용수용의 구별에 혼선을 초래할 수도 있다.

헌법 제23조 제3항에서는 공용수용 이외에도 공용사용과 공용제한을 병렬적으로 규정하고 있다.[80] 수용, 사용, 제한을 한꺼번에 묶어서 규율하였는데, 이를 통칭하여 '공용침해'라 한다.[81] 일반적으로 '공용사용'은 공공필요를 목적으로 한 재산권의 박탈에 이르지 않는 일시적·강제적 사용을, '공용제한'은 공공필요를 위한 재산권의 사용·수익·처분권능의 공법적 제한을 의미한다고 새긴다.[82] '공용제한'을 재산권의 사용·수익권능(사적 이용권)과 처분권능의 일부에 대한 제한을 포괄한다고 본다면, 재산권의 사용·수익권능을 제한하는 공용사용도 공용제한에 포섭되는 재산권 제한의 한 유형이고, 단지 그 시간적 범위가 일시적일 뿐이라고 보는 것이 타당하다.

헌법 제23조 제3항의 공용사용·제한 규정부분은 공용수용에만 집중하여 재산권의 내용제한규정 및 사회적 제약과의 구별기준을 도출하면 되는 독

---

80) 수용, 사용, 제한을 모두 포괄하고 있는 우리 헌법의 광범위한 규정방식은 확장적 해석을 필요로 하는 독일 기본법보다 훨씬 우수한 입법이라는 평가로는, 홍강훈(2013), 633면 참조.

81) 공용침해를 '물적 공용부담'이라고 일컫기도 하고[박균성(2019), 479면], '공용제약'이라고 부르기도 한다[이준일(2019), 657면].

82) 성낙인(2022), 1512~1513면; 이준일(2019), 657면; 정재황(2021), 1321면; 정하중·김광수(2021), 1172면; 공용사용을 '재산권 중 사용권의 부분적 박탈'로, 공용제한을 '재산권 중 분리될 수 있는 다른 부분적 권리의 박탈이나 그 이외의 제한'으로 보는 견해[한수웅(1996), 35면]도 있다. 이 견해에 대하여 통설이 공용침해의 개념을 독일의 공용수용개념인 'Enteignung'보다 넓게 해석함에 반하여, 위 견해는 양자를 어느 정도 일치시킬 수 있다는 평가가 있다[정남철(2005), 139면].

일 법제와는 다른 평면의 논의과제를 남긴다. 수용개념을 넓게 볼 것인지, 또는 좁게 볼 것인지 하는 근본적인 전제에서 논의를 시작하는 분리이론과 경계이론을 우리 헌법의 해석에 그대로 적용할 수는 없는 것이다.

(2) 불가분조항의 인정 여부

독일 연방헌법재판소의 재산권 이론 중 '공용수용'의 개념과 범위에 관한 부분은 대체로 우리 헌법의 해석에도 그대로 적용할 수 있다고 본다. 공용수용 개념의 지나친 확장은 재산권의 존속보장 우위의 이념에 반한다는 점은 우리의 경우에도 타당하기 때문이다. 다만, 헌법 제23조 제3항이 공용수용과 손실보상을 반드시 동일한 법률에서 규정하여야 함을 선언한 것(불가분조항 또는 결부조항)으로 해석할 수 있는지 여부에 대해서는 견해가 대립한다.

부정설에서는 헌법 제23조 제3항에서 보상에 관한 입법형성의 자유를 인정하였음을 그 근거로 삼는다.[83] 또한, '법률에 규정이 없으면 보상을 청구할 수 없다.'는 의미로 법률유보를 해석하는 경우에는 재산권 보장의 이념에 반하게 됨을 지적한다. 헌법 제23조 제3항의 '법률유보'는 헌법상 당연히 인정되는 손실보상청구권의 구체적인 내용과 절차에 대한 입법만을 입법자에게 위임한 것으로 해석해야 한다는 것이다.[84]

그러나 헌법 제23조 제3항도 공용수용과 손실보상을 불가분적으로 결합하여 동일한 법률에서 규정하여야 함을 밝혔다고 해석하는 것이 타당하다.[85]

❶ 무엇보다도 헌법 제23조 제3항의 법률유보원칙에 충실한 해석론을 전개하여야 한다. 기본권의 제한에 관한 법률의 제정에 있어서 입법자는 그에 관한 본질적인 사항을 빠짐없이 규정하여야 한다. 즉, 행정작용의 근

---

83) 김문현(2004), 13면; 성낙인(2022), 1515면; 정재황(2021), 1323~1324면.
84) 최정일(2012), 179면.
85) 같은 취지로, 강태수(2004), 139면; 이준일(2019), 663면; 한수웅(2021), 889면 등.

거를 법률에 두기만 하면 충분한 것이 아니라, 국민의 기본권 실현에 관련된 영역에 있어서는 입법자가 스스로 그 본질적인 사항에 대하여 결정하여야 한다는 이른바 의회유보원칙은 헌법상 법치주의에 따른 요청이다.[86] 공용수용에 있어 손실보상이 재산권의 제한과 관련된 본질적인 부분에 해당함에는 다툼의 여지가 없다. 따라서 손실보상만큼은 반드시 공용수용의 근거법률에 정해져 있어야 한다. 이러한 해석은 독일에서 논의되던 불가분조항의 목적 또는 취지 중 기본권 보호적 기능(재산권의 존속보장 우위)과도 일맥상통한다.

❷ 더불어 헌법 제54조 이하에서 인정한 국회의 재정특권을 존중하는 차원에서도 민주적 정당성을 지닌 국회에서 공용수용의 근거법률에 손실보상을 함께 정하도록 하는 것이 타당하다. 국회가 그 입법의무를 해태하는 경우 입법부작위 위헌소원이나 위헌법률에 의한 재산권침해를 이유로 한 국가배상청구를 할 수 있을 것이다.[87]

❸ 부정설에서 그 근거로 삼는 손실보상청구권이 헌법상 당연히 인정된다고 하는 논리는 지나치게 의제적이고 법률유보를 선언한 문언과도 배치된다. 보상에 관한 입법형성의 자유는 어디까지나 의회유보의 원칙 내에서 인정되어야 한다. 더욱이나 공용수용의 근거법률 이외의 법률에서 손실보상을 규정하는 것을 허용하여야 할 근본적인 이유가 무엇인지, 이로써 어떻게 재산권 보장이념을 구현할 수 있다는 것인지 알 수 없다.

(3) 독일 분리이론 및 경계이론의 수용가능성

독일의 분리이론과 경계이론은 재산권 보장의 공백을 메우기 위한 다양한 시도로서 나타났다. 이들 이론의 대립과정에서 등장한 주된 쟁점으로는,

---

86) 헌법재판소 1999. 5. 27. 선고 98헌바70 결정; 헌법재판소 2009. 2. 26. 선고 2008헌마370 결정; 헌법재판소 2009. 10. 29. 선고 2007헌바63 결정.
87) 성낙인(2022), 1514면.

조정적 보상의무 있는 내용규정, 수용유사적 침해, 수용적 침해가 있다. 이러한 쟁점별로 독일의 분리이론과 경계이론을 우리 법제에 수용할 수 있는지, 그 가능성을 타진해보자.

㈎ 먼저 조정적 보상의무 있는 내용규정 법리에 대해서 살펴보자. 헌법 제23조 제3항에서는 독일 기본법 제14조 제3항에는 없는 '사용, 제한'을 수용과 함께 보상의 영역 내로 편입시켰기 때문에, 협의의 수용개념을 전제로 한 분리이론과는 논의의 전제가 되는 헌법규정에서 이미 차이를 보인다. 헌법 제23조 제1항 제2문의 '한계'와 같은 조 제3항의 '제한'이 실질적으로 같은 의미를 지니므로, 재산권의 내용제한과 공용제한을 나누는 기준이 문제된다. 또한, 조정적 보상의무 있는 내용규정 법리가 우리 법제에서도 유효하게 활용될 수 있는지도 논란의 여지가 있다.

헌법 제23조 제3항에서 공용수용 이외에 공용제한을 보상의 영역에 편입시킨 것은, 그 재산권 제약의 정도가 재산권의 일부 권능을 박탈하였다고 볼 만큼 중대할 것을 예정한 취지라고 보아야 한다.[88] 즉, 공용제한은 공용수용과 마찬가지로 공공필요, 법률유보, 정당보상의 요건을 공유하므로, 그 재산권 제한의 정도도 공용수용에 준하여 보아야 한다는 것이다.

재산권 제한의 정도가 공용제한에서 요구하는 정도에 이르지 않는 경우에는 언제나 보상의무는 존재하지 않는 것일까? 그러한 경우에도 비례의 원칙이나 평등의 원칙에 위반하여 재산권자로 하여금 수인케 할 수 없는 특별한 희생을 강요한다면, 조정적 보상의무가 필요하다고 본다.[89] 그 재산권 제한의 근거법률이 갖는 위헌성을 완화하는 기제로 조정적 보상의무가 활용될 수 있다는 취지이다. 조정적 보상의무가 국회에서 제정된 법률에 규정되어 있어야 함은 물론이다. 조정적 보상의무는 반드시 금전적 보

---

88) 공용제한을 재산권의 질적 일부 박탈이라고 표현할 수 있다.
89) 이는 독일 경계이론에서 제시된 '경계'의 기준들, 즉 특별희생설, 수인가능성설, 중대설 등을 참고하여 형성한 기준이다.

상으로 그 방법이 한정되지 않고,[90] 재산권 제한의 근거법률에서 보상의무를 함께 규정해야만 하는 것은 아니라는 점에서 공용제한의 정당보상과는 구별된다.

결국 헌법 제23조 제1항 제2문과 제2항에 따른 재산권의 제한과 같은 조제3항의 공용제한은 재산권 제한의 강도와 그 제한효과의 비례성 및 중대성을 기준으로 연속적인 경계를 형성하고 있다고 보는 것이 타당하다.[91] 즉, 보상이 필요 없는 재산권의 제한, 조정적 보상이 필요한 재산권의 제한, 정당보상이 따르는 공용제한으로 나뉘는 것이다.

(나) 수용유사적 침해와 관련해서는 경계이론의 논리를 곱씹어볼 필요가 있다. 위법한 재산권의 침해는 적법성을 전제로 하는 헌법 제23조 제3항의 공용수용이나 공용제한에 담아낼 수 없기 때문에[92] 그 보상의 공백을 메울 법리로서 수용유사적 침해보상의 법리를 원용할 여지가 있는 것이다.

독일 연방대법원이 연방헌법재판소의 자갈채취결정 이후에 관습법상의 희생보상의 원칙에서 수용유사적 침해보상의 근거를 찾고 있음은 앞서 살펴보았다. 그러나 우리 헌법의 해석에서 이 근거를 그대로 가져올 수는 없다. 희생사상이라는 것이 우리 관습법에서도 인정된다고 볼 근거가 충분하지 않기 때문이다. 결국 위법한 재산권의 침해에 대한 보상의 헌법적 근거로 삼을 만한 것이 마땅치 않다. 특히 위법·무책한 재산권 침해에 대한 보상과 관련해서는 재산권 보장의 공백이 있다고 본다.[93] '적법한 수용이 보

---

90) 입법자가 재산권 제한의 근거법률에 있는 위헌성을 제거·완화하기 위하여 다양한 조치를 규정할 수 있는 입법형성권을 갖는다.

91) 같은 취지로, 이준일(2019), 661면 참조.

92) 수용의 적법성이 공용수용의 개념요소인지 여부에 대해서는 견해의 대립이 있는데, 결론적으로 적법성을 개념요소로 보아야 한다고 생각한다. 이에 대해서는 뒤에서 자세히 살펴본다.

93) 위법·유책한 재산권의 침해에 대해서는 손해배상청구권이 발생할 것이므로 특별히 문제될 것이 없고, 위법·무책한 재산권의 침해가 수용유사적 침해와 관련하여 주로 문제되는 영역임은 주지하는 바와 같다.

상된다면, 위법한 재산권 침해도 당연히 보상되어야 한다.'는 독일 연방대
법원의 근본적인 생각에는 의문의 여지가 없다. 단지 이러한 생각을 뒷받
침해 줄 헌법상 근거가 미흡한 것이 아쉽다. 입법론적으로 위법·무책한 재
산권의 침해에 대한 보상과 관련한 일반규정이 제정되어야 하고, 해석론으
로는 재산권의 침해에 대하여 책임을 면하는 범위를 최소화하는 접근이 이
루어져야 한다.94)

(다) 수용적 침해보상의 법리도 우리 헌법의 해석영역으로 보듬기에는 어
려움이 있다. 헌법 제23조 제3항은 공용수용에는 이르지 않았으나 이에 준
할 정도로 중대하고 수인하기 어려운 재산권의 제한을 공용제한으로 삼았
다. 따라서 재산권 제한의 정도와 내용을 제외하고 공공필요, 의도된 고권
적 법률행위와 같은 공용수용의 개념요소는 공용제한에도 그대로 타당하
다고 새겨야 한다. 더욱이나 공용제한도 법률로써 정해야 하는데, 의도되지
않은 재산권의 제한은 애당초 법률로 정해질 수 없는 것이다.95)

그러나 실제로는 수용적 침해가 문제될 영역이 넓지는 않을 것이다. 예
전에는 예견할 수 없었던 침해들에 대해서도 이를 보상하는 규정을 둔 법
률들이 제정되는 예가 점차 많아지고 있기 때문이다. 공익사업의 시행에
따른 부수적인 재산권의 침해에 대하여도 예측할 수 있는 전형적인 결과인
경우에는 사전에 법률로써 보상규정을 둘 수 있다. 토지보상법에서 간접손

---

94) 헌법 제23조 제1항에서 수용유사적 침해보상의 근거를 찾는 견해가 있다[홍강훈
(2013), 638~639면]. 수용유사적 침해보상의 근거를 찾아내야 하는 당위성과 필요성
은 충분히 수긍할 수 있지만, 재산권 보장의 일반이념에서 수용유사적 침해보상청구
권을 이끌어낸다는 것은 지나친 비약이라고 생각한다. 이러한 논리라면 공용수용에 따
른 손실보상청구권도 헌법 제23조 제1항에서 당연히 도출되고, 같은 조 제3항은 불필
요한 것이 아닐까? 일반규정에서 구체적인 권리를 도출해내는 데에는 신중해야 한다.

95) 이른바 예비적(보조적) 보상조항이 명확성의 원칙에 반한다는 점은 이미 언급하였다.
헌법 제23조 제3항에서 수용, 사용 이외에 '제한'까지도 규정한 것은 비의도적 침해까
지도 고려한 것이므로 수용적 침해를 공용제한에 포섭시킬 수 있다는 견해가 있다[홍
강훈(2013), 636~637면]. 그러나 공용제한도 공용수용과 공통되는 개념표지를 가진다
고 해석하여야 하고, 의도성도 이에 포함되어야 함은 위에서 설명하였다.

실보상으로 논의되는 영역도 수용적 침해보상과 직접 관련된다고 볼 수 있
다.96) 이로써 앞서 설명하였듯이 수용적 침해는 전형적인 결과를 넘어서서
예견할 수 없는 우연한 침해만을 포함하게 되는데, 그러한 침해의 영역은
예측 가능한 범위의 확장에 따라 점차 축소되고 있다.97)

5. 공용수용의 개념요소

재산권의 경제적 가치와 더불어 개인적 특질(personhood), 주관적 가치까
지 떠올려보면,98) 재산권은 인간다운 삶을 자주적으로 영위할 수 있는 경
제적 조건을 형성하는 가장 기본적인 권리임을 알게 된다.99) 재산권의 보
장은 존속보장의 우위 속에 존속보장을 관철할 수 없는 경우 가치보장을
통하여 그 빈틈을 메우는 것이라고 표현하더라도 크게 무리는 아니다. 재
산권을 있는 그대로 보장할 수 없다면 그 가치라도 보장해야 한다는 관념
은 재산권의 '철저한' 보장을 지향하지만, 아이러니하게도 그럴듯한 명분을

---

96) 공익사업 시행지 밖에서 야기되는 타인의 토지 등 재산권에 가해지는 손실에 대한
    보상을 '간접손실보상'이라 한다. 간접손실은 기술적·물리적 손실과 사회적·경제적
    손실을 포괄하므로, 수용적 침해로 볼 수 있는 항목들이 대체로 여기에 포함된다. 토
    지보상법 시행규칙 제7절에서는 '공익사업시행지구 밖의 토지 등의 보상'이라는 표제
    아래 간접손실보상을 폭넓게 규정하고 있다.
97) 공용수용의 개념을 공용침해로 확장하는 경우 수용유사적 침해와 수용적 침해를 공용
    수용의 법리로 규율할 수 있게 된다는 주장도 있다[석종현(2019), 277면]. 그러나 앞
    서 설명하였듯이 공용제한은 재산권 제한의 정도를 제외한 공용수용의 개념표지를
    공유한다고 새겨야 한다. 따라서 적어도 헌법 제23조 제3항의 공용침해로 수용유사적
    침해와 수용적 침해를 규율하기는 어렵다고 본다.
98) 재산은 개인이 인격적 실체로서 스스로를 구성하는 방식의 일부이기 때문에 재산권이
    개인의 인격과 밀접한 관련성을 갖는다는 주장으로, Radin(1982), pp.957~973 참조.
99) 헌법재판소도 "재산권은 기본권의 주체로서의 국민이 각자의 인간다운 생활을 자기
    책임 하에 자주적으로 형성하는 데 필요한 경제적 조건을 보장해 주는 기능을 한다.
    그러므로 재산권의 보장은 곧 국민 개개인의 자유 실현의 물질적 바탕을 의미한다고
    할 수 있고, 따라서 자유와 재산권은 상호보완관계이자 불가분의 관계에 있다."고 판
    시하였다[헌법재판소 1998. 12. 24. 선고 89헌마214, 90헌바16, 97헌바78(병합) 결정].

내세워 재산권을 박탈하더라도 손실보상만 충분히 해주면 된다는 생각을 낳을 위험도 안고 있다. 이러한 사고가 재산권의 존속보장에 중대한 위험이 될 수 있음은 물론이다. 재산권의 존속을 방어하기 위해서는 그 존속보장의 예외로서의 공용수용이 무엇인지 규명하는 것이 반드시 선행되어야 한다. 공용수용의 외연이 확정되어야 재산권의 존속이 보장되는 영역도 분명해질 것이기 때문이다. 공용수용의 포섭범위를 획정하는 차원에서 공용수용의 개념요소를 분석해보자.

가. 공공필요의 존재

공용수용에는 공공필요가 전제되어야 한다. 공공필요 개념의 추상성, 불확정성으로 인하여 공공필요가 무엇인지 단적으로 표현하기는 어렵다. 제2장에서 공공필요의 개념과 판단기준에 관하여 상세하게 검토할 것이므로, 여기서는 '일반 공중의 이익을 위하여 반드시 일정한 재산권의 강제적 박탈이 필요할 것'이라는 정도로 언급해둔다. '공공필요'는 구체적인 사안에서 관련된 공익과 사익을 모두 형량함으로써 그 의미가 구체화된다. 즉 공적 과제의 수행이라는 목적지향성을 비례의 원칙에 따라 판단하는 것이다.

공용수용은 공공필요가 인정되는 특정한 사업을 위하여 행해진다는 점에서 일반적인 재정조달이나 질서유지를 위한 재산권의 박탈과는 구별된다. 즉, 조세나 이행강제금 등은 개인에게서 재산권을 빼앗는 것이지만 공용수용은 아니다.

나. 특정한 재산권을 강제로 박탈하는 고권적 법률행위

(1) 특정한 재산권

재산권은 경제적 가치가 있는 모든 공법상·사법상의 권리를 뜻하고, 사적 유용성 및 그에 대한 원칙적인 처분권을 내포하는 재산가치 있는 구체적 권리를 포괄한다.100) 공용수용의 객체인 재산권은 재산적 가치가 있는 법적 지위로서 사법상의 재산권보다 넓은 의미를 가진 것으로 이해되고 있다.101) 광업권, 어업권 등도 재산권에 포함되지만,102) 단순한 기대이익이나 반사적 이익은 여기에서 제외된다.103)

무체재산권(지적재산권)의 경우 원론적으로 수용의 객체인 재산권의 범주에서 제외할 것은 아니다. 헌법 제22조 제2항에서 무체재산권의 특수성을 인정하여 별도로 그 보장에 관한 조문을 두었을 뿐, 그 재산권성을 배제하는 취지로 새길 수는 없다. 그렇게 해석하지 않으면, 헌법에서 특별히 보호한 무체재산권이 공용수용의 제한 법리로부터는 보호받지 못하는 불합리한 결과가 초래되기 때문이다. 그런데 토지보상법 제3조에서는 무체재산권을 수용의 목적물 또는 대상으로 열거하지 않았다.

'영업권'을 수용의 대상인 재산권으로 볼 수 있는지 여부가 문제된다. 영업권은 그 기업의 전통, 사회적 신용, 입지조건, 특수한 제조기술 또는 거래관계의 존재 등 영업상의 기능 또는 특성으로 인하여 동종의 사업을 영위하는 다른 기업의 통상수익보다 높은 수익을 올릴 수 있는 초과수익력이라는 무형의 재산적 가치를 말한다.104) 영업권은 그 개념상 재산권에 속함

---

100) 헌법재판소 2005. 7. 21. 선고 2004헌바57 결정; 헌법재판소 2014. 3. 27. 선고 2013
　　 헌바198 결정.
101) 사법상 재산권 이외에도 의료보험청구권이나 국민연금청구권과 같이 공법상으로 재
　　 산적 가치가 있는 권리까지도 포함되기 때문이다[Detterbeck(2011), Rn.1113].
102) 토지보상법 제3조 제3호 참조.
103) 헌법재판소 1996. 8. 29. 선고 95헌바36 결정; 헌법재판소 2002. 12. 18. 선고 2001헌
　　 바55 결정; 헌법재판소 2019. 2. 28. 선고 2017헌마374·976, 2018헌마821(병합) 결정.
104) 대법원 2002. 4. 12. 선고 2000두7766 판결; 대법원 2004. 4. 9. 선고 2003두7804
　　 판결; 대법원 2017. 7. 18. 선고 2016다254740 판결; 이러한 영업권 개념은 영업권을
　　 측정하기 위한 이론적 접근방법 중 '초과이익접근법'에 근거한 것이다. 이 방법에서
　　 는 영업권을 회계상 동일하거나 유사한 산업에 속한 기업들의 미래 기대되는 정상이
　　 익을 초과하는 부분을 자본환원률로 할인한 현재가치로 평가하게 된다. 반면에, 미
　　 연방대법원은 '잔여이익접근법'에 따라 영업권을 지속적인 고객의 이용과 격려의 결
　　 과물로서 자본이나 자산 등을 초과하여 기업 등에 의해 소유되는 효익으로 정의한다

이 분명하다. 그런데 토지보상법은 제3조에서 영업권을 수용의 객체로 열거하지 않으면서도 제77조에서는 영업의 손실 등에 대한 보상을 규정하고 있다. 이 때문에 영업권이 수용의 객체 또는 대상에 해당될 수 있는지 논란이 되는 것이다.

생각건대, 이론적으로는 영업권을 수용의 객체로 삼아 다른 지장물처럼 사업시행자가 이를 취득하여 소멸시키는 것으로 법제를 구성할 수 있다. 그러나 우리 법제에서는, 영업권을 정량적으로 측정하기 쉽지 않은 점, 일정한 공익사업의 시행에 따른 영업적 손실요소가 영업권에 고스란히 반영되어 있다고 보기 어려운 점 등을 고려하여 유형·무형의 재산과 경제적 가치를 갖는 사실관계가 서로 유기적으로 결합하여 수익의 원천으로 기능하는 일체화된 영업을 중단 또는 폐지함으로써 발생하는 손실을 보상하도록 규정하였다고 본다. 따라서 적어도 우리 토지보상법상으로 영업권은 수용의 객체나 대상에 해당되지 않는다. 대법원도 영업손실은 수용의 대상이된 토지·건물 등을 이용하여 영업을 하다가 그 토지·건물 등이 수용됨으로인하여 영업을 할 수 없거나 제한을 받게 됨으로써 생기는 직접적인 손실, 즉 수용손실이라고 하면서[105] 영업손실보상의 경우에는 '전체적으로 단일한 시설 일체로서의 영업' 자체가 보상항목이 된다고 판시하였다.[106]

(2) 강제적 박탈

공용수용은 종전 권리자의 의사와 관계없이 그 재산권을 강제로 박탈하는 것이어서 사법상 계약에 의한 임의매수와는 구별된다. 공용수용은 종전의 권리자에게 재산권을 이전할 의무를 부담시켜 그 이행을 기다리는 것이

[149 U.S. 436]. 현재의 기업가치에서 기업이 보유한 식별 가능한 자산의 순현재가치를 차감한 잔여가치로서 영업권을 평가하는 것이다. 이에 대한 상세한 설명으로는, 곽영민(2013), 199~203면 참조.

105) 대법원 2005. 7. 29. 선고 2003두2311 판결.
106) 대법원 2018. 7. 20. 선고 2015두4044 판결.

아니라 사업시행자가 새로운 권리를 취득함과 동시에 종전의 권리가 소멸하는 개념적 징표를 갖는다고 설명하는 견해도[107] 있다. 그러나 사업시행자가 공용수용에 따라 재산권을 취득하는 방식이 원시취득인지, 승계취득인지는 공용수용의 '본질적' 개념요소에 포함된다고 보기 어렵다. 사업시행자가 종전 권리자의 권리를 승계한다고 구성하더라도 이러한 권리의 이전이 그 권리자의 의사에 터 잡지 않는 이상 재산권 박탈의 강제성은 인정될 것이기 때문이다.[108]

재산권의 '박탈'은 종전의 권리자에게서 재산권을 빼앗아 다른 권리주체(사업시행자)에게 그 재산권을 이전하는 것을 의미한다. 재산권의 사용·수익권능과 처분권능을 모두 박탈하는 것이어야 하므로,[109] 단순히 재산권능의 일부로서 사용·수익권능이나 처분권능을 제한하는 것은 공용수용에 해당되지 않고, 단지 재산권의 내용제한이나 사회적 제약 또는 공용제한으로 볼 수 있을 따름이다.

공과금, 부담금, 세금 등과 같이 금전납부의무를 부과하는 것은 재산권의 강제적 박탈에 해당되지 않는다. 강제적 박탈은 재산권자의 수인의무만을 발생시킬 뿐, 별도로 재산권자의 이행행위를 필요로 하지 않는다.

(3) 의도된 고권적 법률행위

재산권을 강제로 박탈하는 행위는 의도된 고권적 법률행위이어야 한다. '고권적 법률행위'란 국가가 우월한 지위에서 행사하는 공권력으로서 법적으로 중대한 구속력 있는 조치나 처분 등을 의미하므로, 사실행위에 의한

---

107) 석종현(2019), 283면.
108) 토지보상법 제45조 제1항에서 "사업시행자는 수용의 개시일에 토지나 물건의 소유권을 취득하며, 그 토지나 물건에 관한 다른 권리는 이와 동시에 소멸한다."라고 규정한 것은 수용을 둘러싼 법률관계를 간명하게 하여 분쟁의 소지를 차단하고자 함일 뿐, 원시취득이 수용의 필연적 효과이어야만 하는 것은 아니다.
109) 헌법재판소가 수차례 설시한 재산권의 사적 유용성과 그에 대한 원칙적인 처분권이다.

재산권 침해는 공용수용에 포함되지 않는다.110) 법률에 근거하지 않았음을 드러내는 사실행위에 의한 재산권 침해는 그 자체로 위법할 뿐이다.111)

고권적 법률행위는 행정행위, 법규명령, 조례 등을 포괄하지만, 단순한 부작위나 사법(私法)적 행위는 여기에 포함되지 않는다.112) 또한, 법률에 근거하여 일련의 절차를 거쳐 별도의 행정처분에 의하여 이루어지는 수용인 '행정수용'뿐만 아니라 직접 법률에 의하여 수용이 이루어지는 '입법수용'도 공용수용에 포함될 수 있다. 입법수용이 헌법상 허용되는지 여부가 논란이 될 수 있으나, 헌법 제23조 제3항에서 수용의 행정적 절차를 공용수용의 필요적 요건으로 명시하지 않았으므로, 입법수용을 배제할 명문의 근거는 없다.113) 헌법재판소도 하천을 국유로 한다고 정한 구 하천법 규정에 대하여 입법수용을 정한 것이라고 판단한 다음, 법률에 의하여 수용하라는 헌법적 요청을 충족한 것이라고 판시하였다.114) 다만, 법률규정에서 직접 수용의 효과를 발생시킬 경우 공익과 사익의 비교형량과 같은 수용의 한계를 설정하기 어렵고 구체적인 사안의 특성과 관계없이 수용이 일률적으로 일어나는 불합리가 발생할 수 있어 입법수용이 흔하게 행해지지는 않는다.115)

---

110) 정남철(2005), 126~127면.
111) 이른바 수용유사적 침해이론으로써 사실행위에 의한 재산권 침해에 대하여 손실보상을 할 수 있지는 않을까 생각해 볼 수 있는데, 수용유사적 침해의 일반적 근거를 우리 헌법체계에서 찾기 어렵기 때문에 실정법적으로 접근하여야 한다는 점은 앞서 설명하였다.
112) Detterbeck(2011), Rn.1112, 1117; 공법에 근거한 규율이 있다면 고권적 법률행위가 존재하는 것이므로, 공법과 사법의 구별이론을 활용하여 이를 판단할 수 있다는 설명으로는, Schenke(2017), Rn.188 참조.
113) 독일 기본법 제14조 제3항에서는 "공용수용은 오직 보상의 종류와 범위를 정한 법률에 의해 또는 법률에 근거하여서만 행해진다."라고 규정하여 입법수용을 명문으로 인정하고 있다.
114) 헌법재판소 1998. 3. 26. 선고 93헌바12 결정.
115) 국가나 공공단체 등의 행정주체가 수용권의 법률효과를 향수하고, 그러한 수용을 필요로 하는 급박한 사유가 있거나 그 수용을 정당화할 만한 명백하고 긴급한 사유가

의도된 법률행위이어야 하므로, 의도되지 않게 적법한 행정행위의 부수적 결과로 개인의 재산권이 침해된 경우는 공용수용에 해당되지 않는다. 다만, 이러한 경우 재산권 침해에 대한 손실의 전보를 외면하는 것은 공평의 원칙에 반한다는 관념이 수용적 침해(Enteignender Eingriff)이론을 탄생시켰는데, 우리 헌법체계에서 그 근거를 찾기 어려움은 앞서 설명하였다.

다. 수용의 적법성 요건

위법한 수용은 재산권의 침해일 뿐 헌법상 공용수용은 아니라는 점에서 적법성은 공용수용의 개념적인 전제를 구성한다고 보는 것이 일반적이다.[116] 이에 대하여 적법성은 공용수용의 개념표지와 관련된 구성요건의 문제가 아니라 수용의 허용요건 또는 한계에서 검토되어야 할 사항이라고 보는 견해가[117] 유력하게 제시되고 있다.

이들 견해는 '위법한 공용수용'이라는 개념이 성립할 수 있는가 하는 물음에 서로 다른 대답을 하기 때문에, 즉 논의의 전제를 달리 하기 때문에 대립하는 것처럼 비춰질 뿐, 어떠한 실질적인 차이를 보이는 것은 아니다. 어느 견해를 따르든지 위법한 수용은 재산권의 침해일 뿐이라는 결론에 있어서는 아무런 차이가 없다. 단지 위법한 수용을 애당초 공용수용의 개념에서 빼버릴 것인지, 위법한 수용까지도 공용수용의 개념에 넣고서 그 허용요건이나 한계라는 잣대를 대어 위법한 수용의 정당성을 부정할 것인지하는 논리구성방식의 차이일 뿐이다.

군이 하나의 입장을 취하여야 한다면, 적법하지 않은 수용에 공용수용의 효과를 부여할 수 없는 이상 적법성은 공용수용의 개념을 구성하는 요소라고 보는 편이 더 간명하다고 생각한다.[118] 근본적으로는 재산권의 강제적

있는 때에 한하여 입법수용이 예외적으로만 인정된다는 설명으로는, 석종현(2019), 318면 참조.
116) 허영(2021), 583면.
117) 정남철(2005), 138면.

박탈을 수인하여야 할 의무는 어디까지나 그것이 적법하기 때문이고, 위법한 재산권의 침해를 참아야 할 의무를 개인에게 강요할 수는 없는 것이다. 수용에 '준하는' 재산권에 대한 위법한 침해를 규율하기 위해 등장한 수용유사적 침해이론도 '위법한 공용수용'이 성립되지 않음을 전제로 그 보상의 공백을 메우고자 한 것으로 이해되어야 한다.

II. 공용수용의 당사자

1. 공용수용의 주체

개인의 재산권을 강제로 박탈할 수 있는 권한은 국가의 고권(高權)에 속한다는 전통적인 관념에 비추어 보면, 사업시행자가 국가 이외의 공공단체나 사인(私人)인 경우에 그 수용의 주체, 즉 수용자(expropriant)를 누구로 보아야 하는지 문제될 수 있다.[119] 이에 대해서는 국가수용설과 사업시행자수용설이 대립한다.

국가수용설에서는 재산권의 박탈이라는 수용의 효과를 발생케 하는 권한을 국가 이외의 주체에게 귀속시킬 수는 없다는 점을 강조한다. 수용의 주체는 언제나 국가이고, 국가가 아닌 사업시행자는 국가에 대하여 수용권의 행사를 청구할 수 있는 지위에 있을 뿐이라고 한다.[120]

사업시행자수용설에서는 공용수용의 효과를 향수할 수 있는 지위에 있는

---

118) 후자(유력설)의 관점에 따르면, '공공필요'도 수용의 허용요건이자 한계임이 분명한데, '공공필요'는 공용수용의 개념요소에 넣고 있다. 공용수용의 허용요건 또는 한계에는 공용수용의 헌법적 정당성을 가늠하는 주요한 잣대로 기능하는 개념요소가 담긴다는 정도로 후자의 견해를 이해할 수 있다고 본다.
119) 특히 개별 법률에서 "사업시행자는 … 토지 등을 수용할 수 있다."라고 규정하는 경우가 대부분이어서 이러한 논란은 더욱 심화된다.
120) 윤세창·이호승(1994), 356면.

자를 수용의 주체로 전제하고서 사업시행자가 곧 수용자로 된다고 본다. 수용의 주체는 자기를 위하여 수용의 법률효과를 낳는 일정한 행위를 할 것을 요구할 수 있는 지위에 있는 자를 포괄하는 개념이라고 보고 있다.[121]

이들 견해는 수용의 주체를 무엇으로 정의하는지에 따라 하나의 쟁점을 다른 각도에서 바라보고 있는 것일 뿐, 실상 같은 말을 하고 있다고 생각한다. 즉, 국가수용설은 '수용권한'의 귀속에 관한 측면을, 사업시행자수용설은 '수용 효과'의 귀속에 관한 측면을 주목할 따름이고, 이들 견해가 서로 충돌하거나 모순되는 관계에 있는 것은 아니다. 수용권의 행사는 수용권이 그 요건을 갖추고 효력을 발하는 일련의 절차에서 주도적인 의사결정을 할 수 있는 것을 말한다. 즉, 자신의 의사에 따라 수용권의 효력발생 여부를 결정하는 것을 수용권의 행사라고 보는 것이다. 사업시행자수용설에서도 국가가 아닌 사업시행자가 직접 수용권을 행사한다고 주장하지는 않는다. 사업시행자수용설에서 '자기를 위한 원인행위'를 요구하는 것도 수용권이 사업시행자에게 귀속되지는 않음을 전제로 한 것이다. 수용권은 국가가 행사하지만, 그 수용의 효과가 공적 기관이나 사인에게 귀속된다는 명제를 설정할 경우 그 명제가 이들 견해와 양립할 수 없는 관계에 있는 것은 아니다.

실제로 헌법 제23조 제3항의 내용과 취지, 토지보상법의 규정내용과 체계 등에 비추어 보면, 수용권의 설정은 사업인정이나 사업인정의제에 따라 이루어지고,[122] 사업인정이나 사업인정으로 의제되는 처분은 국토교통부장

---

121) 김남진·김연태(2019), 596면; 김동희(2019), 389면; 류지태·박종수(2021), 1145면; 박균성(2019), 487면; 석종현(2019), 302~303면; 홍정선(2019b), 628면.
122) '수용권의 설정'이라는 것도 국가가 사업시행자에게 직접 수용권을 부여하거나 이전하는 것을 의미하는 것이 아니라 수용절차를 거칠 수 있는 일반적인 자격을 부여한다는 의미를 갖는다고 보아야 한다. 어느 법제에서도 사업시행자인 사인이 자신의 의사에 따라 다른 사인으로부터 직접 재산권을 강제로 이전받을 권한을 갖는다고 정하는 경우는 없다. 수용재결, 명도재결 등과 같이 수용의 구체적인 실행절차에 국가 등 공적 기관이 개입하도록 규율하는 것이 일반적이고, 수용권의 설정은 이러한

관이나 관련 행정청이 행한다. 그런데 그러한 수용의 실체적 효과는 사업 시행자에게 귀속된다. 결국 이들 견해는 서로 대립한다기 보다는 수용의 서로 다른 측면을 바라보고 있을 뿐이고, 사업시행자가 수용의 실체적 효과를 누린다고 이해하면 된다. 헌법재판소가 "헌법 제23조 제3항은 정당한 보상을 전제로 하여 재산권의 수용 등에 관한 가능성을 규정하고 있지만, 재산권 수용의 주체를 한정하지 않고 있다. 이는 재산의 수용과 관련하여 그 수용의 주체가 국가 등에 한정되어야 하는지, 아니면 민간기업에게도 허용될 수 있는지 여부에 대하여 헌법이라는 규범적 층위에서는 구체적으로 결정된 내용이 없다는 점을 의미하는 것이다. 따라서 위 수용 등의 주체를 국가 등의 공적 기관에 한정하여 해석할 이유가 없다."라고 판시한 것도[123] 수용의 주체라는 개념을 위에서 설명한 바와 같이 이해한 것이라고 해석할 수 있다.

2. 공용수용의 상대방

공용수용의 목적물인 재산권을 가진 자를 공용수용의 상대방이라고 한다. 즉 공용수용에 따라 재산권을 박탈당하는 자인 피수용자를 말한다. 토지보상법 제2조 제4호와 제5호, 제3조의 규정내용을 종합해 보면, 공용수용의 상대방은 토지소유자와 관계인을 뜻하게 된다.

토지소유자는 공익사업에 필요한 토지의 소유자를 말한다. 성립요건주의 아래에서 특별한 규정이 없는 한 소유자는 해당 토지에 대한 실체적인 처분권을 가질 뿐만 아니라 부동산등기부상 소유자로 등기되어 있는 자를 말한다. 토지에 대한 수용재결절차 개시 이전에 토지를 매수하여 대금을 모두 지급하고 그 토지를 인도받았으나 그 소유권이전등기만을 마치지 않은

실행절차를 신청할 자격을 부여하는 것을 의미하게 된다.

123) 헌법재판소 2009. 9. 24. 선고 2007헌바114 결정.

자는 '토지소유자'에 해당될 수는 없으나, 그 수용으로 말미암아 소유권을 취득할 수 없게 되므로 '관계인'에는 포함되는 것으로 해석하여야 한다.[124]

한편, 사업시행자가 과실 없이 진정한 토지소유자를 알지 못하여 등기부상 소유자로 등기된 자를 토지소유자로 보고 그를 피수용자로 하여 수용절차를 마친 경우에도 그 수용의 효과를 부인할 수는 없다.[125] 토지보상법 제40조 제2항 제2호에서 '사업시행자의 과실 없이 보상금을 받을 자를 알 수 없는 때'에 사업시행자가 유효하게 보상금을 공탁할 수 있도록 하여 이른바 절대적 불확지 공탁을 인정한 점, 사업시행자가 언제나 적법한 토지소유자를 확정하도록 기대하기 어렵고, 그러한 기대가 공익사업의 원활한 시행을 현저히 저해할 수 있는 점 등을 고려하면, 위와 같이 해석하는 것은 불가피하다.

'관계인'은 사업시행자가 취득하거나 사용할 토지에 관하여 지상권·지역권·전세권·저당권·사용대차 또는 임대차에 따른 권리 또는 그 밖에 토지에 관한 소유권 외의 권리를 가진 자나 그 토지에 있는 물건에 관하여 소유권이나 그 밖의 권리를 가진 자를 말한다. 즉, 토지에 대하여 소유권 이외의 권리를 가진 자와 그 토지에 있는 물건에 관하여 소유권을 포함한 권리를 가진 자를 '관계인'으로 포괄한 것이다.

관계인과 관련해서 짚어볼 점은 해당 물건에 관한 권리의 범위이다. 특히 토지보상법 제2조 제5호에서는 '토지'에 관해서 대상 권리를 열거하고 있는데, 여기에 열거되지 않은 권리를 가진 자는 관계인의 범위에서 배제되는지 여부가 문제될 수 있다. 위 규정에서 명문으로 '그 밖의 권리'를 인정한 이상 열거된 대상 권리는 예시에 불과하다고 새겨야 한다. 그런데 '권

---

124) 대법원 1982. 9. 14. 선고 81누130 판결; 구 토지수용법 아래에서의 판결이지만, 관련 규정의 내용에 큰 차이가 없어 현행 토지보상법 아래에서도 그대로 통용된다고 본다.
125) 대법원 1981. 6. 9. 선고 80다316 판결; 이 역시 구 토지수용법 아래에서의 판결이지만, 관련 규정의 내용에 큰 차이가 없어 현행 토지보상법 아래에서도 그대로 통용된다고 본다.

리'라는 개념이 포괄적이어서 그 의미를 일률적으로 확정하기는 어렵다. 개별 사안에서 구체적으로 판단할 수밖에 없다.

대법원은 가처분권리자가 관계인에 포함되지 않는다고 판단하였다.[126) 가처분등기는 토지소유자에 대하여 임의처분을 금지함에 그치고 그로써 소유권 취득의 효력까지는 주장할 수 없기 때문이라고 한다. 토지매수인이 그 대금을 모두 지급함으로써 실체적인 처분권을 가지게 된 경우와는 달리 단지 매매계약의 체결 이후에 가처분등기를 마친 것만으로는 '관계인'에 해당될 수 없다는 취지인 것으로 보인다.

'그 토지에 있는 물건에 관하여 소유권이나 그 밖의 권리를 가진 자'에 는 독립하여 거래의 객체가 되는 정착물에 대한 소유권 등을 가진 자뿐 아니라, 해당 토지와 일체를 이루는 토지의 구성부분이 되었다고 보기 어렵고 거래관념상 토지와 별도로 취득 또는 사용의 대상이 되는 정착물에 대한 소유권이나 수거·철거권 등 실질적 처분권을 가진 자도 포함된다.[127)

사업인정의 고시가 된 후에 권리를 취득한 자는 기존의 권리를 승계한 자를 제외하고는 관계인에 포함되지 않는다. 관계인의 범위를 확정하는 기준시점을 사업인정고시일로 삼아 수용절차에 관여할 수 있는 관계인의 범위를 분명하게 하는 취지이다.

---

126) 대법원 1973. 2. 26. 선고 72다2401, 2402 판결.
127) 대법원 2009. 2. 12. 선고 2008다76112 판결.

제3장

공공필요에 대한
해석론과 검증구조

I. 공공필요의 개념분석

1. 공공필요의 존재의의

수용은 사업의 시행에 필요한 토지 등의 취득을 어렵게 하는 여러 요인을 일거에 해소할 수 있는 방안으로 주목받았지만, 재산권 침해의 가능성을 잉태하고 있다는 태생적인 문제점이 있었다.[1] 토지소유자 등이 해당 토지 등에 대하여 책정하는 가치보다 낮은 대가를 지급하고서 그 토지 등을 강제로 가져올 가능성이 열려 있기 때문이다.[2] 사회 전체의 측면에서 보아도 실제와는 달리 국가가 사업시행으로 얻을 수 있는 해당 토지 등의 가치가 그 토지소유자 등이 책정한 가치보다 더 높다고 잘못 판단하는 경우나 일부러 사적 가치(private value)를 낮게 평가하는 이른바 수용권 남용의 경우에는 사회적으로 바람직하지 않은 재산의 이전(socially undesirable transfer)이 발생할 수 있다.[3]

이처럼 강력한 '국가의 특권(the state's prerogative)'인 수용권을[4] 견제하기 위한 제도적 장치로 등장한 2개의 축이 공공필요와 정당보상이다.[5] 공

---

1) 이러한 연유에서 재산권 보장과 수용이 표리(表裏)의 관계에 있다고 설명되기도 한다 [小澤道一(2012), 43頁].
2) Shavell(2004), ch.6, §2.4, p.126.
3) 국가가 실제보다 해당 사업의 사회적 비용을 낮게 평가하거나 사회적 효용을 높게 평가함으로써 비효율적인 수용권의 행사를 도모할 수도 있다[Durham(1985), p.1300].
4) 사유재산을 빼앗아 그 소유자를 배제시키고 공공의 이익이 된다는 명목으로 그 재산에 대한 완전한 법적 권리를 확보하는 것은 '특권'에 다름 아니다[Rubenfeld(1993), p.1081].
5) 공용수용에 대한 제약은 ㉠ 사업내용의 공공성, ㉡ 법률에 근거한 수용권의 발동과 법률에 의한 수용절차의 규제, ㉢ 수용으로 인한 재산상 손실에 대한 보상 등을 내용으로 한다고 설명되기도 한다[석종현(2019), 255면].

공필요가 사유재산에 대한 전횡적 박탈(arbitrary deprivation)을 막는 수용의 허용요건으로 검토되었다면, 정당보상은 공적 부담을 공평하게 분담시키는 기제로 구상된 것이다.6) 뒤에서 설명하겠지만 다수 국가의 수용조항에는 공공필요와 정당보상이 수용의 정당화 기제로서 수용권 행사의 허용요건으로 규정되어 있다. 또한, 법경제학의 관점에서 연구된 많은 수용이론이 효율(efficiency)과 공정(fairness)에서 수용의 정당화 기제를 찾는 것도 '공공필요' 및 '정당보상'과 맞닿아 있다.

2. 공공필요의 개념요소

가. 종래의 논의

'공공필요'는 일반성과 추상성을 띠는 불확정개념이기 때문에, 공용수용의 요건이자 통제기제로 기능하기 위해서는 개념분석과정이 선행되어야 한다.7) 종래 '공공필요'의 개념을 분석하려는 시도는 크게 ① '공익성'과 '필요성'으로 나누어 가분적으로 구성하려는 접근과 ② 공공필요를 일체로 파악하여 공용수용의 성립요건을 공익성으로 이해하되 비례의 원칙 또는 과잉금지의 원칙에 따라 한계를 설정하는 접근으로 나뉘었다.

위 ①의 접근방향에 입각해서는, 공공필요를 공익성, 필요성, 비례성의 세 가지 요소로 나누거나8) 공공성, 필요성, 평등성의 세 가지 요소로 나누

---

6) Çoban(2004), p.93; 미국의 경우 제5차 수정헌법의 수용조항에서 정당보상을 규정하기 이전에는 공화주의적, 사회주의적 이데올로기(republicanism)에 따라 국가의 수용권 행사에 대한 손실보상을 인정하지 않았다. 그런데 누군가에게 '특별희생'을 강요하는 것은 옳지 않고 사회적 부담을 공평하게 나누어야 한다는 생각(자유주의; liberalism)이 정당보상의 이념을 탄생시켰다. 자유주의자로서 권리장전(Bill of Rights)을 입안한 James Madison은 사유재산권을 침해하는 수용권의 남용을 억지하고자 수용조항인 수정헌법 제5조에 정당보상 문구를 편입시켰다[Treanor(1985), pp.699~712].

7) 정기상(2020), 252면.

어[9] 분석하는 견해 등이 제시되었다.

위 ②의 접근방향에 입각해서는, 수용에 따른 공익과 재산권자의 사익 간의 이익형량이라는 광의의 비례원칙 또는 과잉금지의 원칙을 충족하였을 때에 '공공필요'가 존재한다고 보는 견해,[10] 특정한 공익사업과 연계되어 특정인의 재산권 침해가 불가피한 고양된 공익을 '공공필요'라고 보아야 한다는 견해,[11] 공익성과 비례성은 밀접한 관련을 가지지만 동일한 개념 또는 구성요소가 아니고 비례의 원칙은 공용수용의 한계 또는 허용요건으로 기능한다는 견해[12] 등이 제시되었다.

나. 공통된 함의

공공필요를 가분적으로 보든 일체로 파악하든 그 결론을 이끌어내는 논리의 구성방식을 일부 달리하고 있을 뿐, '공공필요'의 의미에 관해서 본질적으로 내세우고자 하는 내용에는 크게 다른 점이 없다고 본다.[13] 사업의 공익성을 공공필요의 1차적 지표로 삼되, 공익성이 인정되는 한 무조건적인 수용을 허용할 경우 수용권의 남용에 따른 재산권의 침해가 발생할 수 있으므로, 그 제한 또는 통제의 원리로서 과잉금지의 원칙을 적용하는 것이다. 공익성과 과잉금지의 원칙을 병렬적으로 놓든 과잉금지의 원칙을 종속적 위치에 놓든 이들 두 요건을 모두 충족하여야 공공필요가 인정될 수 있다는 공통된 결론에 이르게 된다.

---

8) 김연태(2007), 89면.
9) 송희성(1994), 88면 이하.
10) 류지태·박종수(2021), 561면.
11) 김성수(2018), 715면.
12) 정남철(2018), 86면.
13) 정기상(2020), 252면.

3. 공공필요의 개념에 대한 비교법적 고찰

가. 미국에서의 논의

미연방 수정헌법 제5조에서는 "사유재산은 공공필요를 위해 정당한 보상 없이 수용되지 않는다."라고 규정하고 있다.[14] '공공필요'가 공용수용의 허용요건을 구성하는 만큼 그 의미를 둘러싼 논쟁이 계속되고 있다. 근본적으로는 국가가 수용한 재산이 일반 공중에 의하여 실제로 이용되어야 함을 의미한다는 입장과 수용의 결과 일반 공중에게 이익이 되는 것으로 족하다는 입장이 대립하면서[15] 변증법적으로 통합된 결론에 이르는 과정을 거치고 있다고 보인다. 이는 미연방대법원의 공공필요에 관한 입장의 변천과정에서 고스란히 드러난다.

미연방대법원은 *Kohl v. United States* 사건에서[16] 최초로 연방정부에 의한 공용수용과 관련한 판결을 한 이래 19세기 후반부터 20세기 초까지 내려진 여러 판결들에서 일반 공중에 의하여 실제 이용될 수 있는 대상에 관한 사업에 한하여 공공필요가 인정된다고 판단하였다.[17]

19세기 후반의 급격한 기술적 발달과 주(州) 역할의 확대에 따라 광범위

---

14) "nor shall private property be taken for public use, without just compensation."; public use의 개념변천과정과 그 실질적 의미를 들여다보면, 이를 단순히 '공적 이용'으로 번역하기 보다는, 공용수용의 허용요건을 표상하는 의미로 '공공필요'라고 번역하는 것이 더 낫다고 본다.

15) Kelly(2006), pp.2~3.

16) 91 U.S. 367 (1875).

17) 예컨대, *Missouri Pacific Railway Co. v. Nebraska*, 164 U.S. 403, 417 (1896); *Clark v. Nash*, 198 U.S. 361, 369 (1905) 등; 이러한 일반 공중에 의한 실제 이용의 요건이 충족되지 않는 수용은 공공필요에 대한 헌법규정 뿐만 아니라 적법절차에 관한 헌법규정(Due Process Clause)에도 반한다고 보았다. 미연방대법원은 이미 *Chicago, Burlington & Quincy Railroad Co. v. City of Chicago* 판결[166 U.S. 226 (1897)]을 통해서 연방수정헌법 제5조의 수용조항은 연방수정헌법 제14조의 적법절차조항을 통하여 모든 주(States)에도 적용된다고 판시하였다. 이에 관해서는, Epstein(1985), p.178 참조.

한 수용에 대한 사회적 요구가 커지면서 미연방대법원은 '일반 공중에 의
한 실제 이용'이라는 공공필요의 개념을 폐기하고 공공필요의 개념적 외연
을 확장하게 된다.[18] 미연방대법원은 *Fallbrook Irrigation District v. Bradley*
사건에서[19] 입법자가 공적 목적(public purpose)을 설정하여야 한다는 당위
적 명제가 공공필요에 관한 헌법조항에서 요구하는 것이고, 사법부는 입법
자의 공공필요에 관한 이러한 결단을 존중하여야 한다고 판시하였다.[20]
즉, 공공필요에 관한 입법적 결단이 사법심사를 실질적으로 배제시킨다는
법리를 구성한 셈이다.[21]

　그 이후 1940년대와 1950년대에 활발하게 시행된 도시재개발사업은 공
공필요의 외연 확대를 더욱 부채질했다.[22] 미연방대법원은 공공필요에 공
적 목적이 포함되는 것으로 보고서 다양한 공적 목적에 따른 입법에 근거
한 사업들이 공공필요의 요건을 충족한다고 판시했다.[23] 미연방대법원은
Washington D.C. 내 슬럼가(blighted area)를[24] 정비하여 도로, 학교 등의 공

---

18) Fischel,(2004), p.932; 뒤에서 설명할 *Kelo* 판결의 법정의견에서는 '일반 공중에 의한
　실제 이용'이라는 기준이 실제 적용하기도 어려울 뿐만 아니라(이를테면, 어느 정도
　크기의 일반 공중이어야 하는지, 어느 정도의 가격으로 이용하여야 하는지 등이 명확
　하지 않다) 사회의 요구가 다양하고 변화무쌍하다는 점에서 실효적이지 않다는 점이
　증명되었다고 판시하였다.
19) 164 U.S. 112 (1896).
20) 공공필요에 관한 입법부의 판단을 존중하는 사법심사의 태도를 겸양해석론(謙讓解釋
　論)이라고 부르는 견해도 있다. 김상진·한종범(2020), 106~109면 참조.
21) Kelly(2006), p.11; Holmes 대법관이 *Strickley v. Highland Boy Gold Mining Co.* 판결
　에서 법정의견으로 일반 공중에 의한 이용 기준은 보편적인 기준으로 채택하기에 적
　절하지 못하다는 판단을 한 이래[200 U.S. 527 (1906)] 미연방대법원은 일관되게 일
　반 공중에 의한 이용 기준의 채택을 거부해왔다.
22) 공공필요 요건의 해방이 곧 경제활성화를 위한 수용의 정당화로 이어졌다는 평가도
　있다[Jones(2000), p.295].
23) Kelly(2006), p.3.
24) 미국에서 수용권의 한계와 관련하여 집중적으로 논의되고 있는 쟁점 중 하나가 황폐
　또는 낙후(blight)를 개선·정비하기 위한 수용이 허용될 수 있는지 하는 것이다. 뒤에
　서 살펴볼 Kelo 사건에도 낙후된 지역에 대한 개발문제가 개재되어 있다.

공시설과 저렴한 주택 등을 건설하는 계획에 따른 재개발사업의 공공필요
성 충족 여부가 다투어진 *Berman v. Parker* 사건에서,25) 법원이 경찰권
(police power)의 외연과 한계를 결정짓는 것은 무의미하므로 공공필요의
개념과 범위는 입법적 결단의 산물이어야 한다고 전제한 다음, 그러한 재
개발사업의 공공필요가 인정된다고 판시하였다.26) *Berman* 판결은 경제개
발을 위한 수용이 허용되는 폭을 크게 넓혔다. 낙후(blight)가 없더라도 경
제개발을 위한 사업이라면 공공필요성이 인정된다고 보는 입장은 미연방
대법원과 주 법원에서 폭넓게 공유되었다.27)

　이러한 입장은 1981년 *Poletown Neighborhood Council v. City of Detroit*
판결28)에서 정점을 이루었다. 이 판결은 미연방대법원의 판결이 아니지만
미국 법원의 공공필요에 대한 관념과 그 변천과정을 이해하는 데에 반드시
짚어보아야 할 판결이다. 대부분의 주 법원들이 *Poletown* 판결의 판시내용
에 따라 주 헌법을 해석하고 공적 목적에 기반하여 공공필요의 포섭범위를
판단하였기 때문이다.29) Detroit시가 자동차회사인 General Motors 생산 공
장부지 확장에 필요한 토지를 수용한 사건에서 Michigan주 대법원은 설령
사인이 해당 수용에 따른 궁극적인 이익을 누린다고 하더라도 시의회가 위
공장의 확장이 조세 수입의 증대, 취업률의 상승 등으로 시 전체의 이익에
기여한다고 결정하였기 때문에 그 수용은 공공필요성을 충족한다고 판시
하였다. 결국 입법자가 어떠한 사업을 공익을 위한 것이라고 결정하면 사

---

25) 348 U.S. 26 (1954); 이 판결에서는 1945년 콜럼비아 구역 재개발법(the District of
　　Columbia Redevelopment Act of 1945)의 합헌성 여부가 다투어졌다.

26) "[s]ubject to specific constitutional limitations, when the legislature has spoken, the
　　public interest has been declared in terms well-nigh conclusive."; 미연방대법원이 이
　　판결로써 공공필요에 대한 거의 제한되지 않은 개념을 용인하고, 수용이 공공복리에
　　적합한지 여부에 관한 사법심사를 극도로 제한하는 결과를 초래하였다는 평석으로는,
　　Durham(1985), p.1282 참조.

27) Kelly(2006), p.13.

28) 304 N.W.2d 455 (Mich, 1981).

29) Kelly(2006), pp.12~16; Fischel(2004), pp.935~950; Merill(2005), pp.16~17.

법심사의 역할은 제한적일 수밖에 없다고 판단한 것이다.[30)

　미연방대법원도 *Hawaii Housing Authority v. Midkiff* 사건에서[31)] 같은 입장을 취하였다. 1967년 하와이 토지개혁법(the Hawaii Land Reform Act of 1967)에서는 소수의 주민이 해당 주의 토지 절반 정도를 소유하고 있는 하와이주 내의 토지소유구조를 개선하기 위하여 임차인이 그 거주 재산을 매입할 수 있게 하면서 정부가 소유자의 재산권을 수용할 수 있도록 규정하고 있었다. 미연방대법원은 명백하게 '합리적인 근거나 기초(foundation)' 없이 행해지는 수용이 아닌 이상 공공필요에 대한 입법자의 결단을 사법적 판단으로 대체할 수는 없고, 공공필요 요건은 국가의 경찰권 범위와 밀접하게 연동된다고 전제한 다음, 위 법률의 합헌성을 긍정하였다.[32)] 공공필요에 대한 입법적 결단에 관한 사법심사는 최소한으로만 행해져야 하므로, 그 심사기준은 수용의 목적에 대한 합리성 기준(the rational basis standard)이면 족하다고 본 것이다.[33)] 합리성 기준은 공적 목적의 존부만을 확인하는 심사기준에 다름 아니어서 입법자가 공적 목적을 입법으로 선언하게 되면, 사실상 사법심사로써 이를 돌이키기는 어렵다.[34)]

---

30) 이 판결에서도 Ryan 대법관은 반대의견으로 사유재산의 행정적 박탈을 법원이 승인하는 셈이라고 법정의견을 강력하게 비판하였다. 그 이후 Michigan주 대법원은 *County of Wayne v. Hathcock* 판결[684 N.W.2d 765 (Mich, 2004)]에서 헌법상 공공필요는 공공필요의 긴급성, 사적 주체로의 재산권 이전 후 공적 감독체계의 확보, 독립적 공익의 존부 등의 요건을 충족시켜야 인정될 수 있다고 판단하여 사실상 *Poletown* 판결을 변경하였다. 그 이후 Ohio주 대법원은 *City of Norwood v. Horney* 판결에서 위 *County of Wayne v. Hathcock* 판결의 법리를 원용하여 일반적인 경제개발은 수용의 허용요건인 공적 목적에 해당되지 않는다고 판시하였다[853 N.E.2d 1115(Ohio, 2006)]. *County of Wayne v. Hathcock* 판결에 대한 평석으로는, Lewis (2005), pp.356~372 참조.
31) 467 U.S. 229 (1984).
32) 이 판결로써 국가에 의한 수용은 거의 모두 공공필요를 충족하는 셈이 되어 버렸다는 평석으로는, Landry(1985), p.430 및 Coyne(1985), pp.403~405 참조.
33) Sullivan/Gunther(2016), pp.480~520; Sunstein(1987), p.891.
34) Alexander(2006), pp.65~66.

미연방대법원이 *Kelo v. City of New London* 사건에서 한 판결은[35] 공공
필요의 인정범위에 관한 사회적 논의에 큰 불을 지폈다. 대법관들의 의견
이 합헌의견 5인 : 위헌의견 4인으로 팽팽하게 갈렸던 데다 그 판결 이후
정치적 논란까지 가열되었기 때문에, 공공필요의 개념과 관련하여 이 판결
의 내용을 살펴볼 필요성이 크다.

〈사안의 개요〉

Connecticut주에 있는 New London시는 2000년경 많은 일자리를 창출
하고, 세수(稅收)를 늘리며, 도심과 해안지역을 포함하여 경제적으로
낙후된 지역을 재건하기 위하여 기획된 개발계획을 승인하였다. 이 개
발계획에는 제약회사인 Pfizer사의 연구시설, 호텔 등 휴양시설, 요트
계선장 등 상업시설을 유치하는 내용이 포함되어 있었다. New London
시로부터 수용권을 위임받은 이 개발사업의 시행자인 New London
Development Corporation(민간 비영리 단체)은 사업부지의 대부분을 소
유자들로부터 협의취득 하였고, 매도를 원치 않는 소유자들로부터 나
머지 토지를 취득하기 위하여 수용권을 발동하였다. 자신의 소유 토지
를 수용당할 처지에 있는 토지소유자들이 이 소를 제기하였다.

〈법정의견 - 합헌〉

Stevens 대법관 등 4인의 대법관들은 경제개발(economic development)을
위한 수용도 공공필요의 요건을 충족한다고 판시하였다. 공적 목적에
대한 입법적 결단은 존중되어야 하므로, Fort Trumbull 지역이 경제부
흥프로그램을 정당화시킬 만큼 충분히 낙후되었다는 국가적 판단도

---

35) 545 U.S. 469 (2005).

존중되어야 한다고 보았다. 나아가 경제개발을 그 밖의 다른 공적 목적으로부터 분리해낼 수 있는 일관된 방법은 없고, 공적 목적의 인정 범위로부터 배제할 아무런 근거도 없다고 판단하였다.

또한, 향후 B가 A의 재산을 더 생산적으로 이용하여 세금을 더 많이 낼 것이라는 이유만으로 A의 재산을 B에게 이전시키는 것은 그 자체로 비정상적인 수용권의 행사에 해당하여 무언가 사적 목적을 추구하고 있다는 의심을 명백하게 불러일으키기는 한다고 전제하면서도,36) 이 사건에서 아직 발생하지도 않은 가상의 상황을 상정하여 공공필요의 개념을 억지로 제한할 수는 없다고 하였다.

Kennedy 대법관은 별개의견으로 수용이 공적 목적과 합리적으로 관련되어 있으면 공공필요가 인정될 수 있다는 합리성 기준의 적용의견을 개진하였다. 공적 목적이 부수적 또는 명목상의 것에 불과하거나 수용이 사인(私人)에게 이익을 주기 위한 의도에 따른 것이라는 점이 증명되면 그 수용은 허용되지 않는다고 할 것인데, 이 사건 개발계획에서 그러한 사정을 찾을 수는 없다고 보았다.

〈소수의견 – 위헌〉

O'Connor 대법관 등 3인의 대법관들은 특정한 사인(私人)의 이익을 위하여 어떤 재산이든지 수용될 수 있게 되어 이른바 역-로빈홋 방식(reverse Robin Hood fashion; 가난한 자에게서 재산을 빼앗아 부유한 자에게 주는 방식)의37) 수용이 원칙이 될 수도 있음을 우려하였다. 법정의견은 재산권의 사적 이용과 공적 이용의 구분을 없애버렸고, 연방

---

36) *Kelo* 판결에서 법정의견이 이와 같이 판시하면서도 공공필요와 사적 이용을 구분할 어떠한 기준도 제시하지 않았다는 비판이 제기되고 있다[Kelly(2006), p.18].

37) 역-로빈홋 방식의 수용이 갖는 의미와 문제점에 관한 상세한 설명으로는, 이인호(2009), 537면 이하 참조.

수정헌법 제5조의 수용조항에서 '공공필요'라는 문구를 완전히 배제시켜버린다고 법정의견을 비판하였다.

Thomas 대법관은 별개의견으로 사법부가 수용의 공익성에 대한 판단을 하지 않으면 사적 수용(private use takings)을 금지할 수 없게 되므로 기존의 판례 법리를 재검토하여 '일반 공중에 의한 실제 이용' 기준으로 회귀하여야 한다는 의견을 피력하였다.

공적 목적의 존부를 기준으로 공공필요를 확인하는 종래의 입장을 재확인한 Kelo 판결은 사적 이익을 위한 수용권의 행사, 즉 수용권의 남용에 대한 사회적 관심을 크게 환기시켰다.[38] 이 판결 직후 연방하원에서는 Kelo 판결을 비판하는 결의안이 압도적인 찬성으로 채택되었다. George Walker Bush 대통령은 이 판결의 1주년이 되던 2006. 6. 23. 연방차원에서의 경제개발을 위한 수용을 불허하되, 일반 국민을 위한 수용권 행사만을 허용하는 행정명령(executive order)을 발령하였다.[39] 이 판결 이후 5년 이내에 미국의 43개 주(州)에서는 재산권 보장을 강화하는 방향으로 수용권 조항을 개정하는 내용의 주(州)헌법 또는 법률 개정안을 통과시켰다.[40]

---

38) 이 판결 이후에 행해진 여러 여론조사에서 거의 80% 이상의 국민들이 이 판결에 반대하고 있음을 보여주고 있다(http://castlecoalition.org/index.php?option=com_content&task=view&id=43&Itemid=143).

39) Executive Order 13406 (2006); 다만, 수용권은 흔히 주정부나 지방정부에 의해서 행사되므로 이 행정명령의 효과는 제한적일 것이다[이인호(2009), 560면].

40) 입법의 형태나 정도는 주마다 다양한데, 특히 Florida, South Dakota, Michigan, Arizona 주에서는 수용권의 남용을 경계하여 극도로 강하게 재산권을 보장하는 방향으로 법개정이 이루어졌다. 이 43개 주 중에서 35개 주에서는 경제개발을 위한 수용을 금지하고, 그 중 22개 주에서는 더 나아가 낙후(blight)를 개선하기 위한 수용 자체를 금지하는 법개정을 하였다. Kelo 판결에 대한 사회적 반발이 충분히 실효적인 입법적 개선으로 이어지지 못했다는 주장도 있지만[Somin(2009)], 앞서 본 입법의 경과

주의 법원들은 수용권 행사의 근거에 대하여 엄격한 증거법적, 절차적 심사기준을 적용함으로써 *Kelo* 판결에 명시적으로 반하는 다수의 판결들을41) 내놓았다.42) 사유재산제의 보장이 미국 자유주의와 민주주의의 존립 근거라는 믿음은 *Kelo* 판결에 대한 사회적 반발의지를 불러일으켰고, 이것이 입법, 행정, 사법을 아우르는 일련의 반(反) *Kelo* 조치로 이어졌다고 평가할 수 있다.43)

나. 독일에서의 논의

독일 기본법 제14조 제3항 전문에서는 "수용은 공공복리를 위해서만 허용된다. 수용은 보상의 종류와 범위를 정한 법률에 의하거나 법률에 근거하여서만 행하여질 수 있다."라고 규정하고 있다.44) 여기서 '공공복리 (Wohle der Allgemeinheit)'는 넓은 의미에서 공익을 포괄하는 개념이 아니라45) 재산권의 보장 관점에서 '특별히 중대하고 긴급한 공익'이라고 해석

와 내용에 비추어 보면, '모호한' 수용의 명분을 걷어낸 이러한 입법적 시도가 수용권의 남용을 억지하기에 크게 부족해 보이지는 않는다.

41) 예컨대, *Norwood v. Horney*, 853 N.E.2d 1115 (Ohio 2006); *Muskogee County v. Lowery*, 136 P.3d 639 (Okla. 2006); *Benson v. State*, 710 N.W.2d 131 (S.D. 2006); *Gallenthin Realty Dev., Inc. v. Borough of Paulsboro*, 924 A.2d 447 (N.J. 2007); *County of Hawaii v. C&J Coupe Family Ltd. Partnership*, 198 P.3d 615 (Haw. 2008); *Middletown Township v. Lands of Stone*, 939 A.2d 331 (Penn. 2007); *Rhode Island Economic Development Corporation v. The Parking Company*, 892 A.2d 87 (R.I. 2006); *Centene Plaza Redev. Corp. v. Mint Props.*, 225 S.W.3d 431 (Mo. 2007).

42) *Kelo* 판결에 대응한 주 법원 판결의 흐름과 경향에 대한 상세한 설명으로는, Hoting (2009), pp.99~120 참조.

43) *Kelo* 판결에 대응한 공용수용제도의 개혁을 둘러싼 미국 사회 내 찬반논란에 대한 상세한 설명으로는, Dana(2007), pp.129~169 참조.

44) "Eine Enteignung ist nur zum Wohle der Allgemeinheit zulässig. Sie darf nur durch Gesetz oder auf Grund eines Gesetzes erfolgen, das Art und Ausmaß der Entschädigung regelt."; '법률에 의하거나' 부분은 입법수용을, '법률에 근거하여서만' 부분은 행정수용을 전제한 것이다.

45) BVerfGE 56, 249.

하는 것이 일반적이다.46) 연방헌법재판소도 이와 같은 취지에서 온전히 사익을 위한 수용이 허용되지 않음은 물론이고,47) 재정적 효과를 통해 결과적으로 국가사업의 시행이 용이해지고 국민의 납세부담이 줄어든다는 사정만으로 단순한 국고 증진을 위한 사업이 공공복리를 위한 것이라고 단정할 수 없다고 판시하였다.48)

공공복리는 수용권 행사의 허용요건으로서 재산권의 존속보장이라는 헌법적 가치를 희생하여 그 재산권의 박탈을 용인케 할 정도의 공익이어야 하고, 공공복리의 존재 여부는 공·사익의 비교·형량으로 확인하여야 한다.49) 수용이 필요한 사업으로써 달성하고자 하는 공익이 그 사업으로 인해 제약받는 사익과 비례적이지 못할 때 그 수용은 공공복리에 기여하지 못하게 된다.50) 공용수용은 단순히 공공의 이익에 기여하는 정도를 넘어 공공복리의 실현을 위해서 불가피하게 필요한 경우에만 인정될 수 있다.51)

따라서 국가나 공공단체가 정치적·경제적으로 중요하고 유익한 목적을 달성하기 위해 수립하는 계획이나 그에 따른 사업이 곧바로 공공복리의 실현에 해당한다고 단정할 수는 없다. 나아가 공용수용이 사인 간의 이해충돌을 조정하는 제도가 아니므로, 사적 자치를 통해 해결할 수 없는 난제를 해결할 목적으로 행하는 공용수용은 허용될 수 없다.52) 결국 '공공복리'는 위법한 재산권의 침해를 방지하는 적극적인 의미를 갖는다고 보아야 한다.53)

---

46) Battis et al.(2014), §87 Rn.2.
47) BVerfGE 134, 242; 공공복리는 일반적인 공익보다 훨씬 고양된 수준의 공익이라고 하였다.
48) BVerfGE 56, 249; BVerfGE 66, 248; 단지 국고를 증대하기 위한 수용이나 장래의 불확실한 사업을 위해 자산을 미리 취득할 목적의 수용이 허용될 수는 없다 [Riedel(2012), pp.201~203].
49) Alfred Scheidler, Die Voraussetzungen der Enteignung nach den §§85 ff. BauGB, ZfBR 2017, S.125[정남철(2018), 88면에서 재인용].
50) BVerfGE 134, 242 (298).
51) BVerfGE 38, 175 (180); BVerfGE 45, 297 (321f.).
52) BVerfGE 56, 249.

수용의 목적이 공공복리에 적합한지 여부는 원칙적으로 민주적 정당성을 가진 입법자가 결정한다.[54] 공공복리는 추상성, 다양성을 띠므로 이를 일의적으로 파악하기는 어려운데, 공공복리가 법률에 따라 확정되는 경우 이를 '규준적 공익(maßgebende öffentliche Interessen)'이라고 일컫기도 한다.[55] 그러나 공공복리의 개념과 범위가 전적으로 입법자의 재량에 맡겨진 것은 아니고 일정한 범위 내에서 해석의 여지가 남겨져 있어 사법심사가 허용된다.[56] 수용은 기본권을 제한하는 정도가 크므로 완전한 사법심사가 행해져야 하고, 정치적 합목적성을 존중한다는 이유로 수용을 폭넓게 허용하게 되면 수용권의 남용 가능성이 극대화되는 위험을 초래할 수 있다.[57]

입법자는 공용수용을 허용하는 법률에 그 목적과 허용조건을 명확하게 규정함으로써 재산권 침해의 정도와 범위에 대한 예측을 가능하도록 하여야 한다. 입법자는 공용수용의 실질적 허용조건을 강화함으로써 재산권 침해의 가능성을 줄일 수는 있지만, 그 허용조건을 완화함으로써 공용수용을 용이하게 해서는 안 된다.[58]

입법자가 개별 법률에서 공공복리를 목적으로 하는 일정한 유형의 공익사업을 정하였고, 어떠한 사업이 그 유형에 해당된다고 하더라도 곧바로 허용되는 공용수용에 해당되는 것은 아니고, 그 사업이 구체적으로 공공복리에 이바지하는지 여부를 별도로 검토하여야 한다(단계적 공공필요 검증).[59]

연방건설법전(Baugesetzbuch) 제87조 제1항에서는 수용의 요건을 좀 더

---

53) 정연주(1990), 158면.
54) BVerfGE 134, 242 (292); Jarass et al.(2022), §14 Rn.77~86.
55) Wolff et al.(2017), §29 Rn.1 ff.
56) BVerfGE 24, 367; BVerwGE 3, 332; Ossenbühl & Cornils(2013), S.203~210.
57) Jackisch(1996), S.102~105; 즉, 사법심사가 불가능하거나 적절하지 않은 경우에 해당하지 않는다는 것이다.
58) BVerfGE 56, 249 (270).
59) BVerwGE 3, 332 (334); 독일의 경우에는 우리 토지보상법 제20조의 사업인정에 상응하는 제도가 없는데, 독일연방행정법원의 위 판결에 따라 사업인정절차에서 요구하는 공공필요의 구체적·개별적 심사절차를 거쳐야 한다는 법리가 형성된 셈이다.

구체화하고 있다. "수용은 공공복리를 위해 요구되고 다른 합리적인 방법으로 수용의 목적을 달성할 수 없는 개별 사건에서 허용된다."는 규정내용에는[60] 수용의 필요성 요건(비례의 원칙)이 부각되어 있다. 즉, 수용의 제한원리로서 과잉금지의 원칙이 헌법상 '공공복리'에 내재되어 있음을 확인한 것이다.[61]

다. 프랑스에서의 논의

프랑스 헌법의 본문에는 기본권에 관한 규정이 존재하지 않고, 제5공화제 헌법 전문에서 1789년 인권과 시민의 권리선언(인권선언; Déclaration des droits de l'homme et du citoyen)과 1946년 제4공화제 헌법 전문에서 확인 및 보완된 인권과 국민주권의 원리를 확인하는 형태를 취하고 있다.[62] 인권선언 제17조에서는 "재산권은 신성하고 불가침한 권리이므로, 합법적으로 인정된 공공필요(nécessité publique)가 이를 명백히 요구하고 정당한 사전 보상이 전제되지 않는다면, 어느 누구도 이를 박탈당하지 않는다."라고 선언하였다.[63] 1804년 제정된 프랑스 민법전(Code civil) 제545조에서는

---

60) "Die Enteignung ist im einzelnen Fall nur zulässig, wenn das Wohl der Allgemeinheit sie erfordert und der Enteignungszweck auf andere zumutbare Weise nicht erreicht werden kann."

61) '공공복리를 위해 요구'된다는 부분에서 목적의 정당성, 수단의 적합성을, '다른 합리적인 방법으로 수용의 목적을 달성할 수 없다는' 부분에서 침해의 최소성, 법익의 균형성을 도출해낼 수 있다.

62) "Le peuple français proclame solennellement son attachement aux Droits de l'homme et aux principes de la souveraineté nationale tels qu'ils ont été définis par la Déclaration de 1789, confirmée et complétée par le préambule de la Constitution de 1946, …"

63) "La propriété étant un droit inviolable et sacré, nul ne peut en être privé, si ce n'est lorsque la nécessité publique, légalement constatée, l'exige évidemment, et sous la condition d'une juste et préalable indemnité."; 여기서 재산권의 박탈은 재산권자를 희생하여 재산을 강제로 이전시키거나 재산의 모든 속성을 폐지하는 것을 의미한다[De Gaudemont et al.(2014), Art. 17 du DDHC 26 août 1789, p.4].

"누구도 공익성(utilité publique)과 정당한 사전 보상 없이 재산권을 이전할 것을 강요받지 않는다."라고 규정하여[64] '공공필요'를 '공익성'으로 대체하였다. 이를 두고 유익성(utilité)은 필요성(nécessité)보다는 완화된 표현으로서 수용의 가능성을 넓힌 것으로 이해하는 견해도[65] 있으나, '필요성'은 수용권을 한계짓는 원리로서 공익성에도 비례의 원칙이나 과잉금지의 원칙이 담겨 있음을 인정하는 이상 공공필요와 공익성에 본질적인 차이가 존재한다고 볼 수 있는지는 의문이다.[66]

공용수용법전(Code de l'expropriation pour cause d'utilité publique)[67]은 제L1조에서 "부동산 또는 부동산물권의 전부 또는 일부에 대한 수용은 사전 조사에 따라 공익성에 부합한다고 선언된 경우에 한하여 행해질 수 있다."라고 규정하는 한편,[68] 제L121-1조에서 "공익성은 국가의 관할 당국에 의해서 선언된다."라고 규정하여[69] 해당 사업의 공익성을 확인하는 절차인 공익선언(déclaration de l'utilité publique)을 명시하고 있다. 우리 토지보상법 제20조의 사업인정에 대응하는 절차로 볼 수 있다. 공용수용법전에서는 수용적격사업의 유형을 한정적으로 열거하지 않고, 공익선언이 있는 경우에 수용을 허용하는 개방적 체계를 채택하고 있다.[70] 이로써 공익선언이 곧바로 수용 여부를 결정하는 주된 절차가 되고,[71] 공익성은 수용의 허용

---

64) "Nul ne peut être contraint de céder sa propriété, si ce n'est pour cause d'utilité publique, et moyennant une juste et préalable indemnité."

65) Auby et al.(2016), pp.478~490.

66) 같은 취지로는, 박균성(2006a), 34면.

67) 이 법률은 2014. 11. 6. 제2014-1345호 정령(ordonnance)에 따라 전면 개정되었다.

68) "L'expropriation, en tout ou partie, d'immeubles ou de droits réels immobiliers ne peut être prononcée qu'à la condition qu'elle réponde à une utilité publique préalablement et formellement constatée à la suite d'une enquête et qu'il ait été procédé, contradictoirement, à la détermination des parcelles à exproprier ainsi qu'à la recherche des propriétaires, des titulaires de droits réels et des autres personnes intéressées."

69) "L'utilité publique est déclarée par l'autorité compétente de l'Etat."

70) 우리 토지보상법 제4조에서 수용적격사업의 유형을 열거하는 것과는 대비된다.

71) C.E. 4 nov. 1970, *SCI Les Héritiers A. Caubrière*, Rec. 646.

요건이자 내재적 한계로 기능하게 된다.

과거 프랑스 최고행정법원인 국사원(Conseil d'Etat)은 수용의 공익성 판단에서 해당 사업이 그 자체로 공익성을 실현하는지 여부만을 심사하였고, 수용에 따른 공·사익의 비교·형량을 하지 않았다.72) 나아가 행정청의 재량에 속하는 합목적성의 문제에 해당되는 구체적인 공익사업의 내용에 대해서는 권한의 남용에 해당되지 않는 한 심사하지 않았다.73) 이를테면, 고속도로의 건설을 위한 수용에 대한 법원의 심사는 고속도로 건설 자체의 공익성 존부에 머무는 것이지 노선의 선택에까지 나아가지는 않는다고 판단하였다.74)

그런데 국가의 역할 확대에 따라 판례가 인정하는 공익성의 범위는 점차 확대되었다. 초기에는 공물이나 공공시설의 건설에만 인정되던 공익성이 19세기 말부터는 교육, 위생, 문화 등의 공역무(service public) 영역에서도 인정되기 시작하였다. 공공의 이익(intérêt général) 달성에 필요한 경우 수용이 폭넓게 허용된 것이다.75) 국사원은 일정한 사업이 직접적으로 공익성을 실현하지 않더라도 공공의 이익과 일정한 관련이 있다고 볼 수 있는 경우에는 그 수용을 허용하되, '공공의 이익과의 관련성'은 사적 이익을 위한 사업이 결과적으로 공공의 이익에 보탬이 되는 경우에도 인정하는 경향을 보였다.76) 공공의 이익 달성이 수용의 주된 목적이고, 재정상 이익이 부수적으로 추구되는 경우에도 공익성을 인정하였다.77) 다만, 오로지 사익의

72) 박균성(1996), 371면.
73) C.E. 4 mars 1964, *Dame Veuve Borderie*, Rec. 157.
74) C.E. 30 juin 1961, *Groupement de defense des riverains de la route de l'interieur*, Rec. 452.
75) Debbasch et al.(1994), pp.202~204.
76) C.E. 20 juillet 1971, *Ville de Sochaux*, Rec. 561; 국사원은 행정당국이 자동차회사 Peugeot의 제안에 따라 Montbeliard시와 Sochaux시를 연결하는 463번 국도를 건설하는 사업을 추진하면서 수용을 실시한 이 사안에서 특정한 자동차회사에 이익을 주는 우회로 건설 사업이 교통 체증의 해소, 교통의 안전 확보라는 공공의 이익에도 부합하는 이상 그 수용이 직권남용에 해당하지는 않는다고 판단하였다.

추구나 국가재정의 제고를 위한 수용이 허용될 수 없음은 물론이다.

　일정한 사업의 시행을 위한 수용을 둘러싼 공·사익이 복잡하게 얽혀있는 상황에서 해당 사업이 그 자체로 공익성을 실현하는지 여부를 공익성 판단의 '유일한' 기준으로 삼는 것은 더 이상 적절하지 않았다. 이에 국사원은 *Ville Nouvelle-Est* 판결에서[78] 종합평가 이론(비교·형량 이론; la théorie du bilan)을 채택하기에 이르렀는데, 이 판결의 주요 내용은 다음과 같다.[79]

　〈사안의 개요〉
　행정당국이 1966년 Lille시의 동쪽에 3만 명의 학생을 수용할 수 있는 대학시설과 2만여 명의 주민을 거주케 할 수 있는 신도시를 조성할 계획을 수립하였고, 그 계획에 따른 사업으로 사업구역 내에 있는 100여 채의 주택을 수용·철거하여야 할 상황이었다.

　〈국사원의 판단〉
　국사원은 "어떤 사업이 가져오는 재산권의 침해, 재정적 비용 및 사회적인 불이익이 그 사업으로 얻을 수 있는 이익과 비교하여 과도하지 (excessif) 않은 경우 공익성이 인정될 수 있다. 이 사업의 중요성 등에 비추어 100여 채의 주택이 철거되어야 하더라도 그 공익성이 부정되는 것은 아니다."라고 판시하였다.

---

77) C.E. 11 janv. 1957, *Louvard*, Rec. 27.
78) C.E. 28 mai 1971, *Ville Nouvelle-Est*, Rec. 409.
79) 이 판결에 대한 상세한 설명과 평석으로는, 박균성(1996), 373~375면 참조.

그 이후 국사원은 *Sainte-Marie de l'Assomption* 판결에서[80] 사업으로 인한 비용 또는 불이익에다 다른 공익에 대한 침해를 포함시켜 '사업으로 인한 재산권의 침해, 재정적 비용, 사회적 불이익, 다른 공익에 대한 침해가 그 사업으로 얻을 수 있는 이익에 비하여 과도하지 않은 경우 그 수용의 공익성이 인정된다.'는 공익성의 판단기준을 확립하였다.[81]

라. 일본에서의 논의

일본 헌법 제29조 제3항에서는 "사유재산은 정당한 보상 하에 공공을 위하여 사용할 수 있다."라고 규정하고 있다.[82] '공공을 위하여 사용'에 대하여 공용사용이 아니라 공용수용을 의미하는 것으로 파악하는 것이 일반적이고,[83] 수용권의 본질적인 한계로서 공공의 이익(공공필요)을 포괄한다는 견해가 통설로 받아들여지고 있다.[84] 어떤 사업이 공공필요를 가지는지 일반적으로 설명하기는 어렵지만, 재산권의 박탈이라는 개인의 희생을 강요해서라도 달성하여야 할 충분한 공동의 이익이 존재한다는 사실이 공익과 사익의 비교·형량을 통하여 증명되는 때에 '공공을 위하여 사용'한다는 요건이 충족된 것으로 볼 수 있다고 한다.[85]

일본 토지수용법 제3조에서 토지를 수용 또는 사용할 수 있는 공공의 이익이 되는 사업의 유형을 열거하기는 하였지만, 구체적인 사업에 대한 수용권의 설정과 이를 위한 공공필요의 판단은 사업인정기관인 행정청에 맡겨져 있다.[86] 사업인정은 구체적인 사업에 대하여 수용권을 설정할 수 있

---

80) C.E. 20 octobre 1972, *Société civile Sainte-Marie de l'Assomption*, Rec. 657, concl. Morisot.
81) 이 판결은 국사원이 종합평가 이론을 적용하여 공익선언을 취소한 최초의 판결이라고 한다. 이 판결의 구체적인 내용과 의미에 대해서는, 박균성(1996), 375~377면 참조.
82) "私有財産は，正当な補償の下に，これを公共のために用ひることができる。"
83) 芦部信喜(2007), 223~225頁.
84) 今村成和(2004), 220頁; 佐藤幸治(2020), 310~320頁.
85) 成田頼明(1989), 257~260頁.

는 사업으로 인정하는 처분으로서 공공필요 판단의 요체(要諦)를 형성한다. 입법은 일반적·추상적 규범을 정립하는 것이어서 개개의 수용에 대한 공공 필요성을 판단하기에 적당하지 않고, 사법도 분쟁에 관한 법해석과 적용을 임무로 하므로 결국 행정청에 사업인정의 권한을 부여하는 것이 적절하다고 한다.[87]

　　종래 통념상으로는 해당 사업이 ① 순수하게 영리목적으로 시행되는 경우, ② 특정한 소수의 이익을 위해서만 시행되는 경우, ③ 일반 공중이 사회·경제·문화생활을 영위하는 데에 직접적인 필요성이 낮은 경우, ④ 사업시행자가 해당 토지를 직접 자신의 목적에 사용하고 공용으로 제공하지 않는 경우 공익성을 인정하지 않았다. 그런데 근래에 들어 이러한 통념은 대폭 수정되어 다음과 같이 공익성의 개념이 점차 확대되는 경향을 보이고 있다.[88]

　　먼저, 수익성(영리성)과 공익성은 반드시 모순관계에 있는 것은 아니다. 도시재개발이나 뉴타운·산업단지 등의 조성과 같이 국가나 지방자치단체가 실시하는 사업의 경우에도 정비된 토지나 시설에는 상점, 사무소, 업무용 시설, 공장 등이 들어서게 된다. 그럼에도 이들 사업의 공익성을 인정하는 것은 민간의 영리 추구에 초점을 맞추지 않고 그 정책적 목표에 주목해야 하기 때문이다. 즉, 토지이용의 효율 향상, 과밀도시의 부담 분산, 시장경제를 통하여 달성할 수 없는 사회경제적 수요의 충족 등의 정책적 목적에서 새로운 공익성을 발견할 수 있다는 것이다.[89] 단순히 어떠한 사업에 경제적 합리성이 인정된다고 해서 수용권의 행사를 허용할 수는 없고, 적어도 국토 전체의 체계적 이용에 대한 명확한 계획 아래 국토 이용의 효율성, 장래 수요 예측, 공해의 방지, 지역주민의 이익 등 공·사익을 객관적이

---

86) 일본 토지수용법 제16조 이하의 '사업인정'에 관한 규정 참조.
87) 高田賢造(1970), 118~120頁.
88) 成田賴明(1989), 260~261頁.
89) 山田幸男(1968), 606~607頁.

고 합리적으로 고려하여 공익성을 검증하여야 한다고 보고 있다.[90]

다음으로, 수용 주체가 종전의 국가나 공공단체에서 그 밖의 특수회사 등으로까지 확대되었다. 이들 특수회사 등이 '연장된 공(公)의 손'으로서 수용의 주체로 전면에 등장하게 되었다. 일본 토지수용법 제3조에서는 토지를 수용할 수 있는 공공의 이익이 되는 사업, 즉 수용적격사업의 유형을 열거하고 있는데, 그 사업자 중 철도사업자 또는 삭도사업자(제7호), 인정전기통신사업자(제15호의2), 기간방송기간방송사업자 또는 기간방송국제공사업자(제16호) 등이 이들 특수회사에 해당한다. 이들 공사(公私) 혼합의 특수회사 등은 행정주체가 아니라 사법인(私法人)에 불과한데도 그 사업내용의 공익성을 보장하기 위하여 국가가 개별 법률에 근거한 일정한 관리·감독을 행함으로써 '공(公)의 지배'에 복종하게 하는 한편, 이들 회사에 '연장된 공의 손'으로서의 지위를 부여하는 것이다.[91]

이들 특수회사 등에게 수용권을 설정함에 있어서는 다음과 같은 요건을 충족하여야 한다. ① 공사(公私) 혼합의 형태에 따른 특수회사 등의 설립이나 특수회사 등에 대한 사업면허심사 등을 통해 그 특수회사 등이 '공(公)의 지배'에 놓일 수 있도록 하여야 한다.[92] ② 그 특수회사 등이 국가나 지방자치단체 등의 계획에 적합한 사업계획을 수립하고 행정청의 감독 아래 이를 실시할 수 있도록 하는 제도적 장치가 필요하다(계획 적합성의 통제). ③ 그 특수회사 등이 사업의 시행 후에 그 토지나 건물을 처분하여 영

---

90) *Kelo* 판결은 일본의 공용수용 법제연구에도 지대한 영향을 미쳤다. 대표적인 관련 문헌으로는, 中村孝一郎, "規制的収用法理における『正統な州の利益の実質的促進』テスト", 南山法学 第29巻 第3号, 2006; 村川秦支, "Kelo v. The City of New London 再開発における土地収用", 用地ジャーナル 第16巻 第3号, 2007; 福永実, "経済と収用 : 経済活性化目的での私用収用は合衆国憲法第五修正 「公共の用」 要件に反しない", 大阪経大論集 第60巻 第2号, 2009 등이 있다.

91) 成田頼明(1989), 262~263頁.

92) 행정당국이 행하는 일반적인 관리·감독만으로 사법인에 대한 수용권의 설정이 충분히 정당화되기는 어렵고, 고양된 통제기제가 필요하다.

리 목적을 도모할 유인을 차단할 수 있도록 사후 통제장치를 마련하여야
한다.93)

4. 공공필요의 개념에 대한 법경제학적 접근

가. 개요

법경제학의 많은 수용이론은 효율(efficiency)의 관점에서 공용수용을 정
당화하는 기제를 규명하고자 하였다.94) 공리주의적 입장에서 해당 수용을
통하여 얻을 수 있는 사회적 이익이 그 수용으로 치러야 하는 사회적 비용
보다 우월할 경우 재산권의 강제적 박탈도 허용될 수 있다는 관념이 이들
수용이론의 토대가 된 것이다. 그런데 이러한 도식을 풀어나가는 방식, 즉
사회적 비용을 규정짓고 이익과 비용을 형량하는 방식에는 수용이론들 간
에 꽤나 유의미한 차이가 있다. 특히 수용의 효율성에만 천착하여 보상의
필요성에 관하여 설득력 있는 논리를 제시하지 못하는 연구가 많다. 이하
에서는 수용에 따른 사회적 비용에 주목한 법경제학계의 주류(主流)로 볼
수 있는 수용이론들을 개관해 봄으로써 우리 법제상 '공공필요'의 개념분
석을 위한 논리적 단초를 모색해 보기로 한다.

나. Michelman 교수의 이론

공용수용에 관한 법경제학 이론에 가장 큰 영향을 준 것으로 평가받는
학자인 Michelman 교수는 일정한 경우에 공용수용이 허용되는지를 판단하
기 위하여 세 가지 요소를 고려하여야 한다고 보았다. 그 세 가지 요소는
효율성이익(efficiency gains; E), 탈도덕화비용(demoralization costs; D), 합
의비용(settlement costs; S)이다.

---

93) 成田賴明(1989), 263~265頁.
94) Lee(2017), p.164.

  '효율성이익(E = B - C)'은 수용에 의하여 발생하는 손실을 초과하여 창출되는 편익이다. 여기서 '편익(benefit; B)'은 수용의 잠재적 수혜자가 그 수용을 위하여 지급할 의사가 있는 화폐금액으로 측정되고, '손실(cost; C)'은 수용에 대한 동의를 이끌어내는 데에 소요되는 화폐금액으로 측정된다.[95]

  '탈도덕화비용'은 다음 2가지 비용의 총합으로 정의된다. 하나는, 아무런 보상이 이루어지지 않을 경우 피수용자와 그 동조자들(sympathizers)이 느끼는 비효용을 상쇄시켜 줄 수 있는 화폐금액이고, 다른 하나는, 피수용자나 동조자들, 비슷한 상황에 처할 수 있는 사람들이 무보상을 목격한 후 근로유인이 왜곡되거나 사회적 동요가 발생하여 미래의 생산활동이 감소함으로써 발생하는 손실의 현재가치이다.[96] 탈도덕화비용은 Michelman 교수가 창안해낸 개념으로서 그의 수용이론을 이해하는 데에 있어 매우 중요하다.

  '합의비용'은 탈도덕화비용을 적절하게 제거하기 위하여 손실보상의 문제를 합의하는 데에 소요되는 시간, 노력, 자원의 화폐가치이다.[97]

  Michelman 교수는 수용으로 발생하는 편익(B)이 손실(C)을 초과하더라도 그 순편익인 효율성이익(E)이 탈도덕화비용(D)과 합의비용(S) 각각보다 모두 작을 때$\{E < \min(D, S)\}$에는 수용이 허용될 수 없다고 보았다. 수용으로 얻을 수 있는 편익이 그로 인해 치러야 할 비용보다 작은 경우 그 수용은 비효율적이기 때문이다.[98]

  이 도식은 탈도덕화비용(D)이나 합의비용(S)이 높은 경우 상당수의 수용에서 효율성이익이 이들 비용보다 작을 것이므로, 사회에 이롭지 않은 이러한 수용을 실시해서는 안 된다는 함의를 가진다. 설령 E > S라도 D >

---

95) Michelman(1967), p.1214.
96) *ibid*, p.1214; Michelman 교수는 탈도덕화비용을 경제학에서의 '위험(risk)' 개념과 연계시키면서 사람들이 불확실한 위험에 대해서는 보험기능에 의하여 나름대로 대비할 수 있으나 전략적으로 발생되는 손실에 대해서는 자포자기하게 되면서 탈도덕화비용이 발생하므로 이는 다른 위험과는 다르다고 보았다(*ibid*, p.1217).
97) *ibid*, p.1214.
98) *ibid*, pp.1215~1218.

S인 경우에는 피수용자에게 손실보상을 함으로써 S보다 더 큰 D가 발생하는 것을 막을 수 있다. 여기에는 공정(fairness)의 이념이 개재되어 있다. 공공의 이익을 위한 공적 부담을 공평하게 분배함으로써 발생하는 비용이 S이기 때문이다.[99] 결국 Michelman 교수는 경제학의 통념인 정태적(Kaldor-Hicks) 효율성을 넘어 공정의 관점을 가미하여 수용의 정당화 기제를 구성하는 놀라운 통찰력을 보여주었다고 평가할 수 있다.[100]

다. Epstein 교수의 이론

Epstein 교수는 수용과 관련된 소송에서 법관이 검토하여야 할 사항을 단계별로 설명하면서 수용의 순편익이 탈도덕화비용보다 작을 가능성이 크다는 믿음을 피력하였다. 재산권은 보장되어야 한다는 당위적 신념이 파괴됨으로써 발생하는 탈도덕화비용을 손실보상으로써 제대로 전보하지 못할 가능성은 교정적 정의(corrective justice)에 대한 회의(懷疑)를 불러올 수 있다는 우려가 그의 연구 바탕에 자리 잡고 있다고 보인다. 그가 법관의 검토사항으로 제시한 것들을 순서대로 간략하게 살펴보자.[101]

첫째, 수용이 발생하였는지 여부를 검토한다. 국가의 행위가 재산권에 영향을 주는 경우 수용이 발생하였을 가능성이 크다고 보아 수용의 범위를

---

99) Michelman 교수는 정태적 효율성만을 수용의 충분조건으로 삼을 경우 사적 이익을 위한 수용, 즉 수용권의 남용이 발생하게 될 가능성이 크다는 점을 중요하게 고려한 것으로 보인다. Michelman 교수의 기준이 Pareto 효율성 기준보다는 더 허용적(more permissive)이지만 Kaldor-Hicks 효율성 기준보다는 덜 허용적(less permissive)이라는 해석으로는, Fischel/Shapiro(1988), pp.273~276 참조.

100) Michelman 교수의 이론은 많은 후속 연구에 영감을 주었다. 그 중 대표적인 것이 Munzer 교수의 연구이다. 그는 탈도덕화비용과 합의비용을 대체할 용어로 무보상비용(noncompensation cost)과 보상비용(compensation cost)을 제시하면서 무보상비용과 보상비용이 부분보상(partial compensation)에 의하여 완화될 수 있고, 효율성이익이 그 완화된 비용을 초과할 경우 수용은 정당화될 수 있다는 논리를 구성하였다. 이에 대해서는 Munzer(1990), ch.9, 10, 16 참조.

101) 이하의 내용은 Epstein(1985), ch.2, 3, 9, 12, 13을 요약한 것이다.

크게 확장하였는데,[102] 수용을 물리적 수용(physical taking)으로 한정하더라도 그의 이론을 이해하는 데에는 아무런 문제가 없다. 수용이 발생하였다고 볼 수 없는 경우 원고의 청구는 더 나아가 살펴볼 필요가 없이 받아들일 수 없게 될 것이다.

둘째, 그 수용이 공공성(publicness)을 갖추었는지를 검증한다. 공공재의 공급, 외부효과가 발생하는 경우 등에 공공성이 인정된다고 한다. 시장에 맡겨둘 수 없는 영역에 관한 것들이 공공성의 범주에 포함된다고 파악하는 것으로 보인다. 공공성을 인정할 수 없는 경우 해당 수용의 헌법적 정당성이 부정됨은 물론이다.

셋째, 공적 목적을 달성하는 데에 사용될 수 있는 여러 방법들 중에서 이들 방법에 소요되는 비용이 일정하다는 가정 아래 수용이 가장 효과적인 수단인지 여부를 확인하여야 한다.[103] 해당 사업을 위한 수용의 공익성이 곧바로 효율성을 담보하지는 않기 때문에 이 단계를 반드시 거쳐야 한다. 수용의 비용편익분석을 통하여 수용으로 인한 편익이 있더라도 그에 소요되는 각종 비용이 더 크다면 그 수용은 정당화될 수 없다.

넷째, 보상의 필요성을 검토한다. Epstein 교수는 피수용자의 자발적인 승낙이 있거나 사기·절도 등 명백한 불법행위를 억지하기 위한 경찰권능(police power)의 행사에 해당하는 경우 보상이 면제된다고 보았다. 이 보상면제사유가 존재하지 않는다고 인정되는 경우 피수용자에게 어떻게든 보상이 돌아갔는지, 즉 비금전적 보상을 포괄하는 묵시적 동종보상(implicit in-kind compensation)이 존재하는지를 따져 보상의 필요성을 확인하여야

---

102) Epstein 교수는 규제적 수용(regulatory taking)을 겨냥한 연구를 하였기 때문에 수용의 범위를 이와 같이 설정한 것으로 보인다. 규제적 수용에 대응하여 통상적인 의미의 재산권 박탈을 의미하는 수용을 일컫는 용어는 물리적 수용(physical taking)이다. 이러한 구별에 대한 상세한 설명으로는, Epstein(2012) 참조.

103) 둘째 단계가 우리 헌법 제23조 제3항의 '공공필요' 중 공익성을 검토하는 단계라면, 셋째 단계는 그 공익성을 추구하기 위해 수용권을 행사하여야만 하는가 하는 필요성(비례의 원칙)을 다룬 것이 아닌가 하는 생각이 든다.

한다고 보았다. 그런데 피수용자의 재산권이 강제로 이전되는 '수용'에서 보상의 필요성이 부정되는 경우를 상정하기는 현실적으로 어렵다.[104] 단지 그 보상의 수준이 정당한가 하는 문제만이 남을 뿐이다.

라. 수용의 정당화 기제로서의 효율과 공정

Michelman 교수와 Epstein 교수의 각 이론은 보상의 필요성을 검토하면서 공정(fairness)의 이념을 들여왔다는 점에서 일맥상통하는 측면이 있다.[105] 이들 이론에서는 탈도덕화비용을 적절히 통제하지 못하는 경우 그 수용은 사회적으로 바람직하지 않은 재산의 이전이 된다는 점을 역설하였다.

자원을 가장 가치 있게 활용할 수 있도록 그 자원을 이용하는 것을 '효율'이라고 본다면, 어떠한 토지를 일정한 공익사업을 위하여 수용하는 것이 그 토지의 여러 활용방법 중에서 사회의 순편익을 가장 크게 발생시킨다고 인정될 경우 그 수용은 효율적이다. 순편익에 반영되는 비용에는 그 수용대상의 재산적 가치 이외에 탈도덕화비용으로 대변되는 사회적 비용까지 포함된다는 점을 제시한 것이 이들 이론의 탁월한 성과이다. 나아가 이러한 공적 부담의 공평한 배분이 탈도덕화비용을 상쇄시킬 것이라는 생각에서 보상의 필요성이 대두된다.

5. 공공필요의 개념에 대한 헌법재판소의 주요 결정례

가. 종래의 입장

헌법재판소는 종래 공공필요를 '국민의 재산권을 그 의사에 반하여 강제

---

104) Epstein 교수의 이론은 규제적 수용을 설명하기 위한 것이기 때문에 규제에 대한 보상 필요성을 둘러싸고 보상면제나 묵시적 동종보상이 문제될 여지가 많으나, 물리적 수용에 있어서는 이러한 논의가 직접 적용될 여지가 크지 않을 것이다.

105) 공정(fairness)이라는 표현 대신에 형평(equity)이라는 용어를 사용하는 연구도 있는데[Weisbrod et al.(1978), pp.9~20], 근본적인 생각에 있어서는 큰 차이가 없다.

적으로라도 취득해야 할 공익적 필요성'으로 해석하여 왔다.[106] 공용수용
이 재산권의 공권력적·강제적 박탈이므로, 공공필요는 그러한 재산권의 강
제적 박탈을 정당화할 정도로 공익적 필요가 있어야 한다는 의미로 해석한
것으로 보인다.

그런데 실상 공공필요에 대한 위와 같은 정의에서 어떠한 실질적인 의미
를 찾기는 어렵다. 정작 중요한 개념요소인 '공익적 필요성'이 무엇인지에
관해서는 아무런 설명도 해주지 않았기 때문이다. 이는 뒤집어 보면, 헌법
재판소가 굳이 공익적 필요성에 대하여 규명할 필요가 없었음을 보여주는
것이기도 하다. 헌법재판소가 이와 같이 공공필요에 대한 개념 규명과 그
판단에 적극적이지 않았던 배경이나 이유는 다음의 판시내용에서 찾을 수
있다. "공익사업의 범위는 국가의 목표 및 시대적 상황에 따라 달라질 수
있는 것으로 입법정책적으로 결정될 문제라고 할 수 있다."[107] 이처럼 공
공필요의 인정에 있어 폭넓은 입법재량을 인정하면서 규범통제의 영역이
상대적으로 축소될 수밖에 없었던 것이다.[108] 실제로 헌법재판소는 사인
(私人)에 의한 공용수용 등 공공필요의 존부를 다툰 대다수의 사건에서 심
판대상조항이 헌법상 공용수용을 위한 공공필요의 요건을 충족한다는 취
지로 결정하였다.[109]

나. 공공필요 개념의 체계화

헌법재판소는 이른바 민간개발자 고급골프장 수용사건에서 공공필요의
개념을 구체화하여 대중의 이용가능성이 제한된 고급골프장 등의 사업과

---

106) 헌법재판소 1995. 2. 23. 선고 92헌바14 결정; 헌법재판소 2000. 4. 27. 선고 99헌바
    58 결정; 헌법재판소 2011. 4. 28. 선고 2010헌바114 결정 등.
107) 헌법재판소 2010. 12. 28. 선고 2008헌바57 결정.
108) 정기상(2020), 253~254면.
109) 헌법재판소 2009. 9. 24. 선고 2007헌바114 결정; 헌법재판소 2011. 6. 30. 선고 2008
    헌바166, 2011헌바35 결정 등.

같이 공익성이 낮은 사업을 위한 수용에 제동을 걸면서 수용권의 남용을 제한할 의지를 피력하였다.[110] 헌법재판소는 '공공필요'의 개념이 공익성과 필요성으로 구성되어 있다고 보면서 공익성과 필요성의 의미와 판단기준에 관하여 다음과 같이 판시하였다.[111]

> 공익성은 추상적인 공익 일반 또는 국가의 이익 이상의 중대한 공익을 요구하므로 기본권 일반의 제한사유인 '공공복리'보다 좁게 보는 것이 타당하며, 공익성의 정도를 판단함에 있어서는 공용수용을 허용하고 있는 개별법의 입법목적, 사업내용, 사업이 입법목적에 이바지 하는 정도는 물론, 특히 그 사업이 대중을 상대로 하는 영업인 경우에는 그 사업 시설에 대한 대중의 이용·접근가능성도 아울러 고려하여야 한다. … 수용은 타인의 재산권을 직접적으로 박탈하는 것일 뿐 아니라, 헌법 제10조로부터 도출되는 계약의 자유 내지 피수용자의 거주이전 자유까지 문제될 수 있는 등 사실상 많은 헌법상 가치들의 제약을 초래할 수 있으므로, 헌법적 요청에 의한 수용이라 하더라도 국민의 재산을 그 의사에 반하여 강제적으로라도 취득해야 할 정도의 필요성이 인정되어야 하고, 그 필요성이 인정되기 위해서는 공용수용을 통하여 달성하려는 공익과 그로 인하여 재산권을 침해당하는 사인의 이익 사이의 형량에서 사인의 재산권침해를 정당화할 정도의 공익의 우월성이 인정되어야 한다.[112]

---

110) 정기상(2020), 254면.
111) 헌법재판소 2014. 10. 30. 선고 2011헌바129·172(병합) 결정; 헌법재판소는 공익성이 낮은 사업에 대해서까지도 시행자인 민간개발자에게 수용권한을 부여하는 구 '지역균형개발 및 지방중소기업 육성에 관한 법률'(2005. 11. 8. 법률 제7695호로 개정되고, 2011. 5. 30. 법률 제10762호로 개정되기 전의 것) 제19조 제1항의 '시행자' 부분 중 '제16조 제1항 제4호'에 관한 부분은 헌법에 합치되지 않는다고 결정하였다.
112) 헌법재판소는 이 결정에서 "고급골프장 등 사업의 특성상 그 사업 운영 과정에서

헌법재판소는 이 결정에서 공공필요의 개념요소인 공익성과 필요성의
추상성, 불확정성을 딛고 그 의미와 판단기준에 대한 주목할 만한 진전을
이루었다. 일단, '공익성'은 공공복리보다 좁은 개념의 중요한 공익이어야
한다고 보았다. 수용이 재산권뿐만 아니라 거주·이전의 자유, 영업의 자유
등 다수의 기본권을 크게 제한할 수 있음을 고려하여 공익의 개념을 최대
한 좁히고자 한 것으로 보인다.113) 또한, 공익성의 판단기준 중 하나로 대
중의 이용·접근가능성을 꼽은 것은 '일반 공중에 의한 이용'이라는 공공성
의 본질적인 지표를 되새긴 것으로 볼 수 있다.114)

'필요성'은 사인의 재산권침해를 정당화할 정도의 공익의 우월성이라고
하였는데, 수용이 기본권의 제한을 넘어 침해까지도 수반한다는 점을 고려
하여 과잉금지의 원칙과는 별개로 법익의 균형성 요건보다 강화된 공·사익
의 비교·형량기준을 제시한 것으로 본다. 실제로 헌법재판소는 후속결정들
에서115) 심판대상조항에 대하여 공공필요성을 충족하는지 여부를 먼저 살
피고, 제한되는 기본권의 침해 여부를 과잉금지의 원칙에 따라 판단하는
구조를 채택하고 있다. 그런데 이와 같은 2단계의 심사구조를 구성하는 것

발생하는 지방세수 확보와 지역경제 활성화는 부수적인 공익일 뿐이고, 이 정도의
공익이 그 사업으로 인하여 강제수용 당하는 주민들이 침해받는 기본권에 비하여
그 기본권침해를 정당화할 정도로 우월하다고 볼 수는 없다."고 판시하였다. 이 판시
부분은 Kelo 판결을 연상시킨다. 미연방대법원은 세수증대, 지역경제개발을 위한 계
획을 공적 목적에 대한 입법적 결단으로 보아 이를 존중하는 판결을 하였다. 그러나
Kelo 판결이 정치적, 사회적으로 엄청난 후폭풍을 불러왔음은 앞서 살펴보았다.

113) 앞서 독일 기본법의 수용조항 중 '공공복리(Wohle der Allgemeinheit)'를 '특별히 중
대하고 긴급한 공익'이라고 해석하거나 일본 헌법의 수용조항 중 '공공을 위하여'를
'고양된 공익'으로 해석하는 것과 같은 맥락이다.

114) 미연방대법원이 19세기 후반에 '공공필요'를 '일반 공중에 의한 실제 이용'으로 해석
하였는데, 이것이 공공필요의 일반적·결정적 기준을 제시한 것인 반면, 위 헌법재판
소 결정은 대중의 접근·이용가능성을 공익성의 판단에서 고려하여야 할 요소로 삼
았다는 점에서 본질적인 차이가 있다.

115) 헌법재판소 2019. 11. 28. 선고 2017헌바241 결정; 헌법재판소 2019. 12. 27. 선고
2018헌바109 결정.

이 실효성을 갖는지는 의문이다. 대체로는 첫째 절차인 공공필요의 존부에 관한 심사단계에서 이미 둘째 절차인 기본권(대개는 재산권)의 침해 여부에 관한 심사단계에서 다루어질 요소들이 충분히 검토될 것이기 때문이다. 첫째 심사단계에서 공공필요가 존재한다고 판단된 심판대상조항이 둘째 심사단계에서 기본권의 침해를 구성한다고 판단될 가능성은 거의 없을 것이다.[116]

대표적으로 조합이 주택재개발사업을 시행하는 경우 수용을 허용한 구 도시정비법(2012. 2. 1. 법률 제11293호로 개정되고, 2017. 2. 8. 법률 제14567호로 전부개정되기 전의 것) 일부 조항에 대한 위헌소원 사건[117]을 검토해보자. 첫째 심사단계에서 ⓐ 주택재개발사업을 통한 도시환경의 개선과 주거생활의 질적 향상이라는 공익성이 확인되고, ⓑ 공적 기관이 주택재개발사업 전반에서 주도적인 역할과 최종적인 결정권한을 갖기에 그 사업의 공공적 성격이 변질되지 않는다는 점도 언급된다. 더불어 ⓒ 주택재개발사업을 통하여 달성하고자 하는 주민의 건강과 안전 보호, 지속가능한 주거생활의 질적 향상과 도시환경의 개선이라는 공익이 사인의 재산권 제한을 정당화할 정도에 이른다고 인정한다(필요성). 그런데 둘째 심사단계에서 이들 판시 부분이 거의 그대로 다시금 등장한다. ⓐ 부분이 과잉금지원칙 중 목적의 정당성과 수단의 적합성 항목으로, ⓑ 부분이 침해의 최소성 항목으로, ⓒ 부분이 법익의 균형성 항목으로 고스란히 옮겨진다.

결국 첫째 심사단계에서 강화된 심사기준이 적용되므로, 그 단계에서 다

---

116) 즉, 첫째 단계의 심사그물망이 더 촘촘하고 둘째 단계의 심사그물망이 상대적으로 느슨한데, 첫째 심사단계를 통과한 심판대상조항이 둘째 심사단계에서 걸러지게 될 가능성은 거의 없다는 의미이다. 첫째 심사단계의 그물망은 '중대하고 긴급한 공익'이자 '고양된 공익'이기 때문이다. 다만, 둘째 심사단계에서 첫째 심사단계의 고려요소가 아닌 사항이 다루어질 수는 있는데(예컨대, 평등권 침해 여부 등), 이러한 경우에는 이미 다루어지지 않은 사항만을 고려하는 판시를 하면 족하고, 이미 다루어진 사항을 재차 검토할 실질적인 필요는 없다.

117) 위 2017헌바241 결정.

양한 고려요소가 충분히 검토되어야 하고, 둘째 심사단계에서는 이들 요소를 다시금 살펴보게 될 뿐이다.[118] 중복된 심사가 결정의 효율성을 저해하는 것은 아닌지 생각해볼 일이다.

6. 공공필요의 개념에 대한 대법원의 입장

가. 개요

대법원이 공공필요의 개념에 대해서 직접적으로 판시한 예는 찾아보기 어렵다. 공용수용을 둘러싼 사회적 관심이 손실보상액의 많고 적음에 쏠린 탓에 해당 수용의 목적사업이 공공필요성을 갖는지 여부에 대해서는 별다른 관심을 가지지 않았던 풍조로 인해 수용권의 설정 자체가 위법한지 여부를 다투는 소송이 많지 않았다. 이와는 별개로 해당 수용의 공공필요성을 부인하는 경우 그 목적사업 자체가 좌초되는 것은 아닌가 하는 생각 또는 공공필요라는 불확정개념에 대한 행정청의 폭넓은 재량권을 인정하여야 한다는 생각에서 법원이 그 수용의 공공필요성에 대한 사법심사에 소극적이었다고 볼 여지도 없지 않다.

그런데 대법원이 공공필요의 개념에 대한 단초를 제공한 3개의 판결을 주목할 필요가 있다. 첫째가 수용의 필요성에 대한 실질적 의미를 살려내고 그 엄격한 심사를 촉구한 혁신적인 판결로 평가받는 대법원 93누8108 판결(㉮ 판결)이고,[119] 둘째가 수용권 남용에 관한 선도적 판결(leading case)로 평가받는 대법원 2009두1051 판결(㉯ 판결)이며,[120] 셋째가 사업인가처분의 당연무효를 선언하여 해당 사업을 무위(無爲)로 돌린 이른바 '제주예래휴양단지' 판결로 불리는 대법원 2011두3746 판결(㉰ 판결)이다.[121]

---

118) 실제로 공공필요성은 존재하는데 기본권을 침해한다는 이유로 심판대상조항에 대하여 위헌이나 헌법불합치 결정이 선고된 예를 찾을 수 없다.
119) 대법원 1994. 1. 11. 선고 93누8108 판결.
120) 대법원 2011. 1. 27. 선고 2009두1051 판결.

이들 판결의 구체적인 내용과 의의에 대해서는 [제6장 사법적 공공필요 검증]에서 다루기로 하고, 여기서는 공공필요의 개념과 관련한 부분만 간략하게 살펴본다.

나. ㉮ 판결

대법원은 이 판결에서 "공용수용은 공익사업을 위하여 타인의 특정한 재산권을 법률의 힘에 의하여 강제적으로 취득하는 것이므로 수용할 목적물의 범위는 원칙적으로 사업을 위하여 필요한 최소한도에 그쳐야" 한다고 판시하였다.[122] 수용의 제한원리로서의 필요성을 수용의 범위와 관련하여 설시한 것으로 이해할 수 있다. 명시적으로 언급한 것은 아니지만, 공용수용의 본질에 과잉금지의 원칙이 내재되어 있음을 확인한 것으로 읽힌다.

나아가 대법원은 "그 한도를 넘는 부분은 수용대상이 아니므로 그 부분에 대한 수용은 위법하고, 초과수용된 부분이 적법한 수용대상과 불가분적 관계에 있는 경우에는 그에 대한 이의재결 전부를 취소할 수밖에 없다."라고 판시하였다.[123] 수용 자체가 허용되더라도 수용범위가 그 사업에 필요한 최소한도라는 한계를 넘어선다면 그 부분의 수용이 위법하다고 선언한 것은 공공필요의 취지를 한껏 살려낸 것으로 평가할 수 있다.

다. ㉯ 판결

대법원은 이 판결에서 목적사업이 공용수용을 할 만한 공익성을 상실한

---

121) 대법원 2015. 3. 20. 선고 2011두3746 판결.
122) 이 부분 판시는 다수의 후속판결에서 그대로 원용되고 있다. 대표적인 후속판결로는, 대법원 2005. 11. 10. 선고 2003두7507 판결; 대법원 2011. 6. 30. 선고 2009두355 판결 등.
123) 수용대상의 가분성을 전제로 최소한도를 넘는 부분의 수용이 위법하다고 보되, 초과수용된 부분이 적법한 부분과 불가분의 관계에 있는 경우에는 해당 수용 전부가 위법하다고 보았다.

경우와 사업인정에 관련된 자들의 이익이 현저히 비례의 원칙에 어긋나게
된 경우를 수용권의 남용에 해당한다고 판시하였다. 공공필요의 흠결을 포
괄하여 수용권의 남용으로 구성하였다고 보인다. 전자(前者)가 수용의 성립
요건으로서의 공익성에 관한 것이라면, 후자(後者)는 수용의 제한원리로서
의 과잉금지의 원칙(필요성)에 관한 것이라고 할 수 있다.

어찌 보면 수용에 내재된 당연한 법리를 선언한 것이지만, 이 판결 이전
에 '수용권의 남용'을 이유로 수용 자체의 효력을 부인한 선례가 없었다는
점에서 혁신적인 판결로 받아들여지고 있다.124) 다만, 사업인정 이후에 발
생한 공공필요의 흠결만을 수용권의 남용으로 보았다는 점에서 일정한 한
계를 가진다고 평가되고 있다.125)

라. ㉘ 판결

대법원은 이 판결에서 고소득 노인층 등 특정 계층의 이용을 주된 목적
으로 하고, 일반 주민의 이용가능성이 실질적으로 제한되는 휴양형 주거단
지는 국토계획법령에서 정한 '유원지'에 해당되지 않으므로, 이를 설치하기
위한 도시계획시설사업에 관한 실시계획인가처분은 그 인가요건을 결하여
수용 등의 특별한 권한을 부여할 만한 정당성을 갖추지 못하였다고 판단하
였다. 판시내용으로는 이 휴양형 주거단지가 국토계획법령상 '유원지'의 기
준에 적합하지 않다는 이유로 그 실시계획인가처분의 당연무효를 확인한
것이지만, 실질적으로는 그 시설의 공공성 흠결을 이유로 수용의 필요성을
부정함으로써 공공필요에 대한 판단기준 중 하나로 일반 공중의 접근·이용
가능성을 제시한 것으로 평가할 수 있다.126)

---

124) 대법원이 이 판결의 법리 적용에 소극적인 탓인지 수용권의 남용을 이유로 사업인정
    이나 수용재결의 위법을 판단한 후속판결은 없는 것으로 보인다.
125) 이 판결의 의의와 한계에 대해서는 [제6장 사법적 공공필요 검증]에서 자세히 다룬다.
126) 일정한 시설을 이용하는 데에 고액의 대가를 지불하여야 한다면 이는 온전히 사익의
    추구를 목적으로 하는 것에 다름 아니고, 이러한 비용의 장벽이 일반 공중의 접근·

대법원이 선행판결에서 대중제 골프장에 대해서는 국토계획법령상 기반시설로서 설치되는 체육시설에 해당한다고 보았으나,[127] 회원제 골프장에 대해서는 일반인의 이용에 제공하기 위하여 설치되는 체육시설에 해당한다고 볼 수 없다고 판시한 것도[128] 이와 같은 맥락이다.

7. 공공필요의 개념 정립과 판단구조

가. 현행법상 공공필요의 판단구조

헌법 제23조 제3항의 '공공필요'는 추상적인 불확정개념으로서 그 개념을 명확하게 정의한다는 것은 사실상 불가능하다.[129] 여러 나라의 법제에서 공공필요의 의미와 범위를 바라보는 시각이 다소 다른 것도 이러한 개념의 상대성, 추상성에 기인한다. 정치적·경제적·사회적 여건의 변화에 따라 수정·변형될 수 있는 공공필요의 의미와 범위를 일의적으로 파악할 수 없는 이상, 사업의 공공필요를 판단할 주체, 기준, 절차를 확정하는 문제는 매우 중요하다.

공용수용은 재산권의 강제적 박탈뿐만 아니라 거주·이전의 자유, 영업의 자유 등 관련 기본권의 침해를 수반하므로, 공용수용을 허용할 만한 사업의 유형에 대한 사회적 합의를 이룰 필요가 있다.[130] 이것이 1차적으로 입

이용가능성을 실질적으로 배제시키므로, 사익 추구의 문제와 일반 공중의 접근·이용가능성 문제는 서로 연계되어 있는 셈이다. 같은 취지로는, 김성수(2015), 174~175면 참조.

127) 대법원 2013. 7. 12. 선고 2012두21796 판결.

128) 대법원 2013. 9. 12. 선고 2012두12884 판결; 대법원 2013. 10. 11. 선고 2012두15784 판결.

129) 공공필요의 개념을 규명하려는 시도가 계속되어 왔으나 아직까지도 여전히 이론적으로나 실무적으로 정설이라고 할 만한 것이 없다[김성수(2015), 162면].

130) 재산권의 침해에 대한 민주적 정당성을 확보해야 한다는 관념이다. "한 사람의 권위나 지적 능력에 의존할 것이 아니라 전문적인 지식을 가진 보다 많은 사람의 의견을 들어서 최대 다수의 이익을 위하여" 입법자가 공공필요성을 결정하여야 한다고 보

법자로 하여금 공익사업의 유형과 범위를 일반적으로 정하도록 하는 이유이다.[131] 이에 따라 토지보상법 제4조에서는 수용을 할 수 있는 공익사업의 유형을 열거하고 있다.

어떠한 사업이 토지보상법 제4조에 열거된 공익사업의 유형에 해당된다고 하더라도 곧바로 수용권을 설정할 수 있는 것은 아니다. 그 구체적인 사업이 공공필요성을 갖추었는지 여부를 검증하는 절차를 거쳐야 한다. 그것이 토지보상법 제20조에 따른 국토교통부장관의 사업인정이다. 공익사업의 유형을 '큰 틀에서' 열거한 토지보상법 제4조의 규정은 '개별 사업'에 대한 구체적인 공익성 통제기제로 충분히 기능할 수 없기 때문에 사업인정제도를 둔 것이지만,[132] 다른 한편으로 추상적인 불확정개념인 공공필요에 대한 판단을 행정청에 일임하는 것은 그 자체로 수용권의 남용 가능성을 잉태하게 된다. 사업인정기관은 사업인정에 관한 넓은 범위의 재량권을 확보하고자 하는 유인을 갖고, 각종 이익집단이나 사업을 시행하는 행정청은 자신들의 이익에 부합하는 사업인정을 요구하게 되며, 정치인들은 공공선택이론에 따라 정치적으로 영향력 있는 이들 집단의 요구에 부응하게 된다. 이와 같이 일치된 이해관계가 수용권의 남용 가능성을 높이게 됨은 의문의 여지가 없다. 여기서 공공필요의 판단기준을 세울 필요성이 떠오른다. 공공필요의 판단기준이 형성될수록 수용권의 자의적 행사 가능성은 줄어들 것이기 때문이다.

는 견해도 있는데[이선영(2012), 11~12면], 이는 공리주의의 입장에 서서 공공필요의 판단을 바라보는 셈이다.

131) 헌법 제23조 제3항에서는 공용수용에 관한 법률유보의 원칙을 선언하였다. 수용의 정당화 기제이자 한계인 공공필요의 본질적인 내용이 법률로 정해져야 함은 분명하다. 헌법재판소도 "공익사업의 범위는 사업시행자와 토지소유자 등의 이해가 상반되는 중요한 사항으로서, 공용수용에 대한 법률유보의 원칙에 따라 법률에서 명확히 규정되어야 한다."라고 판시하였다[헌법재판소 2014. 10. 30. 선고 2011헌바129·172(병합) 결정].

132) 한국토지공법학회(2017), 232면.

'공공필요'의 개념을 공익성과 필요성으로 나누어 판단하든지 일체로 파악하여 과잉금지의 원칙을 수용의 제한원리로 이해하든지 간에 재산권의 강제적 박탈을 의미하는 수용권의 행사가 남용되지 않도록 재산권 보장의 관점에서 '공공필요'를 해석하고 그 판단기준을 정립하여야 한다는 점에서는 이론(異論)이 있을 수 없다고 생각한다.[133]

나. 수용의 성립요건으로서의 공익성 검증

'공익성'은 그 의미의 추상성, 다양성으로 인하여 명확하게 판단기준을 설정할 수 없지만, 다양한 행정적 조치가 정당화되는 근거가 되기 때문에 그 의미를 개략적으로라도 규명하려는 시도는 계속되어 왔다. 그럼에도 공익성의 의미와 한계가 정설로 확립되지는 않았으나, 공익을 '사회의 구성원이 공통적으로 가지는 이익(common interests)' 정도로 새길 수 있다고 본다. 개인은 사회에서 각각 다른 역할을 수행하기 때문에 서로 다른 이익을 가지지만, 동일한 상황이나 입장에 처한다고 가정할 경우에는 공통된 합의(collective agreement)를 상정할 수 있다. 공익은 필연적으로 보편성(universality)을 내재하고 있기 때문이다.[134]

A도시에 새로운 병원을 짓는 도시계획을 추진하려 한다고 가정해 보자.[135] 모든 시민들의 의료서비스 증진을 목적으로 한다면 그 도시계획이 공익성을 충족한다는 데에는 의문이 없다. 그런데 그 도시계획이 오로지 의사 또는 간호사의 새로운 취업기회를 확대시킬 것을 목적으로 한다면,

---

133) 법해석론의 관점에서 체계적·목적론적 해석방법으로 접근하는 '공공필요'의 개념분석을 시도하는 견해[이동훈(2016), 275면]나 실제적 조화의 원칙을 공공필요에 대한 해석도구로 삼는 견해[김남철(2004), 585면]도 이와 맥락을 같이한다.
134) McHarg(1999), pp.675~677; 공익과 사익의 구분은 구조적으로 수량의 문제이지 비중이나 성질의 문제가 아니라는 주장이 있다[홍강훈(2016a), 91면 이하]. 그러나 공익은 단순히 개별화된 이익의 집합이 아니라 공통된 이익에 대한 가치판단의 문제라는 점에서 위 견해에 동의하기는 어렵다.
135) 이하의 예시는 Barry(2011), pp.190~213을 참조한 것이다.

그 도시계획에 공익성을 인정하기는 어렵다. 결국 공익은 모든 공공정책의 목적을 포괄하는 것이 아니라, 공동복지의 증진과 관련되는 목적만을 포섭하는 것이다. 누구라도 그 정책에 따라 이익을 얻을 수 있다면 공익성이 충족된다고 보아야 하므로, 공통된 이익은 전체적으로(as a whole) 그 사회의 구성원 모두의 이익으로 돌아가는지 여부를 기준으로 파악되어야 한다.136)

그렇다면, A도시에 의료서비스 개선을 위한 새로운 병원의 개원이 필요하지 않은데도 시민들이 단지 의사나 간호사들에게 새로운 취업의 기회를 확대 제공하고자 새로운 병원의 건설에 동의한 경우는 어떠한가? 이러한 경우 시민들은 A도시에서 많은 의사나 간호사들을 충원함으로써 더 나은 의료서비스를 받을 수 있도록 하는 것을 도시계획의 목적으로 상정하게 되고, 그 공익성은 인정될 수 있다. 결국 공익은 일반 공중의 선택(people's preference)에 의존하는 셈이다. 민주적 다수결에 따른 결정이 보편적인 이익에 기여하는 이상 공적 목적을 위한 다수의 결정은 유효하게 다루어져야 한다.137)

이러한 공익성의 개념에 따라 다수의 국가에서 공익성의 판단을 입법자에게 맡기고 있음은 앞서 살펴보았다. 그런데 공용수용이 재산권의 강제적 박탈을 의미한다는 본질을 고려한다면 수용의 정당화 기제로서의 공공필요를 구성하는 공익은 특별히 중대한 고양된 공익이어야 한다.138) 중대한 공익이 존재하는지 여부는 해당 사업의 명시적인 목적(expressed aims)뿐만 아니라 그 이면의 실질적인 목적까지도 고려하여 판단되어야 한다. 해당 사업이 표방한 목적이 일반적으로 공익성의 범주에 포섭된다고 하더라도

---

136) Bell(1993), p.30.
137) Çoban(2004), p.98; 공용수용의 공익을 특별히 중대한 공익으로 새기지 않으면 사유 재산의 자유보존적 기능이 훼손된다는 설명으로는, Schäfer(2017), p.27 참조.
138) 공공필요가 국가공동체 전체의 존속을 위하여 반드시 필요한 것에서 적극적으로 국민들의 삶의 질을 개선하는 광폭적인 스펙트럼의 공익성으로 그 의미와 범위가 확장되고 있다는 설명으로는, 김성수(2015), 163면 참조.

실질적으로 그 사업이 특정인이나 특정집단의 이익에 공여될 뿐이라면 그 사업을 위한 수용은 허용될 수 없다. 단지 세수 증대나 국가재정의 제고를 목적으로 하는 사업을 위한 수용도 허용될 수 없다. 그러한 공익을 특별히 중대한 공익으로 포섭하기에는 간접적이고 일반적이기 때문이다.

공익성 자체를 양정할 수 없으므로 중대한 공익이라는 것도 정량적으로 파악할 수는 없다. 따라서 공익의 중대성은 심사기준을 촘촘히 설정하는 엄격한 기준에 따라 판단할 수밖에 없다. 즉, 공익의 중대성을 공익의 실체적 의미로 접근하기 보다는 판단기준의 강도 또는 규율의 밀도 문제로 접근하여야 한다.[139] 이것이 공익성 판단에 사법심사가 매우 중요한 역할을 담당하게 된다고 보는 이유이기도 하다.

그런데 공익성의 판단은 어느 정도 합목적성과 관계된다. 공익을 '공통된 이익'이라고 단순하게 이해할 때 어떠한 사업이 그러한 공통된 이익에 따라서만 가능한 성질을 가지면 합목적성을 띠는 것인데, 이러한 판단과정이 공익성의 검증이기 때문이다. 사법심사의 영역을 적법성에 머물게 하고, 적법성을 합목적성에 대비시키는 행정법의 고전적 이분법에 따르면, 공익성의 판단이 사법심사의 역할범위 내에 있는지 의문이 들 수도 있을 것이다. 그러나 공익성의 판단은 수용의 정책적 타당성을 묻는 것이 아니라 수용권의 한계를 획정하는 것이고, 수용권의 남용이라는 반헌법적 행위를 예방하고 제거한다는 점에서 사법심사 본연의 임무에 속한다고 보아야 한다.

다. 수용의 제한원리로서의 필요성

어떠한 사업이 공익성을 갖추었더라도 수용이 그 사업의 예정된 시행 목

---

139) 공익의 중대성과 관련해서는 사법심사의 역할이 중요한데도 사법부가 입법자에게 공익판단을 미루는 경향이 있어 사법심사가 역기능적이라고 평가할 수 있다는 주장도 제기되고 있는데[백승주(2005), 129면], 이는 공익성 판단에 대한 사법심사의 역할 제고를 요구하는 것으로 읽힌다.

적에 반드시 필요하고 적합한 경우에 비로소 헌법상 정당화된다.140) 필요성에 대한 판단이 과도한 수용권의 행사를 걸러내는 과정이라고 한다면, 과잉금지의 원칙을 필요성의 심사기준으로 보는 데에 별다른 무리가 없으리라 생각한다.141) 여기서 과잉금지의 원칙은 헌법 제37조 제2항에서 도출되는 것이라고 보는 견해도142) 있으나, 공공필요의 개념 자체에 침해의 최소성 원칙과 법익의 균형성 원칙이 내재되어 있다고 새겨야 한다.143) '필요'라는 문구가 이미 과잉금지라는 제한적 요소를 표상하고,144) 과잉금지의 원칙은 국가권력을 제한하여 기본권을 보호함을 목적으로 하는 법치국가원리에 터 잡고 있기 때문에 공공필요에서 과잉금지의 원칙을 도출해낼 수 있다고 본다.145) 이로써 재산권의 박탈을 정당화하는 엄격한 심사기준으로서의 과잉금지원칙을 도입할 법리적 근거를 마련할 수 있게 된다.

헌법 제23조 제3항에 근거한 과잉금지원칙은 헌법 제37조 제2항에서 도출되는 과잉금지원칙에 비하여 더욱 엄격한 심사기준으로 기능한다. 일반적으로 과잉금지원칙 중 법익의 균형성은 입법재량을 존중하여 법익 간에 합리적인 비례관계가 있는지 여부만을 기준으로 판단한다.146) 그런데 앞서

---

140) 공공필요는 공익과 사익의 이익형량을 통해 결정되어야 한다는 견해[김남진(1992), 94면; 정남철(2005), 136면]도 이와 맥락을 같이한다.
141) 과잉금지의 원칙은 공용수용의 성립요건이 아니라 한계 또는 허용성 요건에 해당한다는 주장[정남철(2018), 86면]도 같은 취지이다.
142) 이 주장은 헌법 제37조 제2항의 문언상 모든 기본권의 제한에 대하여 이 규정이 적용되어야 한다는 점, 공공필요는 공용침해의 목적을 규율하는 것이고 수단의 적정성에 대해서는 헌법 제37조 제2항이 적용되어야 하는 점 등을 논거로 한다[허영(2021), 458~460면; 정종섭(2013), 713면].
143) 같은 취지로는, 김성수(2018), 708면; 장영수(2020), 772면. 특히 김성수 교수는 헌법 제23조 제3항이 헌법 제37조 제2항에 대한 특별규정이라고 하는데, 이에 전적으로 동의한다.
144) 같은 취지로, 허완중(2012), 55면 참조.
145) 과잉금지의 원칙은 법치국가원리에 근거를 두고 있고, 그것이 문언상 표현된 것이 헌법 제37조제2항이므로 굳이 위 규정을 매개하지 않더라도 과잉금지의 원칙이 적용될 수 있다고 보는 것이 합리적이라는 설명으로, 이동훈(2016), 285면 참조.

살펴본 바와 같이 공공필요에서 말하는 공익은 일반적인 공익의 범위를 넘어서는 고양된 공익을 의미하고, 공익의 정량적 측정은 불가능하므로 엄격한 비례관계의 설정으로 공익의 우월성을 담보하여야 한다.[147]

공공필요에 근거한 과잉금지의 원칙을 검토함에 있어서는 주로 침해의 최소성과 법익의 균형성이 문제된다. 과잉금지원칙의 일반적인 구성요소 중 목적의 정당성은 이미 공익성의 검증단계에서 확인될 것이고,[148] 수용이라는 방법 자체가 해당 사업의 원활한 시행에 기여할 것임은 재산권의 강제적 박탈이라는 본질에서 당연히 도출되는 것이므로 수단의 적합성도 특별히 문제될 것이 없다.

침해의 최소성은 수용의 여부보다는 수용의 범위와 직접 관련된다. 어떠한 공익사업을 위하여 수용을 허용할 것인지 허용하지 않을 것인지의 문제만이 있을 뿐, 수용을 대체할 수 있는 다른 대안을 상정하기는 곤란하기 때문이다.[149] 일정한 공익사업의 시행을 위하여 반드시 수용이 필요하다고 하더라도 그 수용의 범위는 사업에 필요한 최소한도에 그쳐야 한다.[150] 수용대상 또는 수용목적물의 가분성으로 인하여 필요성에 대한 심사단계에서는 수용 자체의 정당성뿐만 아니라 수용범위의 정당성과 적합성도 검토

---

146) 황치연(2012), 260면.
147) 공용수용에 대한 사법심사의 문제는 심사기준의 문제가 아니라 심사강도의 문제라는 지적[김현귀(2013), 985면]도 이와 같은 취지이다.
148) 비례의 원칙은 기본권 제한의 방법적 한계를 심사하는 기준이므로 목적의 정당성은 비례의 원칙을 구성하는 요소에 해당될 수 없다는 주장이 유력하게 제시되고 있다[정종섭(2013), 379면; 황치연(2012), 253면]. 위 견해에 따르더라도 목적의 정당성은 필요성 검증에서 문제될 것이 없다.
149) 입법대안을 상정할 수 없으면 침해의 최소성은 애당초 문제되지 않고, 곧바로 법익의 균형성을 검토하면 된다[이재홍(2017), 83면]. 재산권을 협의취득할 수 없는 경우 그 재산권을 강제로 취득하는 방법 이외에 이를 대체할 다른 방안을 상정하기는 어렵다. 매도청구 등의 다른 방법도 실상 그 용어만을 달리 할 뿐 소유자의 의사에 의하지 않은 재산권의 이전이라는 측면에서 매한가지이다.
150) 대법원 1994. 1. 11. 선고 93누8108 판결.

되어야 한다.

법익의 균형성은 해당 수용으로 달성하고자 하는 공익이 다른 공익과 사익보다 우월할 경우에 인정될 수 있다. 사익뿐만 아니라 다른 공익도 고려요소로 삼아야 함에 유의하여야 한다. 비례의 원칙이라는 것이 애당초 공익과 사익이라는 두 개의 목적항(가치)과 공권력의 행사라는 하나의 수단항(사실) 사이에서 기본권 실현의 최적화 조건을 발견·정당화하려는 논증구조이다.151) 수용의 헌법적 정당성 심사에 있어 법익의 균형성은 수용권의 행사가 공익과 사익의 실현 또는 제한에 미치는 영향의 정도를 경험적으로 논증하는 절차라고 볼 수 있다. 서로 대립하는 다양한 사익과 공익 속에서 수용권의 행사보다 어느 한 쪽의 가치에 유리한 다른 방안을 채택할 경우 발생하는 '기회비용'을 따져보는 것이 법익의 균형성을 심사하는 유용한 방법이 될 수 있다.152) 수용이 재산권의 강제적 박탈임에 비추어 강도 높은 비례성이 충족되어야 함은 앞서 설명하였다.

II. 사인수용(私人收用)의 헌법적 정당성

1. 사인수용의 의미와 논란

가. 사인수용의 의미와 용어의 정리

1980년대 이후 신자유주의로 부활한 시장친화적 자유주의 사조와 작은 정부론은 공공재정의 한계라는 현실적인 상황과 맞물려 민간 부문에 공적 과제의 수행을 맡길 수 있다는 사회적 공감대를 형성시켰다. 국가는 국토 전체의 균형 있는 개발과 이용을 위하여 필요한 계획을 수립할 권한과 의

---

151) 이준일(2009), 29~32면.
152) 이재홍(2017), 118~121면.

무를 가지지만, 특정한 지역의 개발과 주민생활에 필요한 기반시설의 설치
와 같이 일정한 영역에서는 해당 공적 과제의 수행을 민간 부문에 맡기는
것이 자원의 효율적 배분을 제고할 수 있다는 시각이 보편화되었다.[153]

이에 따라 세계 각국에서는 사인에게 공익사업을 맡기는 경우가 빈번하
게 발생하였는데, 그 과정에서 필요한 토지 등을 강제로 취득할 현실적인
필요가 생겨났다. 결국 사업시행자가 사인인 경우에도 그 목적사업의 공공
필요를 내세워 수용의 주체로 나서기에 이르렀다.[154]

사인이 주체가 되는 수용을 일컬어 사인수용(私人收用), 사인을 위한 수
용, 사용수용(私用收用), 민간수용(民間收用), 공공적 사용수용 등의 용어가
다양하게 사용되고 있다.[155] 사인이 주체가 되는 수용을 일컫는 용어에는,
공공필요가 인정되는 사업의 시행을 사인이 맡은 경우에 행해지는 수용이
라는 개념요소가 온전히 담겨야 하므로, 이들 용어에 그러한 개념요소가
모두 담겨 있는지 살펴볼 필요가 있다.

우선, 사인이 주체가 되는 수용으로써 공익사업을 시행하는 사인에게 수
용의 효과와 이익이 귀속된다고 하더라도 이로써 그 수용이 사인을 위한
수용이나 사적 목적에 제공되는 수용을 의미하지는 않음을 분명히 해둘 필
요가 있다. 수용은 어디까지나 공공필요를 위해서만 행해질 수 있고, 순전
히 특정 개인이나 집단의 사적 이익을 위한 수용이 허용되지 않음은 앞서

---

153) 김성수(2015), 157면; 정하명(2010), 404면; 종래 공적 부문이 담당해 왔던 임무를
    사적 부문에게 이전, 위탁하되, 그 임무가 본래의 목적대로 잘 수행될 수 있도록 국
    가가 관리·감독의 책임을 지는 것이 보장국가(Gewährleistungsstaat)의 이념이고, 이
    로써 행정임무의 민영화, 민간위탁 또는 공사협력의 시대로 나아가게 된다는 설명으
    로는, 석종현(2019), 258면 참조.
154) 앞서 [제1장 공용수용제도 개관]에서 살펴본 바와 같이 재산권의 강제적 이전을 '강
    제취득'으로 통칭할 경우 이는 수용, 환지, 매도청구를 모두 포괄하고 사인을 주체로
    하는 수용도 넓은 의미에서 사인을 주체로 하는 수용, 환지, 매도청구를 일컫게 된
    다. 이러한 관점에서 사인 간의 모든 재산권의 강제적 이전을 사인수용으로 정의하
    기도 한다[Boukaert/De Geest(1995), p.463].
155) 석종현(2019), 259면.

누차 설명하였다. 이러한 의미의 수용에 대해서는 그 정당성을 논할 여지
가 없다.156) 그런데 '사인을 위한 수용'이라는 용어는 사적 이익을 위한 수
용이라는 인상을 줄 수 있기 때문에, 이 용어에 사인을 주체로 하는 수용을
온전히 담아내기에는 부족하다.157)

'사용수용'은 private use takings를 번역한 용어인 것으로 보이는데, 이는
공익성을 흠결한 사적 용도 또는 목적의 수용을 일컫는 말로 쓰이고, 사인
이 주체가 되는 수용과는 그 결을 달리한다. Kelo 판결에서도 법정의견과
반대의견을 막론하고 public use takings와 대립하는 헌법상 금지되는 수용
을 일컬어 private use takings라고 표현하였다. 더욱이 '공용수용'에서의
'공용'은 공공필요를 가리키는데, '공용'이라는 단어의 자리를 '사용'으로
대체하는 것은 공용수용과 반대된다는 인상을 준다. '공공적 사용수용'이라
는 용어도 이러한 점을 의식한 결과물이라고 생각한다.158)

사인을 주체로 하는 수용이 헌법적으로 정당화될 수 있는지 여부가 논란
이 되는 만큼 그 논란에 대한 의견을 논증하면서 이를 지칭하여 사용할 용
어는 중립적이어야 한다. 결국 사인수용이나 민간수용과 같이 수용의 주체
를 강조하는 용어가 적절하다고 본다. 여기서는 '사인수용'이라는 용어를
사용하여 논의를 전개하기로 한다.

---

156) 이는 그 자체로 수용권의 남용에 다름 아니다. 설령 사인으로 하여금 공익사업을 시
행하도록 하는 데에는 일정한 유인이 있어야 하고, 그것이 해당 사업을 통한 사적
이익의 추구를 어느 정도 용인케 하는 원인이 된다고 하더라도, 원칙적으로 이러한
사익 추구는 공적 목적을 달성하기 위하여 불가피한 정도에서 머물러야 한다.

157) 물론 수용의 효과가 귀속된다는 의미에서 '사인을 위한 수용'이라는 용어를 사용하
는 것이겠지만, '언어가 사고를 지배한다.'는 격언을 떠올려 보면, 마치 공공필요와
대척점에 있다는 언어적 느낌마저 주는 용어를 굳이 사용할 필요는 없다고 본다.

158) 미국에서는 정부가 사업시행자인 사인 대신에 수용권을 행사하여 직접 토지를 취득
한 후 이를 사업시행자에게 이전시켜주는 것을 일컬어 '공공적 사인수용(public-
private takings)'이라고 한다[Kulick(2000), p.642]. 이는 사업시행자인 사인이 직접
수용의 효과로서 토지의 재산권을 이전받는 것과는 다른 구조를 가진다. Kelo 판결
이나 Poletown 판결에서도 이러한 방식의 수용이 허용되는지 여부가 문제되었다.

나. 사인수용을 둘러싼 논란의 배경

세계 각국에서 사인에게 공익사업을 맡기는 경우가 빈번하게 발생하고 있는데, 그 공익사업의 시행을 위하여 행해지는 사인수용이 헌법상 정당화 되는지 여부가 예외 없이 논란이 되었다. 사인이 수용의 주체가 될 수 있는 지 하는 문제는 공공필요의 개념 및 그 판단기준과 맞닿아 있다. 사인에게 그 시행을 맡길 수 있는 공익사업이 애당초 공공필요를 충족할 수 있는지, 국가의 특권이라고 할 만한 수용권을 사인에게 부여할 수 있는지, 사인을 수용의 주체로 허용함으로써 추구할 수 있는 공익의 범위가 어디까지인지 등의 난제가 화두로 떠올랐다.[159]

공공필요는 그 사업 자체의 성격과 목적에 따라 결정되는 것이지 사업시 행자가 누구인지 하는 문제에 직접 영향을 받지 않는다고 본다면, 사인수 용이 그 자체로 공공필요의 흠결을 의미하지는 않을 것이다. 반면에, 사인 으로 하여금 공익사업의 시행자가 되게 하는 유인이 필요하고, 이것이 일 정한 사익 추구에 대한 용인으로 이어진다면,[160] 그 사업이 특별히 중대한 공익 또는 고양된 공익을 갖는지 의문이 생길 수도 있다.

공권력은 국가만이 독점적으로 행사할 수 있다는 전통적인 관념에서 보 면, 공권력의 결정체라고 해도 과언이 아닐 수용권을 사인에게 행사토록 할 수 있는지 의문이 생긴다. 여기서 수용의 주체를 '수용권한'의 귀속주체 와 '수용 효과'의 귀속주체로 분리해서 파악하여야 할 당위성이나 필요성 이 발생한다. 앞서 [제2장 공용수용제도 개관]에서 살펴보았듯이 수용권은 원칙적으로 국가만이 행사할 수 있고, 사업시행자는 그 수용권의 행사에 따른 직접적인 효과를 향수할 수 있을 따름이다. 수용 효과를 누리는 주체 는 국가, 공공단체일 수도 있고, 사인일 수도 있다. 적어도 수용의 주체를 둘러싼 견해의 대립이 사인수용의 헌법적 정당성 논란에 결정적인 영향을

---

159) 이동훈(2016), 273~274면.
160) 이러한 이유에서 사인수용은 필연적으로 공공필요 개념의 완화를 수반한다.

미치지는 않는다고 본다.161)

다. 사인수용의 헌법적 정당성 여부에 관한 종래의 논의

사인수용의 헌법적 정당성 여부를 둘러싼 논쟁은 단적으로 표현하자면, ① '공적 목적의 실현'에 이바지하는 이상 사인이 주체가 되는 수용에도 공공필요가 인정된다는 견해와 ② 특정한 사인에게 '특혜'를 주는 사인수용이 본질적으로 공공필요성을 충족하기는 어렵다는 견해의 대립이다.

① 견해에서는 사인수용이 헌법적 정당성을 갖는지 여부를 공공필요의 충족 여부에 관한 문제로 다루어야 하고,162) 공공필요와 사적 이익 추구가 절대적으로 배타적인 관계에 있다고 볼 수는 없다고 한다.163) 교통, 통신 등과 같이 국민의 생존과 일상생활에 밀접하게 관련된 사업의 시행을 주된 목적으로 하는 이른바 생존배려형 사기업 또는 사영특허기업에 대해서는 일반적으로 사인수용을 인정한다.164) 순수한 사기업에 대해서는 사인수용을 인정할 수 있는지 여부에 대하여 다소간의 의견 차이를 보이지만, 사인의 영리활동 결과 부수적·간접적으로라도 일자리 창출이나 지역경제 활성화 등의 공적 목적이 실현된다면 그 수용의 공공필요성은 충족될 수 있다고 보는 견해가165) 유력하다.

---

161) 같은 취지에서, 사인의 수용 주체성이 헌법적으로 문제되지 않는다고 해서 사인이 주장하는 공익이 곧바로 '공공필요'로 인정될 수 있는 것은 아니라는 설명으로, 장은혜(2015), 223면 참조.

162) 대법원도 이와 같은 취지에서 "어떤 사업이 공익사업인가의 여부는 그 사업자체의 성질로 보아 그 사업의 공공성과 독점성을 인정할 수 있는가의 여부로써 정할 것이고 그 사업주체 여하에 따라 정할 것이 아니다."라고 판시하였다(대법원 1970. 9. 22. 선고 70누81 판결).

163) 김남진(1986), 14면; 김성수(2018), 720면; 김연태(2007), 99~101면; 박균성(2019), 495면; 박태현(2008), 65~66면; 석종현(2019), 260면; 정연주(2015), 219면.

164) 그러한 사기업의 목적사업 자체가 공익성을 띠고 국가가 직간접적으로 그 사업의 시행과정에 관여할 수밖에 없기 때문이다.

165) 김남철(2004), 588면; 김성수(2019), 720면; 박균성(2017), 7면; 정연주(1993),

② 견해에서는 사인수용이 경제적 강자의 우월적 지위를 인정하는 것에 다름 아니어서 경제적 강자가 개발이라는 명목으로 경제적 약자에게 재산을 강탈당하는 결과에 이르게 될 수 있음을 우려한다.[166] 영리를 추구하는 사기업에게 수용을 허용하는 것은 개인에 의한 다른 개인의 기본권 침해를 정당화하는 위헌적 결과를 초래할 수 있다고 한다.[167]

그런데 이들 견해는 결국 사업의 공적 목적을 계속적으로 확보할 방안, 즉 공익실현을 담보할 제도적 장치를 마련하여야 한다는 공통된 결론으로 이어진다. ① 견해에서도 사인의 과도한 사익 추구 유인을 부정하지는 않기 때문에 이를 억지함으로써 사인수용을 공용수용의 범주 내에 머물도록 할 '제어장치'를 요구하게 된다.[168] ② 견해에서도 사인수용이 광범위하게 활용되고 있는 작금의 현실을 외면할 수 없기에 예외적으로 사인수용을 정당화할 수 있는 엄격한 공공필요의 통제기제를 찾게 된다. ① 견해에서는 사업의 공공필요가 인정되는 한 사인이 수용의 주체가 된다고 하여 공공필요가 부정되지는 않지만, 그 사업의 시행과정에서 공공필요가 유지되는지를 확인하여야 한다는 입장에서 제도적 장치를 소극적(negative) 관점에서 바라본다. 반면에, ② 견해에서는 원칙적으로 국가의 특권인 수용권을 사인을 시행자로 하는 사업을 위하여 행사할 수는 없지만, 사인의 과도한 사익 추구 유인을 억제하고 '특혜성'을 복멸할 수 있을 정도의 공익성을 담보할 제도를 갖춘 사업에 대해서는 예외적으로 사인수용을 허용한다는 입장

160~161면; 특히 김성수 교수는 "공공의 복리실현이라는 과제를 반드시 국가가 독점해야 할 당위성은 존재하지 않고, 경제구조의 개선이나 고용의 증진, 지역발전 등의 효과를 가져오는 경제적 사기업을 위한 공용침해가 세계 각국에서 일반화되고 있는 실정임"을 지적한다.

166) 조병구(2012b), 598면; 국가가 담당해야 할 공익적 개발사업을 사인이 맡음으로써 일종의 대리인 비용(agency cost) 문제가 발생할 우려가 크다고 한다.

167) 이재삼(2009), 270면.

168) 이처럼 사인수용을 사업의 공익성을 담보할 수 있는 적정한 제도적 장치의 확보를 전제로 제한적으로 허용하려는 입장을 '법적 기속장치설'이라고 부르기도 한다[박태현(2008), 50면].

에서 제도적 장치를 적극적(positive) 요건으로 이해한다고 볼 수 있다. 비록 이들 견해가 논의의 전개방향에서는 차이를 보이지만, 엄격한 제도적 장치를 통해 사인수용의 공공필요를 담보하여야 한다는 원론적인 생각에서는 서로 다르지 않다고 본다.

2. 사인수용에 대한 비교법적 고찰

가. 미국에서의 논의

미국에서 사인수용의 허용 여부와 한계 논의에 불을 지핀 것은 앞서 구체적으로 설명한 미연방대법원의 *Kelo* 판결이다. 이 판결에서는 경제 활성화라는 목적이 공공필요에 포섭될 수 있는지 여부가 주된 쟁점이었고, 사인이 수용의 주체가 될 수 있는지 여부와 공공필요는 밀접한 관련이 있으므로 이 판결을 사인수용에 관한 선도적 판결(leading case)로 꼽고 있다. *Kelo* 판결에서 제시된 여러 판시내용 중에 사인수용과 관련되는 부분만 짚어보자.

Kelo 판결의 법정의견에서는 수용의 정당화 기제인 공공필요를 그 수용이 공적 목적(public purpose)에 이바지하는지 여부라고 보면서 이에 관한 입법자의 결단을 사법부가 존중하여야 한다고 판시하였다. 다만, 사법부의 이러한 입법적 결단에 대한 존중에는 일정한 전제가 갖추어져야 함을 언급하였다. 국가나 주, 시 등이 종합적인 개발계획을 수립하고 그 계획에 대한 면밀한 심의를 하였음이 전제되어야 그 결단이 존중받을 수 있다는 것이다. '종합적인 개발계획(integrated development plan)의 범위 밖에서' 한 개인에게서 다른 개인에게로 재산을 이전하기 위해 행해지는 수용은[169] 헌법상 금지되는 사용수용(private use takings)에 해당될 수 있다고 하였다.

---

169) 이를 특정 개인에게 이익을 몰아주기 위한 핑계나 구실(pretext)이 되는 수용이라고 표현하기도 한다.

Kennedy 대법관이 한 법정의견에 대한 별개의견에서도 해당 수용이 심각한 불황에 대한 대응으로 추진된 종합적인 개발계획의 맥락에서 실시되고, 그 개발계획에 따른 수익자가 대부분 특정되지 않았으며, 시가 개발계획의 수립에 관한 상세한 절차적 요건을 충족하였음을 지적하였다.

법정의견과 별개의견에서는 공통적으로 입법자가 심사숙고한 개발계획의 존재를 공용수용(public use takings)과 사용수용(private use takings)을 구별하는 주된 요소로 삼았다. 비록 공용수용과 계획의 관련성, 개발계획의 구성요소 등에 대하여 의미 있는 분석을 한 것은 아니지만,[170] 적어도 입법자의 공공필요에 대한 숙고는 존중받아야 한다는 점만큼은 분명하게 선언한 것으로 볼 수 있다.

“모든 사람이 *Kelo* 판결을 증오한다(Everyone hates *Kelo*).”라는 다소 과격한 표현에서 미국 사회의 자유지상주의자들(libertarian)이 이 판결을 얼마나 충격적으로 받아들였는지 짐작할 수 있다. 실상 이 판결은 종래 견지되어 오던 법리를 재확인한 판결일 뿐이지만 사회적 파장은 매우 즉각적이고, 격렬했다.[171] 사인수용을 포괄하는 공공필요에 대한 폭넓은 정의가 수용권의 남용을 초래하였다고 비판하는가 하면,[172] 심지어 개인의 재산권을 강제로 빼앗아올 수 있는 수용권 자체가 부정부패에서 비롯되고 그 권한의 남용에 의하여 강화되는 비효율적 사업의 수행을 허용하는 길을 열었다는 비판까지 제기되기도 하였다.[173] 사인이 수용절차를 통하여 재산권을 강제로 빼앗아올 수 있는데 ‘왜’ 완전시장의 수요공급의 원칙에 따라 결정되는 가격을 받아들이는 우회적인 단계를 거치겠는가 하고 반문한다.[174] 이들

---

170) Garnett(2007), pp.443~447.
171) Bell/Parchomovsky(2006), p.1413.
172) Epstein(1985), p.170; 그러나 이러한 주장이 손실보상의 요건에 초점을 맞춘 것일 뿐이어서 사인수용의 헌법적 정당성을 정면으로 다룬 것은 아니라는 지적으로는, Bell/Parchomovsky(2006), p.1412 참조.
173) 노벨경제학상 수상자인 Gary Becker 교수가 그의 블로그에 남긴 말이다. http://www.becker-posner-blog.com/archives/2005/06/index.html (June 27, 2005).

비판에서 사인수용에 대한 강한 거부감이 여과 없이 드러난다.

Kelo 판결 이후 여러 주에서는 경제개발을 명목으로 한 사인수용을 제한하되, 명백히 낙후된(blight) 지역의 개발사업에 대한 사인수용을 예외적으로만 허용하는 입법 또는 법해석을 하려는 경향을 보이고 있다. 사인수용의 허용 가능성을 완전히 차단하지 않고서 명백히 낙후된 경우라는 모호한 기준을 설정한 것이 오히려 사인수용의 길을 지나치게 확대하는 문제로 이어질 수 있다고 지적되고 있다.175)

그런데 *Kelo* 판결을 옹호하는 목소리도 만만치 않다. 미연방 수정헌법의 공용수용 조항에서는 수용이 공적 목적을 위해서만 행해져야 한다는 점을 명시하고 있을 뿐, 사인수용을 금지하는 어떠한 제한을 가하고 있다고 볼 근거가 없다고 한다.176) 정부기능의 민간 이양에 대한 사회적 공감대가 확산되는 현실에서 미연방 수정헌법이 사인수용을 금지한다고 볼 직접적인 근거가 없는데도 사인수용을 위축시킬 이유가 무엇인지 되묻는다.177) 또한, 수용권이 사적 위임 금지의 원칙(private non-delegation doctrine)에 따라 전통적으로 국가의 배타적 고권으로 인정되는 영역에 속한 것인지에 의문이 있음을 지적한다.178)

---

174) Merill(1986), pp.61~63; Merill 교수는 공용수용이라는 것 자체가 공익이라는 대의명분 아래 시장의 질서를 왜곡하는 불평등한 거래인데, 특히 사인수용은 시장의 왜곡을 더욱 심화시킨다고 주장한다.

175) Somin(2011), pp.1193~1219.

176) Bell(2009), p.578.

177) Bell(2009), pp.581~582; 정책적으로 민간의 참여를 확대하는 효과를 주는 사인수용이 공적 목적의 달성에 더 효과적일 수 있다는 주장으로는, Taylor(1996), p.1061 참조.

178) 국가의 규제권한을 사적 주체에게 위임할 수 있는지 여부는 미연방 수정헌법의 적법절차조항(Due Process Clause)과 공무원 임명조항(Appointments Clause)의 위반 여부와 관련하여 논의되고 있다. 특히 공무원 임명조항에 따르면, 국가의 중요한 권한(significant authority)을 사적 주체에게 위임하는 것은 금지된다. 사적 위임 금지의 원칙을 둘러싼 미연방대법원의 판결과 그에 대한 비평으로는, Rice(2017), pp.540~551 참조.

결국 사인수용을 둘러싼 미국 사회의 논란은 현재 진행형이다. 특히나 경제 활성화를 목적으로 하는 사인수용의 경우에는 그 수용으로써 생기는 이익이 일반 공중에 분배되지 않고 소수의 개인이 독점하는 것 아니냐는 의심도 남은 상태이다.[179] 사인수용은 정책적 판단의 여지를 내재하고 있기 때문에 정치적 이념으로부터 자유롭지 않음은 *Kelo* 판결에서 이미 확인되었다.[180] 향후 진행될 미국 사회의 논의에 관심이 집중된다.

나. 독일에서의 논의

일반적으로는 독일 기본법에 따라 규정되고 입법자가 판단한 공적 목적을 위하여 수용이 필요하다면, 그것이 사인에게 유리한지 여부는 그 수용의 헌법적 정당성에 대한 평가에 결정적인 영향을 주지 않는다고 한다.[181] 그러나 재산권이 한 개인에게서 다른 개인으로 강제로 이전되는데 간접적으로만 공익에게 기여하고 그것이 종국적으로 약자에게 손해를 입히게 될 위험에 노출되어 있는 사인수용은 헌법상의 문제를 야기할 수 있다.[182] 연방헌법재판소는 몇 개의 결정을 통하여 사인에 의한 수용의 허용범위와 그 제도적 규율에 대한 법리를 조금씩 발전시켜왔다.

당초 연방헌법재판소는 1984년 전기 및 가스 등 에너지 공급에 관한 사업의 시행을 위하여 사기업(私企業)인 에너지공급회사를 주체로 하는 수용을 허용한 1935. 12. 13.자 에너지 산업 진흥에 관한 법률(Gesetzes zur Förderung der Energiewirtschaft) 제11조의 위헌 여부가 문제된 사안에서 일

---

179) Merrill/Smith(2007), p.1884.
180) 법원이 나서서 판단하지 않는, 어쩌면 판단할 수 없는 정치적 판단의 영역에 있는 공공필요의 검증에 법원이 소극적일 수밖에 없다는 설명으로는, Merill(1986), p.67.
181) Maunz/Dürig(2009), Art.14, Rn.573 ff.
182) BVerfGE 74, 264 (285); 연방헌법재판소는 이 결정에서 이와 같은 잘못된 유인에서 연유한 수용이 약자에게 손해를 입힐 위험을 증가시킨다고 판단하였는데, 이러한 수용은 Kelo 판결의 반대의견에서 내세운 '역-로빈훗 방식의 수용'과 같은 의미로 이해할 수 있다.

정한 경우 사기업에 의한 수용이 가능하다고 판단하였다.[183] 사기업이라고 하더라도 에너지 공급의 확보와 같이 법률에 따른 공공복리에 기여하는 공적 목적을 달성하고자 일반 공중의 이용에 제공되는 서비스 업무를 수행하는 경우에는 수용이 허용된다고 하였다. 사기업이 수행하는 사업의 목적과 성격을 고려하여 해당 사업이 일반 공중의 생존에 밀접하게 관련되어 있는 경우에는 그 사업의 시행을 위한 수용을 인정할 수 있다고 본 것이다.[184] 이러한 경우 사기업을 통한 공적 과제의 성실한 수행을 위하여 국가 등의 조정과 감독이 뒤따르는 것이 일반적이므로, 공용수용의 목적인 공공복리가 그 사기업을 통하여 계속적으로 보장되도록 하는 일련의 제도적 장치가 마련되기 때문이다.[185]

연방헌법재판소는 1987년 *Boxberg* 결정[186]에서 공익의 추구가 회사 자체의 목적에서 비롯되는 것이 아니라 단지 회사의 영리활동에 따른 간접적인 결과로 공익을 일부 달성할 수 있을 뿐인 경우에는 수용이 허용될 수 없다고 판단하였다. 이 결정에는 사인수용을 바라보는 연방헌법재판소의 시각과 제도적 보완법리가 담겨 있으므로 그 사안의 개요와 판시요지를 구체적으로 살펴보자.[187]

---

183) BVerfGE 66, 248.
184) 연방헌법재판소는 위 결정에서 "에너지 공급은 일반 공중의 품위 있는 존재를 보장하기 위해 절대적으로 필요한 서비스"라고 판시하였는데[BVerfGE 66, 248 (258)], 이를 일반적인 사기업과는 구별되는 생존배려형 사기업(Daseinsvorsorge Unternehmen)의 특성을 밝힌 것이라고 보기도 한다[김남철(2004), 582면; 최계영(2011), 238면].
185) 김남철(2004), 582~583면.
186) BVerfGE 74, 264.
187) 연방헌법재판소는 *Boxberg* 결정 이전에 1981년 Bad-Dürkheim시 케이블카 판결에서 (BVerfGE 56, 249) 시(市)와 사인의 합작설립법인이 케이블카를 설치하기 위하여 개인의 토지를 수용한 것은 청구인의 재산권을 침해한 것이라고 판단하였다. 그런데 연방헌법재판소는 이 판결에서 주법(州法)에 근거하지 않은 채 이러한 유형의 수용을 포섭하지 못하는 연방건설법전의 규정에 터 잡아 행한 수용을 위헌이라고 본 것일 뿐, 사인수용의 위헌성을 직접 다루지는 않았다. Böhmer 재판관도 별개의견으로 사인수용의 헌법적 정당성을 직접 다루었어야 한다며 법정의견을 비판하였다.

〈사안의 개요〉

1980년 게마인데(Gemeinde)인[188] Boxberg와 Assamstadt는 공동개발 계획을 발표하였다. 이 개발계획에는 Daimler-Benz AG가 농업과 임업 용지 614 헥타르 면적에 자동차 시험 운전장을 건설하는 내용이 담겨 있었다. 당시 이들 두 게마인데의 경우 주된 경제활동이 농업과 임업 이었고, 인구가 지속적으로 감소하고 있었으며, 일자리 수는 전국 평균 보다 훨씬 낮았다. 경제 활성화와 일자리 창출을 위해 추진된 이 개발 계획은 Baden- Württemberg 주 정부의 승인을 받았고, 주 의회도 과반 수 찬성으로 이 계획안을 통과시켰다. Daimler-Benz AG는 비영리 주 택 회사인 Landsiedlung Baden-Württemberg GmbH를 통해 개발계획의 시행지역 일대에 상당한 면적의 농지를 인수했다. 이들 두 게마인데는 Daimler-Benz AG가 협의취득을 하지 못한 사업부지에 대하여 수용을 신청하였다. 이에 따라 자신의 소유 토지를 수용당할 처지에 있는 토 지소유자들이 이 소를 제기하였다.

〈일반론〉

사기업이 공공복리를 위한 것임이 분명한 국가의 업무를 수행하고 국가가 부담하여야 할 모든 법적 의무를 지는 경우에 행해지는 사인수 용은 특별히 문제될 것이 없다. 그러나 그 사업이 간접적으로만 공공복 리에 기여하는 경우 사기업은 사적 자율성을 이용하여 자신의 이익을 추구할 유인을 갖는다. 따라서 사기업이 공공복리에 부합하는 목적이 달성될 수 있도록 한다는 점이 항구적으로 보장되어야 한다.

---

188) 독일의 최소 단위 행정구역으로 지방의회 등 지방자치제도가 형성되어 있다.

민주적 정당성을 갖는 입법자가 그러한 수용의 허용 여부와 범위를 명확하게 결정하여야 하는데, 이러한 입법적 결단에는 세 가지 요건이 충족되어야 한다.

첫째, 수용의 목적이 법률에 명확하게 규정되어야 한다. 그 명확성은 수용의 허용 여부에 대한 결정이 행정부의 판단에 맡겨지지 않을 정도에 이르러야 한다. 둘째, 공공복리와 수용의 필요성에 대한 상세한 실체법적·절차법적 규정이 마련되어야 한다. 공공복리-피수용자-수익자의 이해관계 속에서 비례원칙과 평등원칙이 준수되어야 하고, 수용의 필요성이 엄격하게 심사될 수 있어야 한다, 셋째, 사기업의 활동이 공공복리에 계속적으로 기여할 수 있도록 제도적 장치가 보장되어야 한다. 수익자가 공공복리에 기속되도록 하는 효과적인 법적 구속력이 필요하다.

〈이 사안에 대한 판단〉

경제적으로 낙후된 지역에서의 경제 활성화와 일자리 창출도 기본법 제14조 제3항에서 정한 '공공복리'에 해당될 수는 있다. 그러나 이 사건에서 수용의 근거가 된 연방건설법전에는 위와 같은 목적이 명시되어 있지 않다.

사기업으로 하여금 수용의 목적인 공공복리에 계속적으로 기여하게 하는 제도적 장치도 법률에 규정되지 않았다. 사기업과 맺어진 협약(Vereinbarung)은 수용의 목적을 지속적으로 보장하는 장치로 충분하지 않다.[189]

따라서 이 사안의 수용은 원고인 토지소유자들의 기본권을 침해한다.

---

189) 공공복리를 담보할 제도적 장치에 대해서는 입법자가 정하여야 하므로, 당초의 목적인 경제 활성화와 일자리 창출을 위하여 사기업이 어떠한 의무를 부담하는지에 관한 기본적인 사항을 입법자가 규정하여야 한다는 취지이다[최계영(2011), 240면].

연방헌법재판소는 2008년 사기업인 에너지공급회사가 고압선 설치를 위한 수용의 근거가 되는 1935. 12. 13.자 에너지 산업 진흥에 관한 법률 제11조에 대한 위헌소원 사건에서 심판청구를 부적법 각하하면서도 사인수용의 허용 여부와 그 제도적 보장에 대해서는 *Boxberg* 결정과 동일한 내용의 결정을 하였다.[190)

연방헌법재판소의 *Boxberg* 결정에 대해서는 입법적 결단을 존중하기 위한 세 가지 요건이 지나치게 엄격하다는 비판이 제기되고 있다. 당초 수용의 목적을 '공공복리'라고만 규정한 일반조항은 행정청으로 하여금 상황변화에 신속하고 탄력적으로 대응하도록 한다는 입법적 결단의 산물이라고 보아야 한다는 것이다.[191) 특히나 수용의 목적이나 한계는 구체적인 상황을 전제로 정해지는 것인데, *Boxberg* 결정은 이를 간과하였다는 점이 지적되고 있다. 또한, 계속적으로 공익성을 담보할 제도적 장치를 행정행위나 협약으로 마련할 수도 있는데, 이를 반드시 법률에만 두도록 강제하는 것은 과도하다는 비판도 유력하게 제기되고 있다.[192)

다. 프랑스에서의 논의

공익사업을 시행하는 주체는 국가로부터 일정한 허가 등을 받아야 하고, 그 사업의 공공필요가 인정되는 한 사기업(私企業)도 여기에 포함될 수 있다.[193) 국사원은 사기업인 파리지역사회보장기금에 의한 치료교육학 연구소 확장사업을 위한 공익선언의 위법성이 다투어진 *Ancelle* 사건에서 개별법에 수용규정이 없더라도 공익사업을 시행하는 사기업을 주체로 한 수용이 허용된다고 판결하였다.[194)

---

190) BVerfG 10. 09. 2008 - 1 BvR 1914/02.
191) Schmidbauer(1989), S.113.
192) Maunz/Dürig(2009), Art.14, Rn.586.
193) Conseil d'État(2009), p.24.
194) C.E. 17 Janvier 1973, *Sieur Ancelle et autres*, Rec.38.

프랑스 법제에서는 공용수용의 주체를 국가로 설정하고 단지 공익사업을 시행하는 사기업에 대해서도 공익선언을 할 수 있도록 함으로써 공공필요 통제에 대한 제도적 장치가 마련되어 있는 것으로 보는 듯하다. 즉, 사업이 공공필요 요건을 충족하면 그 사업의 주체가 반드시 국가나 공공부문이어야만 하는 것은 아니라고 보는 취지이다. 사인인 사업시행자가 국가의 통제·감독 아래에서 공적 과제를 수행하는 이상 그 수용이 사인을 위하여 행해지는 측면이 있더라도 특별히 문제될 것이 없다고 보는 것이다.

라. 일본에서의 논의

일본 헌법 제29조 제2항과 토지를 수용할 수 있는 공공의 이익이 되는 사업을 규정한 토지수용법 제8조 제1호에서 수용의 주체에 관하여 제한을 두지는 않았다. 토지수용법 제3조 각 호에서는 철도사업자, 삭도사업자, 인정전기통신사업자, 기간방송사업자, 지방주택공급회사 등의 사기업(私企業)을 수용의 주체로 삼고 있다. 토지수용에 관한 일반법에서 이미 사인수용의 가능성을 열어두고 있는 것이다.

해당 공익사업에 따라 설치되는 시설이 장래에 사인의 전용(專用)에 맡겨지더라도 그 시행단계에서 '공공의 이익을 위한' 것임이 인정되는 이상 사인인 사업시행자를 수용의 주체로 삼을 수 있다는 관념이다.[195] 이를테면, 조성되는 주택단지를 장래에 사인이 전용하게 된다고 하더라도 토지수용법 제3조 제30호에서 일정한 범위의 주택단지 조성을 수용적격사업으로 인정하는 것은 도시지역에서의 주택공급이 그 자체로 공적 과제에 해당할 수 있기 때문이다. 도시지역에서의 토지이용관계 과밀화, 기반시설의 구축

---

195) 일본의 초창기 수용에서는 조성한 토지를 제3자에게 이용하게 하는 경우에도 그 토지에 관한 권한 그 자체는 공공부문의 사업주체가 계속해서 가지고, 그 토지를 제3자에게 양도하는 경우 사업시행자의 입장에서 해당 토지가 불필요하게 된 것이어서 토지의 원소유자에게 환매권이 생기는 것이 일반적인 모습이었다고 한다[成田賴明 (1989), 261~263頁].

필요성 등을 고려하면 사익에 치우치는 것처럼 보이는 사업이라도 넓은 견지에서 공익을 실현하는 것으로 볼 여지가 있다는 것이다.[196] 결국 주택의 대량공급, 시가지의 계획적인 정비, 도시기능의 유지·증진 등의 사업목적에 따라 공익성을 인정할 수 있는 경우 영리법인을 수용의 주체로 하는 것은 널리 받아들여지고 있다.[197]

이러한 사기업이 행하는 사업의 공익성 확보를 위하여 국가가 법률에 기초하여 관리·감독함으로써 '공(公)의 지배' 아래 사업시행자인 사기업에게 '연장된 공(公)의 손'으로서의 지위를 부여함을 전제로 수용을 허용한다는 점은 앞서 [공공필요의 개념에 대한 비교법적 고찰] 부분에서 설명하였다.

3. 사인수용에 대한 법경제학적 접근

가. 사인수용 옹호론

사인수용을 긍정적으로 보는 입장에서는 사인수용이 공공수용보다 더 효율적이라는 관점을 견지한다. 세금 조달과 재정지출 절차를 복잡하게 거쳐야 하는 공공부문과는 달리 민간부문에서는 자금을 저렴하게 조달할 수 있다는 것이다.[198] 다양한 정치적 외압, 관료주의, 부정부패 등의 영향을 받는 공공부문과는 달리 민간부문은 이러한 요소들로부터 상대적으로 덜 영향을 받기 때문에 효율성이 더 높다는 점에 주목한다.[199] 단순히 공공부문에 의한 수용이 사인수용보다 본질적으로 더 공정하고 사회 전체를 위한 것이리라는 믿음은 지나치게 이상적이고 순진한 생각이 될 수 있다는 점을

---

196) 久保茂樹(2011), 161頁.
197) 成田賴明(1989), 263頁.
198) Shavell(2004), ch.6.
199) Bell(2007), pp.574~577; 심지어 이러한 요소들 때문에 공공부문이 수용권을 행사할 때에 덜 부유한 사람들에게 더 불리한 수용이 일어날 수도 있다는 주장으로는, Munch(1976), p.495 참조.

기저에 깔고 있다.200)

부적절하게 통제되는 수용권의 행사가 수용의 비효율을 낳고, 사유재산제의 보장을 약화시킨다는 점에는 의문의 여지가 없다. 다만 수용의 주체가 공공부문이든 사인이든 간에 헌법과 법률에서 완전보상을 통한 수용권의 제한을 도모하고 있고, 이것이 수용권의 효율적인 행사를 가능케 할 것이라고 한다.201) 즉, 재산권을 이전받을 권한이 누구에게 귀속되어야 하는가의 문제는 그 권한을 언제, 어떻게 행사하여야 하는가의 문제와 결을 달리 한다는 것이다. 정보의 불균형, 버티기(holdout), 쌍방 독점(bilateral monopoly)202)과 같은 문제는 공공부문에 의한 수용과 사인수용에서 공히 떠오를 것인데, 마치 이러한 문제들이 사인수용에서만 불거지는 것처럼 취급하여 사인수용을 비판하는 것은 옳지 않다고 한다.203)

나. 사인수용 비판론

사인수용을 부정적으로 보는 입장에서는 공용수용의 필수적 전제인 '공익성'과 '높은 거래비용' 조건이 현실에서 항상 충족되는 것은 아닌데도 사인을 수용의 주체로 허용하게 되면 수용권의 남용, 즉 비효율이 발생할 수 있다는 점에 주목한다. 사인수용에서는 공공부문에 의한 수용의 경우와는 달리 높은 거래비용을 유발하는 피수용자의 버티기 문제를 타개할 몇몇 방

---

200) 국가가 실패하는 이유는 잘못된 정치제도에 터 잡은 착취적 경제제도를 시행하기 때문이므로 제도의 선택, 즉 정치가 국가의 성패를 좌우하는 핵심적인 열쇠라는 논지로 사회적 큰 반향을 불러일으켰던 책인 [Daron Acemoglu/James A. Robinson/최완규 옮김(2012), 국가는 왜 실패하는가, 시공사]를 떠올려봄직하다. 같은 취지로는, Glazer/Rothenberg(2005) 참조.

201) Bell/Parchomovsky(2007), p.878.

202) 수요자도 하나, 공급자도 하나인 경우를 '쌍방 독점'이라 한다. 이 경우에는 매매가격을 전혀 예상할 수 없고, 두 경제주체의 협상력에 의해 서로의 몫이 나눠진다고 보는 것이 보통이다.

203) Bell(2007), pp.576~577.

법을 상정해볼 수 있다고 한다.[204]

　일반적으로 공공부문은 법령에서 정한 절차에 따라 공개적으로 사업을 추진해야 하므로 사업추진의 정보를 입수한 피수용자에 의한 버티기 문제가 발생할 수밖에 없다. 그러나 사인수용의 경우 비밀대리인(secret agent)을 통한 토지매입[205], 토지소유자와 사업시행자 간의 옵션계약[206] 등으로써 버티기 문제를 완화 또는 해결할 수 있다고 한다. 이러한 대체수단으로 인하여 굳이 사인수용을 허용할 현실적인 필요성이 크게 줄어드는 셈이다.

　사인수용 비판론에서는 사인수용이 사인의 기회주의로 인한 비효율적 결과의 발생을 초래할 수 있다는 점을 지적한다.[207] 사업시행의 의사와 능력, 전문성을 사전에 완전히 검토하기 어려운 상황에서 사업시행자가 이러한 요소에 대한 정보를 숨기거나 왜곡한다면 정부가 이를 확인하기 어렵다. 결국 사업수행능력이 낮으면서도 개발사업을 통해 자신의 이윤을 추구하려는 자가 사업시행자 지정을 받게 되는 역선택(adverse selection) 문제가 발생할 수 있다. 또한, 조세감면, 주변 기반시설 조성, 최소운영수익보장 등 다양한 금전적 지원을 받은 사업시행자가 사업추진 과정에서 주의(precaution)를 소홀히 할 유인을 제공할 수 있다. 어차피 일정한 이윤을 확보한 사업시행자가 해당 사업의 시행에 선량한 관리자의 주의의무를 다하지 않는 도덕적 해이(moral hazard)가 발생할 수 있다.

---

204) 김일중·박성규(2013), 19~20면.
205) 사업시행자가 자신을 내세우지 않고 비밀대리인을 통하여 토지소유자와 협상을 하는 경우 해당 사업의 추진을 인지하지 못한 토지소유자의 기회주의적 버티기 시도를 차단할 수 있다는 것이다. Harvard대학교가 대학부지를 추가 매입한 사례와 Disney사가 Florida주의 Orlando와 Virginia주의 Manassas에서 테마공원을 조성한 사례에서 이 방법이 활용되었다. 이에 관해서는 Kelly(2006), pp.20~24 참조.
206) 옵션계약은 사업시행자인 사인이 사업을 추진하기 전에 미리 토지소유자와 토지의 매입시기, 가격 등을 약정하는 것(call option)을 말한다. 옵션계약의 내용과 기회주의적 버티기를 차단하는 기전에 관한 상세한 설명으로는, Heller/Hills(2008), pp.1488~1495; Lehavi/Licht(2007), pp.1743~1748 참조.
207) 이 문단의 내용은 김일중·박성규(2013), 20~22면을 요약한 것이다.

문제는 이러한 기회주의를 억제하는 것이 현실적으로 어렵다는 데에 있다. 사인수용에 따른 만연한 기회주의는 사업의 시행을 지연시키고 사회 전체적으로 반드시 필요한 사업 자체를 좌초시키는 결과를 초래할 수 있다. 결국 사인수용이 공공부문에 의한 수용보다 더 효율적이라는 생각은 실체 없는 믿음에 불과하게 될 수도 있다는 것이다.208)

4. 헌법재판소와 대법원의 입장

가. 헌법재판소의 입장

(1) 사인수용의 합헌성 인정

헌법재판소는 일관되게 다음과 같은 몇 가지 이유를 들어 사인수용이 헌법에 위반되지 않는다고 판시해오고 있다.209)

❶ 헌법 제23조 제3항에서 재산권 수용의 주체를 한정하지 않았다. 헌법의 규범적 층위에서 수용의 주체가 구체적으로 결정되지 않았는데, 수용의 주체를 국가 등 공적 기관에 한정하여 해석할 이유가 없다. 수용이 헌법적으로 정당화될 수 있는지 여부를 가늠하는 핵심은 공공필요의 존재와 정당한 보상의 지급에 있을 뿐, 수용의 주체가 국가

---

208) 공공부문에 의한 수용보다 사인수용에서 사업 취소, 사업시행자 변경 등과 같은 비정상적·비효율적 사업 추진이 빈번하게 발생한다는 점을 통계적으로 확인한 실증분석으로는, 김일중·박성규(2013), 22~29면 참조. 사인수용을 법경제학적 관점에서 분석한 연구는 국내에 많지 않고 더욱이나 실증분석은 거의 없는데, 이 논문은 사인수용의 비효율성을 실증적으로 검증한 내용을 담고 있어 관련 연구에 큰 영감을 주리라 본다.

209) 헌법재판소 2009. 9. 24. 선고 2007헌바114 결정(산업단지개발사업); 헌법재판소 2011. 6. 30. 선고 2008헌바166, 2011헌바35(병합) 결정(체육시설설치사업); 헌법재판소 2011. 11. 24. 선고 2010헌가95·96(병합) 결정(도시환경정비사업); 헌법재판소 2013. 2. 28. 선고 2011헌바250 결정(관광단지개발사업).

인지 민간기업인지에 달려 있는 것은 아니다.

❷ 사인수용의 경우에도 수용의 헌법상 정당화 기제인 공공필요에 대한 최종적인 판단권한은 국가 등 공적 기관에 유보되어 있다. 국가 등 공적 기관이 수용의 주체가 되든 공적 기관의 최종적인 판단 아래 민간기업이 수용의 주체가 되든 공공필요에 대한 판단과 수용의 범위에 있어 본질적인 차이가 없다.[210]

❸ 사인수용이 자원의 효율적 배분에 기여할 수 있다. 공영개발방식만을 고수할 경우 예산상 제약, 실수요와 불합치되는 사업 시행 등으로 사회 전체적으로 효율적이지 않은 사업을 시행하는 결과를 낳을 수 있다.

❹ 해당 법률의 입법목적을 달성하기 위하여 민간기업에게 사업시행권한을 부여한 이상 그 사업의 원활한 시행을 위하여 민간기업을 수용의 주체로 인정하는 것이 타당하다. 관련 내용의 통지 및 고지, 이해관계인의 의견제출 기회 보장, 관련 위원회 심의, 개별 처분에 대한 행정구제절차 마련 등을 통하여 적법절차의 원칙을 실현할 수 있다.

❺ 당초의 공익적 목표가 민간기업의 과도한 사리 추구에 의하여 해태되지 않도록 제도적인 규율이 이루어질 수 있다. 관련 처분권한의 유보, 적정이윤을 넘는 이윤추구의 배제장치 마련, 환매권의 보장 등을 통해 민간기업이 사익에 매몰되어 공익을 훼손·소실케 하는 것을 예방할 수 있다.

(2) 유력한 반대의견의 제시

헌법재판소의 일관된 결정들에서 다음과 같이 제시된 반대의견[211]은 사인수용의 헌법적 정당성을 둘러싼 관련 연구와 사회적 논의에 깊은 영감을

---

210) 국가 등 공적 기관이 수용 전반에서 주도적인 역할과 최종적인 결정권한을 보유하는 한, 민간기업의 행위는 그러한 결정에 대한 구체적인 실행에 불과하다고 한다.

211) 헌법재판소 2007헌바114 결정, 2008헌바166 등 결정, 2010헌가95·96(병합) 결정에서 김종대 헌법재판관이 낸 반대의견이다.

122 공용수용의 공공필요 검증론

주었다. 수용이 왜 정당화될 수 있는지에 대한 근원적인 질문에 대답하는 방식으로 사인수용의 위헌성을 꼬집었기 때문이다.

국민들이 수용으로써 재산권을 강제로 빼앗기는데도 이를 감내하는 것은 수용의 이익이 공동체 전체의 이익으로 귀속되리라는 규범적 당위와 그에 대한 신뢰 때문이다. 그런데 민간기업이 수용의 주체가 된다면 그와 같은 신뢰나 규범적 당위가 통용되기 어렵다. 민간기업의 활동은 어디까지나 자신의 영리적 활동을 우선적 목적으로 하고 그 활동에서 비롯되는 공익적 성과는 2차적인 성격에 불과하기 때문이다. 사적 경제활동이 결과적으로 공공필요성에 부합할 수 있다는 점을 폭넓게 인정하게 된다면, 어느 개인이 가진 토지를 다른 사람이 좀 더 효율적이고 유용하게 사용함으로써 공익에 보다 크게 기여할 가능성이 있다는 이유만으로 토지소유권자로부터 그 소유권을 박탈하여 언제든지 타인에게 이전할 수 있다는 식의, 우리 헌법상의 재산권 보장 정신과는 배치되는 방향으로 갈 위험이 있다.

어느 사인에게서 다른 사인으로 재산을 강제적으로 이전하는 것이 헌법상 정당화되려면 해당 수용의 공공필요성을 보장하고 수용을 통한 이익을 공적으로 귀속시킬 수 있는 더욱 심화된 입법적 조치가 수반되어야 한다. 개발이익에 대한 지속적인 환수조치 보장, 해당 수용으로 인한 민간기업의 영업이익 사용방안 마련, 환매권의 폭넓은 인정 등과 같은 강화된 공공필요 보장방안이 강구되어야 한다. 결국 국가·지방자치단체의 공공사업과 동일시할 수 있을 정도의 고도의 공익성을 인정할 수 있는 경우에 한하여 예외적으로 사인이 주체가 된 수용을 허용해야 한다.

나. 대법원의 입장

대법원이 다음과 같이 국토계획법상 기반시설의 공공필요성에 대하여 설시한 판결에는[212] 사인수용을 바라보는 시각이 고스란히 드러나 있다.

---

212) 대법원 2018. 7. 24. 선고 2016두48416 판결; 대법원이 이 판결에서 사인수용을 전면

〈국토계획법상 기반시설의 의미와 공공필요성〉

국토계획법상 기반시설은 도시 공동생활을 위해 기본적으로 공급되어야 하지만 공공성이나 외부경제성이 크기 때문에 시설의 입지 결정, 설치 및 관리 등에 공공의 개입이 필요한 시설을 의미한다. 기반시설을 조성하는 행정계획 영역에서 행정주체가 가지는 광범위한 재량, 현대 도시생활의 복잡·다양성과 그 질적 수준 향상의 정도 등을 고려하면, 어떤 시설이 국토계획법령이 정하고 있는 기반시설에 형식적으로 해당할 뿐 아니라, 그 시설이 다수 일반 시민들이 행복한 삶을 추구하는 데 보탬이 되는 기반시설로서의 가치가 있고 그 시설에 대한 일반 시민의 자유로운 접근 및 이용이 보장되는 등 공공필요성의 요청이 충족되는 이상, 그 시설이 영리 목적으로 운영된다는 이유만으로 기반시설에 해당되지 않는다고 볼 것은 아니다.

〈대규모점포의 기반시설 해당 여부〉

이 사건 아울렛은 도시계획시설규칙이 정한 대규모점포 중에서도 복합쇼핑몰에 해당하는 지하 1층 및 지상 3층 규모의 시설로서, 건물면적이 약 50,000㎡에 이르고, 약 250개의 의류매장, 식당, 카페 등 매장과 영화관 등이 설치될 예정으로 지역 주민들의 자유롭고 편리한 경제·문화 활동에 크게 기여할 것으로 보인다.

기존에 인근 지역에 이와 같은 종류의 복합쇼핑몰은 없었던 것으로 보이고, 상당수 지역 주민들도 생활의 편의를 위하여 이전부터 위와 같은 대규모 유통시설의 설치를 요구하고 있었다.

적으로 다룬 것은 아니고 도시계획시설사업에 관한 실시계획인가처분의 위법 여부를 기반시설의 범위와 관련하여 판단하였을 뿐이다. 그러나 그 실시계획인가처분에 따라 토지수용권 등이 구체적으로 발생하게 되어 공공필요성을 다툴 수밖에 없으므로 실질적으로 사인수용에 대한 입장을 표명한 것으로 보아도 무리가 아니다.

　　이 사건 아울렛의 위치 및 규모에 비추어, 지역 사회에 상당한 일자리 창출이 예상되고, 지역 내 유입 및 유동인구의 증가, 세수 증대 등 직·간접적 효과로 인한 지역 주민들의 삶의 질 향상이 기대된다.

　　이 사건 아울렛으로 인하여 기존의 상인들에게 영업과 관련한 피해 등이 일부 있을 수 있고, 사업에 반대하는 토지소유자의 사익도 고려될 수도 있으나, 지역 주민들이 향유하게 될 편익, 법령이 정한 다수 토지소유자가 사업에 동의하는 점 등과 형량하여 볼 때, 이 사건 실시계획인가처분과 관련되는 사익이 공익보다 크다는 점에 관한 구체적 증명이 있다고 보기 어렵다.

　　대법원은 사인수용을 둘러싼 논란이 가장 첨예한 '경제개발' 목적의 사인수용을 실질적으로 허용하는 입장을 취한 셈이다. 이 판결에서는 일자리 창출, 지역경제 활성화 등을 위한 사인수용도 반드시 배제되어야 하는 것은 아님을 지적한다. 그 사업이 '지역 주민들의 삶의 질을 향상'시켜 줄 것이고, 이것이 곧 공익이라는 취지이다. 더욱이나 '그 시설이 영리 목적으로 운영된다는 이유만으로 기반시설에 해당되지 않는다고 볼 것은 아니다.'라는 판시부분에서 대법원이 사인수용을 폭넓게 허용할 가능성을 엿볼 수 있다.

5. 사인수용의 헌법적 정당화 요건에 대한 고찰

가. 사인수용은 그 자체로 위헌인가?

　　사인수용의 헌법적 정당성을 둘러싼 논란을 간단히 표현하면, ㉮ 사업시행자인 사인에게 부당하게 과도한 사익이 귀속되는 것을 제도적 규율로써 통제할 수 있으므로 헌법상 명문의 근거 없이 사인을 수용의 주체에서 배제할 것은 아니라는 견해와 ㉯ 사인의 사익 추구 유인이 분명한데 굳이 그

들을 과도한 이윤 추구의 장으로 끌어들여 수용의 주체로 삼아서는 안 된
다는 견해의 대립이라고 볼 수 있다.213)

우선, 헌법 제23조 제3항에서 수용의 정당화 요건으로 정한 '공공필요'
와 관련하여 사인수용이 개념상 또는 구조상 이 요건을 본질적으로 흠결한
것인지 살펴볼 필요가 있다.

앞서 상세하게 설명한 '공공필요'를 단적으로 표현하자면, 고양된 공익
또는 특별히 중대한 공익을 위하여 일정한 재산권을 강제로 박탈하는 것이
불가피하다고 인정되는 것이라고 볼 수 있다. 해당 사업의 실질을 들여다
보아 그 사업이 일반 공중의 보편적 이익에 기여하는지 여부를 밝히고, 그
와 관련된 공익과 사익을 비교·형량하는 과정을 거칠 뿐, 수용의 실체적
법률효과가 누구에게 귀속되는지를 공공필요의 판단과 직접 결부시키지
않았다. 즉, 수용의 법률효과가 사업시행자인 사인에게 귀속되더라도 그 사
업으로써 공적 목적이 실현될 수 있으면 공공필요를 결한다고 평가하기 어
렵다. 바꾸어 말하면, 일반적으로 공공필요가 인정되는 사업이 단지 수용의
주체가 사인이라는 이유로 공공필요성을 잃게 되는 것은 아니다.214)

다음으로, 사인수용은 헌법 제23조 제3항의 '법률유보'와 관련하여 주로
문제될 수 있다. 공용수용을 정한 법률에서 사업시행의 공익성 존속을 담
보할 제도적 장치를 마련하여야 한다는 요청은 '법률유보'의 원칙에서 파
생한다. 진정한 의미의 법률유보원칙은 국민의 권리를 제한하거나 국민에

---

213) 수용은 거의 항상 수용자에게만 귀속되는 일정한 잉여(surplus)를 발생시킨다는 전제
[Merill(1986), p.85]를 받아들일 경우 사인수용의 헌법적 정당성은 더욱 크게 문제될
수 있다. 이러한 연유에서 사인수용에 의한 공적 목적 실현을 담보할 제도적 장치의
일환으로 그 잉여를 공적으로 배분할 방법을 찾고자 하는 것이다.
214) 이는 역관계에서도 성립한다. 사인이 사업시행자로서 고급골프장을 설치하면서 수용
을 하는 경우 공공필요성이 부정되는데[헌법재판소 2014. 10. 30. 선고 2011헌바12
9·172(병합) 결정], 국가가 고급골프장을 설치한다고 하여 그 사업이 공공필요 요건
을 충족한다고 볼 수도 없다. 결국 공공필요는 사업의 시행주체보다는 사업의 목적,
내용 등과 밀접하게 관련되는 경향을 띤다.

게 의무를 부과하는 행정작용(행정권의 발동)이 의회의 의결을 거친 법률에 근거를 두어야 한다는 것을 넘어, 국가공동체와 그 구성원에게 기본적이고도 중요한 의미를 갖는 영역, 특히 국가정책의 결정이나 국민의 기본권 실현에 관련된 영역에 있어서는 행정에 맡길 것이 아니라 국민의 대표자인 의회(입법자) 스스로 그 본질적 사항에 대하여 결정하여야 한다는 요구까지 내포하는 것으로 이해되고 있다.[215]

수용은 재산권의 존속보장에 대한 중요한 예외로서 재산권을 강제로 박탈하는 효과를 발생시키는 점, 공공필요는 공용수용의 개시요건이자 존속요건으로서 사업시행과정 전반에서 유지되어야 하는 점 등에 비추어 공익성의 존속을 담보할 제도적 장치를 법률에 두는 것은 법률유보원칙에 따른 헌법적 요청이라고 보아야 한다. 그런데 사인은 태생적으로 공적 주체에 비하여 과도한 사익을 추구할 가능성이 높으므로 이를 통제할 제도적 장치는 공적 기관에 의한 수용에 비하여 더 촘촘하고 세밀하게 구성되어야 한다.[216] 공익성 담보의 제도적 '규율밀도'는 사인수용에서 공적 기관에 의한 수용보다 더 높은 정도로 요구된다고 할 것이다. 결국 공익성 담보의 엄격한 제도적 규율은 재산권의 강제적 박탈로 표상되는 공용수용의 국가 고권적 특성, 사인의 사익 추구 유인과 사인수용의 일반적 효용(현실적 필요성) 간의 '변증법적 산물'인 셈이다.

---

215) 헌법재판소 1999. 5. 27. 선고 98헌바70 결정, 헌법재판소 2008. 2. 28. 선고 2006헌바70 결정; 이로써 헌법재판소가 법률에 근거한 행정을 뜻하는 고전적 의미의 법률유보원칙을 입법자의 본질적 사항에 관한 규율의무를 강조하는 의회유보원칙으로 발전시켰다는 평가로는, 임지봉(2018), 95면 참조.

216) *Kelo* 판결의 반대의견에서 우려한 이른바 역-로빈훗 방식(reverse Robin Hood fashion; 가난한 자에게서 재산을 빼앗아 부유한 자에게 주는 방식)의 수용 가능성을 차단하기 위해서도 그러한 유인을 차단할 제도적 장치가 꼼꼼하게 설계될 필요가 있다.

나. 경제개발을 위한 사인수용은 허용되는가?

사인수용의 공익성이 가장 문제되는 것은 '경제개발'을 위한 수용의 경우이다. 낙후된 지역경제를 되살리고, 일자리를 창출하며, 세수(稅收)를 늘린다는 목적으로 사인수용을 허용할 수 있을 것인가 하는 문제이다.[217] 사인수용의 헌법적 정당성을 둘러싼 논란도 이러한 유형의 수용에 집중되어 있고, 미연방대법원의 *Berman* 판결이나 *Kelo* 판결에서도 경제 활성화 목적의 사인수용이 공공필요를 충족하는지 여부가 다루어졌다.

결론적으로 경제개발이 수용의 목적인 경우 공공필요가 존재하지 않는 것으로 '추정'하여야 한다고 본다. 낮은 자금조달 비용, 다수 경제주체의 능동적 참여 등과 같은 사인수용의 '장점'이 가장 잘 드러나기에 사인수용이 가장 실효성을 갖는 영역이 경제개발을 위한 사인수용이므로, 그 헌법적 정당성을 전면 부정하기는 현실적으로 어렵다. 그러나 경제개발을 목적으로 한 사인수용은 사업시행자인 사인의 사익 추구 유인이 가장 강력하게 작용하는 영역인데다 공익이 사인의 영리활동에 따른 부수적 결과로 도모되는 경우가 많기 때문에 그 헌법적 정당성을 일반적으로 인정할 수도 없다. 따라서 경제개발이 수용의 목적인 경우 공공필요가 부정되는 것으로 '강한 추정'을 하고, 다음과 같은 엄격한 요건을 갖추면 그 추정이 복멸된다고 보는 것이 어떨까 한다.[218] 경제개발 목적의 사인수용을 중심으로 살펴보기는 하지만, 이들 요건은 사인수용에서 일반적으로 갖추어야 할 공익성 담보 요건일 것이다.

첫째, 경제개발의 효과를 일반 공중이 향유할 수 있어야 한다. 해당 시설

---

217) 장은혜(2015), 216면.
218) 헌법재판소도 종래 지방세수 확보, 지역경제 활성화, 균형 있는 국토개발, 지속적인 산업발전 등을 목적으로 한 사업을 위한 사인수용을 허용하는 결정을 해오다가, 고급골프장 등 대중의 접근·이용가능성이 없는 경우를 비롯하여 공익성이 낮은 경우 수용의 정당성을 부정하는 쪽으로 경제개발의 목적범위를 수정해 나가고 있음은 앞서 설명하였다.

에 대한 대중의 접근·이용가능성이 보장되어야 하고, 일반적인 고용이나 소비를 증진시키는 등 사업의 효과가 사회 전체에 파급될 수 있어야 한다. 여기서 대중의 접근·이용가능성은 물리적 제한을 넘어 과도한 재정적 부담과 같은 경제적 제한까지 배제될 때에 비로소 확보될 수 있다.

둘째, 사업시행자의 적정이윤이 설정되어야 한다. 적정이윤이라는 것을 선험적으로 확인할 수는 없으나, 과도한 이윤이 어느 정도인지 정해주는 것은 사업시행자의 부당한 이윤 추구유인을 차단할 중요한 방안이 된다. 사업시행자의 사업참여 동기를 훼손하지 않으면서 과도한 사익 추구 유인을 억지할 묘안이 요구된다. 이는 경제개발을 수용의 주된 목적으로 삼게 하는 기제로 작용할 것이다.

셋째, 사업시행과정 전반에서 공익성을 담보할 제도적 장치가 마련되어야 한다.[219] 사업시행자의 '과욕'에 대한 억지와 통제를 행정기관의 임의적·비체계적 관리·감독에만 의존할 경우 그 실효성을 기대하기 어렵다. 사업의 공적 목적이 지속적으로 실현되도록 점검·감시하는 제도가 설계되어야 한다.[220] 공공필요의 검증과 통제는 특정 행정기관의 의지나 능력, 사업시행자의 자발적인 실천의지에 호소하는 한계에서 벗어나 제도적으로 구현될 때에 비로소 영속성을 가질 수 있다.[221] 직접적인 법률규정 또는 법률의 일반적인 개괄조항에 의한 행정행위나 그 부관 또는 공법상 계약 등을 공적 목적의 계속적 실현을 감시·통제할 방법으로 고려해볼 수 있

---

219) 미국의 다수 주(州)에서는 경제개발을 목적으로 한 사인수용에서 사업시행자에게 입법이나 계약을 통해 그 목적 실현에 대한 강한 책임을 부과하고 있다[Garnett(2003), pp.978~979]. 일반적으로 그 법률이나 계약에는, 해당 사업으로써 경제개발 목적을 달성할 수 없게 되었을 때 수용된 토지를 원소유자에게 반환하는 등의 환수조치(clawback)가 담긴다. 이러한 환수조치에 대한 상세한 설명으로는, Moss(1995), pp.138~143 참조.

220) 공익사업을 항구적으로 추진하도록 통제하는 제도적 장치를 마련할 의무는 헌법 제14조 제3항 1문으로부터 직접 도출된다는 주장으로는, 정연주(1993), 162~163면 참조.

221) 이윤 극대화라는 유인이 공공의 감독 실패라는 통제의 불완전성과 결합하면 수용권의 남용이라는 사회적 비효율을 낳게 된다.

다.222) 그런데 이러한 것들은 행정감시 또는 행정감독의 일반적인 방법이
고, 공용수용의 공공필요 검증에 특유한 것은 아니다. 우리 법제에서는 공
공필요의 유지와 존속을 담보할 여러 제도적 장치를 마련해 두고 있는데,
이에 대해서는 제4장 이하에서 구체적으로 살펴본다.

III. 공공필요의 단계적 검증구조

1. 권력분립의 원칙에 기초한 공공필요의 단계적 검증구조

공용수용의 필요요건인 '공공필요'를 검증하는 과정은 검증의 주체, 방
법 등에 따라 크게 3단계로 나눌 수 있다.223) 의회가 제정한 법률로써 일반
적·추상적으로 공공필요를 흠결한 수용의 목적사업을 걸러내는 입법적 검
증, 수용권을 설정·실행하는 행정처분을 통하여 공공필요의 존부와 정도를
확인하는 행정적 검증, 구체적인 사안에서 사업의 공공필요성 흠결 여부를
판단하는 사법적 검증으로 대별할 수 있다.

이러한 공공필요의 단계적 검증구조에는 권력분립의 원칙이 구현되어
있다. 통제되지 않은 권력은 필연적으로 남용될 수밖에 없고, 개인의 자유

---

222) 정연주(1993), 16~26면; 반면에, 지역발전이나 고용증대 같은 공공이익은 기업활동
에 따른 간접적·부수적 결과로서 법률의 기속(통제)범위 밖에 있는 외부적 여건 및
상황의 함수이므로, 법적·제도적 장치만으로 공공복리의 실현을 보장할 수 없다는
반론이 있다[박태현(2008), 51~52면].

223) 공익성을 넓게 보면, 사회 전체의 이익이나 불특정 다수의 이익을 도모하는 성질에
더하여 그 제한기제인 과잉금지의 원칙까지 포괄한다고 이해할 수 있으므로, 종래
공공필요에 대한 검증을 '공익성 검증'이라 표현하기도 하였다. 필자도 다수의 선행
연구에서 공공필요의 검증을 일컬어 '공익성 검증'이라는 표현을 사용하였다. 그런
데 '필요성'이 그 자체로 수용의 제한원리라는 의미를 담고 있음을 고려하면, 그 의
미를 살릴 충분한 이유가 있다고 보이므로 여기서는 '공공필요 검증'이라는 표현을
사용하기로 한다.

를 위협하는 결과로 반드시 이어진다는 권력의 속성에 대한 불신과 회의는 국가의 특권이라고 할 만한 수용권에 있어서도 그대로 드러난다.[224] 기능적으로 분립된 기관간의 견제와 균형을 통하여 수용권의 남용을 막을 수 있다는 생각은 재산권 보장의 기술적 원리로서의 공공필요의 단계적 검증구조를 탄생시켰다.

그런데 공공필요의 단계적 검증구조는 삼권(三權)의 분리·상호견제를 통하여 수용권의 남용을 억제한다는 의미와 더불어 사업시행자에 대하여 겹겹이 공공필요의 검증절차를 거치게 한다는 의미를 갖는다. 특히 사인수용과 관련하여 사인의 과도한 사익 추구 유인을 차단하는 기제로도 작용하는 것이다.

2. 공공필요의 단계적 검증구조가 갖는 효용

1차적으로 공공필요에 대한 판단권한은 입법자에게 귀속된다고 보는 것이 우리 헌법재판소의 입장이다.[225] 공용수용이 재산권의 박탈을 초래하는 만큼 국민의 대표자들로부터 그 정당화 근거를 확인받아야 한다는 의미의 정책성을 띤다는 점과 공익성이 그 자체로 추상적이고 불확정적이라는 점을 고려한 결과라고 볼 수 있다.[226] 다만, 태생적으로 추상성, 일반성을 띠는 법률의 형식으로 특정한 사업의 공공필요성을 가늠하기 어렵다는 점에서 구체적 수용권 설정의 권한과 책임을 행정청에 부여하였다. 세계 각국의 법제에서 다양한 형식으로 구현하고 있기는 한데, 이를 행정적 공공필

---

224) 이영우(2019), 368~370면.
225) "공익사업의 범위는 국가의 목표 및 시대적 상황에 따라 달라질 수 있는 것으로 입법정책적으로 결정될 문제라고 할 수 있다." 헌법재판소 2010. 12. 28. 선고 2008헌바57 결정.
226) 미연방대법원도 *Berman* 판결로부터 *Midkiff* 판결을 거쳐 *Kelo* 판결로 이어지는 일련의 판결들에서 공공필요의 개념과 범위가 입법적 결단의 산물이어야 한다고 판단하였음은 앞서 살펴보았다.

요 검증이라고 통칭할 수 있다. 사법심사는 앞선 검증단계에서 걸러지지 못한 공공필요의 흠결을 시정할 수 있는 최후의 보루이다.

공용수용절차에서 공공필요의 검증단계를 거치면서 통제의 폭은 점차 좁아진다. 행정청은 입법자가 형성한 공공필요의 큰 틀 내에서 구체적인 사업이 그러한 유형의 공익사업에 해당되는지 여부를 판단한다. 사법부는 입법자와 행정청의 재량을 존중하는 범위 내에서 공공필요의 흠결 여부를 판단하여야 한다는 한계를 가진다.

공공필요의 단계적 검증기제는 유기적으로 맞물려 돌아가도록 설계되었다. 전(前) 단계의 통제장치는 후속 단계의 통제장치가 적절한 기능을 수행한다는 전제에서 비로소 높은 수준의 검증력을 가지게 된다. 후속 검증단계에서 공공필요성의 흠결이 확인되리라는 생각은 이전 검증단계에서 이미 공익성을 갖추지 못한 사업의 추진을 실질적으로 억제할 것이기 때문이다.227) 그러나 공공필요의 단계적 검증기능을 퇴색시키는 요소들이 우리 법제에 산재해 있다는 점은 재산권 보장의 관점에서 분명히 크게 우려할 만하다. 이들 '위험요소'를 찾아내고 시정하는 것이 공용수용이 그 이름에 걸맞게 '모두를 위한 수용'으로 거듭날 수 있도록 하는 길이다.

---

227) 정기상(2014b), 233면.

제4장

입법적 공공필요 검증

I. 공익사업 법정주의

1. 공익사업 법정주의의 개념과 입법례

가. 공익사업 법정주의의 개념

입법자가 공공필요의 관점에서 공용수용을 통제하는 가장 효과적인 방법은 애초에 법률규정으로 수용권을 발동할 수 있는 대상사업을 정해두는 것이다. 헌법 제23조 제3항은 공용수용의 허용요건인 공공필요에 대한 판단기준을 설정하는 것을 법률에 유보하였다. 그 법률유보의 취지에 따라 토지보상법은 공용수용의 목적사업이 될 수 있는 사업의 유형을 규정하였다. 이처럼 수용권을 설정할 만한 사업, 즉 공용수용의 목적사업이 될 수 있는 자격을 갖춘 사업을 '수용적격사업'이라고 하는데, 토지보상법에서는 공공필요의 충족에 더 초점을 맞추어 이를 '공익사업'이라고 명명(命名)하였다.

토지보상법은 제4조에서 수용적격사업의 유형을 열거하여 유형화된 분류기준에 따라 수용적격사업을 추려내는 법률형식을 채택하였다. 이로써 추상적·일반적으로 공익성을 인정할 수 없는 사업의 유형을 원천적으로 수용적격사업에서 배제할 수 있는 구조가 형성된다.[1] 이를 '공익사업 법정주의' 또는 '수용적격사업 법정주의'라고 한다.[2]

---

[1] 공공의 이익에 도움이 되는 사업이라도 이 규정에서 공익사업으로 열거하지 않은 사업을 위한 공용수용은 허용되지 않는다[헌법재판소 2014. 10. 30. 선고 2011헌바129·172(병합) 결정].

[2] '공익사업 법정주의'는 수용권을 설정할 수 있는 공익사업의 종류를 국회에서 제정하는 법률로 직접 정해야 한다는 원칙이다[이선영(2012), 11면]. 이는 공용수용을 정당화하는 주된 축인 '공공필요'에 대한 법률유보원칙이 구체적으로 구현된 원리라고 이

그런데 공익사업 법정주의가 공익사업의 유형에 해당되는 사업이면 곧바로 공용수용이 허용된다는 것을 의미하지는 않는다. 토지보상법 제4조에서는 공공필요의 유무를 판단하는 일응의 기준을 추상적·일반적으로 제시하였을 뿐이므로, 개별적·구체적으로 해당 사업이 공공필요를 갖추었는지를 확인하는 절차를 거쳐야 한다. 행정적 통제기제로서의 사업인정 절차를 통하여 공공필요의 검증을 받아야 비로소 수용권이 발생한다. 이것이 바로 단계적 공공필요 검증기제의 요체(要諦)이다.

나. 입법적 공공필요 검증에 관한 입법례

입법자가 공공필요에 대한 1차적인 판단을 거쳐 수용적격사업의 유형을 법률의 규정에서 열거하는 입법태도를 '제한적 열거주의'라 하고, 그러한 추상적 통제 없이 공용수용의 요건인 공공필요에 대한 판단을 포괄적으로 행정청에 일임하는 입법태도를 '포괄주의'라 한다.3) 열거주의가 수용적격사업 법정주의를 채택한 입법방식이다.

입법론적으로 공공필요에 대한 규범적 통제는 엄격한 열거주의와 완전한 포괄주의 사이의 어느 지점에 위치하게 된다. 열거주의에 가까워질수록 행정청의 자의로부터 공용수용의 공공필요를 지켜낼 가능성이 높아지지만,4) 법률의 경직성과 후행성으로 인하여 사회적 여건이나 행정환경의 변화에 능동적으로 대응하기 어렵다는 문제가 있다. 반면에, 포괄주의에 가까워질수록 수용권 행사의 필요성을 개별적·구체적으로 통제할 수 있게 되지만, 행정청의 자의적 판단을 배제하기 위하여 사법적 통제에 절대적으로 의존해야 하는 한계가 있다. 특히 소의 제기를 억지하는 현실적·제도적 한계와 맞물리면 사실상 공공필요의 통제가 어려워질 수도 있다. 뒤에서 자

해할 수 있다.

3) 小澤道一(2012), 76頁.

4) 물론 이는 입법자가 수용적격사업의 유형에 대한 사회적 합의에 부응한다는 점을 필연적으로 전제한다.

세히 살펴보겠지만, 토지보상법은 몇 차례 개정을 통하여 실질적 포괄주의에서 제한적 열거주의로 점차 나아가고 있다고 평가할 수 있다.

헌법재판소는 공익사업의 범위에 대하여 입법정책의 영역에서 다루어져야 한다고 보면서 다음과 같이 판시하였다.[5] "공익사업의 범위는 국가의 목표 및 시대적 상황에 따라 달라질 수 있으며 입법정책으로 결정될 문제라고 할 수 있다. 과거 공용수용이 허용되는 공익사업은 도로건설, 철도부설, 발전소건설, 운하건설 등과 같은 특정사업에서 시작되었다가, 특정사업이 아닌 것으로까지 확대되어 왔다. 또한 공익사업의 범위는 당시의 행정수요 및 사회경제적 여건의 변화에 따라 규정되는 것으로서, 과거 공익사업으로 규정되었던 제철·비료 등의 사업 분야는 더 이상 공익사업으로 보기 어렵고, 사인간의 토지매수로 가능하다고 보아 공익사업에서 제외되었다."

비교법적으로 보면, 일본 토지수용법 제3조에서는 '수용적격사업'의 유형을 상세히 규정하고 있어 전형적으로 제한적 열거주의의 입법태도를 취하고 있다고 볼 수 있다. 반면, 독일 연방건설법전(Baugesetzbuch)에서는 공용수용의 일반적인 요건을 규정하여 행정청의 공공필요 판단을 추상적으로 통제하는 방식을 채택하고 있을 뿐 공익사업의 유형을 규정하지는 않고 있어 포괄주의의 입법태도를 취한다고 평가할 수 있다.[6]

2. 종전 토지보상법 규정의 입법형식과 문제점

가. 열거주의를 표방한 실질적 포괄주의

토지보상법이 2002. 2. 4. 법률 제6656호로 제정된 이래 제4조에서는 토

---

5) 위 2011헌바129·172(병합) 결정.
6) 독일에서도 열거주의를 채택하고 있다는 설명[박필·성주한(2013), 19면]은 연방건설법전의 규정내용이나 형식상 옳지 않다. 연방건설법전(Baugesetzbuch) 제87조 제1항에서 수용의 요건을 일반적으로 규정하고 있음은 앞서 제3장 Ⅰ. 3. 나.부분에서 설명하였다.

지 등을 취득하거나 사용할 수 있는 공익사업의 종류를 열거하고 있다. 사업의 성격 자체로 공익성을 인정하기 어려운 사업의 유형을 원천적으로 수용적격사업의 범위에서 배제함으로써 수용권의 설정에 관한 입법적 통제를 시도한 것으로 평가할 수 있다. 종래 국방, 사회간접자본시설, 공공용시설, 공용 시설 등에 관한 사업으로서 사회 일반의 포괄적 이익에 공여되는 시설에 관한 사업을 공익사업의 유형으로 열거하였는데, 제8호에서 정한 '그 밖에 다른 법률에 따라 토지 등을 수용하거나 사용할 수 있는 사업'은 논란의 여지를 남겼다.

이른바 제한적 열거방식에 의한 입법적 공공필요 검증이 실효성을 가지려면 수용권이 설정될 수 있는 공익사업의 유형이 한정적이어야만 한다. 일본 토지수용법 제3조가 제1호부터 제35호에 이르기까지 토지 등의 수용·사용이 가능한 공공의 이익이 되는 사업의 종류를 일일이 자세히 규정한 것은 이러한 맥락에서 이해할 수 있다.[7] 그런데 위 제8호는 토지보상법 이외의 다른 법률로써 수용권을 설정할 수 있는 길을 열어주었다. 공익사업의 유형을 모두 열거한다는 것이 입법기술상 쉽지 않은 점, 급격한 사회변화에 따라 공익사업의 유형을 탄력적으로 정할 필요가 있는 점 등이 고려된 입법으로 보이나, 이는 입법적 공공필요 검증기능을 사실상 무력화시켰다는 비판이 제기되었다.[8]

토지보상법이 아닌 개별 법률로써 수용권을 설정할 수 있다는 것은 공용수용에 관한 일반법인 토지보상법에서 정한 공공필요 검증단계를 우회할 수 있는 길을 열어주는 것에 다름 아니다.[9] 개별 법률에서 토지보상법상의 공공필요 검증기제를 반드시 거치도록 한다면 굳이 개별 법률을 통하여 수용권을 설정할 유인은 없을 것이기 때문이다. 실제로 우리 법제상 독특한

---

7) 구체적인 입법내용에 대해서는 뒤에서 설명한다.
8) 김일중 외(2013), 138면.
9) 적어도 입법적 공공필요 통제에 있어서는 토지보상법의 일반법적 지위가 무너졌다고 평가해도 과언이 아니다.

제도인 사업인정의제와 맞물리면서 개별 법률이 단지 토지보상법에서 정한 사업인정의 효과만을 가져오고 그 사업인정의 엄격한 공공필요 검증절차를 따르지 않는 예가 절대다수를 이루었다.[10]

이처럼 사업인정의제가 광범위하게 행해질 수 있었던 제도적 근거가 바로 구 토지보상법(2015. 12. 29. 법률 제13677호로 개정되기 전의 것) 제4조 제8호였다. 아이러니하게도 수용권의 설정을 허용할 만한 공익사업의 유형을 한정함으로써 공공필요의 존재에 대한 입법적 통제를 한다는 위 제4조의 규정취지는 그 제8호에 의하여 몰각된 셈이다.

나. 개별 법률에 의한 입법적 공공필요 검증의 약화

토지보상법 이외의 개별 법률에서 공용수용을 허용하면서 자체적으로 그 사업의 공공필요에 대한 검증체계를 제대로 마련하지 않는 경우에는 수용권의 남용에 따른 사유재산권의 침해가 발생할 수 있다. 그런데 구 토지보상법의 시행 당시 개별 법률에서 토지보상법상의 공공필요 검증절차를 준용한 예는 많지 않았다. 사업시행의 편의를 도모하고자 하는 사업인정의제는 태생적으로 엄격한 공공필요 검증절차와 양립하지 않기 때문이다.

더욱이나 상당수의 법률이 이른바 정부 제안 입법의 형태로 제정되는 현실에서 토지보상법 이외의 개별 법률에 따른 공용수용을 허용한 것은 공공필요에 대한 검증절차의 한 축을 무너뜨리는 것에 다름 아니었다. 상당수의 공익사업에서 사업 시행의 주체가 되는 행정기관이 그 사업의 시행에 관한 개별 법률의 제정과정에 주도적으로 관여하는 경우에 검증주체와 검증객체가 사실상 겹치는 기이한 결과를 초래하기 때문이다.[11] 결국 일반

---

10) 이에 대한 구체적인 통계와 비판적 분석에 대해서는 제5장에서 자세히 살펴본다.
11) 물론 입법은 국회의 권한이므로 사업시행주체인 행정기관이 개별 법률의 제정과정에 주도적으로 관여한다고 하더라도 공공필요의 존부에 관한 검증의 주체와 객체가 정확하게 일치하는 것이 아님은 분명하나, 정부 입법의 경우에 행정청의 영향력에 비추어 검증의 기능이 크게 약화될 것은 어렵지 않게 짐작할 수 있다.

적·추상적으로 수용권의 설정을 허용할 만한 공익사업의 유형을 한정함으로써 공공필요의 충족 여부에 대한 입법적 필터링을 한다는 위 규정의 취지가 몰각되었다.[12]

이처럼 구 토지보상법 제4조 제8호가 낳을 수 있는 문제점이 그대로 나타난 사례에 대한 헌법재판소의 결정례가 바로 앞서 여러 차례 설명한 이른바 민간사업자 고급골프장 수용사건이다.[13] 위 결정의 사안에서 보듯이 토지보상법 이외의 개별 법률에서 공용수용을 허용하면서 그 사업의 공공필요에 대한 검증체계를 느슨하게 해놓는 경우에는 과도한 수용권의 설정에 따른 재산권의 침해가 발생할 수 있다. 결국 헌법재판소 결정의 다수의견이 지적할 정도로 공공필요가 결여된 사업의 시행을 위하여 공익사업이라는 구실을 내세워 수용권을 행사하는 결과가 발생할 개연성은 구 토지보상법 제4조 제8호에서 정한 '그 밖에 다른 법률' 부분에 태생적으로 내재하고 있었던 셈이다.

3. 개정 토지보상법에 따른 공익사업의 유형 분류

가. 개정 규정의 취지와 제도적 의의

토지보상법상 사업인정절차를 우회하여 광범위하게 행해지는 사업인정의제를 공공필요 통제라는 관점에서 입법적으로 제한할 필요가 있다는 생각은 2015. 12. 29. 토지보상법 제4조 제8호의 개정으로 나타났다. '그 밖에 다른 법률에 따라 토지 등을 수용하거나 사용할 수 있는 사업'을 '그 밖에 별표에 규정된 법률에 따라 토지 등을 수용하거나 사용할 수 있는 사업'으로 개정하여 사업인정의제가 허용되는 개별 법률을 토지보상법에 구체적으로 명문화함으로써 공용수용에 대한 입법적 통제의 실효성을 확보하고

---

12) 정기상(2017b), 504면.
13) 헌법재판소 2014. 10. 30. 선고 2011헌바129·172(병합) 결정.

자 한 것이다.

토지보상법 별표 규정에서는 토지 등을 수용하거나 사용할 수 있는 사업을 열거하면서 개별 법률의 사업 근거규정과 사업의 일반적인 명칭을 함께 적시하고 있다.[14] 이러한 규정형식은 토지보상법에서 허용한 것보다 수용적격사업의 유형을 확장하는 해석을 경계하는 취지로 이해할 수 있다.

입법자는 제8호의 개정으로써 수용권의 설정에 있어 공공필요에 대한 입법적 검증의지를 명확히 표명하였다. 개별 법률에 의한 수용권의 설정인 사업인정의제를 제한하는 이러한 입법은 수용권의 남용 가능성을 일반법인 토지보상법으로써 차단하려는 시도로서 긍정적으로 평가할 수 있다.

나. 개정 규정의 한계와 제도적 개선을 위한 제언

토지보상법 제4조 제8호가 개정되었음에도 구 토지보상법 규정 아래에서 발생하였거나 내재되어 있었던 문제점들이 완전히 해소된 것은 아니다. 이 규정이 공용수용에 대한 실효성 있는 입법적 공공필요 검증기제로서 자리매김하기 위해서는 다음과 같은 몇 가지 미흡한 점을 보완할 필요가 있다.[15]

(1) 지나치게 포괄적인 유형 분류

먼저, 토지보상법 별표 규정에서 정하는 공익사업의 유형 중 일부는 여전히 너무 포괄적이라는 점을 지적해두고 싶다. 법률에서 개개의 공익사업을 세세하게 특정하여 명시하는 것은 사실상 불가능하고, 오히려 그러한 방식이 반드시 필요한 공익사업의 원활한 시행을 방해하거나 사회변화에

---

14) 2021. 7. 20. 법률 제18312호로 개정된 토지보상법 별표 규정에서는 토지보상법 제20조에 따른 사업인정을 받아야 하는 공익사업과 사업인정이 의제되는 사업을 구별하여 열거하고 있다. 종전에 이들 사업이 뒤섞여 열거되어 있었음을 고려하면 사업인정의제의 현황을 명확하게 일별해 둠으로써 사업인정의제에 대한 입법적 통제를 강화하고자 한 입법자의 의도를 짐작할 수 있다.

15) 이하의 설명은 정기상(2017b), 506~511면을 요약·정리한 것이다.

따른 탄력적인 제도 운용을 막는 부작용이 있음은 분명하다. 그러나 열거된 공익사업의 유형이 지나치게 포괄적인 경우에는 제한적 열거주의를 통한 입법적 통제를 무색하게 할 수 있다는 점을 염두에 두어야 한다. 예컨대, 별표 제2항 제20호에서 정한 '기업도시개발 특별법에 따른 기업도시개발사업'이나 별표 제2항 제28호에서 정한 '도시개발법에 따른 도시개발사업', 별표 제2항 제71호에서 정한 '지역 개발 및 지원에 관한 법률에 따른 지역개발사업' 등은 그 문언 자체로 광범위한 사업영역을 나타낸다. 더욱이나 이들 개별 법률에서 위 각 사업의 구체적인 범위를 정하지 않은 채 단지 개발계획에 근거한 실시계획의 승인에 따라 행해지는 사업 정도로만 위 각 사업을 정하고 있어 그 범위가 불분명한 이들 사업에 있어서는 행정청에 수용권한이 일임되어 있다고 해도 과언이 아니다. 또한, 별표 제2항 제64호에서 정한 '접경지역 지원 특별법 제13조 제6항 및 제9항에 따라 고시된 사업시행계획에 포함되어 있는 사업'이나 별표 제2항 제69호에서 정한 '중소기업진흥에 관한 법률 제31조에 따라 중소벤처기업진흥공단이 시행하는 단지조성사업' 등과 같이 처음부터 행정청에 수용적격사업을 정할 포괄적인 권한을 부여한 경우도 있다.

이러한 문제점에 대한 해결방안은 공익사업의 유형을 한정하는 '정도'에 관한 적정한 기준을 찾아내는 것으로 귀결된다. 즉, 공익사업의 유형을 어느 정도로 특정하여야 하는가의 물음에 대답할 수 있어야 한다는 것인데, 이에 대해서는 우리나라의 수용법제와 유사한 구조를 갖고 있는 일본 토지수용법에서 시사점을 얻을 수 있다. 일본 토지수용법 제3조에서는 '토지를 수용 또는 사용할 수 있는 공공의 이익이 되는 사업'의 유형을 다음과 같이 각 호에서 구체적으로 정하고 있다.

제3조(토지를 수용 또는 사용할 수 있는 사업)

토지를 수용 또는 사용할 수 있는 공공의 이익이 되는 사업은 다음의 각 호의 1에 해당하는 것에 관한 사업이어야 한다.

1. 도로법(1952년 법률 제180호)에 의한 도로, 도로운송법(1951년 법률 제183호)에 의한 일반자동차도, 전용자동차도[동법에 의한 일반여객 자동차운송사업 또는 화물자동차운송사업법(1989년 법률 제83호)에 의한 일반화물자동차 운송사업의 용도로 제공하는 것에 한한다] 또는 주차장법(1957년 법률 제106호)에 의한 노상주차장

2. 하천법(1964년 법률 제167호)이 적용되거나 준용되는 하천, 그밖에 공공의 이해에 관계가 있는 하천 또는 이들 하천에 치수 또는 물을 이용하는 목적을 가지고 설치하는 제방, 호안, 댐, 수로, 저수지, 그밖의 시설

3. 사방법(1897년 법률 제29호)에 의한 사방설비 또는 동법이 준용되는 사방을 위한 시설

3의2. 국가 또는 도도부현이 설치하는 산사태등방지법(1958년 법률 제30호)에 의한 산사태 방지시설 또는 폐석산 붕괴 방지시설

3의3. 국가 또는 도도부현이 설치하는 급경사지의붕괴에의한재해방지에관한법률(1969년 법률 제57호)에 의한 급경사지 붕괴방지시설

4. 운하법(1913년 법률 제16호)에 의한 운하의 용도로 제공되는 시설

5. 국가 지방공공단체, 토지개량구(토지개량구연합을 포함한다. 이하 같다) 또는 독립행정법인 석유·천연가스·금속광물자원기구가 설치하는 농업용도로, 용수로, 배수로, 해안제방, 관개용 또는 농작물의 재해방지용을 위한 연못 또는 방풍림, 그 밖의 이에 준하는 시설

6. 국가, 도도부현 또는 토지개량구가 토지개량법(1949년 법률 제195호)에 의하여 실시하는 객토사업, 토지개량사업의 시행에 수반하여 설치하는 용배수기 또는 지하수원의 이용에 관한 설비

7. 철도사업법(1986년 법률 제92호)에 의한 철도사업자 또는 삭도사업
   자가 그 철도사업 또는 삭도사업으로 일반의 수요에 응할 용도로
   제공하는 시설

7의2. 독립행정법인 철도건설·운수시설정비지원기구가 설치하는 철도
   또는 궤도의 용도로 제공하는 시설

8. 궤도법(1921년 법률 제76호)에 의한 궤도 또는 동법이 준용되는 무
   궤도전차의 용도로 제공되는 시설

8의2. 석유파이프라인사업법(1972년 법률 제105호)에 의한 석유파이프
   라인사업의 용도로 제공되는 시설

9. 도로운송법에 의한 일반승합여객자동차 운송사업(노선을 정하여 정
   기적으로 운행하는 자동차에 의하여 승합여객의 운송을 행하는 것
   에 한한다) 또는 화물자동차 운송사업법에 의한 일반화물자동차운
   송사업(특별적재화물운송을 하는 것에 한한다)의 용도로 제공되는
   시설

9의2. 자동차터미널법(1959년 법률 제136호) 제3조의 허가를 받아 경
   영하는 자동차터미널 사업의 용도로 제공되는 시설

10. 항만법(1950년 법률 제218호)에 의한 항만시설 또는 어항어장정비
    법(1950년 법률 137호)에 의한 어항시설

10의2. 해안법(1956년 법률 제101호)에 의한 해안보전시설

10의3. 해일방재지역조성에 관한 법률(2011년 법률 제123호)에 의한
    해일방호시설

11. 항로표지법(1949년 법률 제99호)에 의한 항로표지 또는 수로업무
    법(1950년 법률 제102호)에 의한 수로측량표

12. 항공법(1952년 법률 제231호)에 의한 비행장 또는 항공보안시설로
    공공의 용도로 제공되는 것

13. 기상, 해상, 지상 또는 홍수 그밖에 이와 유사한 현상의 관측 또는 통보의 용도로 제공되는 시설

13의2. 일본우편주식회사가 일본우편주식회사법(2005년 법률 제100호) 제4조 제1항 제1호에 규정하는 업무용으로 제공하는 시설

14. 국가가 전파감시를 위하여 설치하는 무선방위 또는 전파의 질의 측정장치

15. 국가 또는 지방공공단체가 설치하는 전기통신설비

15의2. 전기통신사업법(1984년 법률 제86호) 제120조 제1항에 규정하는 인정전기통신사업자가 동항에 규정하는 인정전기통신사업의 용도로 제공하는 시설(동법의 규정에 따라 토지 등을 사용할 수가 있는 것을 제외한다)

16. 방송법(1950년 법률 제132호)에 의한 기간방송기간방송사업자 또는 기간방송국제공사업자가 기간방송의 용도로 제공하는 방송설비

17. 전기사업법(1964년 법률 제170호)에 의한 일반송배전사업, 송전사업, 배전사업, 특정송배전사업 또는 발전사업의 용도로 제공되는 전기공작물

17의2. 가스사업법(1954년 법률 제51호)에 의한 가스공작물

18. 수도법(1957년 법률 제177호)에 의한 수도사업 또는 수도용수공급사업, 공업용수도사업법(1958년 법률 제84호)에 의한 공업용수도사업 또는 하수도법(1958년 법률 제79호)에 의한 공공하수도, 유역하수도 또는 도시하수로의 용도로 제공되는 시설

19. 시정촌이 소방법(1958년 법률 제186호)에 의하여 설치하는 소방의 용도로 제공하는 시설

20. 도도부현 또는 수방법(1949년 법률 제193호)에 의한 수방관리단체가 수방의 용도로 제공하는 시설

21. 학교교육법(1947년 법률 제26호) 제1조에 규정하는 학교 또는 이에 준하는 그 밖의 교육 또는 학술연구를 위한 시설

22. 사회교육법(1949년 법률 제207호)에 의한 공민관(동법 제42조에 규정하는 공민관 유사시설을 제외한다) 또는 박물관 또는 도서관법(1950년 법률 제118호)에 의한 도서관(동법 제29조 규정하는 도서관 동종시설을 제외한다)

23. 사회복지법(1951년 법률 제45호)에 의한 사회복지사업 또는 갱생보호사업법(1995년 법률 제86호)에 의한 갱생보호사업의 용도로 제공되는 시설 또는 직업능력개발촉진법(1969년 법률 제64호)에 의한 공공직업능력개발시설 또는 직업능력개발 종합대학교

24. 국가, 지방공공단체, 독립행정법인 국립병원기구, 독립연구법인 국립암연구센터, 독립연구법인 국립순환기병연구센터, 독립연구법인 국립정신신경의료연구센터, 독립연구법인 국립국제의료연구센터, 독립연구법인 국립성육의료연구센터, 독립연구법인 국립장수의료연구센터, 건강보험조합 또는 건강보험조합연합회, 국민건강보험조합 또는 국민건강보험단체연합회, 국가공무원공제조합이나 국가공무원공제조합연합회, 지방공무원공제조합 또는 전국시정촌직원공제조합연합회가 설치하는 병원, 요양소, 진료소 또는 조산소, 지역보건법(1947년 법률 제101호)에 의한 보건소 또는 의료법(1948년 법률 제205호)에 의한 공적 의료기관 또는 검역소

25. 묘지·매장등에관한법률(1948년 법률 제48호)에 의한 화장장

26. 도축장법(1953년 법률 제114호)에 의한 도축장 또는 폐가축처리장등에관한법률(1948년 법률 제140호)에 의한 폐가축처리장

27. 지방공공단체가 설치하는 폐기물의처리및청소에관한법률(1970년
    법률 제137호)에 의한 일반폐기물처리시설, 산업폐기물처리시설,
    그 밖의 폐기물처리시설[폐기물의 처분(재생을 포함한다)에 관한
    것에 한한다] 및 지방공공단체가 설치하는 공중변소

27의2. 국가가 설치하는 2011년 3월 11일에 발생한 동북지방 태평양
    앞바다 지진에 따르는 원자력발전소 사고에 의하여 방출된 방사
    성물질에 의한 환경의 오염에의 대처에 관한 특별조치법(2011년
    법률 제110호)에 의한 오염폐기물 등의 처리시설

28. 도매시장법(1971년 법률 제35호)에 의한 중앙도매시장 및 지방도
    매시장

29. 자연공원법(1957년 법률 제61호)에 의한 공원사업

29의2. 자연환경보전법(1972년 법률 제85호)에 의한 원시자연환경보전
    지역에 관한 보전사업 및 자연환경보전지역에 관한 보전사업

30. 국가, 지방공공단체, 독립행정법인 도시재생기구 또는 지방주택공
    급공사가 도시계획법(1968년 법률 제100호) 제4조 제2항에 규정하
    는 도시계획구역에 대하여 동법 제2장의 규정에 따라 정하여진 제
    1종 저층주거전용지역, 제2종 저층주거전용지역, 제1종 중고층주
    거전용지역, 제2종 중고층주거전용지역, 제1종 주거지역, 제2종 주
    거지역, 준주거지역 또는 전원주거지역 내에서 직접 거주하기 위
    한 주택을 필요로 하는 자에 대하여 임대 또는 양도할 목적으로
    실시하는 50호 이상의 1단지의 주택경영

31. 국가 또는 지방공공단체가 설치하는 청사, 공장, 연구소, 시험소 그
    밖에 직접 그 사무 또는 사업의 용도로 제공하는 시설

32. 국가 또는 지방공공단체가 설치하는 공원, 녹지, 광장, 운동장, 묘
    지, 시장 그 밖에 공공의 용도로 제공하는 시설

33. 독립연구법인 일본원자력연구개발기구가 독립연구법인 일본원자
력개발기구법(2004년 법률 제155호) 제17조 제1항 제1호 내지 제3
호에서 규정하는 업무의 용도로 제공하는 시설

34. 독립행정법인 수자원기구가 설치하는 독립행정법인수자원기구법
(2002년 법률 제182호)에 의한 수자원개발시설 및 아이치 토요가
와 용수시설

34의2. 독립연구법인 우주항공연구개발기구가 독립연구법인우주항공
연구개발기구법(2002년 법률 제161호) 제18조 제1호 내지 제4호
에 정한 업무용으로 제공하는 시설

34의3. 독립연구법인 국립암연구센터, 독립연구법인 국립순환기병연구
센터, 독립연구법인 국립정신신경의료연구센터, 독립연구법인 국
립국제의료연구센터, 독립연구법인 국립성육의료연구센터 또는
독립연구법인 국립장수의료연구센터가 고도의 전문의료에 관한
연구 등을 실시하는 국립연구개발법인에 관한 법률(2008년 법률
제93호) 제13조 제1항 제1호, 제14조 제1호, 제15조 제1호 내지 제
3호, 제16조 제1호 내지 제3호, 제17조 제1호 또는 제18조 제1호
내지 제2호로 정한 업무용으로 제공하는 시설

35. 전 각 호의 1에 정한 것에 관한 사업을 위하여 없어서는 안 되는
통로, 다리, 철도, 궤도, 삭도, 전선로, 수로, 저수지, 토석폐기장,
재료하치장, 직무상 상주를 필요로 하는 직원의 숙소 또는 숙사,
그 밖의 시설

개개의 항목을 들여다보면, 개별 법률에서 정한 사업이라는 정도로 공익
사업의 유형을 정하는 것이 아니라 개별 법률에서 정한 어떠한 시설이나
설비, 장치 등을 건설, 제조하는 사업에 수용이 허용되는지를 매우 구체적

으로 정하고 있음을 확인할 수 있다.[16] 일본 토지수용법이 단순히 개별 법률에 의하여 시행되는 사업의 일반적인 명칭이 아닌 그 사업으로 인하여 건설, 제조되는 시설, 설비 등을 제한적으로 열거하여 규정함으로써 포괄적인 규정문언에 따른 입법적 통제기제의 약화를 경계하였음을 알 수 있다.[17]

공익사업의 명칭을 열거하든 해당 공익사업으로 설치, 제조되는 설비, 시설 등의 명칭을 열거하든 중요한 것은 토지보상법의 별표 규정이 공공필요에 대한 검증기제로서의 여과(filtering)기능을 제대로 수행할 수 있을 정도로 공익사업의 유형이 한정되어야 한다는 점이다. 현행 규정방식을 유지한다고 할 경우에는 적어도 열거된 공익사업의 명칭을 들어보면 그러한 사업의 모습을 추론해 볼 수 있도록 해야 한다. 막연히 개별 법률에서 예정한 일반적인 사업의 명칭만을 열거하여서는 토지보상법 제4조 제8호 및 별표 규정의 입법취지를 달성할 수 없다.

(2) 사업인정의제의 광범위한 잔존

개별 법률에서 정한 일정한 행정처분이 있는 경우에는 토지보상법 제20조 제1항에 따른 사업인정과 같은 법 제22조에 따른 사업인정의 고시가 있는 것으로 보는 사업인정의제는 공공필요에 대한 검증에 있어 중대한 문제

---

16) 특히 일본 토지수용법 제3조 제30호는 우리 토지보상법 별표 제2항 제28호와 극명하게 대비되어 양국의 법제에서 공익사업의 유형을 한정하는 기본적인 방향에 있어 어떠한 차이가 있는지 엿볼 수 있다.

17) 심지어는 일본 토지수용법 제3조 제7호에서 '철도사업법(1986년 법률 제92호)에 의한 철도사업자 또는 삭도사업자가 그 철도사업 또는 삭도사업으로 일반의 수요에 응하는 것의 용도로 제공하는 시설'을 규정한 이후에 별도의 독립행정법인이 철도 등을 설치할 수 있도록 함에 있어서도 위 제7호를 개정하는 방식을 취하지 않았다. 제7호의2를 신설하여 '독립행정법인 철도건설·운수시설정비지원 기구가 설치하는 철도 또는 궤도의 용도로 제공하는 시설'을 공익사업으로 추가하였다. 이것만 보아도 단순히 법문언의 개정을 통하여 손쉽게 공익사업의 범위를 넓히지 않고, 새로운 조항의 신설로 취급하여 공공필요에 대한 입법적 검증에 만전을 기하겠다는 입법자의 의지를 확인할 수 있다.

를 낳는다.[18] 이러한 의제의 방식까지 동원하여 토지보상법에서 정한 엄격한 사업인정절차를 우회하는 것은 그 자체로 개발편의주의에 경도된 시각을 드러낸다. 종래 사업인정의제에 대하여 공공필요에 대한 검증을 회피할 유인을 제공한다거나 사업인정으로 의제되는 처분을 행하는 행정청이 사업시행자인 경우에는 '통제받는 자'와 '통제하는 자'의 지위가 일치하는 모순에 직면하게 된다는 비판이 제기된 것도 이러한 맥락에서 받아들일 수 있다.[19]

이와 같이 여러 문제점을 노출한 사업인정의제가 토지보상법 제4조 제8호의 개정과 별표 규정의 신설에도 여전히 개별 법률에서 광범위하게 허용되고 있음에 주목할 필요가 있다. 토지보상법 별표 규정에서 정한 개별 법률 중 93개의 법률에서 사업인정의제를 명문으로 인정하고 있다. 사업인정의제를 규정한 개별 법률의 조항내용도 기존의 규정내용과 별반 다르지 않다. 이처럼 사업인정의제를 광범위하게 허용하면서 단지 별표 규정에서 개별 법률과 그에 따른 사업의 유형만을 열거할 뿐이라면 공공필요의 존부에 대한 입법적 통제는 유명무실해진다. 공익사업의 유형을 열거하는 이유는 공익사업의 추상적·일반적 범주를 한정하여 그 범주에 속한 사업만이 토지보상법에서 정한 수용절차로 이어져 수용적격사업으로 인정받을 수 있도록 함이다. 사업인정의제에 따라 개별 법률에서 수용의 절차 등을 별도로 정한다면 별표 규정은 단순히 사업의 명칭만을 나열해 놓은 것에 불과하게 된다. 위 각 규정에 따른 여과(filtering)기능은 토지보상법에서 정한 요건과 절차에 따른 '사업인정'이라는 다음 검증단계로 이어질 때에 단계별 통제기제로서의 실효성을 가지기 때문이다. 별표 규정에 열거된 사업의 범주 내에 있으면 해당 사업의 구체적인 내용에 대한 공공필요의 검증 없이 그대로 수용절차로 넘어가는 것은 수용권의 과도한 설정을 초래할 수 있

---

18) 사업인정의제의 문제점에 대해서는 제5장에서 자세히 검토한다.
19) 정기상(2014a), 187~189면.

다.20) 결국 직접 수용권의 설정이라는 법적 효과를 낳는 처분은 토지보상법에서 정한 사업인정으로 일원화하고, 사업인정의제는 단계적으로 축소, 폐지하는 것이 옳다.21)

(3) 중첩적 규정의 존재

2015. 12. 29. 개정된 토지보상법은 공공필요에 대한 입법적 검증기제로서 제한적 열거주의를 도입하면서 이 규정을 전면 개정하는 방식이 아니라 그동안 실질적 포괄주의의 효과를 낳았던 제4조 제8호만을 부분적으로 개정하는 방식을 취하였다. 그러다 보니 제1호부터 제7호까지의 규정에서의 포괄적인 규정형식과 제8호 및 별표 규정의 나열식 규정형식이 미묘하게 공존하게 되면서 일부 공익사업에 있어서는 불필요하게 규정내용이 중첩되는 결과가 발생하였다.22) 예컨대, 제4조 제1호 '국방·군사에 관한 사업'과 별표 제2항 제14호 '국방·군사시설 사업에 관한 법률에 따른 국방·군사시설', 제4조 제2호 '철도·도로·공항·수도·전기·전기통신에 관한 사업'과 별표 제1항 제13, 14호, 제2항 제9, 27, 46, 72호 등이 그러하다.

토지보상법 제4조에서 정하지 않았는데 공용수용이 필요한 사업이 있게 되면 어쩌나 하는 불안감이 양립하기 적절하지 않은 두 입법형식의 '불편한 동거'를 야기했다고 보인다. 그러나 이러한 문제가 나타날 가능성은 공익사업에 대한 유형화와 선례 분석을 통하여 대부분 차단할 수 있다고 본다. 오히려 토지보상법 제4조에 열거되지 않은 사업을 위한 공용수용이 문제된다면, 이는 해당 사업의 공공필요에 대한 새로운 사회적 합의가 필요

---

20) 도시관리계획으로 결정되는 모든 도시계획시설사업이 재산권을 수용하지 않으면 안 될 만큼 공공필요성이 있고, 공·사익이 비교·형량되었는가 하는 점이 의문이라는 지적[이선영, "행정권에 백지위임된 의제수용제도 재검토해야", 법률신문(2011. 10. 17. 자)]도 이러한 맥락에서 이해할 수 있다.
21) 이 점이 제5장의 주된 논지인데, 뒤에서 자세히 설명한다.
22) 토지보상법 제4조 국방, 군사, 공장, 연구소, 보건시설, 문화시설, 주택 건설 등은 그 자체로 매우 포괄적인 개념이다.

한 사항이 아닐까 생각한다. 입법자가 공익사업 유형의 제한적 열거주의를 통하여 공공필요의 존부에 대한 입법적 통제를 강화하기로 방향을 정한 이상, 토지보상법 제4조 제1호부터 제7호까지의 규정은 삭제하고 개별 법률에 따른 공익사업의 유형을 열거하는 방식으로 규정형식을 통일하는 것이 바람직하다.

4. 공익사업의 유형별 분석

가. 개요

토지보상법 제4조 제1호부터 제7호까지의 공익사업은 크게 몇 가지 유형으로 나뉜다. 국방·군사 등 공공서비스에 관한 사업, 철도·도로·공항·항만 등 사회간접자본에 관한 사업, 청사·광장·공원·학교·도서관 등 공공용시설에 관한 사업, 일정한 국제대회의 시행을 위하여 필요한 시설에 관한 사업, 이들 사업의 시행을 위하여 필요한 통로·교량·이주단지 등 부수적 시설에 관한 사업 등으로 공익사업의 유형을 대별할 수 있다.[23]

나. 제1호의 공익사업

토지 등의 수용 또는 사용이 문제되는 국방·군사에 관한 사업은 대체로 국방·군사시설의 설치·이전 및 변경에 관한 사업을 말한다(국방·군사시설

---

23) 이 규정에서 정한 공익사업의 호별 순서는 공익성의 정도에 따라 결정된 것이라고 보는 견해[김원보(2017), 29면]도 있다. 즉, 제1호와 제2호에서 정한 사업을 1순위, 제3호 및 제4호에서 정한 사업을 2순위, 제5호에서 정한 사업을 3순위, 제6호 내지 제8호에서 정한 사업을 4순위로 공익성의 우열을 나눌 수 있다는 것이다. 그러나 공익사업의 유형만으로 추상성을 강하게 띠는 불확정개념인 공익성의 일반적 우열을 나눌 수 있을지 의문이다. 예컨대, 제2호에 따른 공영주차장 건설사업이 제3호에서 정한 시·도청사의 건설사업에 비하여 공익성이 우월하다고 단정할 수는 없을 것이다. 더욱이나 제8호에는 다양한 공익사업이 담겨 있어 공익성의 우열을 일반적으로 재단할 수 없다.

사업에 관한 법률 제2조 제2호 가목). 여기서 '국방·군사시설'이란 ㉠ 군사 작전, 전투준비, 교육·훈련, 병영생활 등에 필요한 시설, ㉡ 국방·군사에 관한 연구 및 시험 시설, ㉢ 군용 유류 및 폭발물의 저장·처리 시설, ㉣ 진지 구축시설, ㉤ 군사 목적을 위한 장애물 또는 폭발물에 관한 시설, ㉥ 대한민국에 주둔하는 외국군대의 부대시설과 그 구성원·군무원·가족의 거주를 위한 주택시설 등 군사 목적을 위하여 필요한 시설, ㉦ 그 밖에 군부대에 부속된 시설로서 군인의 주거·복지·체육 또는 휴양 등을 위하여 필요한 시설을 의미한다(같은 조 제1호).

한편, 군사기지 및 군사시설 보호법 제2조 제2호, 같은 법 시행령 제2조에서는 전투진지, 군사 목적을 위한 장애물, 폭발물 관련 시설, 사격장, 훈련장, 군용전기통신설비, 군사 목적을 위한 연구시설 및 시험시설·시험장, 대공방어시설, 군용통신시설, 군용부두 및 전쟁장비·물자의 생산·저장시설 등 군사 목적에 직접 공용되는 시설을 '군사시설'로 정의하고 있다. 군사기지 및 군사시설 보호법상의 '군사시설'의 범위가 국방·군사시설 사업에 관한 법률에서 정한 '국방·군사시설'보다 훨씬 좁다.

진지, 병영시설, 훈련장 등 군사 목적에 직접 필요한 시설을 건설하는 사업이 공익사업에 해당됨은 분명하다. 그런데 군인의 주택시설, 휴양시설 등 국방 및 군사 목적과 밀접하게 관련되지 않는 시설까지도 국방·군사시설에 해당되는지에 대해서는 의문이 없지 않다. 이에 토지보상법 별표 제2항 제14호에서는 '국방·군사시설 사업에 관한 법률에 따른 국방·군사시설'을 건설하는 사업을 공익사업으로 정하였다. 토지보상법 제4조 제1호가 국방·군사에 관한 사업을 둘러싼 이론적 논란만을 낳을 뿐, 실제로는 별표 제2항 제14호에 따라 공익사업이 추진되는 것이다. 이러한 규정내용의 중첩이 규율의 비효율을 낳고 있음은 앞서 설명하였다.

다. 제2호의 공익사업

(1) 제2호 공익사업의 성격과 규정의 중첩

제2호에 열거된 시설 또는 설비 등은 재화 또는 용역의 생산에 직접 사용되기보다는 간접적으로 사회의 생산활동을 촉진하는 데에 필요불가결한 자본의 성격을 갖는다. 좁은 의미의 사회간접자본으로 생각해볼 수 있는데,[24] 사회간접자본의 투자와 시설의 운영 및 관리는 대체로 시장기능에 의존할 수 없으므로 국가가 관장하게 되고, 개인이나 기업이 그 시설의 설치, 운영 및 관리를 맡는 경우에는 소유권의 행사, 건설 및 운영에 대하여 엄격한 규제가 이루어진다. 제2호에서 관계 법률에 따라 허가·인가·승인·지정 등을 받도록 정한 것도 이러한 사회적 성격을 반영한 것이다.[25] 따라서 행정적 통제의 방식은 허가·인가·승인·지정으로 한정되지 않고, 다양한 행정행위의 형식을 취할 수 있으며, 부관 등을 통해 행정목적을 달성할 수도 있다.

사회간접자본에 의하여 발생되는 편익은 특정인이나 특정집단이 아니라 사회 전체에 귀속되어야 한다. 제2호에서 '공익을 목적으로 시행할 것'이라는 공용수용의 당연한 허용요건을 다시금 부가한 것도 사회간접자본의 편

---

24) 사회간접자본을 넓은 의미로 이해할 경우 국방, 치안, 보건 등 모든 공공적 성격을 띤 사회서비스를 포함하게 되어 이는 공익사업 전체를 아우르는 의미로 확장된다.
25) 사회기반시설에 대한 민간투자법 제2조 제1호에서는 '사회기반시설'을 각종 생산활동의 기반이 되는 시설, 해당 시설의 효용을 증진시키거나 이용자의 편의를 도모하는 시설 및 국민생활의 편익을 증진시키는 시설로 정의하되, ① 도로, 철도, 항만, 하수도, 하수·분뇨·폐기물처리시설, 재이용시설 등 경제활동의 기반이 되는 시설, ② 유치원, 학교, 도서관, 과학관, 복합문화시설, 공공보건의료시설 등 사회서비스의 제공을 위하여 필요한 시설, ③ 공공청사, 보훈시설, 방재시설, 병영시설 등 국가 또는 지방자치단체의 업무수행을 위하여 필요한 공용시설, ④ 생활체육시설, 휴양시설 등 일반 공중의 이용을 위하여 제공하는 공공용 시설을 포괄하고 있다. 이러한 정의에 따르면, 토지보상법 제4조에서 정한 대부분의 공익사업이 사회기반시설사업에 해당된다.

익이 특정인이나 특정집단에 전속되는 것을 경계한 것으로 이해할 수 있다.

제2호의 공익사업과 관련해서도 별표 규정과의 내용 중복이 다수 확인된다. 별표 제1항 제13호의 '전기사업법에 따른 전기사업용 전기설비의 설치나 이를 위한 실지조사·측량 및 시공 또는 전기사업용 전기설비의 유지·보수', 제14호의 '전기통신사업법에 따른 전기통신업무에 제공되는 선로 등의 설치', 별표 제2항 제9호의 '공항시설법에 따른 공항개발사업', 제27호의 '도로법에 따른 도로공사', 제46호의 '수도법에 따른 수도사업', 제72호의 '철도의 건설 및 철도시설 유지관리에 관한 법률에 따른 철도건설사업' 등이 규정의 중복에 해당한다.[26]

(2) 열거된 시설물 또는 사업의 개념

제2호에 열거된 시설물 또는 사업의 개념은 다음과 같은데, 대체로 해당 시설물 또는 사업에 관한 일반법의 정의규정에 따른다.

① '철도'라 함은 여객 또는 화물을 운송하는 데 필요한 철도시설과 철도차량 및 이와 관련된 운영·지원체계가 유기적으로 구성된 운송체계를 말한다(철도산업발전기본법 제3조 제1호).

② '도로'란 차도, 보도(步道), 자전거도로, 측도(側道), 터널, 교량, 육교 등의 시설로 구성된 것으로서 도로법 제10조에 열거된 것을 말하며, 도로의 부속물을 포함한다(도로법 제2조 제1호).

③ '공항'이란 항공기의 이륙·착륙 및 항행을 위한 시설과 그 부대시설 및 지원시설, 항공 여객 및 화물의 운송을 위한 시설과 그 부대시설 및 지원시설을 갖춘 공공용 비행장을 말한다(공항시설법 제2조 제3호, 제7호).

④ '항만'이란 선박의 출입, 사람의 승선·하선, 화물의 하역·보관 및 처리, 해양친수활동 등을 위한 시설과 화물의 조립·가공·포장·제조 등

---

26) 이 이외에도 규정의 중복은 꽤나 많아서 이를 일일이 열거하기도 어렵다.

부가가치 창출을 위한 시설이 갖추어진 곳을 말한다(항만법 제2조 제1호).

⑤ '주차장'이란 자동차의 주차를 위한 시설로서 도로의 노면 또는 교통광장(교차점광장만 해당)의 일정한 구역에 설치된 주차장으로서 일반의 이용에 제공되는 것(노상주차장), 도로의 노면 및 교통광장 외의 장소에 설치된 주차장으로서 일반의 이용에 제공되는 것(노외주차장), 건축물, 골프연습장, 그 밖에 주차수요를 유발하는 시설에 부대하여 설치된 주차장으로서 해당 건축물·시설의 이용자 또는 일반의 이용에 제공되는 것(부설주차장) 중 어느 하나에 해당하는 것을 말한다(주차장법 제2조 제1호).

⑥ '공영차고지'란 화물자동차 운수사업에 제공되는 차고지로서 ㉠ 특별시장·광역시장·특별자치시장·도지사·특별자치도지사, ㉡ 시장·군수·구청장(자치구의 구청장을 말한다), ㉢ 공공기관의 운영에 관한 법률에 따른 일정한 공공기관, ㉣ 지방공기업법에 따른 지방공사 중 어느 하나에 해당하는 자가 설치한 것을 말한다(화물자동차 운수사업법 제2조 제9호).

⑦ '화물터미널'은 화물을 싣고 내리기 위해 도로의 노면 등 일반교통에 사용하는 장소 외에서 화물자동차를 정류시킬 것을 목적으로 설치된 시설 및 장소를 말한다.[27]

⑧ '궤도'란 사람이나 화물을 운송하는 데에 필요한 궤도시설과 궤도차량 및 이와 관련된 운영·지원 체계가 유기적으로 구성된 케이블철도, 노면전차, 모노레일 및 자기부상열차 등 국토교통부령으로 정하는 운송 체계를 말하며, 공중에 설치한 와이어로프에 궤도차량을 매달아 운행하여 사람이나 화물을 운송하는 삭도를 포함한다(궤도운송법 제

---

[27] 화물터미널에 관한 일반법은 찾을 수 없다. 이러한 경우 토지보상법의 하위 법령에서 그 의미를 정해주는 것이 바람직하다.

2조 제1호, 제5호).

⑨ '하천'은 지표면에 내린 빗물 등이 모여 흐르는 물길로서 공공의 이해와 밀접한 관계가 있어 국가하천 또는 지방하천으로 지정된 것을 말하며, 하천구역과 하천시설을 포함한다(하천법 제2조 제1호).

⑩ '제방'은 조수·자연유수·모래·바람 등을 막기 위하여 설치된 방조제·방수제·방사제·방파제 등 인공적인 둑을 말한다(공간정보의 구축 및 관리 등에 관한 법률 시행령 제58조 제16호).

⑪ '댐'이란 하천의 흐름을 막아 그 저수(貯水)를 생활용수, 공업용수, 농업용수, 환경개선용수, 발전, 홍수 조절, 주운(舟運), 그 밖의 용도로 이용하기 위한 높이 15미터 이상의 공작물을 말하며, 여수로(濾水路)·보조댐과 그 밖에 해당 댐과 일체가 되어 그 효용을 다하게 하는 시설이나 공작물을 포함한다(댐건설 및 주변지역지원 등에 관한 법률 제2조 제1호).

⑫ '운하'라 함은 내륙에 선박의 항행이나 농지의 관개, 배수 또는 용수를 위하여 인공적으로 만든 수로를 말한다.[28]

⑬ '수도'란 관로(管路), 그 밖의 공작물을 사용하여 원수나 정수를 공급하는 시설의 전부를 말하며, 일반수도·공업용수도 및 전용수도로 구분한다. 다만, 일시적인 목적으로 설치된 시설과 농어촌정비법 제2조 제6호에 따른 농업생산기반시설은 제외한다(수도법 제3조 제5호).

⑭ '하수도'란 하수와 분뇨를 유출 또는 처리하기 위하여 설치되는 하수관로·공공하수처리시설·간이공공하수처리시설·하수저류시설·분뇨처리시설·배수설비·개인하수처리시설 그 밖의 공작물·시설의 총체를 말한다(하수도법 제2조 제3호).

⑮ '하수종말처리'는 2006. 9. 27. 법률 제8014호로 전부 개정된 하수도법 제2조 제9호에 따라 '공공하수처리'로 명칭이 변경되었다. 이는

---

28) 운하에 관한 정의규정도 찾을 수 없어 일반적인 용례에 따를 수밖에 없다.

하수를 하천·바다 그 밖의 공유수면에 방류하기 위하여 지방자치단체가 시설을 설치하여 하수를 처리하는 것을 말한다.

⑯ '폐수처리'는 액체성 또는 고체성의 수질오염물질이 섞여 있어 그대로는 사용할 수 없는 물인 폐수를 처리하여 공공수역에 배출하는 것을 말한다(물환경보전법 제2조 제4호, 제17호).

⑰ '사방사업'은 황폐지를[29] 복구하거나 산지의 붕괴, 토석·나무 등의 유출 또는 모래의 날림 등을 방지 또는 예방하기 위하여 인공구조물을 설치하거나 식물을 파종·식재하는 사업 또는 이에 부수되는 경관의 조성이나 수원의 함양을 위한 사업을 말한다(사방사업법 제2조 제2호).

⑱ '방풍사업'이란 바람으로 인하여 발생하는 피해를 방지하고, 토사 및 먼지의 이동과 대기오염 등 공해를 방지하기 위하여 외부에서 불어오는 바람을 차단하는 시설을 설치하는 사업을 말한다(도시·군계획시설의 결정·구조 및 설치기준에 관한 규칙 제125조).

⑲ '방화사업'이란 불이 나는 것을 방지하기 위하여 소화시설 등을 설치하는 사업을 말한다.[30]

⑳ '방조사업'은 해안에 접한 지역에 있어서 해일·조수·파도 그 밖의 바닷물에 의한 침식을 방지하거나 침식이 심각하거나 우려되는 시설물을 보호하기 위하여 방조제 등을 설치하는 사업을 말한다(도시·군계획시설의 결정·구조 및 설치기준에 관한 규칙 제133조, 제134조).

㉑ '방수사업'이란 저지대나 지반이 약한 지역에 대한 내수범람 및 침수 피해를 방지하기 위하여 설치하는 배수 및 방수시설을 설치하는 사업을 말한다(도시·군계획시설의 결정·구조 및 설치기준에 관한 규칙

---

29) '황폐지'란 자연적 또는 인위적인 원인으로 산지가 붕괴되거나 토석·나무 등의 유출 또는 모래의 날림 등이 발생하는 지역으로서 국토의 보전, 재해의 방지, 경관의 조성 또는 수원의 함양을 위하여 복구공사가 필요한 지역을 말한다(사방사업법 제2조 제1호).
30) 방화사업에 관한 정의규정도 찾을 수 없어 일반적인 용례에 따를 수밖에 없다.

제128조).

㉒ '저수지'란 하천의 흐름을 막아 그 저수(貯水)를 생활 및 공업용수, 농업용수, 환경개선용수, 발전, 홍수조절, 주운(舟運), 그 밖의 용도로 이용하기 위하여 설치한 공작물을 말한다(저수지·댐의 안전관리 및 재해예방에 관한 법률 제2조 제1호).

㉓ '용수로'란 농업·공업·도시 용수를 얻을 목적으로 설치하는 인공 수로를 말한다.

㉔ '배수로'란 과잉지하수나 지표수를 배출하기 위한 인공 도랑 또는 수로를 말한다.

㉕ '석유비축'이란 긴급한 경우에 대비하여 석유를 미리 모아 두는 것을 말한다. 이에 대해서는 석유 및 석유대체연료 사업법 제15조부터 제17조까지의 규정에서 규율하고 있다.[31]

㉖ '송유에 관한 사업'이란 석유를 수송하는 배관 및 공작물을 설치하는 사업을 말한다(송유관 안전관리법 제2조 제2호).

㉗ '폐기물처리'란 쓰레기, 연소재(燃燒災), 오니(汚泥), 폐유(廢油), 폐산(廢酸), 폐알칼리 및 동물의 사체 등으로서 사람의 생활이나 사업활동에 필요하지 아니하게 된 물질을 수집·운반·보관·재활용·처분하는 것을 말한다(폐기물관리법 제2조 제1호, 제5의3호).

㉘ '전기사업'이란 발전사업·송전사업·배전사업·전기판매사업 및 구역전기사업을 말한다(전기사업법 제2조 제1호). '발전사업'이란 전기를 생산하여 이를 전력시장을 통하여 전기판매사업자에게 공급하는 것을 주된 목적으로 하는 사업을(같은 조 제3호), '송전사업'이란 발전소에서 생산된 전기를 배전사업자에게 송전하는 데 필요한 전기설비

---

31) 용수로, 배수로, 석유비축에 관한 정의규정도 찾을 수 없어 일반적인 용례에 따를 수밖에 없다. 이 중 석유비축에 대해서는 석유 및 석유대체연료 사업법의 규정에 따라 그 의미를 추론할 수 있다.

를 설치·관리하는 것을 주된 목적으로 하는 사업을(같은 조 제5호), '배전사업'이란 발전소로부터 송전된 전기를 전기사용자에게 배전하는 데 필요한 전기설비를 설치·운용하는 것을 주된 목적으로 하는 사업을(같은 조 제7호), '전기판매사업'이란 전기사용자에게 전기를 공급하는 것을 주된 목적으로 하는 사업(전기자동차충전사업과 재생에너지전기공급사업은 제외한다)을(같은 조 제9호), '구역전기사업'이란 대통령령으로 정하는 규모 이하의 발전설비를 갖추고 특정한 공급구역의 수요에 맞추어 전기를 생산하여 전력시장을 통하지 아니하고 그 공급구역의 전기사용자에게 공급하는 것을 주된 목적으로 하는 사업을 말한다(같은 조 제11호).

㉙ '전기통신'이란 유선·무선·광선 및 그 밖의 전자적 방식에 의하여 부호·문언·음향 또는 영상을 송신하거나 수신하는 것을 말한다(전기통신기본법 제2조 제1호).

㉚ '방송'이란 음성이나 영상이 담긴 프로그램을 기획·편성 또는 제작하여 이를 공중에게 전기통신설비에 의하여 송신하는 것으로서 텔레비전방송, 라디오방송, 데이터방송, 이동멀티미디어방송을 포괄한다(방송법 제2조 제1호).

㉛ '도시가스사업'은 수요자에게 도시가스를 공급하거나 도시가스를 제조하는 사업(석유 및 석유대체연료 사업법에 따른 석유정제업은 제외한다)으로서 가스도매사업, 일반도시가스사업, 도시가스충전사업, 나프타부생가스·바이오가스제조사업 및 합성천연가스제조사업을 말한다(도시가스사업법 제2조 제1의2호). '도시가스'란 천연가스(액화한 것을 포함), 배관을 통하여 공급되는 석유가스, 나프타부생가스, 바이오가스 또는 합성천연가스 등을 말한다(같은 조 제1호).[32]

---

32) 가스사업에 관한 일반법은 도시가스사업법이다. 구 가스사업법이 1983. 12. 31. 법률 제3705호로 전부 개정되면서 그 명칭이 변경되었다.

㉜ '기상 관측'은 대기의 여러 현상을 과학적 방법으로 관찰·측정하는 것을 말한다(기상법 제2조 제1호, 제5호).

라. 제3호의 공익사업

제3호에서는 모든 사람이 공동으로 이용할 수 있는 공공용 시설에 관한 사업을 공익사업의 유형으로 정하고 있다. 여기에 열거된 시설은 대체로 공공재의 성격을 띤다. 공공재는 비배제성(non-excludability)과 비경쟁성 (non-rivalness)을 본질로 한다. 공공재는 시장의 가격 원리가 적용될 수 없고 그 대가를 지불하지 않고도 재화나 용역을 이용할 수 있는 비배제성의 속성을 가진다. 또한, 일반적인 재화나 용역의 경우 어떤 소비가 다른 소비의 기회를 줄여 서로 경합관계에 놓이지만, 공공재는 소비를 위해 서로 경합할 필요가 없는 비경쟁성의 속성도 가진다. 제3호에 열거된 시설이나 설비가 모두 공공재의 속성을 고스란히 가지지는 않는다고 볼 여지도 있지만,[33] 대체로 일반 공중의 이용에 제공된다는 점에서 공공재로 분류할 수 있다.

제2호에서는 그 시설이나 서비스의 성격상 공공성을 갖는 경우를 열거한 것인 반면, 제3호에서는 민간에 맡겨둘 수도 있는 시설을 국가나 지방자치단체가 직접 건설·설치하는 경우를 열거하였다는 점에서 차이가 있다. 즉, 제2호가 '대상의 공공성'에 관한 규정이라면, 제3호는 '주체의 공공성'에 관한 규정이라고 볼 수 있다.

공공용 시설은 일반 공중의 편의나 복지를 위하여 공공의 용도에 제공되는 시설을 의미하고, 제4호에 열거된 학교, 도서관, 박물관 및 미술관도 공공용 시설에 포함될 수 있다. 다만, 제3호에서는 '국가나 지방자치단체가

---

33) 제3호에 열거된 시설이나 설비의 이용객이 일정한 대가를 지불하더라도 그 시설이나 설비가 이윤을 추구하는 것이 아니라 실비(實費) 정도를 이용객에게 부담시킬 뿐이라는 점에서 비배제성이 완전히 부정된다고 볼 수는 없다.

설치하는 시설일 것'을 요구하는 반면, 제4호에서는 '관계 법률에 따라 허가·인가·승인·지정 등을 받아 공익을 목적으로 시행할 것'을 요건으로 삼는 점에서 차이를 보인다. 즉, 학교, 도서관, 박물관 및 미술관은 사인(私人)이 설치하더라도 관계 법률에 따른 공법적 규제를 받기 때문에 해당 사업이 공익사업으로 분류되고, 제3호에 열거된 시설은 국가나 지방자치단체가 설치하는 경우에만 공익사업에 해당될 수 있다.

마. 제4호의 공익사업

제4호에서 열거된 학교, 도서관, 박물관 및 미술관은 대체로 일반 공중의 이용에 제공되는 시설에 해당하지만, 제3호와는 별개로 규율하고 있다. 이들 시설은 사인(私人)이 설치하더라도 일정한 공법적 규제를 받는 전제에서 그 설치사업을 공익사업으로 인정할 현실적 필요를 수용한 것이다.[34] 이들 시설에 대하여는 수용권을 설정할 만한 공익성을 제3호에 열거된 시설에 비하여 확장하였는데, 여기에는 교육과 예술을 장려하려는 정책적 고려가 담겨있다고 평가할 수 있다.[35]

바. 제5호의 공익사업

(1) 개관

주택 건설 또는 택지 및 산업단지의 조성이 재산권의 강제적 박탈을 정당화할 만한 공익성을 가지는지 여부에 대해서는 의문이 있을 수 있다. 주택, 택지, 산업단지가 본질적으로 공공의 이용에 제공되는 것이 아니기 때

---

34) 학교에 대해서는 초·중등교육법, 고등교육법, 사립학교법 등에서, 도서관에 대해서는 도서관법에서, 박물관과 미술관에 대해서는 박물관 및 미술관 진흥법에서 규율한다.
35) 예컨대, 똑같이 일반 공중의 이용에 개방하더라도 사인이 운동장을 짓는 것과 도서관을 짓는 것은 그 공익성의 정도가 다르다고 입법자가 판단한 셈이다.

문이다. 국민의 주거권 보장과 기업활동의 지원을 통한 사회 전체의 이익 창출이라는 공익성을 인정한다고 하더라도 그러한 명분으로 어느 정도까지 사유재산권을 제한할 수 있는지 논란이 될 수 있는데,[36] 입법자는 주택 건설 또는 택지 및 산업단지의 조성에 관한 사업을 공익사업으로 편입하는 정책적 결단을 하였다.

다만, 그러한 사업을 위한 수용이 정당화되기 위해서는 수용의 공공필요 성을 보장하고 수용을 통한 이익을 공공에게 귀속시킬 수 있는 더욱 심화된 입법적 조치가 수반되어야만 한다. 이러한 관점에서 이 규정 제5호에서는 주택 건설 또는 택지 및 산업단지의 조성에 관한 사업이 제5호의 공익사업에 해당하기 위해서 '주체의 요건', '목적의 요건', '객체의 요건'을 갖추도록 정하였다.

(2) 주체의 요건

국가, 지방자치단체, 공공기관의 운영에 관한 법률 제4조에 따른 공공기관,[37] 지방공기업법에 따른 지방공기업[38] 또는 국가나 지방자치단체가 지

---

36) 앞서 설명한 사인수용의 헌법적 정당성 문제와 그 맥락을 같이 한다.

37) 기획재정부장관은 ㉠ 다른 법률에 따라 직접 설립되고 정부가 출연한 기관, ㉡ 정부지원액(법령에 따라 직접 정부의 업무를 위탁받거나 독점적 사업권을 부여받은 기관의 경우에는 그 위탁업무나 독점적 사업으로 인한 수입액을 포함)이 총수입액의 2분의 1을 초과하는 기관, ㉢ 정부가 100분의 50 이상의 지분을 가지고 있거나 100분의 30 이상의 지분을 가지고 임원 임명권한 행사 등을 통하여 해당 기관의 정책 결정에 사실상 지배력을 확보하고 있는 기관, ㉣ 정부와 제1호부터 제3호까지의 어느 하나에 해당하는 기관이 합하여 100분의 50 이상의 지분을 가지고 있거나 100분의 30 이상의 지분을 가지고 임원 임명권한 행사 등을 통하여 해당 기관의 정책 결정에 사실상 지배력을 확보하고 있는 기관, ㉤ 제1호부터 제4호까지의 어느 하나에 해당하는 기관이 단독으로 또는 두개 이상의 기관이 합하여 100분의 50 이상의 지분을 가지고 있거나 100분의 30 이상의 지분을 가지고 임원 임명권한 행사 등을 통하여 해당 기관의 정책 결정에 사실상 지배력을 확보하고 있는 기관, ㉥ 제1호부터 제4호까지의 어느 하나에 해당하는 기관이 설립하고, 정부 또는 설립 기관이 출연한 기관을 공공기관으로 지정할 수 있다.

정한 자가 시행하는 사업이어야 한다. 대법원은 도시 및 주거환경정비법상의 재개발조합에 의하여 시행되는 주택재개발사업에 대하여 제5호의 공익사업으로서 '지방자치단체가 지정한 자가 임대나 양도의 목적으로 시행하는 주택의 건설에 관한 사업'에 해당한다고 판시하였다.[39)]

국가 등이 사업시행자가 되는 경우 그 사업으로 인한 이익을 국가 공동체 전체가 향유할 수 있게 될 것이라는 규범적 당위와 기대가 이 요건을 법정한 배경이다. 국가나 지방자치단체가 지정한 자 또한 행정적 관리·감독을 받게 된다는 점에서 사업시행자로 인정되었는데, 공공의 이익 향유라는 규범적 당위와 기대가 이러한 유형의 사업시행자에 대하여도 응당 성립할 수 있는지는 논란의 대상이다.[40)] 별표 규정에서 토지 등을 수용하거나 사용할 수 있는 사업을 개별적으로 정할 수 있는 이상 사회적 합의를 통한 입법자의 결단으로 '국가나 지방자치단체가 지정한 자'를 이러한 유형의 사업에 대한 시행자로 삼는 법률을 제정하거나 관련 법률에 이를 편입할 수 있으므로 일반규정인 제5호에서는 이 부분을 삭제하는 것이 타당하다.[41)]

---

38) 수도사업, 궤도사업, 지방도로사업 등 일정한 사업을 위하여 지방자치단체가 직접 설치·경영하는 기업, 지방공사 및 지방공단을 통칭하여 '지방공기업'이라 한다(지방공기업법 제2조 제1항, 제3조 제1항).

39) 대법원 2019. 4. 25. 선고 2018다281883 판결; 대법원 2019. 11. 14. 선고 2019다233072 판결.

40) 국가, 지방자치단체, 공공기관, 지방공기업을 제외한 자는 민간사업자가 될 가능성이 높은데, 이는 사인수용의 위헌성 문제로 연결될 수 있다. 사인수용의 위헌성 논의에 대해서는 앞서 제3장에서 자세히 설명하였다.

41) 별표 제2항 제7호의 '공공주택 특별법 제2조 제3호 가목에 따른 공공주택지구조성사업, 같은 호 나목에 따른 공공주택건설사업 및 같은 호 마목에 따른 도심 공공주택복합사업', 제37호의 '민간임대주택에 관한 특별법 제20조에 따라 토지 등을 수용하거나 사용할 수 있는 사업' 등에 이미 이러한 입법이 구현되어 있어 규율의 비효율성을 제거하는 차원에서도 제4조 제5호에서는 '국가나 지방자치단체가 지정한 자' 부분을 삭제할 필요가 있다.

(3) 목적의 요건

임대나 양도의 목적으로 사업을 시행하여야 한다. 사업시행자가 건설된 주택이나 택지 및 산업단지를 직접 이용할 이익을 향유해서는 안 된다는 의미이다. 사업시행자가 임대나 양도를 통하여 해당 사업의 이익을 사회 전체에 귀속시키도록 제도적으로 규율한 것이다.

별표 제2항 제42호의 '산업입지 및 개발에 관한 법률에 따른 산업단지개 발사업 및 제39조에 따른 특수지역개발사업', 제66호의 '주택법에 따른 국 가·지방자치단체·한국토지주택공사 및 지방공사인 사업주체가 국민주택을 건설하거나 국민주택을 건설하기 위한 대지 조성', 제75호의 '택지개발촉 진법에 따른 택지개발사업' 등이 제5호의 공익사업과 중첩된다는 점을 지 적해둔다.

(4) 객체의 요건

주택 건설 또는 택지 및 산업단지를 조성하는 것이어야 한다. 토지보상 법에서 주택, 택지, 산업단지의 의미를 명시하지 않았으므로, 다른 법률에 서 그 개념을 차용하여야 한다. '주택'은 세대의 구성원이 장기간 독립된 주거생활을 할 수 있는 구조로 된 건축물의 전부 또는 일부를 말한다(주택 법 제2조 제1호). '택지'는 주택이 건설되는 토지를 말하고(택지개발촉진법 제2조 제1호), '산업단지'는 공장, 지식산업 관련 시설, 문화산업 관련 시설, 정보통신산업 관련 시설, 재활용산업 관련 시설, 자원비축시설, 물류시설, 교육·연구시설 등과 이들 시설의 기능 향상을 위하여 주거·문화·환경·공 원녹지·의료·관광·체육·복지 시설 등을 집단적으로 설치하기 위하여 포괄 적 계획에 따라 지정·개발되는 일단의 토지를 말한다(산업입지 및 개발에 관한 법률 제2조 제7호의2, 제8호).

대법원은 구 토지수용법 아래 내린 판결에서 "대한주택공사가 토지를 취득한 목적이 주택건설을 위한 택지개발 부대시설인 하수종말처리장 설치라면, … 하수종말처리장은 도시계획법 소정의 도시계획시설 중 하나인 폐기물처리시설에 해당하므로 결국 대한주택공사는 택지개발촉진법 제2조 제2호 소정의 공공시설용지, 즉 택지개발을 목적으로 취득한 것이고 따라서 대한주택공사가 토지를 취득한 목적의 당해 공공사업은 택지개발사업으로서 토지수용법 제3조 제5호 소정의 주택의 건설 또는 택지의 조성에 관한 사업이다."라고 판시하였다.[42]

제5호에서 객체적 제한을 두지 않은 것은 공공필요 통제의 관점에서 수긍하기 어렵다. 제5호의 규정내용에 따르면, 국가의 지정을 받은 민간사업자가 양도의 목적으로 주택을 건설하는 사업은 공익사업에 해당될 수 있다. 그런데 그러한 사업을 일반적으로 공익사업에 해당된다고 볼 수 있는가? 이러한 문제는 주체적 제한을 하지 않은 데에서도 연유하지만, 주택, 택지, 산업단지에 대한 아무런 제한을 두지 않았다는 점에서도 기인한다. 비교법적으로 보면, 일본 토지수용법 제3조 제30호에서 '50호 이상의 1단지의 주택경영'이라고 주택 건설의 규모를 한정한 것을 참고할 필요가 있다.[43] 다만, 현행 토지보상법 아래에서는 별표 규정에서 열거된 법률이 제5호의 적용 범위를 실질적으로 포섭하는 경우가 대부분이어서 제5호가 직접 적용될 경우는 많지 않을 것이다.

사. 제6호의 공익사업

제1호부터 제5호까지의 사업을 시행하기 위하여 필요한 부대시설을 설치하는 사업도 공익사업의 범위에 포함된다. 통로, 교량, 전선로, 재료 적치장 또는 그 밖의 부대시설은 제1호부터 제5호까지의 사업 및 별표에서 정한 사업에 해당되지 않을 수도 있는데, 부대시설을 설치하기 위한 수용에

---

42) 대법원 1994. 5. 24. 선고 93다51218 판결.
43) 주택 건설에 관한 사인수용이 막대한 사익의 독점적 귀속이라는 문제를 낳을 수 있음을 경계하여 건설되는 주택의 규모를 한정한 것으로 보인다.

대한 명문의 근거가 없는 경우 해당 사업의 시행 자체가 어려워질 수 있음을 고려한 입법이다. 해당 공익사업의 목적, 내용 등에 비추어 볼 때 해당 공익사업에 따른 시설이나 설비의 이용에 필수적으로 요구되거나 해당 공익사업의 시행 자체에 필요불가결한 경우 그 시설은 '그 밖의 부대시설'에 해당된다고 본다.[44]

다만, '그 밖의 부대시설'을 규정하여야 할 현실적 필요성을 인정하더라도 이 규정부분이 개념적 불명확성을 갖는다는 점에는 유념하여야 한다. 이는 공용수용의 허용범위를 입법자의 당초 예상 밖으로 확장시키는 결과를 낳을 수도 있기 때문이다. 일반적으로 공익사업의 시행에 필요한 부대시설을 예상할 수 있으므로, 이를 제한적으로 열거하는 것이 입법론적으로 타당하다. 적어도 해석론으로서는 해당 부대시설이 그 사업의 시행에 필요불가결할 정도에 이르러야 제6호에 해당한다고 새겨야 한다.[45]

아. 제7호의 공익사업

(1) 생활보상의 개념

생활보상은 공익사업을 위한 대규모의 수용이 이루어짐에 따라 생활의 기초를 박탈당한 주민들이 기존의 재산적 가치보상만으로는 이전과 같은 수준의 생활을 누릴 수 없는 문제를 해결하기 위하여 등장한 개념이다.[46]

---

44) 토지보상법 제78조 제4항 본문에서는 이주정착지가 부실하게 조성될 것을 우려하여 도로, 급수시설, 배수시설, 그 밖의 공공시설 등 통상적인 수준의 생활기본시설을 설치하도록 하고, 그 비용도 사업시행자에게 부담시키고 있다[김종보(2010), 165면].

45) 일본 토지수용법 제3조 제35호에서 부대시설의 종류를 일일이 열거하면서도 단순히 '필요한'이라는 표현을 넘어 '없어서는 안 될'이라는 문구까지 사용한 것은 이러한 점을 고려한 결과라고 본다.

46) 박현정(2019), 45면; 생활보상 이외의 일반적인 손실보상을 일컫는 용어로서 대물보상, 재산권보상 등이 있는데, 이들 모두 공용수용으로 박탈되는 대상이 존재함에 착안한 것들이다. 여기서는 '재산적 가치보상'이라는 용어를 사용하기로 한다.

종래 생활보상의 유형을 모두 포섭하여 그 개념을 일의적으로 정의하려는 여러 시도가 있어왔는데, 생활보상이 공용수용으로 인하여 상실한 생활기반을 재건·회복하여 재산적 가치보상의 한계를 보완하려는 조치라는 공통된 결론에47) 이르렀다.48)

(2) 토지보상법상 이주대책과 생활대책

생활보상은 주거를 상실한 자에 대한 보상과 영업의 기반을 상실한 자에 대한 보상으로 나눌 수 있고, 그 중심에는 이주대책과 생활대책이 있다.49) 대법원은 이주대책에 대하여 "공익사업의 시행에 필요한 토지 등을 제공함으로 인하여 생활의 근거를 상실하게 되는 이주대책대상자들에게 종전 생활상태를 원상으로 회복시키면서 동시에 인간다운 생활을 보장하여 주기 위하여 마련된 제도이므로, 사업시행자의 이주대책 수립·실시의무를 정하고 있는 [토지보상법] 제78조 제1항은 물론 이주대책의 내용에 관하여 규정하고 있는 같은 조 제4항 본문 역시 당사자의 합의 또는 사업시행자의 재량에 의하여 적용을 배제할 수 없는 강행법규"라고 판시하였다.50) 또한, 생활대책에 대하여 "사업시행자 스스로 공익사업의 원활한 시행을 위하여 필요하다고 인정함으로써 생활대책을 수립·실시할 수 있도록 하는 내부규정을 두고 있고 내부규정에 따라 생활대책대상자 선정기준을 마련하여 생활대책을 수립·실시하는 경우에는, 이러한 생활대책 역시 … 헌법 제23조

---

47) 정기상(2017a), 251면; 공용수용으로 인한 손실보상 자체는 유기체적인 생활을 종전과 마찬가지의 수준으로 보장하는 데에 그 중심이 있어야 한다는 설명으로, 高原賢治 (1978) 참조.

48) 생활보상의 범위와 근거에 대해서는 견해의 대립이 있는데, 여기서의 논의와 직접 관련되지는 않으므로 설명하지 않는다.

49) 박현정(2019), 45면.

50) 대법원 2011. 6. 23. 선고 2007다63089, 63096 전원합의체 판결; 종래 이주대책을 은혜적 조치로 보았는데(대법원 1994. 5. 24. 선고 92다35783 전원합의체 판결), 그 부분까지 판례를 변경하는 취지인지는 분명하지 않다.

제3항에 따른 정당한 보상에 포함되는 것으로 보아야 한다. 따라서 … 만일 사업시행자가 그러한 자를 생활대책대상자에서 제외하거나 선정을 거부하면, 이러한 생활대책대상자 선정기준에 해당하는 자는 사업시행자를 상대로 항고소송을 제기할 수 있다."고 판시하였다.51)

이주대책에 관해서는 토지보상법 제78조에서 규율하고 있다.52) 공익사업의 시행으로 인하여 주거를 상실한 주거용 건축물의 소유자가 이주대책의 대상자가 되고,53) 이주대책의 원형은 이주정착지의 제공이다. 그러나 실제로 이주정착지가 제공되는 경우는 많지 않고, 택지개발촉진법이나 주택법 등에 따른 특별공급을 함으로써 이주대책에 갈음하는 것이 보통이다.54) 결국 이주대책에는 이주정착지의 제공과 이에 갈음한 아파트 등의 특별공급이 있는 셈이다.55) 대법원은 구 공특법 시행 당시의 판결에서 "사업시행자가 이주대책으로서 [구 주택공급에 관한] 규칙에 의한 주택특별공급방법을 정하였다 하더라도 그 이주대책상 대상자에 해당하지 아니하는

51) 대법원 2011. 10. 13. 선고 2008두17905 판결; 이에 대하여 헌법 제23조 제3항의 정당한 보상은 법률에 근거를 둘 것을 전제로 하므로 법률적 근거의 결여를 법해석으로 메울 수는 없다는 비판으로는, 김중권(2013), 164면; 김승종(2015), 57면 참조.
52) 이주대책은 구 공특법이 1975. 12. 31. 제정될 당시부터 규정되어 있었다. 이주대책의 연혁에 대한 자세한 설명으로는, 김승종(2015), 48~50면 참조.
53) 무허가건축물 소유자나 타인이 소유하고 있는 건축물에 거주하는 세입자는 이주대책 대상자에서 제외된다(토지보상령 제40조 제5항 제1호, 제3호).
54) 토지보상령 제40조(이주대책의 수립·실시)
② 이주대책은 국토교통부령으로 정하는 부득이한 사유가 있는 경우를 제외하고는 이주대책대상자 중 이주정착지에 이주를 희망하는 자의 가구 수가 10호 이상인 경우에 수립·실시한다. 다만, 사업시행자가 택지개발촉진법 또는 주택법 등 관계 법령에 따라 이주대책대상자에게 택지 또는 주택을 공급한 경우(사업시행자의 알선에 의하여 공급한 경우를 포함한다)에는 이주대책을 수립·실시한 것으로 본다.
55) 택지개발촉진법과 주택법에 따른 특별공급에 대한 자세한 설명으로는, 박성준(2010), 410~432면 참조; 개별 법률에서 이주대책을 정하는 경우도 드물게 있기는 하다. 예컨대, 국방·군사시설 사업에 관한 법률 제2조 제2호에서는 국방·군사시설사업을 ㉠ 국방·군사시설의 설치·이전 및 변경에 관한 사업이나 ㉡ 국방·군사시설 자체 또는 위 ㉠ 사업으로 인하여 이주하게 되는 이주민의 이주대책사업으로 정의하고 있다.

자에게도 당연히 같은 규칙에 의하여 주택을 특별공급하여야 한다거나 그
와 같은 자를 이주대책대상자에서 제외한 조치의 위법 여부를 [구 공특법]
이 아닌 같은 규칙의 규정을 근거로 하여 판단하여야 하는 것은 아니다."라
고 판시하였다.56) 또한, "특별공급의 경우에도 이주정착지를 제공하는 경
우와 마찬가지로 사업시행자의 부담으로 생활기본시설을 설치하여 이주대
책대상자들에게 제공하여야 한다."고 판시하였다.57)

생활대책은 공익사업의 시행으로 인하여 영업의 기반을 상실한 자에 대
하여 용지, 상가 등을 특별공급하는 제도로 이해되고 있다.58) 생활대책은
분당·일산 등 신도시건설 사업지구 내 주민에 대한 특별지원 대책으로 LH
공사가 1991. 6.경에 자체 규정을 수립하여 상가용지를 주민들에게 감정가
로 공급한 것이 그 시초로 알려져 있는데,59) 현재까지도 토지보상법에 일
반적인 근거규정은 없다. 다만, 2007. 10. 17. 법률 제8665호로 개정된 토지
보상법에서 공장의 이주대책에 관한 제78조의2를 신설하였다. 공익사업의
시행으로 인하여 공장부지가 협의 양도되거나 수용됨에 따라 더 이상 해당
지역에서 공장을 가동할 수 없게 된 자가 '희망'하는 경우 사업시행자는
'이주대책'을 수립하여야 한다. '이주대책'이라고 규정하였지만 그 실질은

---

56) 대법원 1994. 2. 22. 선고 93누15120 판결.
57) 대법원 2011. 6. 23. 선고 2007다63089, 63096 전원합의체 판결.
58) 박성준(2010), 410면, 박현정(2019), 46~47면; 허강무(2012), 209면; 헌법재판소는 "이
    론상 생활대책이라 함은 공익사업의 시행으로 인하여 생업의 근거를 상실한 자로 하
    여금 이주하는 곳에서 생계를 회복·유지하고 생활의 안정을 기할 수 있도록 배려하는
    제반 조치를 말하는데, 그러한 조치에는 이농비·이어비보상 등의 생활비보상, 상업용
    지·농업용지 등 용지의 공급, 직업훈련 등 다양한 방식이 있을 수 있다. 그런데 보상
    실무에서 때로는 생업의 근거 즉, 영업·영농 등의 장소를 상실하게 된 자에 대하여
    생계유지를 위한 기반시설로서 일정 규모의 점포 또는 상가용지 등을 직접 공급하는
    제도를 시행하기도 [한다.]"라고 판시하여 넓은 의미의 생활대책과 좁은 의미의 생활
    대책을 맥락에 따라 구별하여야 한다고 판단하였다(헌법재판소 2013. 7. 25. 선고
    2012헌바71 결정).
59) 헌법재판소 1996. 10. 4. 선고 95헌마34 결정.

생활대책이다. 공장의 이주대책에 관한 계획에는 대체로 산업단지의 우선 분양 알선, 인근 산업단지의 조성 및 입주, 공장용지의 우선 분양 등이 담긴다(토지보상령 제41조의3 제2항). 대체로 생활대책은 개별 법률에 근거를 두고 시행되거나[60] LH공사·SH공사 등의 공공기관이 내부규정을 마련하여 시행하고 있다.[61]

(3) 이주대책과 생활대책을 위한 공용수용

토지보상법 제4조 제7호에서는 공익사업의 시행에 따른 생활보상으로서 주택, 공장 등의 이주단지를 조성하는 경우에도 그 자체를 공익사업으로 인정하여 수용권을 설정할 수 있도록 하였다. 이주대책과 생활대책의 실시 근거는 크게 토지보상법 제78조와 제78조의2, 개별 법률의 규정, 공공기관의 내부규정으로 나뉘는데, 토지보상법 제4조 제7호가 이들 생활보상을 위한 공용수용의 근거규정이 될 수 있는지 문제된다.

❶ 토지보상법 제78조에 따른 이주대책과 제78조의2에 따른 공장의 이주대책에는 이주정착지와 산업단지의 조성이 포함될 수 있는데, 그러한 단지의 조성을 위한 공용수용이 제7호의 공익사업에 해당됨은 분명하다. 이는 공익사업의 시행에 따른 이주대책과 생활대책을 위한 공용수용의 포괄적인 근거규정으로 기능하게 된다. 다만, 생활대책의 일반적인 개념과는 달리 상실되는 기반을 영업 전반으로 설정하지 않고 공장에 한정하여 공장의 이주단지 조성만을 공익사업으로 인정하였다는 점에서 제한된 적용범위를 가진다.[62]

---

60) 예컨대, 기업도시개발 특별법 제14조 제7항, 주한미군기지 이전에 따른 평택시 등의 지원 등에 관한 특별법 제33조, 용산공원 조성 특별법 제53조 등이 있다. 이 중 기업도시개발 특별법의 생활대책에 대한 자세한 설명으로는, 김해룡(2005a), 1면 이하 참조.
61) 예컨대, LH공사는 생활대책 수립 여부를 결정할 권한을 지역본부장에게 부여하는 내부규정인 '용지규정'을 두고 생활대책을 시행하고 있다.
62) 즉, 상가영업 기반을 상실하여 상가단지를 조성하는 것은 토지보상법 제4조 제7호의 범주에 포섭되지 않는다. '주택, 공장 등'에 상가도 포함된다고 해석하기에는 명문의

❷ 개별 법률에 따라 주택이나 공장의 이주단지를 조성하는 경우와 관련해서는 해당 법률에서 공용수용의 근거규정을 두는 것이 일반적이다. 이주대책에 관한 택지개발촉진법 제12조, 주택법 제24조 제2항, 국방·군사시설 사업에 관한 법률 제5조 등과 생활대책에 관한 기업도시개발 특별법 제14조 제1항, 주한미군기지 이전에 따른 평택시 등의 지원 등에 관한 특별법 제24조의2, 용산공원 조성 특별법 제50조 등이 공용수용의 근거규정들이다. 이들 규정에서는 주민들의 생업 등을 고려한 생활대책을 마련하도록 정하는 경우가 많아서 주택과 공장 이외에 영업 전반에 관한 단지 조성(예컨대, 상가단지 조성 등)이 공익사업으로 포함될 수 있다.

❸ 공공기관이 내부규정에 따라 생활대책을 시행하는 경우에는 원칙적으로 공용수용은 허용되지 않는다고 보아야 한다. 공용수용을 허용할 근거가 분명하지 않고, 생활대책대상자의 선정방식, 지원방법 등에 대한 결정이 사업시행자의 재량에 맡겨져 있어 공법적 통제가 엄격하게 이루어지지도 않기 때문이다.

자. 제8호의 공익사업(별표에 규정된 법률에 따른 사업)

(1) 입법취지

2015. 12. 29. 법률 제13677호로 개정된 토지보상법 제4조 제8호에서는 개별 법률에 따른 공익사업을 한정적으로 열거하는 입법형식을 취하였다. 개별 법률에 따른 수용을 토지보상법의 통제 아래 두어 토지보상법상 수용절차를 우회하려는 시도를 차단함으로써 토지보상법이 공용수용의 일반법으로 자리매김할 수 있도록 한 것이다. 이로써 다른 법률에서 토지 등을 수

분명한 근거 없이 공용수용의 범위를 확장하는 문제가 있고, 토지보상법에서는 제78조와 제78조의2 이외에 상가단지의 조성에 관한 근거규정을 두고 있지 않다.

용하거나 사용할 수 있는 사업을 규정하기 위해서는 반드시 토지보상법 별표 규정의 개정이 수반되어야 한다.

그런데 앞서 설명하였듯이 제1호부터 제7호까지의 규정에 열거된 대상사업이 포괄적인 의미를 가지는 반면, 제8호에 따른 별표 규정에서 열거된 사업은 상대적으로 더 구체적이기 때문에 규정내용의 중첩이 발생한다. 이는 달리 말하면, 제1호부터 제7호까지의 규정이 공익사업의 범위에 관한 일반규정으로, 별표 규정이 특별규정으로 되었음을 의미하는 것이기도 하다. 따라서 어떠한 사업이 공익사업의 유형에 해당하는지 여부를 확인하기 위해서는 별표 규정을 먼저 살펴보고, 제1호부터 제7호까지의 규정을 보충적으로 검토해보아야 한다.[63]

(2) 별표 규정의 구성

별표 규정에 열거된 공익사업은 2가지 유형으로 나뉜다. 하나는, 해당 법률에 따른 사업의 시행을 위하여 수용 또는 사용을 할 수 있다는 일반적인 근거 규정만을 두고서 수용권의 설정을 위해서는 토지보상법 제20조에 따른 사업인정을 받도록 정한 유형으로 토지보상법 별표 제1항에서 정한 19개의 공익사업이 여기에 해당한다. 다른 하나는, 해당 법률에서 수용 또는 사용의 일반적인 근거 규정을 두는 것을 넘어 해당 법률에서 정한 일정한 처분이 있는 경우 토지보상법상 사업인정이 있는 것으로 의제하는 유형으로 토지보상법 별표 제2항에서 정한 93개의 공익사업이 여기에 해당한다. 후자의 유형을 가리켜 통상 '사업인정의제'라고 한다.[64]

종래 제8호와 별표 규정이 토지보상법 이외의 개별 법률에 의한 사업인정절차의 면탈을 정당화하는 기제로 작용한다는 비판이 있었다. 입법자가

---

63) 제5장에서 설명하겠지만, 수용방식에 의하여 시행되는 공익사업 중 사업인정의제에 따라 수용권을 설정하는 경우가 절대다수인 현실은 이러한 현상을 더욱 심화시킨다.
64) 사업인정의제에 대해서는 제5장에서 자세히 검토한다.

이를 의식한 것인지 2021. 4. 13. 법률 제18044호로 개정된 토지보상법 별표 규정에서는 개별 법률 중에서 별도로 사업인정의제를 규정하지 않고 토지보상법의 사업인정절차를 따르도록 정한 법률을 사업인정의제를 규정한 법률과 분리하여 열거하는 형식을 취하였다.[65] 위 개정 이전의 별표 규정에는 사업인정의제가 허용된 개별 법률과 토지보상법상 사업인정을 따르는 개별 법률이 구별되지 않아서 일일이 개별 법률의 내용을 들여다보아야 수용권 설정의 기제를 알 수 있었는데, 개정된 별표 규정에서는 이를 명확히 구별하여 둠으로써 사업인정의제의 광범위한 활용에 대한 경각심을 불러일으키는 긍정적인 효과도 있다고 본다.[66]

(3) 별표 규정 해당 여부에 대한 검토

토지보상법 제4조 각 호에서 열거된 공익사업에 해당하는지 여부는 토지보상법에 산재한 여러 법률관계의 성립요건 또는 효력발생요건을 구성한다. 이를테면, 토지보상법 제78조 제1항에 따른 이주대책대상자는 공익사업의 시행으로 인하여 주거용 건축물을 제공함에 따라 생활의 근거를 상실하게 되는 사람이고, 토지보상법 제91조 제1항에 따른 환매권은 공익사업의 폐지·변경 또는 그 밖의 사유로 취득한 토지의 전부 또는 일부가 필요 없게 된 경우에 성립한다. 이러한 법률관계가 성립하려면 우선 해당 사업이 공익사업에 해당하여야 함은 물론이므로, 별표 규정에 열거된 공익사업에 해당되는지 여부는 항상 선결적으로 검토되어야 할 항목이다. 토지보상법 제4조 제1호부터 제7호까지의 규정에 열거된 사업이 아니라는 이유로 별표 규정의 개별 항목에 대한 세심한 검토 없이 공익사업에 해당하지 않는다고 단정해서는 안 된다.[67]

---

65) 이를 사업인정의제에서 탈피하는 경과적 조치로 본다면 매우 의미 있는 변화인데도 국회의안정보에서 그 개정이유에 대한 아무런 정보를 찾을 수 없다.
66) 별표 규정에 열거된 공익사업 중 80% 이상(93/112)이 사업인정의제를 허용하고 있어 여전히 사업인정의제가 폭넓게 활용되고 있음을 짐작할 수 있다.

대법원도 이와 같은 취지에서 '근린공원 조성사업'이 제4조 제8호의 공
익사업에 해당될 여지가 많은데도 섣불리 제4조 각 호의 어느 공익사업에
도 해당되지 않는다고 본 원심의 판단에 법리오해 등의 잘못이 있다고 판
시하였는데,[68] 그 대략적인 사실관계는 다음과 같다.

> 甲 지방자치단체가 시범아파트를 철거한 부지를 기존의 근린공원에
> 추가로 편입시키는 내용의 '근린공원 조성사업'을 추진함에 따라 도시
> 계획시설사업의 실시계획이 인가·고시되었다. 乙 등이 소유한 각 시범
> 아파트 호실이 수용대상으로 정해지자 甲 지방자치단체가 乙 등과 공
> 공용지 협의취득계약을 체결하여 해당 호실에 관한 소유권을 취득하
> 였다.
> 도시계획시설사업 실시계획의 인가에 따른 고시가 있으면 도시계획
> 시설사업의 시행자는 사업에 필요한 토지 등을 수용 및 사용할 수 있
> 게 된다. 乙 등이 각 아파트 호실을 제공한 계기가 된 '근린공원 조성
> 사업' 역시 구 국토의 계획 및 이용에 관한 법률(2007. 1. 26. 법률 제
> 8283호로 개정되기 전의 것)에 따라 사업시행자에게 수용권한이 부여
> 된 도시계획시설사업으로 추진되었다.

---

67) 특히 별표 제2항 제10호의 '관광진흥법 제55조에 따른 조성계획을 시행하기 위한 사
    업', 제16호의 '국토의 계획 및 이용에 관한 법률에 따른 도시·군계획시설사업', 제20
    호의 '기업도시개발 특별법에 따른 기업도시개발사업', 제28호의 '도시개발법에 따른
    도시개발사업', 제71호의 '지역 개발 및 지원에 관한 법률에 따른 지역개발사업' 등은
    매우 넓은 사업범위를 포괄하므로, 이들 유형에 해당하는지 여부를 잘 살펴야 한다.
68) 대법원 2019. 7. 25. 선고 2017다278668 판결; 이 판결의 사안에서 적용된 법률은 구
    토지보상법(2007. 10. 17. 법률 제8665호로 개정되기 전의 것)인데, 그 제7호가 현행
    토지보상법 제8호로 바뀌고 '그 밖의 다른 법률'이 '그 밖에 별표에 규정된 법률'로
    변경되기는 하였으나 위 판결의 논지를 현행 토지보상법의 해석론으로 받아들이는
    데에는 전혀 문제가 없다.

(4) 개별 법률상 사업의 공공필요성에 관한 헌법재판소 주요 결정례

㈎ 공공필요성을 인정한 예

○ 도시개발사업을 위한 공용수용을 허용하는 구 도시개발법 규정[69]

"산업화의 진전과 함께 농촌인구가 급속히 도시로 유입되었음에도 이들의 생존기반이라 할 주거와 제반 도시기반시설이 미비하여 도시거주자의 삶의 질이 확보되지 못하였고, 체계적인 개발의 부재는 난개발로 이어져 그 과정에서 여러 문제점을 야기하였다. 이러한 현상을 시정하기 위하여 종전 도시계획법의 도시계획사업에 관한 부분과 토지구획정리사업법을 통합·보완하여 도시개발에 관한 기본법으로서의 도시개발법이 제정됨으로써 종합적·체계적인 도시개발을 위한 법적 기반이 마련되었다. … 도시개발사업의 이러한 성격상 대규모의 토지가 필요하고, 수립된 개발계획에 따라 체계적이고 예측 가능한 사업 수행이 긴요하다 할 것인바, 이를 위해서는 공익성을 담보하는 제도적 장치가 마련되어야 하는 것과 아울러 원활한 사업수행을 위해 사업시행자에게 수용권을 부여할 필요성을 인정할 수 있다 할 것이다."[70]

○ 주택재개발정비사업을 위한 공용수용을 허용하는 구 도시 및 주거환경정비법 규정

"주택재개발사업은 정비기반시설(도로·상하수도·공원·공용주차장·공동구 그밖에 주민의 생활에 필요한 열·가스 등의 공급시설)이 열악하고 노후·불량건축물이 밀집한 지역에서 주거환경을 개선하기 위하여 시행하는 사업이다. … 그런데 위와 같은 곳에서 해당 토지나 건축물이 사인 소유라는 이유로 그 정비사업을 국가가 관여하지 아니하고 방치하거나 해당지역

---

69) 이하 헌법재판소 결정례를 설명할 때에 심판대상조항을 정확하게 언급할 필요가 없는 한 편의상 위와 같이 간략하게 표시한다.
70) 헌법재판소 2010. 12. 28. 선고 2008헌바57 결정.

주민의 자율에만 맡긴다면 사업이 아예 이루어지지 않거나 지연되어 주민들의 주거환경은 물론 더 나아가서는 그들의 생명, 신체의 안전에도 심각한 위험이 초래될 수 있다. … 이와 같이 구 도시정비법상 주택재개발사업은 도시환경의 개선과 주거생활의 질적 향상을 위한 것이므로 그 공공성을 충분히 인정할 수 있다. … 주택재개발사업은 정비기반시설이 열악한 지역을 정비하여야 하는 특성상, 일정한 지역 범위 내에서 기존 건물을 철거하고 그 위에 새로운 건물을 건설하여 분양희망자에게 배분하는 방식으로 추진된다. 그 결과 사업구역 내에 소재하는 토지 및 건축물의 소유권을 확보하지 못하면 주택재개발사업의 추진이 불가능하므로 이를 확보할 수 있는 장치로서 수용권을 부여하는 것이 불가피하다."[71]

○ 전원개발사업자에게 공용사용권한을 부여하는 구 전원개발촉진법 규정

"전원개발사업은 ① 발전, 송전 및 변전을 위한 전기사업용 전기설비와 그 부대시설을 설치·개량하는 사업 및 ② 설치 중이거나 설치된 전원설비의 토지 등을 취득하거나 사용권원을 확보하는 사업으로, 이를 통해 달성하고자 하는 전력수급의 안정이 국가경제 전반에 미치는 파급력은 심히 중대하고 그 사회적 필요 또한 분명한 반면, 이를 달성하기 위해서는 대규모 자본의 투입이 불가피하다. 그런데 이를 설치한 후 운영하는 과정에서 정부가 전력판매가격 등을 통제하고 있어, 민간영역에서는 투자에 관한 인센티브를 쉽게 갖기 어렵다. 그렇다면 기존 공익사업의 전반적인 성격을 고려해 볼 때 전원개발사업 또한 그 공공성을 인정함에는 달리 어려움이 없다. … 사용조항이 전원개발사업자로 하여금 기설 송전선로 미보상 선하지

---

71) 헌법재판소 2019. 11. 28. 선고 2017헌바241 결정; 사업의 공공필요성이 문제되는 다수의 사례에서 사인(私人)인 사업시행자에게 수용권의 행사를 허용하는 것이 헌법상 타당한지 여부가 다투어지는데, 헌법재판소는 일관되게 헌법 제23조 제3항에서 수용의 주체를 한정하고 있지 않다는 이유로 사인의 수용권 행사가 해당 사업의 공익성을 변질시키지 않는다고 판단하고 있다. 이 사안에서도 헌법재판소는 같은 취지의 판단을 유지하였다. 이에 대해서는 제3장을 참조하면 된다.

에 관하여 사용재결을 신청할 수 있도록 한 것은, 선하지 사용권원을 조속히 확보하여 ① 기설 송전선로의 철거를 면하고 ② 송전설비를 안정적으로 유지·관리하여 ③ 지역별 전력공급과 국가 전체적 전력수급의 안정을 도모하기 위한 것, 즉 공공의 필요를 달성하기 위한 것이다."[72]

(나) 공공필요성을 부정한 예

○ 공익성이 낮은 사업에 대해서도 민간개발자에게 수용권한을 부여하는 구 지역균형개발 및 지방중소기업 육성에 관한 법률 규정

"고급골프장 등의 사업을 시행하기 위하여 공용수용을 통하여 달성하려는 공익과 그로 인하여 재산권을 침해당하는 사인의 이익을 형량해 볼 때, 고급골프장 등 사업의 특성상 그 사업 운영 과정에서 발생하는 지방세수 확보와 지역경제 활성화는 부수적인 공익일 뿐이고, 이 정도의 공익이 그 사업으로 인하여 강제수용 당하는 주민들이 침해받는 기본권에 비하여 그 기본권침해를 정당화할 정도로 우월하다고 볼 수는 없다. 따라서 고급골프장 등의 사업에 있어서는 그 사업 시행으로 획득할 수 있는 공익이 현저히 해태되지 않도록 보장하는 제도적 규율이 갖추어졌는지에 관하여는 살펴볼 필요도 없이, 민간개발자로 하여금 위와 같이 공익성이 낮은 고급골프장 등의 사업 시행을 위하여 타인의 재산을 그 의사에 반하여 강제적으로라도 취득할 수 있게 해야 할 필요성은 인정되지 아니한다."[73]

(5) 사업인정의제

사업인정의제란 개별 법률에서 정한 인·허가 절차상 개발계획승인, 실시계획승인, 조성계획승인 등이 있을 경우 이로써 사업시행자가 토지보상법상 사업인정을 별도로 받지 않더라도 사업인정이 있었던 것으로 간주하는

---

72) 헌법재판소 2019. 12. 27. 선고 2018헌바109 결정.
73) 헌법재판소 2014. 10. 30. 선고 2011헌바129·172(병합) 결정.

것을 말한다.74) 즉, 사업인정의제는 문언 그대로 토지보상법에 의한 사업인정을 받은 것은 아니지만 개별 법률에서 정한 일정한 처분을 받은 경우에는 사업인정을 받은 것으로 본다는 것이다. 개별 법률상의 일정한 처분에 사업인정의 법률효과를 덧씌운 셈이다.75) 사업인정의제의 구체적인 내용에 대해서는 제5장에서 자세히 검토한다.

5. 공용수용에 관한 개별 법률상 특례의 제한

가. 특례 제한규정의 입법취지

(1) 토지보상법의 '진정한' 일반법적 지위 선언

토지보상법 제4조에서 공익사업의 유형을 구체적으로 제한함으로써 공공필요에 대한 검증이라는 공용수용의 실체적 요건에 대한 판단 영역에서 입법부의 영향력이 확대되었다. 그런데 예전에는 구체적인 사업을 추진하기 위한 개별 법률을 제정하면서 공용수용에 관한 규정을 슬그머니 끼워 넣어 공용수용의 실질적 요건에 대한 검증단계를 우회한 사례가 만연하였다.76) 그 방식이 바로 사업인정의제이다.77)

이에 입법자는 토지보상법 이외에 개별 법률로써 토지보상법 제4조에 따른 입법적 공공필요 검증의 실효성을 몰각시킬 수 없도록 하는 결단을

---

74) 김기열·김갑열(2012), 347면.
75) 정기상(2017b), 503면.
76) 정기상(2017b), 505~506면; 이것이 종래 사업인정의제에 대한 핵심적인 비판대상이었다.
77) 여기서 주목할 점은 입법자 스스로 토지보상법 제4조 제8호와 별표 규정에 따라 개별 법률에 의하여 수용권을 설정하는 것을 '특례'로 보았다는 것이다. 이와 같은 사업인정의제에 대한 '특례선언'은 2가지 의미를 가진다. 하나는 그 특례를 정당화할 분명한 이유가 있어야 한다는 것이고, 다른 하나는 특례가 원칙을 뒤덮거나 왜곡해서는 안 된다는 것이다. 이러한 관점은 사업인정의제에 대한 비판으로 이어질 수 있는데, 제5장에서 자세히 검토한다.

하였다. 토지보상법 제4조 및 별표에 열거되지 않은 사업을 다른 법률에서 공익사업으로 정할 수 없고, 다른 법률로써 별표 규정을 개정할 수도 없다고 규정한 것이다(토지보상법 제4조의2). 수용적격사업의 유형을 한정하는 법률을 토지보상법으로 일원화함으로써 토지보상법이 명실상부하게 공용수용에 관한 일반법으로 자리매김하게 되었다고 평가할 수 있다.

토지보상법 제4조의2는 입법적 공공필요 검증의 관점에서 매우 실질적인 의미를 가진다. 입법자가 일반적으로 공용수용을 허용할 만한 공익성과 필요성을 갖는 사업을 결정할 권한이 스스로에게 있음을 천명하였기 때문이다. 수용방식의 개발사업에 관해서는 대체로 정부제안 형태로 입법이 이루어지므로, 토지보상법 제4조를 면탈할 경우 사실상 공공필요에 대한 주된 판단이 행정청에 일임된다. 그런데 토지보상법 제4조 제8호와 제4조의2가 유기적으로 작용하게 되면, 공공필요에 대한 판단권한이 사실상 행정청에 일임되는 '실질적 포괄주의'는 공익사업 유형의 구체적인 법률상 제한으로 표상되는 '제한적 열거주의'로 나아가게 된다.

(2) 공익사업의 유형에 대한 추상적 공공필요 통제

2021. 4. 13. 법률 제18044호로 개정된 토지보상법에서는 제4조 제8호에 따른 사업의 공공필요 재검토에 관한 규정을 토지보상법 제4조의2 제3항에 신설하였다. 이로써 국토교통부장관은 토지보상법 제4조 제8호에 따른 사업의 공공성, 수용의 필요성 등을 5년마다 재검토하여 폐지, 변경 또는 유지 등을 위한 조치를 하여야 한다.

신설된 이 규정은 2가지 측면에서 중요한 의미를 갖는다. ❶ 사회·경제적 변화에 대응하여 공익사업의 유형을 조정해나갈 수 있게 된다. 토지보상법 제4조에서 열거되지 않은 유형의 사업을 공익사업으로 인정할 수 없으므로, 국토교통부장관이 선행적으로 새로운 유형의 공익사업을 찾아내고 변화된 공익사업의 모습을 확인하여 이를 제4조에 반영할 수 있게 된 것이다.78) ❷ 이 규정으로써 공공필요성을 흠결하게 된 사업을 수용적격사업의 유형에서 제외시킬 수 있게 된다. 공공필요에 대한 '지속적' 검증의지를 추상적 통제의 영역에서 구현한 것으로 평가할 수 있다.79)

나. 공익사업의 유형에 관한 법률 제·개정의 제한

토지보상법 제4조의2에서는 공익사업의 유형 제한에 있어서 토지보상법의 일반법적 지위를 제고하기 위하여 입법방식의 관점에서 다소 '이례적으로' 이중적인 제도적 장치를 마련하고 있다. 수용적격사업은 토지보상법 제4조 및 별표에서 정한 법률에 따르지 않고서는 정할 수 없다. 따라서 어떠한 사업을 수용적격사업으로 삼기 위해서는 해당 사업을 위한 개별 법률을 제정하는 데에서 더 나아가 그 사업을 토지보상법 별표 규정에 추가하는 방법으로 별표 규정을 개정하여야 한다.80) 입법자는 토지보상법 제4조의2 제1항만으로는 제4조의 면탈 시도를 충분히 막을 수 없다고 판단한 탓인지 제4조의2 제2항을 두어 별표 규정은 토지보상법 이외의 법률로 개정할 수 없다고 규정하였다.

이는 토지보상법이 공용수용에 관한 일반법이라는 점 때문에 오히려 법해석의 일반원리에 따라 토지보상법 제4조가 잠탈되는 위험에 빠질 수 있다는 점을 고려한 것이 아닌가 추측할 수 있다. 법률이 상호 모순되거나 저촉되는 경우에는 특별법이 일반법에 우선하므로,81) 토지보상법 제4조 및

---

78) 법률형식의 후행성, 경직성을 극복하고자 한 것으로 이해할 수 있다.

79) 다만, 입법자가 입법적 공공필요 검증의 주체적 지위를 놓쳐서는 안 된다. 이러한 추상적 공공필요 통제권한을 국토교통부장관에게 일임한다면, 토지보상법 제4조의2가 없었던 과거로 회귀하게 된다.

80) 개별 법률에 따라 토지 등을 수용 또는 사용할 수 있는 사업인정의제의 남용을 통제하기 위하여 개별 법률에서 이를 규정하려는 경우 토지보상법 별표 규정을 함께 개정하도록 하여 국회 소관 상임위원회인 국토교통위원회의 심사를 거치도록 하려는 취지라고 설명되기도 한다[한국토지공법학회(2017), 235면].

81) 대법원 2012. 5. 24. 선고 2010두16714 판결.

별표에서 정하지 않은 개별 법률에서 별도로 공용수용을 정할 경우 특별법
인 그 법률이 일반법인 토지보상법에 우선하게 된다. 이로써 토지보상법
제4조의 입법취지는 무력화될 수 있는데, 이 규정을 통하여 수용적격사업
의 유형을 한정하는 것은 일반법인 토지보상법 제4조 및 별표 규정에만 따
라야 함을 명시적으로 선언함으로써 특별법 우선의 원칙에 따른 토지보상
법 제4조 및 별표 규정의 우회를 차단한 것이다.

　입법자가 토지보상법 제4조의2 제1항과 제2항을 무시하고서 별표 규정
의 개정 없이 곧바로 개별 법률에서 공용수용을 정한 경우는 어떠한가? 법
률이 상호 저촉되는 경우의 법해석원리인 신법 우선의 원칙이나 특별법 우
선의 원칙을 동원하더라도 새롭게 제정된 개별 법률이 토지보상법에 우선
하게 된다. 토지보상법 제4조의2 제1항과 제2항에 공공필요 검증에 관한
헌법 제23조 제3항의 이념이 담겨 있으므로 새로운 법률규정은 위헌이라는
논리를 상정해볼 수는 있다. 그러나 애석하게도 일반법인 토지보상법에만
공익사업의 유형을 정할 수 있고 개별 법률에서 공익사업을 인정할 수 없
다는 생각이 헌법의 이념인지에 대해서는 사회적 공감대가 공고히 형성되
었다고 보기는 어렵다. 헌법재판소도 수차례 '공공필요 유무에 대한 판단
을 반드시 토지보상법상 사업인정 절차를 통해서만 행할 이유가 없다.'고
판시하여[82] 사업인정의제의 합헌성을 긍정하고 있어 이 문제의 해결은 더
욱 쉽지 않다. 결국 입법자 스스로 토지보상법 제4조의2의 신설로 표출한
엄격한 입법적 공공필요 통제의지를 구현하기를 기대할 따름이다.

---

82) 헌법재판소 2007. 11. 29. 선고 2006헌바79 결정; 헌법재판소 2010. 3. 25. 선고 2008
　　헌바102 결정; 헌법재판소 2010. 12. 28. 선고 2008헌바57 결정.

다. 별표 규정에 따른 사업의 공공필요 재검토

(1) 재검토의 주체

토지보상법 제4조 제8호 및 별표 규정에 따른 사업의 공공필요를 5년마다 재검토하여야 할 주체는 '국토교통부장관'이다. 별표 규정에 열거된 사업의 소관부처로 국토교통부가 가장 큰 비중을 차지한다는 점 이외에도 국토교통부장관이 토지보상법 제20조에 따른 사업인정권자임을 고려하여 추상적 공공필요 통제의 책임을 국토교통부장관에게 귀속시킨 것으로 볼 수 있다. 즉, 공공필요 검증의 요체(要諦)인 사업인정을 맡은 국토교통부장관이 수용적격사업의 유형에 대한 공공필요 검증을 가장 잘 수행할 수 있으리라는 기대가 제4조의2 제3항에 깔려있는 셈이다.

그런데 사업인정의제가 수용권 설정방식의 절대 다수를 차지하는 현실에서[83] 국토교통부장관이 토지보상법 제20조에 따라 사업인정을 행하는 경우는 거의 없다. 사업인정의제라는 '변칙'이 '원칙'인 사업인정을 완전히 무력화시키고 있는 셈이다. 이 규정 제3항은 소멸되어가던 국토교통부장관의 공공필요 검증기능을 되살려낸 것으로 평가할 수 있다.

(2) 재검토의 대상

국토교통부장관이 재검토할 대상은 토지보상법 제4조 제8호 및 별표 규정에 따른 사업의 공공성, 수용의 필요성 등이다. '공공필요'의 개념요소를 공익성과 필요성으로 나누어 그 개념을 파악할 수 있음을[84] 떠올려 보면, '사업의 공공성'과 '수용의 필요성'은 공공필요에 다름 아니다.[85]

---

83) 사업인정의제가 수용권 설정방식에서 차지하는 비중은 매년 99% 전후이다. 사업인정 의제에 관한 구체적인 내용에 대해서는 제5장에서 자세히 검토한다.

84) 앞서 제3장에서 공공필요의 개념과 판단기준에 대하여 자세히 검토하였다.

85) 여기서는 사업의 '공공성'이라는 표현을 사용하였는데, 이는 공공필요를 공공성과 필요성을 포괄하는 넓은 의미의 개념으로 보는 입장을 전제한 것이다. 따라서 공공성은

'공공필요'의 개념요소로서의 '공익성'은 추상적인 공익 일반 또는 국가의 이익 이상의 중대한 공익을 요구하므로 기본권 일반의 제한사유인 '공공복리'보다 좁게 보는 것이 타당하고, 공익성의 정도를 판단함에 있어서는 공용수용을 허용하고 있는 개별법의 입법목적, 사업내용, 사업이 입법목적에 이바지 하는 정도는 물론, 특히 그 사업이 대중을 상대로 하는 영업인 경우에는 그 사업 시설에 대한 대중의 이용·접근가능성도 아울러 고려하여야 한다.86)

나아가 수용은 타인의 재산권을 직접적으로 박탈하는 것일 뿐 아니라, 헌법 제10조로부터 도출되는 계약의 자유 또는 피수용자의 거주·이전의 자유까지 문제될 수 있는 등 많은 헌법상 가치들의 제약을 초래할 수 있다. 따라서 헌법적 요청에 의한 수용이라 하더라도 국민의 재산을 그 의사에 반하여 강제적으로라도 취득해야 할 정도의 '필요성'이 인정되어야 하고, 그 필요성이 인정되기 위해서는 공용수용을 통하여 달성하려는 공익과 그로 인하여 재산권을 침해당하는 사인의 이익 사이의 형량에서 사인의 재산권침해를 정당화할 정도의 공익의 우월성이 인정되어야 한다.87)

(3) 재검토 결과에 따른 조치

국토교통부장관은 재검토 결과에 따라 공익사업 유형의 폐지, 변경 또는 유지 등의 조치를 취하여야 한다.88) 공공필요의 존부나 정도에 특별히 변

공익성과 같은 의미로 이해하면 된다.

86) 헌법재판소 2014. 10. 30. 선고 2011헌바129·172(병합) 결정.
87) 위 2011헌바129·172(병합) 결정.
88) 토지보상법 제4조의3 제1항과는 달리 공익사업 유형의 신설에 관해서는 규정하지 않았다. 공공필요의 '재검토' 관점에 충실하고자 새로운 공공필요 검증을 필요로 하는 '신설'을 별도로 정하지 않은 것으로 보인다. 국토교통부장관이 공익사업의 유형을 추가할 필요가 있다고 판단하는 경우 중앙토지수용위원회의 위원장으로서 위원회를 소집하여(토지보상법 제52조 제2항, 제6항) 그 심의를 거쳐 토지보상법 제4조의3 제1항에 따라 공익사업의 신설을 관계 중앙행정기관의 장에게 요구하면 될 것이다.

동이 없는 경우에는 해당 사업을 공익사업으로 그대로 유지하되, 그 정도
의 변경이 있는 경우에는 규정내용을 변경하는 조치를 취할 수 있고, 공공
필요가 더 이상 없어졌다고 판단할 경우에는 그 폐지조치를 이행하여야 한
다. 이러한 조치는 법개정을 수반한다. 토지보상법의 별표 규정이 개정되어
야 할 뿐만 아니라 이들 사업을 직접 규율하는 개별 법률의 내용도 개정되
어야 한다. 국토교통부장관으로서는 재검토 결과에 따른 토지보상법 별표
규정과 해당 개별 법률의 개정안을 국회에 제출하는 방법으로 재검토 결과
에 따른 조치를 취하여야 할 것이다.

6. 중앙토지수용위원회의 공익사업 유형에 대한 검증

가. 개관

어떠한 사업유형이 공공필요를 충족하는지 여부를 지속적으로 검증하여
야 한다는 것은 헌법적 요청이다. 자신의 재산권을 강제로 빼앗겨도 이것
이 우리 모두의 이익, 즉 공익을 위한 것이라는 '믿음'은 공용수용의 이념
적 기틀이기 때문이다.[89]

입법자는 토지보상법 제4조 제8호와 별표 규정에 따른 개별 법률의 사
업들이 공익사업의 일반적인 유형에 해당될 수 있는지 여부를 계속적으로
검토하게끔 하는 기제를 마련하였다. 그것이 바로 토지보상법 제4조의2 제
3항에 따른 국토교통부장관의 공공필요 재검토와 제4조의3에 따른 중앙토
지수용위원회의 공익사업 신설 등에 대한 개선요구나 의견제출이다. 전자
(前者)가 '전면적·정기적' 공공필요 통제라면, 후자(後者)는 '개별적·수시
적' 공공필요 통제이다.

상당수의 법률, 특히나 공공재의 건설과 같은 분야의 법률은 이른바 정

---

89) 공용수용의 이념적 기초와 공공필요의 제도적 담보장치 마련의 필요성에 대해서는
제3장에서 검토하였다.

부 제안 입법의 형태로 제정되므로, 공익사업 시행의 권한과 책임을 부담하는 행정부가 별표 규정에 관한 개정안을 제안하는 방법으로 사실상 입법적 공공필요 통제기능을 형해화시킬 수 있다는 우려도 종래 제기되었다. 이에 토지보상법이 2018. 12. 31. 법률 제16138호로 개정되면서 제4조의3이 신설되어 중앙토지수용위원회는 별표 규정에 따른 사업의 신설, 변경 및 폐지, 그 밖에 필요한 사항에 관하여 심의를 거쳐 관계 중앙행정기관의 장에게 개선을 요구하거나 의견을 제출할 수 있게 되었다.[90] 토지보상법 제4조 제8호 및 별표 규정의 개정과정에 중앙토지수용위원회가 개입할 수 있는 길을 열어줌으로써 이들 규정의 개정에 대한 절차적 통제를 강화하고자 한 것으로 이해할 수 있다.

나. 중앙토지수용위원회의 역할

토지보상법에서는 사업인정의제가 범람하는 현실을 고려하여 제4조의3을 신설함으로써 추상적 공공필요 통제의 영역에서 중앙토지수용위원회의 역할을 강조하고 있다. 중앙토지수용위원회의 역할에 거는 기대는 최근 개정된 토지보상법에서 신설된 규정들에 고스란히 나타난다. 제4조의3 뿐만 아니라 2015. 12. 29. 개정에 따라 신설된 제21조 제2항 및 제3항이 그러하다.[91] 그렇다면, 입법자가 중앙토지수용위원회의 공공필요 통제역할에 거는 기대의 근거는 무엇일까?

먼저, 중앙토지수용위원회가 공공필요 통제에 관한 전문적인 식견과 경험을 갖추었다는 점에 주목하였다고 보인다. 중앙토지수용위원회는 수용재결의 최고의결기구로서 오랜 기간 공용수용과 관련된 업무를 수행해 왔다. 또한, 토지보상법의 2015. 12. 29. 개정에 따라 사업인정의제의 경우에도

---

90) 정기상(2022b), 212~213면.
91) 신설된 토지보상법 제21조 제2항과 제3항에서는 '사업인정의제'의 경우에도 '사업인정'절차인 중앙토지수용위원회와의 협의를 거치도록 규정하였다.

사업인정이 있는 것으로 의제되는 공익사업의 허가·인가·승인권자 등이 중앙토지수용위원회와 협의하여야 하므로(토지보상법 제21조 제2항), 그 식견과 경험은 이전보다 훨씬 빠른 속도로 축적될 것이라고 예상할 수 있다.

다음으로, 중앙토지수용위원회가 중립적으로 역할을 수행하리라는 기대에 터 잡는다. 관계 중앙행정기관은 일정한 공익사업의 시행자이기도 해서 사업시행의 편의에 치우칠 유인을 갖는다. 그런데 중앙토지수용위원회는 법제상 독립적인 지위에서 재결 등 준사법적 기능을 수행할 수 있는 합의제 행정기관이다.92) 중앙토지수용위원회가 국토교통부에 소속되어 있다는 한계는 있으나(토지보상법 제49조), 업무처리 절차를 투명하게 하고 공공필요의 판단기준을 유형화한다면, 그 독립성과 공정성에 기대를 걸어볼 만하다.93)

다. 개선요구 및 의견제출의 절차

(1) 사업의 신설, 변경 및 폐지, 그 밖에 필요한 사항

중앙토지수용위원회가 개선을 요구하거나 의견을 제출할 사항은 사업의 신설, 변경 및 폐지, 그 밖에 필요한 사항이다. 토지보상법 제4조의2 제3항처럼 검토항목을 사업의 공공성, 수용의 필요성 등으로 제시하지는 않았지만, 규정의 취지상 별표 규정에 열거된 사업들의 공공필요를 검증하라는

---

92) 행정기관의 조직과 정원에 관한 통칙 제21조(합의제 행정기관의 설치)
  법 제5조의 규정에 의하여 행정기관에 그 소관사무의 일부를 독립하여 수행할 필요가 있을 때에는 법률이 정하는 바에 의하여 행정기능과 아울러 규칙을 제정할 수 있는 준입법적 기능 및 이의의 결정 등 재결을 행할 수 있는 준사법적 기능을 가지는 행정위원회 등 합의제 행정기관을 둘 수 있다.
93) 중앙행정기관 소속 합의제 행정위원회를 독립성을 가진 행정기관이 아니라 단순히 관련 업무를 자문하는 보조적 조직이라는 차원에서 접근함으로써 행정위원회에 대한 구체적인 논의와 분석이 부족했다는 지적도 있다[나채준(2013), 355면]. 결국 제도운용의 문제이다.

의미로 새겨야 한다. 제4조의2 제3항과는 달리 사업의 '신설'까지 포함시킨
것은 중앙토지수용위원회가 공익사업 유형의 개폐에 관하여 전반적으로
살펴보라는 의미이기도 하고, 관계 중앙행정기관이 새로운 공익사업의 유
형에 관하여 입법을 추진하는 경우 이에 '관여'하라는 의미이기도 하다. 대
체로 '신설'은 새로운 공익사업 유형의 입법에 대한 관여(개입)를, '변경'과
'폐지'는 기존의 공익사업 유형에 대한 공공필요 재검토를 의미한다고 볼
수 있다.

  토지보상법 제4조의3 제1항에서는 '그 밖에 필요한 사항'을 두어 개방적
규정구조를 취하였다. 중앙토지수용위원회가 별표 규정에 따른 공익사업의
유형과 관련한 일체의 의견을 개진할 수 있도록 한 것이라고 이해할 수 있
다. '필요한 사항'의 의미와 범위에 관한 명시적 제한은 없으나, 같은 조 제
2항에 따라 그 의견이 구속력을 갖는 이상 제출되는 의견의 내용 결정에
신중하여야 함은 물론이다.

  (2) 심의절차

  중앙토지수용위원회는 개별적 공익사업의 유형에 관하여 심사하는데, 합
의제 행정위원회라는 법적 지위를 고려하면 개선요구나 의견제출을 위해
서는 심사를 거친 의견을 '의결'하여야 한다고 보아야 한다. 심의항목이나
방법에 대해서는 명문의 규정이 없으나, 중앙토지수용위원회가 토지보상법
제21조 제1항 및 제2항에 따른 협의절차를 위하여 자체적으로 마련한 '공
익성 검토기준'을[94] 준용하여 심의기준으로 삼으면 될 것이다.

  중앙토지수용위원회는 개선요구나 의견제출을 위하여 필요한 경우 관계
기관 소속 직원 또는 관계 전문기관이나 전문가로 하여금 위원회에 출석하
여 그 의견을 진술하게 하거나 필요한 자료를 제출하게 할 수 있다(토지보
상법 제4조의3 제3항). 관계 기관 소속 직원은[95] 의견진술이나 자료제출

---

94) 중앙토지수용위원회 누리집(http://oclt.molit.go.kr) 참조.

요구에 응하여야 할 공법상 의무를 진다고 새겨야 한다.[96]

관계 전문기관이나 전문가의 의견을 듣는 제도는 관련 분야의 전문가를 심의절차에 참여시켜 심의기일에 전문적인 지식에 의하여 일정한 사항을 설명하거나 의견을 진술케 하거나 그 설명이나 의견을 담은 자료를 제출하게 함으로써 심의의 전문성을 보완하는 데에 그 취지가 있다. 전문기관이나 전문가는 위원회의 심의에 조력하는 자로서 중립적인 지위에서 공평하게 의견을 개진할 수 있는 자로 선정되어야 함은 물론이다.

(3) 개선요구 또는 의견제출

개선요구가 의견제출보다 어감이 더 강하지만, 이들은 종(縱)적인 관계가 아니라 횡(橫)적인 관계를 형성하고 있다고 보아야 한다. 즉, 의견을 더 강하게 개진하고 싶을 때에 개선요구를 하는 것이 아니라, 개선요구는 추상적 공공필요 통제(변경 및 폐지)와, 의견제출은 새로운 유형의 공익사업에 관한 입법의견의 제시(신설)와 밀접하게 관련된다고 해석해야 한다. 어차피 개선요구이든, 의견제출이든 그 법률효과에 있어서는 실질적인 차이가 없으므로, 용어를 꼭 구별해야 하는지 의문이 없지는 않으나, 문맥이나 입법취지상 이와 같이 해석하기로 한다.

라. 관계 중앙행정기관의 조치

중앙토지수용위원회로부터 이러한 개선요구나 의견제출을 받은 관계 중앙행정기관의 장은 정당한 사유가 없는 한 이를 반영하여야 한다(제4조의3 제2항). '정당한 사유'의 증명책임이 관계 중앙행정기관의 장에게 있음을

---

95) 대체로는 해당 공익사업 유형의 소관 중앙행정기관에 소속된 직원이 여기에 해당될 것이다.

96) 의견진술이나 자료제출을 강제할 방법은 없다. 그러나 의견미진술이나 자료미제출이 소관 중앙행정기관에게 불리한 심의결과로 이어질 수 있으므로 그 소속 직원이 의견진술이나 자료제출을 요구받고도 이에 응하지 않을 가능성은 크지 않을 것이다.

고려하면,97) 사실상 중앙토지수용위원회의 개선요구나 의견에 구속력을 인정한 셈이다. 이에 따라 중앙토지수용위원회의 공익사업의 유형에 대한 개선요구나 의견은 실효성을 갖게 되었고, 중앙토지수용위원회가 입법적 공공필요 검증 강화에 그 전문기관으로서의 역량을 적극적으로 활용할 수 있게 되었다. 이는 독립성·중립성·객관성을 내걸고 야심차게 출범한 중앙행정기관 소속의 행정위원회가 자칫 단순한 자문기구로 전락할 수도 있다는 일반적인 비판론을98) 경계한 결과라고 본다. 실무상 그저 참고의견에 그칠지도 모를 중앙토지수용위원회의 개선안이나 의견에 힘을 실어준 셈이다.

중앙토지수용위원회는 관계 중앙행정기관의 장에게 개선을 요구하거나 의견을 제출한 사항의 처리결과를 확인하기 위해 관련 자료의 제출을 요청할 수 있다(토지보상령 제2조). 이는 중앙토지수용위원회가 사후관리 차원에서 관계 중앙행정기관의 조치결과를 확인할 수 있게끔 자료제출을 요구할 권한을 명시한 것이다. 그런데 이 규정은 단지 자료제출 요구권을 정한 것을 넘어 중앙토지수용위원회가 사후관리를 해태해서는 안 된다는 점을 간접적으로 주지시킨 것으로 이해할 수 있다.

---

97) 실체법인 행정법규의 구조에 따라 증명책임을 분배하고, 각 당사자가 자기에게 유리한 행정법규의 요건사실에 대한 증명책임을 부담하도록 한다는 것이 행정소송법계의 통설이다. 대법원도 이와 같은 취지에서 "민사소송법의 규정이 준용되는 행정소송에 있어서 입증책임은 원칙적으로 민사소송의 일반원칙에 따라 당사자 간에 분배되고 항고소송의 경우에는 그 특성에 따라 당해 처분의 적법을 주장하는 피고에게 그 적법사유에 대한 입증책임이 있다 할 것인바 피고가 주장하는 당해 처분의 적법성이 합리적으로 수긍할 수 있는 일응의 입증이 있는 경우에는 그 처분은 정당하다 할 것이며 이와 상반되는 주장과 입증은 그 상대방인 원고에게 그 책임이 돌아간다."고 판시하였다(대법원 1984. 7. 24. 선고 84누124 판결).
98) 이러한 일반적인 비판론으로는, 나채준(2013), 348면 참조.

7. 공익사업 법정주의의 개선과제

가. 사업인정의제의 단계적 축소

개별 법률에서 해당 사업의 시행 과정에서 행하는 처분을 사업인정으로 의제하는 것은 그 자체로 공공필요 검증을 우회하려는 의도를 표상하는 것이어서 사업시행의 편의에 지나치게 경도된 시각을 보여준다.[99] 사업인정의제는 공공필요 검증을 회피할 유인을 제공하고, 이는 종래 절대다수의 수용권 설정이 사업인정의제의 방식으로 행해지는 결과를 낳았다.[100] 입법자가 토지보상법 제4조에서 공익사업의 유형을 열거하고, 제4조의2에서 제4조 또는 별표의 내용을 다른 법률에서 따로 정할 수 없도록 하여 입법적 공공필요 검증의 강한 의지를 드러냈지만, 사업인정의제는 여전히 개별 법률에서 광범위하게 잔존하고 있다.

사업인정의제는 태생적으로 사업인정절차의 우회를 의미하고, 위 별표 규정에 열거된 사업의 유형에 해당하는 경우에는 해당 사업에 대한 공공필요 판단 없이 그대로 수용절차로 넘어갈 수 있게 된다. 애당초 공공필요 검증에 특화되어 있지도 않은 사업인정으로 의제되는 처분단계에서 공공필요가 제대로 검토될지 의문이다.

사업인정으로 의제되는 처분을 행함에 앞서 중앙토지수용위원회와의 협의 및 이해관계인으로부터의 의견청취를 거쳐야 한다고 하더라도, 이러한 절차는 처분청에 참고자료를 제출하는 정도에 불과할 뿐, 처분청이 그 의견에 구속되지 않는다는 한계를 가진다. 비교법적으로 보아도 프랑스의 공익선언(la déclaration d'utilité publique), 일본의 사업인정 등과 같이 여러 나라에서는 해당 사업의 공공필요를 확인하고 이를 인정하여 수용권의 설정

---

99) '7. 공익사업 법정주의의 개선과제' 내용 중 따로 출처를 표시하지 않은 부분은 정기상(2022b), 218~221면을 수정·정리한 것이다.

100) 사업인정의제에 대해서는 제5장에서 자세히 설명하겠지만, 이 제도가 입법적 공공필요 검증의 약화에 결정적인 영향을 미치므로 여기서 그 폐해를 간단히 언급해둔다.

에 헌법적 정당성을 부여하는 절차를 마련하고 있으나,[101] 위 절차 이외의 다른 절차를 통하여 수용권을 설정하는 입법례를 찾아보기는 어렵다.[102]

입법적 공공필요 검증은 모든 수용절차를 토지보상법 체계 내로 편입하는 것에서 출발하여야 하므로, 수용적격사업의 유형뿐만 아니라 수용절차까지도 토지보상법 이외의 다른 법률에서 정할 수 없도록 하는 법개정이 필요하다. 절대다수의 공익사업이 사업인정의제 방식에 기반하여 추진·시행되고 있음을 고려하여 단계적으로 사업인정의제를 정한 개별 법률의 규정을 삭제하는 방향으로 수용절차를 일원화하는 것이 바람직하다. 현재 추진·시행되고 있는 사례가 적은 사업유형부터 그 근거가 되는 개별 법률에서 사업인정의제에 관한 규정을 삭제하되, 부칙에 일정한 시점 이전에 실시계획의 승인·인가·허가 등을 받아 그 고시를 행한 경우에는 종전 규정을 적용한다는 경과규정을 두어서 법개정에 따른 부작용을 최소화하는 방안을 생각해 볼 수 있다.[103]

나. 제한적 열거주의의 전면적 도입

공익사업의 유형을 법정하는 제도의 핵심은 수용적격사업의 범위가 행정청의 폭넓은 재량의 영역에 고스란히 맡겨지는 것을 차단하는 데에 있

---

101) Jung(2017), pp.245~247.
102) 일본 도시계획법 제59조에서는 도시계획사업의 인가 또는 승인을 토지수용법상의 사업인정으로 의제하는 규정을 두고 있으나, 도시계획법에서는 도시계획의 수립 단계에서부터 위 인가 또는 승인 단계에 이르기까지 공청회, 도시계획안의 공람과 지방의회의 의견 등 토지수용법에서 정한 절차에 준하는 정도의 공공필요 검증절차를 거치도록 정하고 있고, 위 처분 단계에서 토지수용법 제20조에서 정한 사업인정의 요건을 반드시 검토하여야 한다는 것이 확고한 판례의 입장이다[小澤道一(2012), 275~276頁]. 따라서 이를 우리 법제의 사업인정의제와 나란히 놓고 볼 수는 없다.
103) 신속하게 사업을 시행할 필요성이 낮은 사업 및 최근 5년간 사업실적이 없는 사업의 경우에는 수용절차를 토지보상법에 따르도록 하여 '사업인정'절차를 이행할 수 있도록 하는 것이 바람직하다는 의견도 유력하게 제시되고 있다[한국토지공법학회(2017), 246면].

다. 그러기 위해서는 각 사업유형에 대한 해석의 여지가 최소화되어야 한다. 공익사업의 유형을 결정짓는 표지가 너무 포괄적인 경우에는 제한적 열거주의에 의한 입법적 공공필요 검증은 무색해질 수 있다.

토지보상법 별표 규정에서 정한 사업의 상당수는 너무 포괄적이어서 해당 개별 법률에 들어가 보아야만 사업의 개략적인 내용과 목적을 알 수 있는데, 이는 수용적격사업을 다른 법률에서 정할 수 없도록 한 토지보상법 제4조의2 규정에 사실상 반하는 것이다. 예컨대, 별표 제2항 제5호에서 정한 '경제자유구역의 지정 및 운영에 관한 특별법에 따른 경제자유 구역에서 실시되는 개발사업', 같은 항 제10호에서 정한 '관광진흥법 제55조에 따른 조성계획을 시행하기 위한 사업', 같은 항 제20호에서 정한 '기업도시개발 특별법에 따른 기업도시개발사업', 같은 항 제28호에서 정한 '도시개발법에 따른 도시개발사업', 같은 항 제71호에서 정한 '지역개발 및 지원에 관한 법률에 따른 지역개발사업', 같은 항 제91호에서 정한 '혁신도시 조성 및 발전에 관한 특별법에 따른 혁신도시개발사업' 등은 위 규정내용에서 사업내용을 추론해 내기 어렵다. 지역개발과 관련된 법률에서는 사업의 구체적인 내용을 정하지 않은 채 해당 사업을 단지 실시계획의 승인에 따라 행하는 사업이라는 정도로 규정하는 경우가 많은데, 이러한 경우에는 사실상 법률규정에 의한 공공필요 검증은 유명무실해진다.

토지보상법 별표 규정이 사업의 구체적인 범위나 내용을 개별 법률에 일임하는 규정 형식 아래에서 열거된 공익사업의 명칭만 보아서는 해당 사업의 모습을 추론해 낼 수 없다. 이러한 규정체계에서 수용권을 설정할 수 없는 사업을 걸러내는 기능이 적절하게 작동하기를 기대하기는 어렵다. 일본 토지수용법 제3조에서는 '토지를 수용 또는 사용할 수 있는 공공의 이익이 되는 사업'의 유형을 제1호부터 제35호까지의 규정에서 매우 구체적으로 정하면서 건설·제조·조성되는 시설·장소·기관 등을 일일이 열거하는 형식을 취하였는데, 이에 대해서는 앞서 설명하였다.

토지보상법 제4조 제1호부터 제7호까지의 규정이 갖는 의미가 매우 제한적으로 되어버린 이상 이들 규정을 폐지하고, 일본 토지수용법 제3조 각 호의 규정에 준하여 건설·제조·조성되는 시설·장소·기관 등을 상세히 규정하는 방향으로 토지보상법 제4조를 전면 개편할 것을 제안하고 싶다. 별표에 열거된 개별 법률에 해당 사업의 내용이 규정되어 있다고 하더라도 그 내용을 토지보상법에서 정하는 것은 큰 실익을 가진다. 토지보상법에서 각 사업의 개략적인 내용을 규정함으로써 개별 법률의 개정에 의한 수용적격사업의 확장 또는 변경이 제한되기 때문이다. 예컨대, 토지보상법 별표 제2항 제10호의 '관광진흥법 제55조에 따른 조성계획을 시행하기 위한 사업'에 대한 개정안은 '관광지나 관광단지의 보호 및 이용을 증진하기 위하여 필요한 운송시설, 숙박시설, 오락시설, 문화시설, 운동시설, 카지노, 유원시설 등 관광 편의시설을 조성하는 사업' 정도로 생각해 볼 수 있다.[104]

II. 사업시행자의 지정요건 또는 수용권 발동요건의 설정

1. 사인수용의 진입장벽

공익사업을 수행하는 자를 '사업시행자'라고 한다(토지보상법 제2조 제2호). 공익사업을 수행하려면 관련 법률에 따라서 사업시행자로 지정받아야 한다. 사업시행자가 공익사업을 위한 토지 등을 모두 협의매수 한다는 것

---

104) 혹여나 토지보상법 제4조에서 열거하지 않은 새로운 공익사업이 등장하면 어쩌나 하는 우려가 토지보상법 제4조의 포괄주의를 붙잡고 있는 이유일지도 모른다. 그러나 일본에서는 1951. 12. 1. 토지수용법의 제정·시행 때부터 엄격한 제한적 열거주의의 입법방식을 채택하고 있는데, 그 제3조에서 열거하지 않은 긴요한 공익사업이 등장하여 사회 전체의 이익이 크게 저해되었다는 사실을 접하지는 못하였다.

은 사실상 불가능하므로 수용권이라는 고권적 권한을 인정하게 된다.[105] 사업시행자를 국가나 지방자치단체로만 한정할 경우에는 수용권의 남용을 크게 우려할 일은 없을 것이다. 실제로 공항시설법 제6조 제1항에서는 공항개발사업 또는 비행장개발사업의 시행자를 국토교통부장관으로 한정하였다. 이처럼 사업시행자의 범위를 극도로 제한하는 것이 공공필요를 통제하는 매우 유효적절한 수단임에는 틀림이 없다.

그러나 모든 공익사업에서 그 사업시행자를 국가 또는 지방자치단체로 한정할 수는 없다. 사회·경제적 여건에 따라 사인(私人)을 일정한 공익사업의 시행자로 허용하는 것은 어느 정도 불가피하다. 다만, 어떠한 유형의 공익사업에서 사인을 사업시행자로 허용할 경우에는 그 사익 추구의 유인과 맞물려 공공필요의 통제가 문제될 여지가 많다.[106] 이에 우리 법제에서는 사인을 사업시행자의 범위에 포함시킬 경우 수용권의 남용을 견제할 몇 가지 방안을 마련하고 있다.

❶ 먼저 사인을 사업시행자의 범주에 넣되 그 사업의 시행을 위한 수용을 할 수는 없도록 하는 방안이다. 관광진흥법, 농어촌정비법, 산업입지 및 개발에 관한 법률 등에서 이러한 방식을 채택하고 있다. 예컨대, 관광진흥법 제54조 제1항 단서에 따라 관광단지를 개발하려는 민간개발자는 조성계획을 작성하여 시·도지사의 승인을 받아 조성사업을 시행할 수 있으나, 같은 조 제4항 본문에 따라 그 조성사업의 시행에 필요한 토지 등을 수용하거나 사용할 수는 없다.[107] 또한, 농어촌정비법 제10조 본문에 따라 토지소유자도 농업생산기반 정비사업을 시행할 수 있으나, 제110조 제2항에 따라 그 사업을 시행하기 위하여 토지 등을 수용·사용할 수는 없다.

---

105) 공용수용의 등장배경에 대해서는 제2장에서 설명하였다.
106) 사인에 의한 공익사업 시행의 효용 또는 불가피성, 사인수용에 있어 공공필요 통제에 대해서는 제3장에서 설명하였다.
107) 다만, 조성계획상의 조성 대상 토지면적 중 사유지의 3분의 2 이상을 취득한 경우 남은 사유지에 대해서는 수용 또는 사용할 수 있다(관광진흥법 제54조 제4항 단서).

이러한 입법례들은 사업시행에 대한 민간참여의 필요성과 공공필요의 존부에 대한 각 판단기준이 서로 일치하지는 않음을 보여준다. 사업시행자가 해당 사업의 시행에 필요한 토지 등을 온전히 협의매수로 취득할 수 없는 경우 그 사업의 시행이 좌초되더라도 무방하다는 정책적 판단이 전제되어 있다.

❷ 면허, 실적, 기부체납 등 특정한 조건을 충족한 사인에게만 사업시행자의 자격을 부여할 수 있도록 하는 방안이 있다. 신항만건설 촉진법, 집단에너지사업법, 해저광물자원 개발법 등에서 이러한 방식을 따르고 있다. 예컨대, 신항만건설 촉진법 제7조 제1항 제5호에 따르면, 민간투자자도 신항만건설사업의 시행자가 될 수 있으나, 같은 법 시행령 제8조의2 제2항에서 정한 일정한 자격요건을[108] 갖추어야 해양수산부장관의 사업시행자 지정을 받을 수 있다. 또한, 해저광물자원 개발법 제12조 제1항에 따라 탐사권을 설정하려는 자는 산업통상자원부장관에게 출원하여 탐사권의 설정허가를 받아야 하는데, 같은 법 제13조에 따라 장관은 일정한 기준을[109] 충족한 출원인에게 허가를 하여야 한다.

사업시행자가 될 수 있는 자격을 제한하는 것은 일종의 선별(screening)

---

108) 일정한 자격요건에 해당하는 민간투자자는 다음 중 어느 하나에 해당하는 자이다. ㉠ 사업시행지역 토지면적의 100분의 50 이상을 소유한 자, ㉡ 사업시행지역 토지면적의 3분의 1 이상의 토지를 신탁받은 부동산 신탁회사, ㉢ 「건설산업기본법」에 따른 종합공사를 시공하는 업종의 등록을 한 자로서 같은 법 제23조에 따라 공시된 시공능력 평가액이 해당 신항만건설사업에 드는 연평균 사업비(보상비는 제외한다) 이상인 자, ㉣ 「부동산투자회사법」 제2조 제1호 가목에 따른 자기관리 부동산투자회사로서 부동산개발사업에 대한 투자실적이 있는 회사, ㉤ 「부동산투자회사법」 제2조 제1호 나목에 따른 위탁관리 부동산투자회사, ㉥ 「외국인투자 촉진법」 제2조 제1항 제5호에 따른 외국투자가 또는 같은 항 제6호에 따른 외국인투자기업, ㉦ 「자본시장과 금융투자업에 관한 법률」 제8조 제7항에 따른 신탁업자로서 「주식회사 등의 외부감사에 관한 법률」 제4조에 따른 외부감사의 대상이 되는 자.
109) 그 일정한 기준은, 탐사업무를 수행할 재력, 기술능력 및 보유장비가 충분할 것, 합리적으로 해저광물을 탐사할 수 있다고 인정될 것이다.

기능을 수행한다. 사업시행자인 사인의 전문성, 재무상태를 비롯한 사업수행능력 등을 사전에 완벽하게 검증하기 어려운 상황에서 정형화된 지표가 그 사업수행의지와 능력을 가늠하는 유효한 수단이 될 수 있다.[110]

❸ 사업시행자인 사인으로 하여금 일정한 비율 이상의 토지를 사전에 취득하도록 하거나 토지소유자의 동의를 확보할 것을 조건으로 사업시행자로 지정하거나 수용권을 발동할 수도 있다. 통상 일정비율 이상의 토지 취득에 관한 조건을 '소유요건', 토지소유자의 동의에 관한 조건을 '동의요건'이라 한다. 이에 관해서는 항을 바꾸어 자세히 검토한다.

2. 소유요건과 동의요건의 설정과 판단

가. 소유요건과 동의요건의 취지

개별 법률에서 사업시행자 지정 또는 수용권 발동의 요건으로 소유요건 또는 동의요건을 두는 이유에 관한 입법자료는 찾기 어렵다. 학계에서는 크게 3가지 점에서 소유요건 또는 동의요건을 설정할 실익이 있다고 보고 있다.

첫째, 토지소유자가 사업시행과정에 참여함으로써 의견표명의 기회를 제공받는 등 헌법적인 조화를 실현할 수 있다는 점이다.[111] 다양한 의견 수렴을 통해 민원을 최소화하고 사업시행지역 내 토지소유자의 총의를 도출해낼 수 있다.[112] 이는 재산권의 보장과도 직접 관련된다. 공익사업의 시행지역은 하나의 '건축단위'로 묶이게 되는데,[113] 그 과정에서 재산권의 존속보장으로부터 가치보장으로의 전환이 일어난다는 점을 고려한 것이다. 즉, 공익사업의 시행에 따라 단체법적 규율을 받게 되므로, 재산권 보장의 관

110) 김일중·박성규(2013), 14면.
111) 김남철(2004), 591면.
112) 제정부(2000), 19면; 이원식(2007), 387면 이하.
113) 김종보(2018), 211면 이하.

점에서 많은 토지소유자들의 자발적 참여를 유도할 필요가 있다.114) 다만, 토지소유자 전원의 동의나 전체 토지에 대한 소유권 확보를 요건으로 하지 않는 것은 작은 면적의 토지만 소유한 자가 이른바 '알박기' 등으로 주도적 의사결정을 하게 되는 것을 방지하기 위함이라고 한다.115)

둘째, 공익사업을 공무(公務)라고 한다면, 공익사업의 시행을 사인에게 맡기는 것은 공무위탁행위에 해당하고, 그 민주적 정당성을 보완할 제도적 장치로서 소유요건 또는 동의요건이 고려될 수 있다는 점이다. 헌법에서 명시적으로 정하지 않은 이상 공무위탁행위의 요건은 입법자가 재량껏 정할 수 있지만, 민주적 정당성의 고리는 유지되어야 한다는 점에 주목한다.116) 소유요건과 동의요건은 민주적 절차의 보장임과 동시에 사업내용의 실질적인 합리성을 확보하는 차원에서 공무수탁사인에 대한 감독·통제기제로 작동할 수도 있다고 한다.117)

셋째, 사인수용에 있어 공공필요 통제를 보완할 수 있다는 점이다. 사업시행자가 사인일 경우 계속적인 공익 실현을 담보할 제도적 장치가 마련되어야 함은 앞서 여러 차례 강조하였다. 이미 많은 자금을 투입한 사인이 그 사업을 '물리기는' 쉽지 않고, 투여된 자금 자체가 사업시행자의 사업시행 의지와 능력을 담보한다.118) 더 근본적으로는 소유요건과 동의요건이 사인

---

114) 소유권에 대한 단체법적 구속을 정당화하기 위해서는 적법절차의 원칙에 따라 소유자들의 의견표명 기회를 충분히 보장해야 하는 한계가 있다는 지적도 새겨볼 만하다. 伊藤榮壽(2011), 213頁 이하 참조.

115) 조병구(2012b), 579면 이하; 이른바 'Wag the dog'을 경계한다는 취지이다. 'Wag the dog'은 '꼬리가 몸통을 흔든다.'는 뜻인데, 주객전도를 의미하는 표현으로 경제계·법학계 등에서 널리 쓰인다.

116) 이희준(2020), 426~427면.

117) 見上崇洋(2017), 119頁 이하.

118) 소유요건과 동의요건이 공용수용에서 사업의 계속적 이행을 담보할 제도적 장치로 충분히 기능할 수 있는데, 왜 사인수용을 허용한 모든 법률에서 이를 규정하고 있는 것은 아닌지, 설정된 요건이 법률마다 왜 다른지에 대해서는 일관성 없는 법률 제정 관행 이외에는 답을 찾기 어렵다는 지적[김일중·박성규(2013), 17면]은 새겨들을 필

수용을 헌법적으로 정당화하는 기제로 작용할 수 있는데,[119] 이것이 우리가 주목해야 할 지점이다. 소유요건과 동의요건은 토지소유자가 그 의사에 반하여 토지를 빼앗기는 영역을 줄여주고, 사업시행자인 사인의 일방적인 의사에 따라 수용절차가 진행되는 것을 막아준다. 이로써 공공필요를 충족할 가능성이 높아지게 된다.[120]

대법원은 "도시·군계획시설사업을 사인이 시행하는 때에는 행정청이나 공공단체가 시행하는 때와 비교하여 시설의 공공적 기능 유지라는 측면이나 시설의 운영·처분 과정에서 발생하는 이익의 공적 귀속이라는 측면에서 상대적으로 공공성이 약하다고 볼 수 있다. 나아가 해당 시설이 민간의 이윤 동기에 맡겨도 공급에 문제가 없을 정도로 영리성이 강한 시설이라면 도시·군계획시설사업이 공익사업을 가장한 사인을 위한 영리사업으로 변질될 우려도 있다. 결국 국토계획법이 사인을 도시·군계획시설사업의 시행자로 지정하기 위한 요건으로 소유요건과 동의요건을 둔 취지는 사인이 시행하는 도시·군계획시설사업의 공공성을 보완하고 사인에 의한 일방적인 수용을 제어하기 위한 것이다."라고 판시하여[121] 소유요건과 동의요건을 사인에 대한 수용권 부여를 정당화하는 근거로 보았다.[122] 헌법재판소도 같은 취지에서 "민간기업의 일방적인 의사에 의해 수용절차가 진행되지 않도록 하는 제어장치"로서 소유요건과 동의요건을 두고 있다고 판시하였다.[123]

요가 있다. 사업의 공익성이 취약할수록 토지매입이나 동의비율을 상향하는 것이 바람직하다는 주장으로는, 김남철(2004), 591면 참조.

119) 제정부(2000), 18면; 허강무(2013), 207면 이하.

120) 사업의 공공성을 보완하기 위한 동의요건을 충족시켜야 공공필요를 충족할 '가능성이 생긴다는' 견해로는, 김종보(2011), 289면 이하 참조.

121) 대법원 2017. 7. 11. 선고 2016두35120 판결.

122) 대법원 2014. 7. 10. 선고 2013두7025 판결.

123) 헌법재판소 2011. 6. 30. 선고 2008헌바166, 2011헌바35(병합) 결정.

나. 소유요건과 동의요건의 설정국면

개별 법률에서 소유요건과 동의요건을 어떠한 법률효과를 위한 요건으로 설정하였는지에 따라 다음과 같이 3가지 유형으로 분류해볼 수 있다.[124)

㉮ 사업시행자 지정요건형

소유요건 또는 동의요건을 사업시행자 지정의 요건으로 규정하는 경우이다. 사업시행자의 지정은 사업시행인가, 계획승인 등 다양한 형태로 이루어진다.[125) 대표적으로 도시정비법에서 이 유형을 채택하고 있다. 토지 등 소유자 4분의 3 이상 및 토지면적의 2분의 1 이상 토지소유자의 동의를 받아 조합설립인가를 받은 다음에야(같은 법 제35조 제2항) 그 주택재개발사업조합이 재개발사업을 시행하는 것이 원칙이다(같은 법 제25조 제1항).

그러나 사업시행자 지정 당시에 토지소유자가 동의하였더라도 예상 보상가액이나 사업내용 등에 차이가 생기게 되면 수용단계에서 거센 저항을 할 가능성이 상존한다.[126)

㉯ 수용권 발동요건형

소유요건 또는 동의요건을 수용권 설정의 요건으로 규정하는 경우이다. 사업시행자 지정요건형이 '사업'진입단계의 장벽이라면 수용권 발동요건형은 '수용'진입단계의 장벽으로서 시간적으로 더 뒤에 자리 잡는다. 예컨대, 국가통합교통체계효율화법 제49조 제2항 제5호 및 제6호에 따르면, 사회기

---

124) 각 유형별로 소유요건과 동의요건을 모두 요구하는 경우, 소유요건만 요구하는 경우, 소유요건 또는 동의요건을 요구하는 경우가 있는데, 개별 법률별로 이를 일목요연하게 정리한 내용으로는, 김일중·박성규(2013), 15~16면 참조.

125) 이 유형을 '사업인가요건형'이라고 부르는 견해도 있는데[제정부(2000), 69면; 김남철(2004), 590면], 그 명칭은 사업시행자 지정의 여러 방식을 포괄하지 못하는 용어라는 점에서 '사업시행자 지정요건형'이라고 명명하는 것이 타당하다.

126) 제정부(2000), 69면.

반시설에 대한 민간투자법에 따른 사업시행자와 민법 또는 상법에 따라 설립된 법인도 복합환승센터 개발사업의 시행자로 지정받을 수 있다. 다만, 같은 법 제54조 제1항에 따라 사업 대상 토지면적의 3분의 2 이상을 매입하여야 그 개발사업에 필요한 토지 등을 수용하거나 사용할 수 있다.

그러나 사업시행자가 그 사업진입단계에서 토지소유자의 동의를 얻거나 토지를 확보하는 것이 아니므로, 수용권 설정을 위한 협의매수단계에서 그 요건비율을 충족하지 못할 경우 사업 자체가 실패할 위험이 있다.

㉰ 혼합형

사업시행자 지정단계와 수용권 설정단계 모두에서 소유요건 또는 동의요건을 요구하는 경우이다. 중첩된 통제장벽을 두어 사인수용을 엄격하게 제한하는 방식이다. 이에 대해서는 사업계획안의 제안단계에서부터 토지소유자를 참여시켜 이들의 이해를 높임으로써 사업의 성공적 수행을 도모하고, 수용단계에서의 저항을 최소화하려는 것으로 사업의 성공과 재산권의 보장이 조화를 이루도록 하려는 취지라는 설명도 있다.[127)]

대표적으로 도시개발법에서 이 방식을 따른다. 도시개발법 제11조 제5항에서는 도시개발구역의 토지소유자도 도시개발구역의 지정을 제안할 수 있도록 하면서 같은 조 제6항에서 그 제안을 위해서는 대상 구역 토지면적의 3분의 2 이상에 해당하는 토지소유자의 동의를 얻어야 한다고 규정하였다. 나아가 도시개발법 제22조 제1항에서는 사업시행자인 토지소유자가 사업대상 토지면적의 3분의 2 이상에 해당하는 토지를 소유하고 토지 소유자 총수의 2분의 1 이상에 해당하는 자의 동의를 받아야 도시개발사업에 필요한 토지 등을 수용하거나 사용할 수 있다고 정하였다.

---

127) 제정부(2000), 70면.

다. 소유요건과 동의요건의 판단

(1) 동의권자

소유요건에서는 사업시행자가 일정비율 이상의 토지에 관한 소유권만 확보하면 되므로, 그 상대방이 누구인지, 어떻게 소유권을 취득하였는지는 별달리 문제되지 않는다. 그런데 동의요건에서는 동의권자의 확정이 문제될 수 있다. 대체 누구로부터 동의를 받아야 하는지가 동의비율의 산정에 직접적인 영향을 미치기 때문이다.

동의권자는 원칙적으로 사업구역 내의 토지소유자들이다. 소유권취득의 실질적인 요건은 모두 갖추었으나 등기를 마치지 않은 '사실상 소유자'가 포함될 여지가 있다고 보는 견해도[128] 있다. 그러나 관련 법령에서 명시적으로 사실상 소유자를 동의권자에 포함시키지 않는 이상 원칙적으로 법률상 소유자만을 동의권자로 보는 것이 옳다. 또한, 실무상으로도 사실상 소유자를 동의권자에 포함시키면 동의요건 충족 여부의 판단이 곤란해지고, 사실상 소유자가 동의요건의 하자를 들어 처분을 다툴 수 있어 절차적 안정성도 확보되기 어렵다.[129]

공유토지에 대한 동의권자 확정은 쉽지 않은 문제이다. 대법원은 특별한 규정이 없는 한 사업시행자 지정에 대한 동의권한 행사에 관하여 공유자들 각자가 독자적 이익을 가지므로, 공유자들 각각을 토지소유자로 산정하는 것이 원칙이라고 판시하였다.[130] 그러나 작은 면적 토지의 일부 지분을 가진 소유자와 넓은 토지의 소유자를 똑같이 취급하는 것이 사인수용에 대한 공공필요 통제의 관점에서 적절한지 의문이다.[131] 또한, 지분을 쪼갤수록

---

128) 이희준(2020), 430면; 이 견해에서는 입법론적으로 토지 임차인도 동의권자에 포함시킬 필요가 있다고 주장한다.
129) 유해용(2015), 1071면 이하.
130) 대법원 2014. 7. 10. 선고 2013두7025 판결.
131) 앞서 언급한 이른바 'Wag the dog' 현상이 발생할 수 있다.

동의권자의 수가 많아져서 지분을 의도적으로 많이 쪼갠 쪽에 실질적인 주
도권이 발생하는 기이한 결과가 발생할 수도 있다. 따라서 특별한 규정이
없는 한,[132] 공유자들이 공유물의 변경에 준하여 민법 제264조에 따라 공
유자 전원의 합치된 의사로 1개의 동의권을 행사할 수 있다고 보는 것이
타당하다. 마찬가지 취지에서 1명의 토지소유자가 여러 필지의 토지를 소
유한 경우 필지의 수대로 동의권을 인정하는 것이 옳다.[133]

(2) 동의의 절차

동의요건과 관련하여 동의의 전제가 되는 정보는 되도록 충분히 정확하
게 동의권자에게 제공되어야 한다. 이러한 정보가 동의권 행사의 중요한
전제를 구성하기 때문이다. 대법원도 "사업시행자 지정에 관한 토지소유자
의 동의가 유효하기 위해서는 동의를 받기 전에, 그 동의가 사업시행자 지
정을 위한 것이라는 동의 목적, 그 동의에 따라 지정될 사업시행자, 그 동
의에 따라 시행될 동의 대상 사업 등이 특정되고 그 정보가 토지소유자에
게 제공되어야 한다."고 판시하였다.[134]

다만, 정보의 제공은 관련 서류의 교부, 주민설명회, 전화상담 등의 다양
한 방법으로 이루어질 수 있으므로, 동의권자에게 제공된 모든 정보를 두
루 살펴보아 그 정보의 적정성과 정확성을 판단하여야 한다.

동의의 전제가 되는 정보인 사업의 종류·규모·위치·규모 등이 동의권자
의 동의 시점 이후에 변경된다면, 동의권자는 그 동의를 철회할 수 있다고
보아야 한다. 위와 같은 정보가 동의의 의사표시에 있어 '동기'가 될 것인

---

132) 도시개발법 시행령 제44조, 제6조 제4항 제2호, 도시정비법 시행령 제33조 제1항 제
1호 가.목에서는 다른 공유자의 동의를 받은 대표 공유자 1명을 해당 토지 소유자로
본다고 규정하고 있다.
133) 다만, 도시정비법 시행령 제33조 제1항 제1호 다.목에서는 1인이 다수 필지의 토지
또는 다수의 건축물을 소유하고 있는 경우에는 필지나 건축물의 수에 관계없이 해당
토지등소유자를 1명으로 산정하도록 정하고 있다.
134) 대법원 2018. 7. 24. 선고 2016두48416 판결.

데, 그 정보를 동의의 의사표시에 관한 내용으로 삼는 것에 대하여 사업시
행을 추진하는 자와 동의권자 간에 공통된 이해가 형성되어 있고, 정보의
변경내용이 동의의 의사표시에 결정적인 영향을 미칠 정도로 중요하다면,
민법 제109조 제1항을 유추적용하여 동의의 의사표시를 철회할 수 있다고
새긴다.[135]

대법원은 "사업시행자 지정을 위한 동의를 받기 위하여 토지소유자에게
제공되어야 할 동의 대상 사업에 관한 정보는, 해당 도시계획시설의 종류·
명칭·위치·규모 등이고, 이러한 정보는 일반적으로 도시계획시설결정 및
그 고시를 통해 제공되므로 토지소유자의 동의는 도시계획시설결정 이후
에 받는 것이 원칙이라고 할 수 있다. 그런데 국토계획법령은 동의 요건에
관하여 그 동의 비율만을 규정하고 있을 뿐, 동의 시기 등에 관하여는 명문
의 규정을 두고 있지 않다. 또한 재정상황을 고려하여 지방자치단체 등이
민간사업자 참여에 대한 토지소유자의 동의 여부를 미리 확인한 뒤 그 동
의 여부에 따라 사업 진행 여부를 결정하는 것이 불합리하다고 볼 수도 없
다. 이러한 점을 고려하면, 도시계획시설결정 이전에 받은 동의라고 하더라
도, 동의를 받을 당시 앞으로 설치될 도시계획시설의 종류·명칭·위치·규모
등에 관한 정보가 토지소유자에게 제공되었고, 이후의 도시계획시설결정
내용이 사전에 제공된 정보와 중요한 부분에서 동일성을 상실하였다고 볼
정도로 달라진 경우가 아닌 이상, 도시계획시설결정 이전에 받은 사업시행
자 지정에 관한 동의라고 하여 무효라고 볼 수는 없다."고 판시하였다.[136]
이 판결에서는 변경된 정보부분의 중요성과 변경의 중대성을 기준으로 동
의 자체가 무효로 될 수도 있음을 시사하였다. '변경의 중대성'에 대해서는
변경 전후의 동일성이라는 일응의 기준을 제시하였으나, '변경된 정보부분
의 중요성'에 대해서는 별다른 기준을 밝히지 않았다. 이에 대해서는 일반

---

135) 동기의 착오에 대한 대법원 1997. 9. 30. 선고 97다26210 판결 참조.
136) 위 2016두48416 판결.

인의 관점에서 동의 여부에 결정적인 영향을 미칠 수 있는 정보부분에 해당하는지 여부에 따라 판단하면 어떨까 한다.

(3) 소유요건과 동의요건의 충족 여부에 관한 판단 기준시점

소유요건과 동의요건의 충족 여부를 판단하는 기준시점에 관하여 개별법률에 명문의 규정이 있는 경우에는 그에 따르면 된다.[137] 그런데 많은 경우에 명문의 규정이 존재하지 않아서 그 판단 기준시점과 관련하여 실무상 혼선이 있다.[138]

대법원은 "사인의 공법상 행위는 명문으로 금지되거나 성질상 불가능한 경우가 아닌 한 그에 따른 행정행위가 행하여질 때까지 자유로이 철회하거나 보정할 수 있으므로 사업시행자 지정 처분이 행하여질 때까지 토지 소유자는 새로이 동의를 하거나 동의를 철회할 수 있다고 보아야 하는 점, 사업시행자로 지정받은 민간기업이 실시계획 인가를 받으면 도시계획시설사업의 대상인 토지를 수용할 수 있게 되는데, 동의요건은 이러한 민간기업에 대한 수용권 부여를 정당화하는 근거로서 의미가 있으므로 도시계획시설결정 내지 사업시행자 지정 신청이 있은 후라도 사업시행자 지정 처분이 행하여질 때까지 권리변동이나 사정변경이 있는 경우에는 그 의사에 반하여 소유권을 상실하게 되는 해당 권리자의 의사를 존중하는 것이 국토계획법의 취지에 부합하는 점 등을 종합하여 보면, 동의요건의 충족 여부를 판단하는 기준시기는 사업시행자 지정 처분 시로 봄이 타당하다."고 판시하

---

137) 예컨대, 도시개발법 제22조 제1항에서는 "토지 소유자의 동의요건 산정기준일은 도시개발구역지정 고시일을 기준으로 하며, 그 기준일 이후 시행자가 취득한 토지에 대하여는 동의 요건에 필요한 토지 소유자의 총수에 포함하고 이를 동의한 자의 수로 산정한다."고 규정하고 있다.

138) 비율산정의 분모인 토지소유자 총수에 관해서는 도시계획시설 결정시설, 사업시행자 지정 결정시설, 사업시행자 지정 신청시설 등이, 분자인 동의자 수에 관해서는 신청시설과 결정시설이 대립하고 있다. 이에 관한 구체적인 내용은 유해용(2015), 1074면 이하 참조.

였다.[139)

소유요건이나 동의요건은 사업시행자 지정 또는 수용권 발동의 적법요건이므로, 이들 법률효과를 발생시키는 처분의 위법성 판단 기준시점을 그대로 원용하면 된다고 본다. 처분의 위법성 판단 기준시점은 처분 당시이므로,[140) 달리 명문의 규정이 없는 한 이들 법률효과를 발생시키는 처분이 행해진 시점을 기준으로 해당 요건의 충족 여부를 판단하여야 한다.

3. 소유요건과 동의요건의 개선방안

가. 개요

㉮ 소유요건과 동의요건을 사업시행자 지정요건으로 삼을 것인지, 수용권 발동요건으로 삼을 것인지, ㉯ 소유요건과 동의요건 중 어느 것을 요구할 것인지, ㉰ 최저비율을 어느 정도로 설정할 것인지 등 소유요건과 동의요건을 설정하는 과정에는 많은 결단이 필요하다. 이들 질문에 일관된 기준을 제시할 수 있으면 좋겠지만, 정책적 요소를 강하게 띠는 영역에서 명확한 기준을 마련하기란 쉽지 않다. 특히 ㉰ 질문에 대해서 연역적으로 접근하는 것은 거의 무의미하고, 단지 귀납적으로 사업유형의 성격에 따라 어떠한 경향을 보인다는 정도의 분석이 가능할 뿐이다.[141) 그러나 ㉮, ㉯

---

139) 대법원 2014. 7. 10. 선고 2013두7025 판결; 다만, 대법원은 재개발사업에서 조합설립인가를 위한 동의 정족수는 재개발조합설립인가신청 시를 기준으로 판단해야 한다고 판시하였다(대법원 2014. 4. 24. 선고 2012두21437 판결). 이는 동의의 철회가 인가 신청 전까지 가능함을 염두에 둔 판시로 보인다[유해용(2015), 1079면].

140) 행정처분의 위법 여부는 행정처분이 있을 때의 법령과 사실 상태를 기준으로 판단하여야 한다는 것이 대법원의 확립된 입장이다. 대법원 1993. 5. 27. 선고 92누19033 판결; 대법원 2012. 12. 13. 선고 2011두21218 판결; 대법원 2018. 6. 28. 선고 2015두58195 판결 등.

141) 사업시행구역 내 토지면적의 1/2 소유를 요구하는 것이 적절한지, 1/3 소유를 요구하는 것이 적절한지 선험적으로 판단할 수는 없다. 단지 사업유형의 성격상 사업시행자의 과도한 사익 추구 유인이 작용할 개연성이 높은 사업유형에서 더 높은 비율을

질문에 대해서는 각 경우별 문제점을 보완하는 방식을 찾을 수 있는지 여부를 바탕으로, 대체로 어느 방향으로 나아가는 것이 적절하다는 정도의 해답은 찾아볼 수 있을 것이다.

나. 사업시행자 지정요건 우위

소유요건과 동의요건을 수용권 발동요건으로 삼았을 경우 가장 문제되는 것은 이미 사업시행자가 지정되어 사업이 진행되는 도중에 사업이 중단되거나 아예 폐지될 가능성이 상대적으로 높다는 점이다. 사업시행자가 수용권 발동에 필요한 토지소유권이나 소유자 동의를 확보하지 못하여 수용권이 설정되지 않는 경우가 발생할 수 있기 때문이다. 이것이 큰 사회·경제적 비효율을 낳을 것임은 두말할 나위가 없다. 소유요건과 동의요건을 수용권 발동요건으로 삼는 데에는 더 신중할 필요가 있다.

이에 대해서는 어차피 소유요건과 동의요건을 충족하지 못할 사업시행자라면, 수용권 발동단계에서라도 걸러내야 하는 것이 당연하지 않느냐는 반론이 있을 수 있다. 그러나 그러한 '축출'의 과정이 사업시행자 지정단계와 같이 더 이른 시점에 있었어야 한다고 재반론할 수 있다.

소유요건과 동의요건을 사업시행자 지정요건으로 삼았을 경우에도 문제가 없는 것은 아니다. 사업시행자 지정단계에서 동의한 토지소유자가 그이후 예상 보상가액이나 사업내용 등에 차이가 생기게 되면 그 동의를 번복할 가능성이 있다. 그러나 이러한 가능성을 완화·제거하는 방안이 바로공용수용이고, 사업시행자 지정단계에서 되도록 동의요건보다는 소유요건을 요구하는 것으로 입법하는 방안을 생각해볼 수도 있다. 결국 소유요건과 동의요건을 사업시행자 지정요건으로 삼는 입법이 공공필요 통제의 관점에서도 더 적절하다고 본다.

요구할 것이라는 가정을 해볼 수는 있다. 그런데 이는 실증분석을 필요로 하는 문제이므로, 후속연구의 과제로 남겨둔다.

다. 소유요건 우위

소유요건과 동의요건 중에서는 소유요건을 더 적극적으로 활용하는 것을 제안한다. 동의의 의사는 유동적이어서 동의요건이 계속적인 공익 실현을 안정적으로 뒷받침하지 못한다. 동의의 철회가 법적으로 제한된다고 하더라도 동의의사를 번복한 토지소유자가 공익사업의 계속적 추진에 '현실적으로' 지장을 줄 수 있는지는 그 법적 제한과는 별개의 문제이다.

그럼에도 소유요건을 강하게 추진하는 데에 주저하게 만드는 요인은 다음의 2가지라고 생각한다. 하나는, Ⓐ 너무 이른 시점에 사업시행자의 재정적 능력을 요구하게 되어 사인에게 공익사업을 맡기는 것이 사실상 제한된다는 점이다. 다른 하나는, Ⓑ 개발정보를 알게 된 토지소유자가 버티기(holdout)를 할 경우 사업시행자는 소유요건을 충족하기 위해 과다한 비용을 지출해야 한다는 점이다.

Ⓐ 문제에 대해서는 사업시행자가 해당 공익사업을 시행할 재정적 능력이 있는지 여부를 그 지정단계에서 확인하는 것이 공공필요 통제의 관점에서 오히려 권장되어야 함을 지적하고 싶다. 해당 사업을 추진할 정도의 경제적 능력이 사업시행자의 지정단계에서 검증되지 않는다면 계속적 공익 실현을 담보할 수 없는 그 민간사업자는 원천적으로 배제되어야 한다.

Ⓑ 문제에 대해서는 미국에서 활발하게 논의되고 있는 '비밀대리인제도(secret buying agents)'를 활용하는 방안을 생각해봄직하다. 앞서 제3장에서 간단하게 언급하기는 했지만, 비밀대리인제도는 사업시행자가 자신을 내세우지 않고 비밀대리인을 통하여 토지소유자와 협상을 하는 경우 해당 사업의 추진을 인지하지 못한 토지소유자의 기회주의적 버티기 시도를 차단할 수 있다는 점에 착안한 제도이다. Harvard대학교가 대학부지를 추가 매입한 사례와 Disney사가 Florida주의 Orlando와 Virginia주의 Manassas에서 테마공원을 조성한 사례에서 이 방법이 활용되었다.142)

---

142) Kelly(2006), p.22.

여기서 짚어보아야 할 점은 토지소유자는 물론 비밀대리인도 사업시행자가 개발사업의 시행을 위하여 토지를 매입하고자 한다는 사실을 알지 못해야 한다는 것이다. 그래야만 비밀대리인이 토지소유자에게 유리한 협상을 할 유인이 차단되기 때문이다.[143)

비밀대리인은 사인이 공익사업을 시행함에 있어 수용제도를 활용하여야 할 필요성을 크게 줄여준다. '비밀만 잘 지켜진다면' 버티기 문제가 발생할 가능성이 없기 때문이다. 그런데 공공부문이 개발사업을 시행함에 있어서는 비밀대리인을 활용하기 어렵다. 공공부문이 그 사업의 시행을 공표하기 전에 토지를 매입하는 것은 예산상 또는 법제상 제한되고, 그 시행사실을 공표하면 이미 '비밀'이 아니게 되기 때문이다. 이것이 소유요건을 수용권 발동요건이 아니라 사업시행자 지정요건과 결부시켜야 하는 이유이기도 하다.[144)

III. 개발이익환수제의 명암(明暗)

1. 개발이익 환수논란의 배경

사인이 '공공필요'를 내세워 공용수용을 이용해 개발사업을 시행하였다면, 그 개발에 따른 이익도 공공에 귀속시켜야 하지 않을까? 이러한 의문에서 촉발된 개발이익 환수를 둘러싼 논란은 끊임없이 계속되고 있다. 그런데 개발이익을 모두 환수하게 되면, 사인이 공익사업의 시행을 떠맡을 이유가 없어진다. '별다른 이익'도 없이 공익사업을 짊어질 '이타적인' 민간

---

143) *ibid*, p.21.
144) 수용권의 발동이 문제되는 단계에서는 이미 개발사업의 시행사실이 공표되어 있을 것이기 때문에 '비밀'이 성립할 수 없다.

사업자의 등장을 기대하기는 어렵다. 이에 따라 낮은 자본조달비용 등의
장점을 내걸고 폭넓게 행해지고 있는 사인에 의한 공익사업 시행은 원천적
으로 불가능해진다.[145] 결국 개발이익을 환수하는 것이 옳은가 하는 제도
자체에 대한 의문만큼이나 중요하게 다루어져야 할 것은, 어느 정도로, 어떻
게 개발이익을 환수하는 것이 적절한가 하는 제도 설계·운용의 문제이다.

   개발이익의 사유화 문제는 국민 간에 위화감을 조성하고 사회적 갈등을
일으키는 원인으로 작용하는 것을 넘어 사인수용 자체에 대한 본질적인 의
문을 야기할 수 있는 만큼 대다수의 국가에서는 고유한 개발이익환수제도
를 시행하고 있다. 특히 사인에 의한 공익사업 시행에 따른 이익이 실현되
는 시점에 개발이익을 환수하는 제도가 많은 국가에서 채택되고 있다.[146]
우리 개발이익환수법도 이러한 차원에서 개발부담금제도를 규정하고 있다.

2. 개발이익의 개념

   개발사업이 완료된 토지의 가격에는 개발사업의 시행을 전후한 다양한
요소들이 반영된다. ⓐ 개발사업 전의 토지가격을 기초로, ⓑ 사업시행자
의 투자에 따른 가치증가분(개발비용), ⓒ 사업기간 동안 지가의 정상적인
상승분, ⓓ 개발사업 자체로 인한 가치증가분(betterment), ⓔ 개발계획 및
토지이용의 변경허가에 따른 가치상승분(planning gain), ⓕ 그 이외의 사

---

145) 사업구역 내 '토지소유자'에 대해서는 적어도 이론적으로는 개발이익의 환수를 논할
   여지가 크지는 않다. 토지보상법 제67조 제2항에서 '보상액을 산정할 경우에 해당
   공익사업으로 인하여 토지 등의 가격이 변동되었을 때에는 이를 고려하지 아니한
   다.'고 규정함으로써 개발이익의 배제를 선언하고 있기 때문이다.
146) 예컨대, 영국에서는 개발허가와 연계된 계획협정(planning agreement)에서 그 개발에
   따른 이익(planning gain)의 일정 부분을 사회에 귀속시키도록 약정하는 제도를 운용
   하고 있다. 독일에서는 개발사업자가 도로, 공원 등 지구시설의 정비를 위하여 소요
   되는 비용을 부담하는 형태로 개발이익 환원이 이루어진다. 세계 각국의 개발이익
   환수방식에 대한 구체적인 설명으로는, 寺尾美子(1993), 256~261頁; 碓井光明(1993),
   261~273頁; 三木義一(1993), 273~283頁; 磯辺力(1993), 283~291頁 참조.

회·경제적 요인에 따른 가치증가분(windfall)이[147] 새로운 토지가격을 형성하게 된다.[148] 이 중 해당 개발사업(유형적 개발)으로 인하여 직접 증가한 가치에 해당하는 ⓓ가 가장 좁은 의미의 개발이익이고, 여기에다 토지의 용도변경과 같은 '무형적 개발'에 따른 이익까지 포함한 ⓓ + ⓔ가 좁은 의미의 개발이익이다. 넓은 의미의 개발이익은 일정기간 동안 토지의 가치증가분 가운데 소유자의 노력이나 투자에 의한 것을 제외한 나머지 부분인 ⓓ + ⓔ + ⓕ를 의미한다.[149]

개발이익의 개념을 어떠한 가치요소의 합(合)이라는 적극적(positive) 관점에서 접근하게 되면 '개발'과 직접 관련된 자본이득(capital gain)만 개발이익에 해당하는 것처럼 오인될 수 있다. 이에 전체 자본이득에서 토지소유자가 기여한 부분인 ⓑ와 정상적인 가치증가분인 ⓒ를 공제한 나머지 전부로 개발이익의 개념을 소극적(negative) 관점에서 설정해야 한다는 견해가 설득력을 얻고 있다.[150]

그런데 개발이익의 '개념'을 설정하는 문제와 개발이익의 '환수범위'를 정하는 문제는 같은 평면의 논의가 아니라는 점에 유의해야 한다. 개발이익의 개념을 넓게 볼수록 개발이익으로서 환수될 수 있는 영역(잠재적 환수가능 영역)이 함께 넓어지기는 하겠지만, 이것이 곧 개발이익의 정의에 들어가는 모든 이익을 환수해야 한다는 당위성으로 이어지지는 않는다. 왜냐하면 개발이익의 '환수 여부와 그 범위'는 토지의 공공성, 사회적 제약

---

147) ⓕ가 우발적 이익(windfall)으로 표현되기도 하지만, 실상 개발이익이라는 것 자체가 외부효과(externality)와 관련된다는 점에서 우발적인 면이 있다.
148) 국토연구원(2014), 13면; 국토연구원(2016), 7면; 이춘원(2017), 134면.
149) 한편, 개발이익을 ㉠ 도시의 전체적 발전과 도시활동의 활성화에 따른 토지가치상승분, ㉡ 도시계획의 전망·결정·변경에 따라 발생한 토지가치상승분, ㉢ 간선적 공공시설의 정비 또는 면적개발에 의하여 발생한 토지가치상승분, ㉣ 특정의 공공시설 정비로 인해 한정된 지구 내의 토지에 대하여 발생한 토지가치상승분으로 구성된다고 보는 견해도 있다. 이에 대해서는 原田純孝 外(1994), 118頁 참조.
150) 류해웅(2000), 400면; 성소미(2006), 8면.

등을 근거로 한 사회 전체의 공통된 인식과 합의에 따라야 할 문제이기 때문이다.

개발이익환수법 제2조 제1호에서는 개발이익을 개발사업의 시행이나 토지이용계획의 변경, 그 밖에 사회적·경제적 요인에 따라 정상지가상승분을[151] 초과하여 개발사업을 시행하는 자나 토지소유자에게 귀속되는 토지가액의 증가분으로 규정하여 넓은 의미로 접근하고 있다.[152] 이에 대해서는 통상적으로 개발이익에는 토지가액의 상승분 이외에 건축물에서 발생하는 개발이익이나 그 밖의 사회·경제적 여건의 변화에 따른 우발이익이 모두 포함되는데 개발이익환수법에서 '지가상승분'만을 개발이익으로 협소하게 설정한 것은 적절하지 않다는 비판이 있다.[153] 그러나 이 정의규정은 개발이익이 토지가액의 증가분에 표상된다는 관점에 서 있는 것일 뿐, 개발이익의 범위를 협소하게 설정한 것이 아니다. 또한, 토지에서 발생하는 개발이익과 건축물에서 발생하는 개발이익을 구별하는 것은 지나치게 관념적이다. 애당초 대부분의 개발사업은 건축물의 설치를 수반하고, 이 이익은 토지가액에도 반영될 것이기 때문이다.[154]

---

151) '정상지가상승분'은 금융기관의 정기예금 이자율 또는 그 개발사업 대상 토지가 속하는 해당 시·군·자치구의 평균지가변동률 등을 고려하여 산정된 금액을 말한다(개발이익환수법 제2조 제3호). 헌법재판소는 이 규정부분에 대하여 "개발부담금의 정확한 산정과 법적용의 예측가능성, 객관성을 모두 고려하여 규정한 것으로서 합리적이라 할 것이며, 이를 입법형성권의 한계를 일탈한 것으로 볼 수 없다."고 판시하였다(헌법재판소 2008. 5. 29. 선고 2007헌바16 결정).

152) 우리나라에서 '개발이익'이라는 용어가 법률에 처음 등장한 것은 1978년 국토이용관리법 개정에서였다고 한다. 이춘원(2017), 134면 참조.

153) 김상일·안내영(2011), 105면.

154) 대법원도 이러한 취지에서 일정한 건축물의 건축으로 사실상 또는 공부상 지목변경이 수반되면 그로써 바로 개발사업이 있은 것으로 볼 수 있어 개발사업에 해당되기 위해서 반드시 토지 자체에 대한 물리적인 개발행위가 요구되는 것은 아니라고 판시하였다(대법원 1999. 12. 16. 선고 98두18619 전원합의체 판결).

3. 개발이익환수제의 도입과 전개

가. 연혁

우리 사회의 급격한 도시화 및 산업화와 함께 부동산투기에 따른 막대한 개발이익의 사유화가 소득구조의 불균형, 부(富)의 왜곡된 분배, 계층 간의 갈등을 야기한다는 비판이 잇따랐다. 이에 1989년 토지공개념에 입각하여 '토지초과이득세법', '택지소유상한에 관한 법률', '개발이익환수법'의 3법이 제정되어 개발이익의 환수에 대한 사회적 논의가 급물살을 탔다.[155]

토지초과이득세는 각종 개발사업 및 그 밖의 사회·경제적 요인으로 유휴토지 등의 지가가 상승함으로 인하여 토지소유자 개인의 노력과 관계없이 얻게 되는 불로소득적인 초과이득을 조세로 환수함으로써, 조세부담의 형평과 지가의 안정 및 토지의 효율적 이용을 실현하기 위해 도입된 제도이다.[156] 그런데 헌법재판소는 토지초과이득세법 제10조 등에 대하여 세액산정의 기준이 되는 기준시가를 하위법령에 모두 위임함으로써 헌법상 조세법률주의를 위반하고, 위임입법의 한계를 일탈하였다는 이유로 헌법불합치결정을 하였다.[157] 그 이후 토지초과이득세법은 위 결정의 취지에 따라 개정되었으나,[158] 1997년 외환위기 이후 부동산시장 활성화대책으로 1998. 12. 28. 폐지되었다.[159]

---

155) 1989년 도입된 이들 법률 이전의 개발이익환수제의 변천과정에 대해서는 이춘원(2017), 135~136면 참조.

156) 헌법재판소 1994. 7. 29. 선고 92헌바49·52(병합) 결정.

157) 위 92헌바49·52(병합) 결정.

158) 개정된 법률에 대해서는 잇따라 합헌결정이 선고되었다. 헌법재판소 1995. 7. 27. 선고 93헌바1 등 결정; 헌법재판소 1997. 8. 21. 선고 97헌바24·30 결정; 헌법재판소 1999. 4. 29. 선고 96헌바10·82(병합) 결정 등.

159) 1962년 도시계획법 제정 당시 도입되었던 수익자부담금제도는 토지초과이득세법의 제정과 함께 폐지되었는데, 토지초과이득세가 없어짐에 따라 공공투자사업으로 발생한 수익과 비용부담 사이의 형평성 제고에 공백이 생겼다는 지적도 있다[최완호·장희순(2011), 61면].

택지소유상한제는 인간다운 생활의 가장 근본적인 요소라고 할 수 있는 주거문제를 해결하기 위하여 국민 각자가 생활을 영위함에 있어 반드시 필요로 하는 택지를 적정한 한도 내에서만 소유할 수 있도록 제한하고자 도입되었다.160) 택지소유상한에 관한 법률 또한 외환위기에 따른 경제구조조정과 부동산시장 활성화대책 추진과정에서 1998. 9. 19. 폐지되었다. 그 이후 헌법재판소는 위 법률이 택지소유의 상한을 예외 없이 지나치게 낮은 수준으로 설정한 점에서 재산권을 침해하고 경과규정을 두지 않아서 평등의 원칙에 위반된다는 등의 이유로 위헌결정을 하였다.161)

결국 1989년 야심차게 제정된 부동산투기대책 3법 중 개발이익환수법만이 남게 되었다. 개발이익환수법으로 도입된 '개발부담금'은 사업시행자가 국가 또는 지방자치단체로부터 인가 등을 받아 개발사업을 시행한 결과 개발사업 대상토지의 지가가 상승하여 정상지가 상승분을 초과하는 불로소득적인 개발이익이 생긴 경우 이를 사업시행자에게 독점시키지 않고 국가가 이를 환수하도록 한 제도이다. 이렇게 환수된 금원을 그 토지가 속하는 지방자치단체 등에 배분함으로써 경제정의를 실현하고 토지에 대한 투기를 방지하며 토지의 효율적인 이용을 촉진할 수 있다.162) 사업시행자가 얻는 개발이익은 개발이익환수법에 따라 개발부담금으로 징수하고, 사업구역 인근의 토지소유자가 얻게 되는 개발이익은 토지초과이득세법에 따라 토지초과이득세로 징수하도록 함으로써 이원적으로 개발이익을 '철저하게' 환수하려는 것이 당초의 입법의도였다.163) 그런데 토지초과이득세가 폐지되고, 개발부담금의 부과율도 축소됨으로써 이들 제도의 도입취지가 크게 퇴색되었다.164)

---

160) 헌법재판소 1999. 4. 29. 선고 94헌바37 등 결정.
161) 위 94헌바37 등 결정; 헌법재판소의 위헌결정에 따라 위 법률이 폐지되었다고 소개하는 문헌이 많은데, 사실관계에 부합하지 않는다.
162) 개발이익환수법 제1조; 헌법재판소 1998. 6. 25. 선고 95헌바35 등 결정.
163) 헌법재판소 2001. 4. 26. 선고 99헌바39 결정.

나. 개발이익의 환수방식

개발이익은 토지의 소유·이용·개발·처분단계에서 투자나 사회·경제적 환경변화에 따라 자연스럽게 발생하기 때문에, 개발이익의 환수방법을 설계함에 있어서는 어느 단계에서 환수할 것인가를 고려하여야 한다. 또한, 개발이익의 실현 여부에 따라 개발이익의 환수방법을 달리 구상할 수도 있다. 나아가 개발이익을 어느 범위까지 환수할 것인가와 관련하여 환수대상의 공간적 범위를 해당 개발지역에 한정할 것인지, 아니면 그 개발사업으로 인해 지가가 상승한 개발지역의 인근 지역까지 포함할 것인지도 선결적으로 검토해 보아야 한다.[165]

개발이익을 환수하는 방식은 크게 조세 방식, 부담금 방식, 그 밖의 방식으로 나뉜다.[166] 조세 방식에는 간주취득세,[167] 양도소득세,[168] 토지초과이득세(폐지), 법인세 특별부가세(폐지) 등이 있다. 부담금 방식에는 개발부담금, 수익자부담금, 농지·산지전용부담금(폐지), 광역교통시설부담금, 학교용지부담금, 과밀부담금 등이 속한다.[169] 그 밖의 방식에는 공공용지 기부채납, 손실보상액 산정에서의 개발이익 배제, 환지방식에서의 감보제도 등이 있다. 이 중 개발이익환수와 관련하여 가장 폭넓게 논의되는 것은 개발이익환수법에 따른 개발부담금이다.

---

164) 김용창(2010), 290면.
165) 류해웅(2007), 122면.
166) 이 문단의 내용은 이춘원(2017), 141면을 주로 참고하였다.
167) 토지의 지목을 사실상 변경함으로써 그 가액이 증가한 경우에 취득으로 보는 간주취득세가 대표적이다(지방세법 제7조 제4항).
168) 양도차익에는 개발이익에 대응하는 자본이득이 포함되어 있다.
169) 개발부담금은 다른 부담금과는 달리 개발이익 자체를 환수하는 측면이 강하다.

4. 개발이익환수법상 개발부담금제도

가. 개발부담금의 법적 성격

'부담금'이란 중앙행정기관의 장, 지방자치단체의 장, 행정권한을 위탁받은 공공단체 또는 법인의 장 등 법률에 따라 금전적 부담의 부과권한을 부여받은 자가 분담금, 부과금, 기여금, 그 밖의 명칭에도 불구하고 재화 또는 용역의 제공과 관계없이 특정 공익사업과 관련하여 법률에서 정하는 바에 따라 부과하는 조세 외의 금전지급의무(특정한 의무이행을 담보하기 위한 예치금 또는 보증금의 성격을 가진 것은 제외한다)를 말한다(부담금관리 기본법 제2조). 위 법률 별표 규정 제1호에서는 개발이익환수법 제3조에 따른 개발부담금을 부담금관리 기본법의 규율범위 내로 포섭하고 있다. 부담금관리 기본법에서 부담금의 개념을 매우 넓게 설정했기 때문에, 개발부담금도 여기에 속하게 되지만, 실상 개발부담금은 다른 유형의 부담금들과는 꽤나 다른 속성을 가진다.

❶ 일반적인 부담금이 특정한 공익사업으로부터 특별한 이익을 받은 사람에게 부과되는 반면, 개발부담금은 특정한 개발사업에 대한 반대급부적 성격 없이 개발이익환수법에 규정된 요건에 해당하는 모든 사람에 대하여 부과된다. ❷ 일반적인 부담금이 해당 사업에 소요되는 경비의 전부 또는 일부를 부담시키는 것임에 반하여, 개발부담금의 100분의 50에 상당하는 금액은 개발이익이 발생한 토지가 속하는 지방자치단체에 귀속되고, 이를 제외한 나머지 개발부담금은 국가균형발전 특별법에 따른 국가균형발전특별회계에 귀속됨으로써(개발이익환수법 제4조 제1항) 국가 및 지방자치단체의 재정수입에 충당된다. ❸ 일반적인 부담금이 수익자의 비용 부담이라는 관점에 서 있다면, 개발부담금은 부가적으로 토지에 대한 투기를 방지하고 토지의 효율적인 이용을 촉진하는 사회·경제 정책적 목적을 실현하는 기능도 수행한다.

이러한 속성을 고려하면, 개발부담금은 일반적인 부담금보다는 실질적으로 조세에 가깝다.[170] 입법자도 당초 개발부담금의 이러한 속성을 염두에 두고서 토지초과이득세와 개발부담금의 이원적 구조를 통한 개발이익의 환수를 구상하였던 것으로 보인다.

나. 개발부담금의 부과·징수

(1) 부과 대상 사업

시장·군수·구청장은 택지개발사업(주택단지조성사업 포함), 산업단지개발사업, 관광단지조성사업(온천 개발사업 포함), 도시개발사업, 지역개발사업 및 도시환경정비사업, 교통시설 및 물류시설 용지조성사업, 체육시설 부지조성사업(골프장 건설사업 및 경륜장·경정장 설치사업 포함), 지목 변경이 수반되는 일정한 사업 및 이와 유사한 사업으로서 개발이익환수령 제4조와 별표 1에서 정하는 사업이 시행되는 지역에서 발생하는 개발이익을 개발부담금으로 부과·징수한다(개발이익환수법 제3조, 제5조 제1항, 제14조 제1항).

개발부담금의 부과 대상인 개발사업을 '열거'하는 방식은 개발부담금의 실질을 조세로 보는 이상 당연한 헌법적 요청이다. 조세법률주의, 특히 과세요건 법정주의가 적용되어야 하기 때문이다.[171] 따라서 개발부담금의 부

---

170) 헌법재판소 2001. 4. 26. 선고 99헌바39 결정; 헌법재판소 2016. 6. 30. 선고 2013헌바191, 2014헌바473(병합) 결정; 헌법재판소는 비록 개발부담금의 명칭이 '부담금'이고 국세기본법이나 지방세기본법에서 나열하고 있는 국세나 지방세의 목록에 빠져 있다고 하더라도, '국가 또는 지방자치단체가 재정수요를 충족시키기 위하여 반대급부 없이 법률에 규정된 요건에 해당하는 모든 자에 대하여 일반적 기준에 의하여 부과하는 금전급부'라는 조세의 특징을 지니고 있다는 점에서 실질적인 조세로 보아야 한다고 판시하였다.

171) 헌법재판소는 조세법률주의의 핵심을 구성하는 과세요건 법정주의에 대하여 다음과 같이 판시하였다[헌법재판소 1995. 10. 26. 선고 94헌마242 결정]. "조세법률주의의

218 공용수용의 공공필요 검증론

과 대상을 포괄적으로 정하여 제도의 실효성을 도모하자는 주장은172) 개발
부담금의 실질을 도외시한 것으로서 수긍하기 어렵다.

(2) 납부의무자

원칙적으로 사업시행자가 개발부담금을 납부할 의무를 지되, 개발사업을
위탁하거나 도급한 경우에는 그 위탁이나 도급을 한 자가, 타인이 소유하
는 토지를 임차하여 개발사업을 시행한 경우에는 그 토지의 소유자가, 개
발사업을 완료하기 전에 사업시행자의 지위나 위와 같은 부담자의 지위를
승계하는 경우에는 그 지위를 승계한 자가 납부의무를 진다(개발이익환수
법 제6조 제1항).173) 수용된 토지의 종전 토지소유자를 납부의무자에서 제
외한 것은 토지보상법 제67조 제2항에 따라 손실보상액의 산정에서 이미
개발이익이 배제되기 때문이다. 협의취득된 토지에 대해서는 그 매매가액
에 개발이익이 포함되었을 가능성을 배제할 수 없으나, 개발이익이 포함된
정도를 산정하기 곤란하고 협의취득을 장려할 필요도 있다는 정책적 판단
에 따라 종전 토지소유자를 납부의무자로 삼지 않았다.

(3) 부과 제외 및 감면

국가가 시행하는 개발사업과 지방자치단체가 공공의 목적을 위하여 시

이념은 과세요건을 법률로 명확하게 규정하여 국민의 재산권을 보호함은 물론 국민
생활의 법적 안정성과 예측가능성을 보장하기 위한 것이므로, 그 핵심 내용은 과세
요건 법정주의와 과세요건 명확주의이다. 과세요건 법정주의는 조세는 국민의 재산
권을 침해하는 것이 되기 때문에 납세의무를 발생하게 하는 납세의무자·과세물건·
과세표준·과세기간·세율 등 과세요건과 조세의 부과·징수절차를 모두 국민의 대표
기관인 국회가 제정한 법률로써 규정하여야 한다는 원칙[이다.]"
172) 이형찬(2015), 78면.
173) 개발부담금 납부의무의 승계 및 제2차 납부 의무에 관하여는 지방세기본법 제41조
부터 제43조까지 및 제45조부터 제48조까지의 규정을 준용하고, 개발부담금 연대
납부의무에 관하여는 지방세기본법 제44조를 준용한다(개발이익환수법 제6조 제3
항). 이 규정에서도 개발부담금의 조세적 속성이 드러난다.

행하는 사업으로서 개발이익환수령 제6조 제1항에서 정하는 개발사업에는 개발부담금을 부과하지 않는다(개발이익환수법 제7조 제1항). 사업시행자가 이미 공공부문이기 때문이다. 이 밖에도 개발이익환수법에서는 다양한 정책적인 이유로 개발부담금을 감면하고 있다(제7조 제2항, 제3항). 즉, 개발사업의 성격상 공익성이 담보되는 경우에는 그 정도에 따라 개발부담금을 감면하는 것이다.

다. 개발부담금의 산정

개발부담금의 부과 기준(개발이익)은[174] 부과 종료 시점의 부과 대상 토지의 가액에서 ① 부과 개시 시점의 해당 토지 가액, ② 부과 기간의 정상지가 상승분, ③ 개발비용을 뺀 금액으로 산정한다(개발이익환수법 제8조). ①은 개발이익의 개념에서 살펴본 요소 중 ⓐ에, ②는 ⓒ에, ③은 ⓑ에 각 대응한다. 개발이익을 공제방식에 따라 산정함으로써 그 부과 기준을 개발이익의 정의규정과 합치시켰다고 평가할 수 있다.[175] 다만, ② 정상지가 상승분에 대하여 개발이익환수법 제2조 제3호와 같은 법 시행령 제2조 제4항에 따라 일반적으로 각 연도별 또는 월별 해당 개발사업 대상 토지가 속하는 시·군·구의 평균지가변동률을 적용하여 산정하는 것은 토지의 실제 지가변동률을 제대로 반영하지 못한다는 비판이 있다.[176]

원칙적으로 부과 개시 시점은 사업시행자가 국가나 지방자치단체로부터 개발사업의 인가 등을 받은 날을, 부과 종료 시점은 관계 법령에 따라 국가

---

174) 조세의 경우 과세표준에 대응하는 개념이다.
175) 개발부담금의 부과 기준인 개발이익의 산정방식에 관한 개발이익환수법의 규정을 일목요연하게 정리한 내용으로는, 성중탁(2022), 31면 참조.
176) 이 주장에서는 부과 개시시점 당시 표준지를 이용하여 종료시점 공시지가를 계산한 후, 그 계산된 지가에서 개시시점의 공시지가를 뺀 금액을 정상지가 상승분으로 삼도록 한다면, 합리적으로 개발부담금을 산정할 수 있다고 한다[김성훈·심교언(2021), 100면].

나 지방자치단체로부터 개발사업의 준공인가 등을 받은 날을 각각 원칙으로 한다(개발이익 환수법 제9조). 실무에서는 사업종료 시점의 가격을 판단하는 것은 용이한 반면, 사업착수 시점의 가격에 대한 자료를 확보하기는 쉽지 않다는 지적이 제기되고 있다.[177] 헌법재판소는 "개발부담금의 부과 개시시점을 착공시가 아니라 사업시행의 인가 등을 받은 날로 정하고 있는데, 개발사업의 인가 등이 있는 때에는 실제 착공시점과의 사이에 시간차가 있더라도 가격인상 요인이 이미 발생하였다고 보는 것이 경험칙에 부합한다. 착공 이후에 비로소 지가변동이 있는 사례를 가려내거나 실제의 착공시점을 정확하게 인정할 수 있는 객관적 기준을 마련하는 것은 기술적으로 어렵고, 만일 그와 같은 예외적 경우를 위하여 일률적으로 착공한 때를 부과개시시점으로 삼는다면 이미 가격변동이 일어나거나 또는 가격변동이 진행 중인 많은 경우의 개발이익을 환수할 수 없으므로 형평에 맞지 않는 결과가 된다."고 판시하여 이 규정부분을 합헌으로 보았다.[178]

종료 시점 지가는 부과 종료 시점 당시의 부과 대상 토지와 이용상황이 가장 비슷한 표준지의 공시지가를 기준으로, 개시 시점 지가는 부과 개시 시점이 속한 연도의 부과 대상 토지의 개별공시지가를 기준으로 각각 산정하는 것이 원칙이다(개발이익환수법 제10조 제1항, 제3항).[179] 부과 대상 토지를 처분할 때에는 처분가격을, 종료 시점 지가와 개시 시점 지가를 산정할 때 해당 토지의 개별공시지가가 없는 경우에는 개발이익환수법 시행규칙에서 정하는 다른 방법으로 산정하는 예외가 있다(개발이익환수법 제10조 제2항, 제5항).

납부의무자가 납부하여야 할 개발부담금은 그 부과 기준(개발이익)에

177) 서순탁(2016), 76면.
178) 헌법재판소 2002. 5. 30. 선고 99헌바41 결정.
179) 헌법재판소는 개발이익환수법 제10조 제1항 및 제3항에 대하여 지가의 산정에 있어 상당한 정도로 객관성과 합리성을 인정할 수 있다는 이유로 합헌결정을 하였다(헌법재판소 2000. 8. 31. 선고 99헌바104 결정).

100분의 20 또는 100분의 25의 부담률을 곱하여 산정한다(개발이익환수법 제13조).

5. 공익실현 담보기제로서의 개발이익환수제의 개선방안

가. 개관

개발이익환수제는 소유요건이나 동의요건과 같이 사인수용의 실시단계에 장벽을 두어 공공필요를 담보하는 것이 아니라 사업시행자로 하여금 이미 행해진 개발사업에 따른 이익을 내놓게 하는 방식으로 공익을 실현하는 것이어서 서로 적용국면이 다르다. 사인이 사업시행자가 되는 공익사업의 시행과정에서 수용으로 창출된 편익을 '공유'하는 것이 곧 공익이라는 관념이 개발이익환수제의 배경에 자리 잡고 있다.[180] 적정이윤만을 용인함으로써 사업시행자인 사인이 수용권을 남용하여 '무리하게' 개발이익을 확대시키고자 하는 유인을 차단할 수도 있다.[181]

이론적으로 개발이익환수제는 공공필요 통제의 관점에서 유의미한 효과를 보일 수 있어야 할 것인데, 실상을 들여다보면 그 실효성에 많은 의문이 있다. 개발이익환수제가 입법 당시 기대했던 효과를 거두지 못한 주된 이유로 크게 2가지를 제시하고 싶다. 하나는 정책적 일관성의 결여로 인하여 국민적 신뢰를 얻지 못했다는 점이다. 개별 정책의 개폐가 부동산시장이나

---

180) 이러한 생각은 경제학적으로 외부불경제(external diseconomy)를 유발한 결과라는 설명과 더불어 Karl Heinrich Marx의 고전적 지대론(地代論)에 의해서 뒷받침된다.
181) 적정이윤의 범위는 일률적으로 재단할 수 없는 입법정책의 영역 내에 있는 것이지만, 적정이윤의 설정이 적어도 역 로빈훗의 가능성을 어느 정도 막을 수는 있을 것이다. 역 로빈훗의 개념과 함의에 대해서는 제3장에서 설명하였다. 실제로 산업입지 및 개발에 관한 법률 시행령 제40조의3 제1항과 제2항에서는 건축사업으로 발생한 분양수익을 사업계획에 따른 추정이익에서 적정이윤을 차감하여 산정하되, 적정이윤은 건축원가의 100분의 15 범위에서 시·도 조례로 정하는 이윤율을 곱하여 산정한다고 규정하고 있다.

거시경제 여건의 변화에 연동되었기 때문이다.[182] 그러다 보니 개발이익
환수제가 경기변화에 따른 여론의 반응에 절대적으로 의존하게 되고, 공익
실현의 목적은 도외시되기 일쑤였다.[183] 다른 하나는, 복잡·다양한 개발이
익환수제도가 통합적으로 관리되지 못하고 개별 정책 목적에 따라 도입되
어 중복적으로 부과되는 등 제도 설계 및 운용이 우후죽순으로 이루어지고
있다.[184]

결국 개발이익환수제도 자체를 안정적이고 일관성 있게 유지하면서 개
발사업의 어느 단계에서 어느 정도의 개발이익을 환수할 것인지 원칙을 구
체적으로 세울 필요가 있다. 공익 실현을 담보할 제도적 장치로서의 개발
이익환수제는 이를 주된 목적으로 하여 고안된 개발이익환수법상 개발부
담금 부과제도를 중심으로 논의되는 것이 바람직하다고 본다. 다만, 현행
개발부담금 부과제도에는 몇 가지 문제점이 있으므로 이를 진단하고 그 개
선방안을 모색해보자.[185]

---

182) 성중탁(2022), 42면; 여기서는 이처럼 시간적 궤적에 따라 형성되는 문제점을 '종(縱)
    적 흠결'이라 부르기로 한다.
183) 예를 들어, 2014. 7. 15.부터 2018. 6. 30.까지 계획입지사업으로 인가 등을 받은 사업
    에 대하여 그 개발부담금이 수도권의 경우 50% 감경, 지방의 경우 면제되었다[기획
    재정부(2020), 647면]. 거의 일시적인 기능 중단인 셈이다.
184) 임윤수·최완호(2014), 195면; 이처럼 다양한 제도가 중구난방으로 펼쳐져 있는 문제
    점을 '횡(橫)적 흠결'이라고 부를 만하다.
185) 종래 개발부담금 부과제도의 문제점에 대해서는 개발지역 내에서만 발생하는 개발
    이익만을 부과대상으로 삼고, 주변 토지의 가치상승분에 대해서는 환수조치를 취하
    지 않는 것은 잘못이라는 지적, 조세법률주의에 충실한 제도 개편이 필요하다는 지
    적 등이 제기되고 있다. 그러나 이러한 문제점들은 공익실현의 담보라는 목적과는
    직접 관련되지 않으므로 여기서 논하지는 않는다.

나. 개발부담금 부과제도의 문제점과 개선방안

(1) 협소한 환수 대상 개발사업의 범위

개발이익환수법이 개발이익의 개념을 넓게 보면서도 부과 대상 개발사업의 범위는 매우 제한적으로만 설정하고 있다.[186] 입법자가 개발이익의 부과 기준을 넓게 보아 그 환수의지를 다지면서도 정작 개발부담금의 부과 대상인 개발사업의 범위는 좁게 설정함으로써 그 제도의 운용국면을 크게 줄인 것은 아쉬운 대목이다. 공익실현의 담보라는 개발부담금의 목적은 사인이 사업시행자가 될 수 있는 모든 개발사업의 유형에서 달성되어야 할 것이므로, 사업시행자의 범위를 사인에게 개방한 모든 개발사업 유형을 개발이익환수법 제5조에 편입시켜야 한다고 본다. 정책적으로 개발부담금을 부과하는 것이 적절하지 않은 개발사업 유형이 있다면, 개발부담금 제외 또는 부과 면제의 대상으로 정하면 될 것이다. 입법형식으로는 토지보상법 별표 규정에 열거된 공익사업 유형 중 사인이 사업시행자로 될 수 있는 것들을 모두 추출하여 개발이익환수법 제5조에 반영하는 것을 제안한다.

(2) 미미한 금액의 개발부담금

개발부담금의 산정금액은 개발이익을 공유하였다고 평가할 수 있을 정도에 이르러야 한다. 특히 사업시행자인 사인이 가질 수 있는 이윤 극대화의 유인을 차단하려면 적정이윤을 넘는 개발이익은 환수된다는 예상을 심어주어야 한다. 그런데 개발이익환수법에서 정하는 개발부담금의 부과 기준은 실거래가에 비하여 너무 낮아서 개발이익으로 환수되는 금액이 미미하다.[187] 또한, 20% 또는 25%라는 부담률이 과연 사인수용과정에서의 공

---

186) 안균오·변창흠(2010), 53면; 2013년 무렵 수용권이 허용된 100개의 개별 법률 중에서 불과 13개의 법률에 따라 추진된 사업에 대해서만 개발부담금이 부과되었다는 설명으로는, 김일중 외(2013), 236면 참조.

익실현에 이바지할 수 있을 정도인지는 생각해볼 문제이다. 이에 대해서는 싱가포르의 개발부담금 부과제도를 분석한 선행연구가 있어 살펴볼 필요가 있는데, 한국과 싱가포르의 개발부담금 부과제도를 비교하여 정리하면 다음과 같다.[188]

기준	한국	싱가포르
환수수준	부과율: 개발이익의 20% 또는 25% 정책적 목적에 따라 제도운용 자체의 개폐가 반복됨	부과율: 자본이득의 70% 부동산 경기에 따라 부과율 조정
부과대상	일정 규모 이상의 개발사업 대상 사업 유형을 법률에 명시 제외·감면: 개발의 공익성 정도에 따름	개발 규모에 관계없이 모두 부과 계획허가가 난 모든 사업에 부과 원칙 제외·감면: 개발의 공익성 정도에 따름
부과· 징수 절차	준공인가일로부터 5개월 내 부과 원칙 납부의무자: 사업시행자 행정심판, 소송 등 이의신청 많음	개발계획 최종승인일(임시허가)에 부과 납부의무자: 계획허가 신청인 이의신청절차 있으나 사례 거의 없음

개발부담금의 부과 기준, 즉 개발이익을 산정함에 있어서 개별공시지가를 활용하는 것에는 일정한 한계가 있음을 지적하고 싶다. 개별공시지가는 모든 토지소유자의 조세부담수준을 결정하는 기초자료로서 정책적 요소를 강하게 띠므로 애당초 '실제 이익'에 근사한 값을 추출해내는 목적에 적합하지 않다. 또한, 개발이익이 발생하는 특정한 지역을 대상으로 조정될 수 없기 때문에 개별공시지가를 통한 개발이익 환수수준은 매우 약할 수밖에 없다.[189] 개별공시지가에 개발사업의 편익을 반영할 수 있도록 하는 조정이 필요하다.

부담률과 관련해서는 2000. 1. 1. 종전의 50%에서 25%로 하향 조정된 이후에 현재 20~25%에 머물고 있다.[190] 개발이익 자체도 과소하게 산정되

---

187) 임윤수(2006), 18면.
188) 서순탁·최명식(2010), 103면 이하.
189) 한재명·최진섭(2020), 123면.

는데, 부담률 수준마저 낮다.[191] 부담률이 사회·경제적 여건이나 정책적 목적과 밀접하게 연동되어야 한다는 현실적 명제를 부정할 수 없다면, 싱가포르의 경우처럼 부담률을 탄력적으로 조정할 필요가 있다.[192]

---

190) 기획재정부(2020), 647면.

191) 부담률을 당초 수준인 50%까지 끌어올릴 필요가 있다는 주장으로, 한재명·최진섭(2020), 64면 참조.

192) 싱가포르의 경우 개발부담금의 부과 및 징수기준이 되는 10개 용도별 개발허가대상과 118개 지역의 용도별 개발부담금 부담률표를 매년 공표한다고 한다[서순탁·최명식(2010), 105면].

제5장

행정적 공공필요 검증

Ⅰ. 사업인정의 평가와 과제

1. 사업인정의 개념과 본질

가. 사업인정의 개념

어떠한 사업이 토지보상법 제4조 및 별표 규정에서 열거한 사업의 유형에 속하면 곧바로 그 사업을 위하여 수용을 할 수 있는 것일까? 이를 긍정하게 되면 공공필요 검증에 커다란 공백이 발생하게 된다. 일단 이들 규정에서 정한 공익사업의 유형은 포괄적이고 추상적인데, 이러한 성긴 통제망을 거쳤다고 해서 수용을 허용해 버리면 공·사익의 비교형량이라는 공공필요의 핵심적인 검증기제를 건너뛰게 된다. 어디까지나 공공필요는 구체적인 사업을 놓고서 그 사업을 둘러싼 여러 공·사익을 따져가며 개별적으로 판단되어야 한다. 이를 실현하는 행정적 공공필요 검증의 요체(要諦)가 '사업인정'이다. 헌법재판소도 토지보상법 제4조에서는 공공성 유무를 판단하는 일응의 기준을 제시한 것에 불과하고, 사업인정의 단계에서 개별적·구체적으로 공공성에 관한 심사를 통과하여야 비로소 토지 등의 수용·사용이 가능하게 된다고 판시하였다.[1]

'사업인정'이란 공익사업을 토지 등을 수용하거나 사용할 사업으로 결정하는 것을 말한다(토지보상법 제2조 제7호). 즉, 일정한 사업을 수용권을 설정할 만한 사업, 이른바 수용적격사업으로 결정하는 것을 의미한다. 헌법재판소는 사업인정을 "특정한 사업이 토지수용을 할 수 있는 공익사업에 해당함을 인정하여 사업시행자에게 일정한 절차를 거칠 것을 조건으로 특정한 재산권의 수용권을 설정하는 행정행위이며, 공익사업을 토지 등을 수

---

1) 헌법재판소 2010. 12. 28. 선고 2008헌바57 결정.

230 공용수용의 공공필요 검증론

용 또는 사용할 사업으로 결정하는 것"으로 정의하였다.[2] 대법원도 이와 같은 취지에서 사업인정을 "행정청이 공익사업의 시행자에게 그 후 일정한 절차를 거칠 것을 조건으로 하여 일정한 내용의 수용권을 설정하여 주는 형성행위"로 보았다.[3]

나. 사업인정의 기능과 본질

사업인정은 사업시행자에게 수용권을 설정해준다. 수용권의 설정은 사업시행자에게 수용권을 '부여'한다는 의미가 아니라 사업시행자가 수용의 '효과를 누릴 자격'이 있음을 인정한다는 의미로 해석되어야 한다.[4] 수용권은 국가의 고권으로서 다른 주체에게 넘겨줄 수 있는 권한이 아니다. 단지 사업시행자가 수용권의 행사에 따른 효익(效益)을 향수할 수 있을 따름이다. 실제로 사업시행자가 직접 수용권을 행사하도록 정한 입법례는 없다. 수용권의 행사는 수용권이 그 요건을 갖추고 효력을 발하는 일련의 절차에서 주도적인 의사결정을 할 수 있는 것을 말한다. 즉, 자신의 의사에 따라 수용의 효력발생 여부를 결정하는 것을 수용권의 행사라고 보는 것이다.[5] 이러한 의미에서 사업시행자는 수용권을 행사할 수는 없고, 단지 수용의 효과를 누리고자 수용권의 구체적인 실행을 권한 있는 기관에 신청할 권리를 가질 뿐이다.[6]

---

2) 헌법재판소 2007. 11. 29. 선고 2006헌바79 결정.
3) 대법원 1994. 5. 24. 선고 93누24230 판결; 대법원 2019. 12. 12. 선고 2019두47629 판결.
4) 사업인정을 설명한 많은 문헌에서 '수용권 부여'라는 표현을 사용하고 있는데, 이러한 표현은 정확하지 않다.
5) 이에 관해서는 제3장에서 이미 설명하였다.
6) 토지보상법 제28조 제1항에서도 "협의가 성립되지 아니하거나 협의를 할 수 없을 때(제26조 제2항 단서에 따른 협의 요구가 없을 때를 포함한다)에는 사업시행자는 사업인정고시가 된 날부터 1년 이내에 대통령령으로 정하는 바에 따라 관할 토지수용위원회에 재결을 신청할 수 있다."라고 규정하고 있다.

　여기서 수용권의 설정과 실행의 2단계가 형성된다. 사업인정이 수용절차의 1차적 단계로서 사업시행자에게 수용의 효과를 누릴 자격을 부여하고, 2차적 단계인 수용재결을 통하여 구체적인 토지 등에 대하여 수용의 효과가 발생하게 된다.[7] 사업인정 이후에 행해지는 구체적인 수용의 실행에 관한 결정인 수용재결은 토지수용위원회가 맡는다(토지보상법 제50조). 대법원은 이와 같은 수용절차의 2분화를 엄격하게 관철하고자 "토지수용위원회는 행정쟁송에 의하여 사업인정이 취소되지 않는 한 기능상 사업인정 자체를 무의미하게 하는, 즉 사업의 시행이 불가능하게 되는 것과 같은 재결을 행할 수 없다."고 판단하였다.[8] 사업의 시행 여부에 결정적인 영향을 미치는 수용권의 행사에 대해서는 수용재결이 철저히 사업인정에 종속되어야 한다고 선언한 셈이다. 그런데 대법원의 이러한 입장은 수용절차 전반에서 공공필요의 검증을 크게 위축시키는 결과를 초래하였는데, 이에 대해서는 뒤에서 자세히 살펴본다.

　수용권의 설정을 그 본질로 하는 사업인정은 수용의 공공필요성에 대한 판단절차 그 자체라고 해도 과언이 아니다.[9] 특히나 위 대법원 판례로 인하여 공공필요 검증은 사업인정에 전속되었다. 실질적으로 사업인정을 거치게 되면, 더 정확하게는 사업인정에 대하여 불가쟁력이 발생하게 되면 그 이후에는 해당 사업을 위한 수용의 공공필요를 더 이상 묻지 않고 수용절차가 진행되는 것이다.[10] 이론상으로는 공공필요의 존부에 대한 판단이

---

7) 대법원 1991. 1. 29. 선고 90다카25017 판결; 대법원은 이를 '수용절차의 2분화'라고 하였다(대법원 2007. 1. 11. 선고 2004두8538 판결).

8) 위 2004두8538 판결; 이 판결은 비록 구 토지수용법 아래에서 내려진 것이지만, 이 부분 판시내용에 관련된 규정들은 구 토지수용법과 현행 토지보상법 간에 거의 차이가 없으므로, 위 판시내용은 현행법 아래에서도 그대로 유효하다고 본다.

9) 정기상(2022b), 214면.

10) '후발적 사유'로 당초의 사업인정에 따라 수용권을 행사하는 것이 수용권의 공익 목적에 반하는 것으로 인정되는 경우에 한하여 '예외적으로' 수용권 남용의 법리를 적용하여 공용수용을 허용하지 않은 대법원 판결이 있다(대법원 2011. 1. 27. 선고 2009두1051 판결). 그러나 이 판결을 적용하여 공용수용을 불허한 후속판결이 전혀 없어 수

반드시 사업인정의 단계에서만 행해질 것은 아니지만, 위 대법원 판결에서
내세운 법리에 따라 절차적으로 사업인정이 공공필요 판단을 온전히 도맡
는 구조가 형성되어 있는 셈이다.[11]

다. 사업인정의 법적 성질

사업인정은 해당 공익사업에 필요한 토지 등에 대하여 행해지는 대물적
처분이면서 특정한 사업시행자에게 수용의 효과를 향수할 수 있는 자격을
부여하는 대인적 처분의 성격을 갖는다.[12] 사업인정의 법적 성질에 대해서
는 확인행위설과 설권적 형성행위설이 대립한다.

(1) 확인행위설

사업인정을 단순히 특정한 사업이 공익사업의 유형에 해당되는지 여부
를 결정하는 확인행위라고 보는 견해이다.[13] 이 견해에서는 사업인정과 수
용재결의 관계에 대하여, 후속하는 수용재결이 토지의 수용 및 사용을 위
한 법적 권원을 종국적으로 형성하는 행정절차이고, 사업인정은 수용 및
사용에 관한 잠정적인 행정결정이라고 본다.[14] 이러한 확인행위는 사업시
행자에게 직접 수용권을 설정해 주는 것이 아니고, 사업시행자가 토지보상
법에서 정한 여러 권리를 행사할 수 있게 된다고 하더라도 이는 사업인정
의 효과가 아니라 법률규정에 의하여 직접 생기는 효과라고 한다.[15]

용권 남용 법리의 실효성에 의문이 제기된다. 수용권 남용의 법리에 대해서는 제6장
에서 자세히 설명한다.

11) 정기상(2022c), 150면.

12) 토지보상법 제5조의 권리·의무 등의 승계 규정에서 사업인정의 대인적 처분으로서의
성격이 잘 드러난다.

13) 이선영(2008), 157면; 김해룡(2005b), 27면.

14) 김해룡(2005b), 24면

15) 석종현(2005), 154면; 석종현 교수는 확인행위설을 위와 같이 설명하고 있을 뿐, 설정
적 형성행위설이 타당하다고 보았다.

이 견해에 따르면, 사업인정이라는 국가의 확인행위는 특정한 사업이 일정한 요건을 갖추고 있는지 여부를 형식적으로 판단하는 법선언적 행위이기 때문에 기속행위가 된다. 따라서 일정한 사업이 법률에서 정하는 공익사업에 해당하는 한 사업시행자는 사업인정을 요구할 권리를 가지고, 국가는 그 사업을 위하여 수용을 허용하여야 할 공익상의 필요가 있는지에 대한 판단을 하지 못한다. 그 결과 일정한 사업이 공익사업에 해당함에도 불구하고 사업인정을 거부하는 것은 기속위반이 되어 위법하게 된다.[16]

이 견해에서는 사업인정의 권한이 국토교통부장관에게 전속되는 점, 수용재결사항은 토지소유자가 수용재결 이후에 비로소 수용을 수인할 의무가 생김을 전제로 하는 점, 국토교통부장관이 사업시행자인 경우 자기 사업 시행을 위한 수용권의 설정을 스스로 하는 모순에 빠지게 되는 점 등을 그 근거로 든다.[17]

(2) 설권적 형성행위설

사업인정을 일정한 사업이 공익사업의 유형에 해당하는지 여부를 판단하는 것을 넘어 적극적으로 사업시행자에게 일정한 절차를 거칠 것을 조건으로 수용권을 설정하는 형성행위라고 한다. 이 견해에 따르면, 사업인정권자는 일정한 사업이 형식적으로 토지보상법 제4조 각 호에서 열거한 공익사업의 유형에 해당되는 경우라도 과연 그 사업에 수용을 허용할 공공필요가 존재하는지 구체적으로 살펴야 한다. 이로써 사업인정은 재량행위에 속하게 된다. 우리나라의 통설이다.[18] 대법원도 사업인정을 단순한 확인행위가 아니라 형성행위라고 보았다.[19]

---

16) 석종현(2005), 154면.
17) 김해룡(2005b), 28~30면.
18) 김동희(2019), 394면; 박균성(2019), 491면; 박평준(2004), 14면.
19) 대법원 2005. 4. 29. 선고 2004두14670 판결.

(3) 평가

결론적으로 사업인정은 일정한 사업에 대하여 수용을 이용할 자격이 있는 공익사업으로 인정하는 규범적 판단이 개재되어 있는 형성행위라고 보는 것이 타당하다. 그 근거는 다음과 같다.

첫째, 토지보상법에서는 국토교통부장관이 사업인정을 한다고 규정하고 있을 뿐(제20조), 그 요건에 관해서는 규정하지 않았다. 국토교통부장관에게 그 판단을 일임한 셈이다. 더욱이나 판단대상조차도 공공필요라는 불확정개념이다. 이는 사업인정을 재량행위로 볼 수밖에 없게 하는 주된 요인이다.

둘째, 확인행위설에서 사업인정을 잠정적, 수용재결을 확정적으로 보는 것은 지나치게 의제적이다. 애당초 잠정적 처분이 왜 필요한지 알 수 없다. 수용재결만으로 수용권을 확정지으면 족한 것이지 처분의 한 단계를 더 두어야 하는 이유가 분명하지 않다.[20] 사업인정과 수용재결은 수용권의 설정과 실행이라는 수용절차의 단계를 구성한다고 보는 것이 옳다.

셋째, 국토교통부장관이 사업인정권자와 사업시행자의 지위를 모두 겸하게 되는 상황이 불합리하다면, 이는 권한의 분배 및 통제의 문제로 접근하여야 할 것이지 사업인정의 법적 성격을 좌우할 근거로 삼을 수는 없다. '어떠한 논리에 따르면 때로는 불합리한 결과가 발생하는 경우가 존재한다면, 그 논리 자체가 잘못된 것'이라는 명제가 언제나 옳은 것은 아니다.

---

[20] 사업인정을 '잠정적'이라고 본다면, 수용재결도 당사자의 소 제기에 따른 법원의 확정 판결이 있기 전까지는 '잠정적'이라고 보아야 하는 기이한 결론에 이르게 된다는 지적으로는, 김광수(2008), 115면 참조.

2. 사업인정의 절차

가. 사업인정의 신청

(1) 사업인정신청서의 구성

사업시행자가 공익사업의 수행을 위하여 필요한 토지 등을 수용하거나 사용하려면 국토교통부장관의 사업인정을 받아야 한다(토지보상법 제19조 제1항, 제20조 제1항). 이에 사업시행자는 국토교통부장관에게 사업인정을 신청하여야 한다.

사업시행자는 토지보상칙 별지 제10호 서식에 따른 사업인정신청서에 ㉠ 사업시행자의 성명 또는 명칭 및 주소, ㉡ 사업의 종류 및 명칭, ㉢ 사업예정지, ㉣ 사업인정을 신청하는 사유를 적는다(토지보상령 제10조 제1항). 사업인정신청서 서식 뒤쪽에는 그 신청의 처리절차가 도표로 나와 있다.

'㉢ 사업예정지'에는 사업구역으로 예정된 지역 전체를 기재하고, '㉣ 사업인정을 신청하는 사유'에는 해당 사업구역 내 토지 등을 협의매수로 취득할 수 없는 경우 수용을 필요로 한다는 내용을 기재한다. 사업인정 신청단계에서 협의취득절차가 완료된 것은 아니므로, 확정적으로 협의가 성립되지 않았거나 협의를 할 수 없음을 적시할 필요는 없다.[21]

(2) 사업인정신청서의 첨부서류

사업인정신청서에는 다음의 각 서류 및 도면을 첨부하여야 한다(토지보상령 제10조 제2항). 사업시행자가 사업인정신청서 및 그 첨부서류·도면을 제출하는 때에는 정본 1통과 공익사업시행지구에 포함된 시·군 또는 구의 수의 합계에 3을 더한 부수의 사본을 제출하여야 한다(토지보상칙

---

21) 이는 수용재결의 요건이다(토지보상법 제28조 제1항).

제8조 제6항).

① 사업계획서
② 사업예정지 및 사업계획을 표시한 도면
③ 사업예정지 안에 법 제19조 제2항에 따른 토지 등이 있는 경우에는 그 토지 등에 관한 조서·도면 및 해당 토지 등의 관리자의 의견서
④ 사업예정지 안에 있는 토지의 이용이 다른 법령에 따라 제한된 경우에는 해당 법령의 시행에 관하여 권한 있는 행정기관의 장의 의견서
⑤ 사업의 시행에 관하여 행정기관의 면허 또는 인가, 그 밖의 처분이 필요한 경우에는 그 처분사실을 증명하는 서류 또는 해당 행정기관의 장의 의견서
⑥ 토지소유자 또는 관계인과의 협의내용을 적은 서류(협의를 한 경우로 한정한다)
⑦ 수용 또는 사용할 토지의 세목(토지 외의 물건 또는 권리를 수용하거나 사용할 경우에는 해당 물건 또는 권리가 소재하는 토지의 세목을 말한다)을 적은 서류
⑧ 해당 공익사업의 공공성, 수용의 필요성 등에 대해 중앙토지수용위원회가 정하는 바에 따라 작성한 사업시행자의 의견서

‘① 사업계획서’에는 사업의 개요 및 법적 근거, 사업의 착수·완공예정일, 소요경비와 재원조서, 사업에 필요한 토지와 물건의 세목, 사업의 필요성 및 그 효과를 기재하여야 한다(토지보상칙 제8조 제2항). 특히 ‘사업의 필요성 및 그 효과’ 항목은 국토교통부장관의 공공필요 판단에 대한 사업시행자의 의견제출로서의 성격을 띤다.

'② 도면'의 경우 사업예정지를 표시하는 도면은 축척 5천분의 1 내지 2만5천분의 1의 지형도에 사업예정지를 담홍색으로 착색하는 방식으로 작성하고, 사업계획을 표시하는 도면은 축척 1백분의 1 내지 5천분의 1의 지도에 설치하고자 하는 시설물의 위치를 명시하고 그 시설물에 대한 평면도를 첨부하여야 한다(토지보상칙 제8조 제3항).

'③ 조서와 도면'의 경우 조서는 토지보상칙 별지 제11호 서식에 의하여 작성하고, 도면은 축척 1백분의 1 내지 1천2백분의 1의 지도에 토지 등[22]의 위치를 표시하여 작성하여야 한다(토지보상칙 제8조 제4항). 토지보상법 제19조 제2항에서는 "공익사업에 수용되거나 사용되고 있는 토지 등은 특별히 필요한 경우가 아니면 다른 공익사업을 위하여 수용하거나 사용할 수 없다."고 규정함으로써 수용적격사업이 경합하여 충돌하는 경우 그 공익의 조정을 도모하였다.[23] 현재 공익사업에 이용되고 있는 토지는 가능하면 그 용도를 유지하도록 하기 위하여 수용의 목적물이 될 수 없도록 하는 것이 그 공익사업의 목적을 달성하기 위하여 합리적이라는 이유로, 보다 더 중요한 공익사업을 위하여 특별한 필요가 있는 경우에 한하여 예외적으로 다른 공익사업을 위한 수용의 목적물이 될 수 있다고 규정한 것일 뿐, 토지 등을 수용할 수 있는 요건 또는 그 한계를 정한 것이 아니다.[24] 해당 토지 등의 관리자 의견서의 제출을 요구한 것도 공공필요의 우열을 가리는 데에 참고자료로 삼고자 함이다.

'④, ⑤의 해당 행정기관의 장의 의견서'는 토지보상법 이외의 법률에서 정한 제한의 준수 여부에 관한 주관 행정기관의 의견을 적은 서류를 말한다. 특히 ⑤의 서류는 사업시행자지정처분과 관련한 서류를 의미한다. 사업인정 과정에서 각종 공법상 제한의 준수 여부를 유기적으로 판단할 수

---

22) 토지보상법 제2조 제1호에 따른 토지·물건 및 권리를 말한다.
23) 정기상(2022e), 232면.
24) 헌법재판소 2000. 10. 25. 선고 2000헌바32 결정.

있도록 이들 서류를 제출케 한 것이다. 이는 토지보상법 제21조 제1항에서 정한 관계 중앙행정기관의 장과의 협의에 앞서 관계 행정기관을 확정하는 데에 참고자료가 되기도 한다. 다만, 협의상대방인 관계 중앙행정기관의 범위는 국토교통부장관이 직권으로 판단할 사항이다.

'⑥ 협의 관련 서류'는 사업시행자가 사업인정의 신청에 앞서 토지보상법 제14조부터 제16조까지의 규정에 따른 토지소유자 등과의 협의절차를 마쳤는지 여부와 그 협의경과를 확인하기 위한 자료이다. 단, 사업인정에 앞선 협의절차가 법률상 의무사항은 아니므로,25) 이 서류는 사업시행자가 협의절차를 미리 거친 경우에 한하여 제출되어야 한다.

'⑦ 토지 세목을 적은 서류'는 사업인정의 주된 효력인 수용목적물 확정과 관련된다. 일응 이 서류에 적힌 토지의 세목이 수용대상으로 정해지는 것이다. 이 서류는 토지보상칙 별지 제12호 서식에 따라 작성된다(토지보상칙 제8조 제5항).

'⑧ 사업시행자의 의견서'는 중앙토지수용위원회가 해당 사업을 위한 수용에 관한 공공필요 검증을 하고 이를 바탕으로 국토교통부장관과 협의를 함에 있어 사업시행자에게 의견제출의 기회를 부여한 것이다.26) 사업인정에 있어 중앙토지수용위원회의 공공필요 검증기능이 강화되고 있는 만큼27) 사업시행자는 이 의견서를 충실하게 작성할 필요가 있다.

(3) 사업인정신청서의 제출

사업시행자는 사업인정신청서를 특별시장·광역시장·도지사 또는 특별자치도지사를28) 거쳐 국토교통부장관에게 제출한다(토지보상령 제10조 제

---

25) 토지보상법상 사업인정 이전의 협의절차는 임의적이고, 그 이후의 협의절차는 의무적이다(토지보상법 제16조, 제26조 참조).
26) 관계 부처간 협의가 일반적으로 갖는 밀행성을 고려하면, 사업시행자에게 의견제출의 기회를 부여한 것은 고무적이다.
27) 공공필요 검증에 있어 중앙토지수용위원회의 역할에 대해서는 뒤에서 자세히 검토한다.

1항 본문). 시·도지사를 거치게 한 것은 관할 구역에서 일정한 사업이 추진되고 있음을 시·도지사에게 주지시키고 관련 자료를 공유하기 위함이다. 다만, 사업시행자가 국가인 경우에는 해당 사업을 시행할 관계 중앙행정기관의 장이 직접 사업인정신청서를 국토교통부장관에게 제출할 수 있다(같은 항 단서). 사업시행자가 국가인 경우 내부업무체계나 업무협조계통에 따라 시·도지사에게 사업내용이 전해질 것이어서 시·도지사를 경유할 필요가 적음을 고려한 것이다.

토지보상법에서는 사업인정의 신청시기에 대해서 별도로 규율하지 않는다. 사업시행자가 사업계획을 수립하고서 그 사업예정지 내의 토지소유자들과 협의취득 절차를 진행하는 경우가 많다. 사업인정 이후 토지소유자 등과의 협의절차는 의무적이지만, 사업인정 이전의 협의절차는 임의적이다. 그럼에도 사업시행자가 사업인정 이전에 협의절차를 진행하고서 협의취득이 되지 않은 토지 등에 대하여 사업인정절차를 진행하는 경우가 적지 않다. 이러한 경우 토지소유자 등은 협의과정에서 꽤나 강력한 심리적 압박을 받는다. 사업시행자가 토지소유자 등과 협의취득의 성립에 이르지 못할 경우 사업시행자는 사업인정을 받아 곧바로 수용절차로 넘어갈 것이기 때문이다. 토지소유자 등으로서는 토지 등을 스스로 내어 놓지 않으면 강제로 빼앗기는 게임이론의 '단수 양자택일 제안(take-it-or-leave-it offer)' 상황에 놓이게 된다. 그 과정에서 사업시행자는 보상금액을 결정하여 통보할 수 있는 절대적인 우위를 점하게 되고, 토지소유자 등은 결국 자신의 소유권을 빼앗기게 되리라는 생각으로 보상금액에 대한 협상을 포기한 채 협의취득에 응하게 된다.[29] 이러한 구조는 공용수용과 손실보상의 전반에서 많은 중요한 영향을 미친다.

---

28) 토지보상법령에서는 이들 행정청을 통칭하여 '시·도지사'라 한다. 여기서도 이들 행정청을 별개로 언급하여야 할 경우가 아닌 한 '시·도지사'라고만 한다.
29) 김일중 외(2013), 116~118면.

나. 관계 중앙행정기관의 장 및 시·도지사와의 협의

(1) 개관

국토교통부장관이 사업인정을 하려면 관계 중앙행정기관의 장, 시·도지사와 협의하여야 한다(토지보상법 제21조 제1항). 국토교통부장관은 사업인정에 앞서 해당 사업에 관한 소관 부처의 장 및 그 사업구역을 관할하는 시·도지사와 협의함으로써 사업인정과정에서 발생할 수 있는 행정기관 간의 이견 또는 갈등의 소지를 미연에 조정하여 정부의 신뢰가 저해되거나 예산낭비, 나아가 사회적 비효율이 발생되는 문제를 최소화해야 한다.

협의는 해당 사업의 공공필요성에 관하여 이루어져야 한다. 사업의 정책적 타당성이 협의의 쟁점이 되는 것은 아니지만, 사업의 공익성과 수용의 필요성에 대한 의견을 교류하는 과정에서 사업 자체의 타당성에 대한 논의가 이루어질 가능성이 높을 것이다.

(2) 행정기관 간의 협의 일반론

'협의'는 일반적으로 특정한 사항이 둘 이상의 행정기관에 관련되어 있는 경우, 이들 행정기관 간에 행해지는 해당 사항의 처리를 위한 논의라고 정의되고 있다. 특정한 사항이 둘 이상의 행정기관에 관련되어 있다고 하여 하나의 행정권한을 둘 이상의 행정기관이 행사하도록 하는 것은 개별 사항마다 처분청이 달라짐에 따른 업무 혼선, 불분명한 책임 소재 등의 문제를 낳기 때문에, 주된 처분청을 두되 다른 행정청과 협의하도록 하는 것이다. 즉, 협의는 행정의 적법·타당성 보장, 국민의 권익 보호, 다른 행정기관의 소관 사무에 대한 존중 등을 그 취지로 한다.[30]

'협의'는 용어의 통상적인 의미를 놓고 보면 서로 의견만 나누면 된다는

---

30) 류철호(2005), 45면.

뜻으로 읽히기도 하는데, 법제상으로는 그 의미가 그리 간단하지 않다. 협의를 규정한 각 법령에서 협의를 요구한 취지나 목적이 다르고, 그 내용이 단순히 관계 행정기관의 자문 또는 의견을 들어 행정권한의 행사에 참작하라는 것인지, 관계 행정기관의 동의를 얻으라는 것인지 분명하지 않기 때문이다.[31] 특히 주된 행정기관이 그 권한을 행사하면서 협의를 거치지 않거나 협의내용과 다르게 권한을 행사한 경우 그 권한행사의 효력이 문제될 수 있으므로, 협의의 의미와 법적 성격을 밝히는 작업은 매우 중요하다.

따라서 어떠한 법령에 등장한 '협의'의 의미를 분석하기 위해서는 사전적 의미에서부터 접근해서 차근차근 논리적 가공을 통하여 해당 규정체계와 취지에 맞는 의미를 추론해내야 한다. 즉, 법령에서 협의라는 용어를 마주할 때 그것의 법적 의미나 효과는 선험적이고 확정적인 의미론으로써 풀어지는 것이 아니라 논리적 해석, 합목적적 해석 등을 통하여 그 의미와 효력을 구체적으로 확정해야 하는 것이다.[32]

대체로 행정주체·행정기관들 사이의 협의는 법적 개념의 측면에서 동의인가 의견제시(자문)인가를, 법적 효과의 측면에서 그 협의내용에 구속력이 있는지 여부를 규명하는 문제로 접근할 수 있다. 협의는 관계 행정기관의 자문 또는 의견을 구하는 협의와 관계 행정기관의 합의 또는 동의를 구하는 협의로 나뉜다. 전자(前者)의 경우 권한행사의 타당성과 적법성 보장, 행정기관 간의 마찰 방지 등을 주된 목적으로 하는데, 반드시 관계 행정기관의 동의가 있어야 하는 것은 아니지만, 협의절차 자체는 거쳐야 한다.[33] 주된 행정기관이 협의내용과 달리 행정권한을 행사하였더라도 그 권한행사

31) 류철호(2005), 46면.
32) 이상천(2015), 3면.
33) 대법원은 구 택지개발촉진법(1999. 1. 25. 법률 제5688호로 개정되기 전의 것) 제3조에서 건설부장관이 택지개발예정지구를 지정함에 있어 미리 관계 중앙행정기관의 장과 협의를 하도록 규정한 것에 대하여 그 협의를 자문을 구하라는 의미로 해석하면서도 그 협의 자체를 거치지 않은 것은 위법하다고 판시하였다(대법원 2000. 10. 13. 선고 99두653 판결).

에 하자가 있는 것은 아니다.[34] 반면, 후자(後者)의 경우 어떠한 권한행사에 반드시 관계 행정기관의 의사 합치가 선행되어야 그 행정목적을 달성할수 있는 때에 행해진다. 해당 사항이 둘 이상의 행정기관에 '직접' 관련된 경우나 지역주민의 권익을 형평성 있게 보장하기 위한 경우가 이에 해당한다. 이 경우에는 관계 행정기관의 긍정적 의사표시를 얻어야 협의를 거친것으로 보고, 협의를 거치지 않은 때는 물론 협의내용과 달리 행정권한을행사한 때에도 그 권한행사는 위법하다.[35]

(3) 토지보상법 제21조 제1항에 따른 관계 행정기관과의 협의

관계 중앙행정기관의 장이나 시·도지사가 사업의 공익성과 수용의 필요성을 판단할 전문기관은 아니다. 또한, 토지보상법 제21조 제3항부터 제7

---

34) 대법원은 국립공원 관리청이 국립공원 집단시설지구개발사업과 관련하여 그 시설물 기본설계 변경승인처분을 함에 있어서 환경부장관과의 협의를 거친 이상, 환경영향평가서의 내용이 환경영향평가제도를 둔 입법 취지를 달성할 수 없을 정도로 심히 부실하다는 등의 특별한 사정이 없는 한, 공원관리청이 환경부장관의 환경영향평가에 대한 의견에 반하는 처분을 하였다고 하여 그 처분이 위법하다고 할 수는 없다고 하였다(대법원 2001. 7. 27. 선고 99두5092 판결).

35) 대법원이 시·도지사의 문화재청장과의 협의를 동의로 판단한 예가 있다. 구 문화재보호법(2000. 1. 12. 법률 제6133호로 개정된 것) 제20조 제4호 및 그 시행규칙(2003. 7. 14. 문화관광부령 제77호로 개정된 것) 제18조의2 제2항 제2호 다목에서는 국가지정문화재)의 현상을 변경하거나 그 보존에 영향을 미칠 우려가 있는 행위로서 문화관광부령이 정하는 행위를 하고자 하는 자는 문화재청장의 허가를 받아야 한다고 규정하면서 국가지정문화재의 일조량에 영향을 미치거나 경관을 저해할 우려가 있는 건축물 또는 시설물을 설치·증설하는 행위의 경우 시·도지사가 문화재청장과 협의하여 조례로 지역을 정하도록 규정하였다. 대법원은 "[이] 규정의 취지는 국가지정문화재의 보존에 영향을 미치는 행위에 대하여는 어디까지나 문화재청장이 그 허가권을 가지되 국가지정문화재의 보존에 관한 사항이 지역적으로 일률적이라고는 할 수 없으므로 지역적 특성을 고려하여 그 지역의 특성에 정통한 시·도지사와 협의하여 문화재청장의 판단에 따라 지역적 차이를 둘 수 있는 여지를 부여하였다고 봄이 상당하고, 따라서 위 규칙에서 말하는 시·도지사와의 '협의'는 궁극적으로 문화재청장의 동의를 말한다."고 판단하면서 그러한 조례를 제정하면서 문화재청장과 협의를 거치지 않은 것은 위법하다고 판시하였다(대법원 2006. 3. 10. 선고 2004추119 판결).

항까지의 규정에서 중앙토지수용위원회와의 협의절차에 관해서 상세한 규정을 두고 있음에 반하여 관계 중앙행정기관의 장 및 시·도지사와의 협의에 대해서는 별다른 규정을 두지 않고 있다. 따라서 그 협의를 사업인정의 요건으로 보거나 그 협의에 구속력을 인정할 수는 없다고 본다. 단지 국토교통부장관이 소관 부처의 장과 사업구역 관할 지방자치단체장의 의견을 참고하도록 토지보상법 제21조 제1항에서 협의를 규정한 것이라고 새기는 것이 타당하다.36)

협의절차는 성실하게 이행되어야 한다. 협의의견 제시에 촉박한 기간만 주고서 의견제시를 재촉하거나 관련 자료를 충분히 제공하지 않는 등 협의절차가 부실하다고 인정될 경우에는 재량권의 남용이나 일탈이 문제될 수 있다.37)

국토교통부장관으로부터 사업인정에 관한 협의를 요청받은 관계 중앙행정기관의 장 또는 시·도지사는 특별한 사유가 없으면 협의를 요청받은 날부터 7일 이내에 국토교통부장관에게 의견을 제시하여야 한다(토지보상령 제11조 제1항). 이는 훈시적 의미만을 가질 뿐이다. 관계 중앙행정기관의 장 등이 요청받은 날로부터 7일 이후에 의견을 제시하더라도 대체로는 국토교통부장관이 그 의견을 제출받지 않을 특별한 이유가 없을 것이고, 제시된 의견도 참고자료에 불과하기 때문이다. 단지 관계 중앙행정기관의 장이나 시·도지사가 협의를 요청받고도 만연히 이에 응하지 않는 상황을 초래해서는 안 된다는 당위를 분명히 한 것으로 이해할 수 있다.

---

36) 즉, 국토교통부장관의 관계 중앙행정기관의 장 및 시·도지사와의 협의는 업무공조의 의미가 강하다.
37) 협의를 거치지 않은 경우 사업인정의 위법성 정도와 그 쟁송에 관해서는 제6장에서 설명한다.

다. 중앙토지수용위원회와의 협의

(1) 개관

국토교통부장관은 사업인정에 앞서 중앙토지수용위원회와 협의하여야
한다(토지보상법 제21조 제1항). 관계 중앙행정기관의 장이나 시·도지사와
의 협의와는 달리 토지보상법령에는 그 협의절차에 관한 상세한 규정이 마
련되어 있다. 중앙토지수용위원회가 수용의 허용요건인 공공필요에 대한
판단에 전문적인 능력과 식견이 있음을 고려한 것으로 볼 수 있다.

(2) 중앙토지수용위원회와의 협의의 법적 성격

뒤에서 중앙토지수용위원회와의 협의절차에 관하여 자세히 검토하겠지
만, 그 면면을 들여다보면 중앙토지수용위원회와의 협의는 '동의'를 의미한
다고 새겨야 한다. 토지보상법 제21조에는 그 협의를 동의로 해석할 만한
뚜렷한 근거가 보이지 않는다. 그런데 토지보상칙 제9조의3에서는 '중앙토
지수용위원회가 사업인정 등에 동의하지 않는 경우 국토교통부장관은 이
를 보완하여 다시 협의를 요청할 수 있다.'고 규정하고 있다. 중앙토지수용
위원회와의 협의가 '동의'를 구하는 협의임을 분명히 한 것이다.[38]

국토교통부장관은 중앙토지수용위원회의 동의 없이 사업인정을 할 수
없다. 중앙토지수용위원회와의 협의결과에 구속력이 인정되는 것이다. 따
라서 협의 자체를 거치지 않는 경우는 물론 국토교통부장관이 협의결과와

---

38) 다만, 토지보상법이 사업인정의 권한을 국토교통부장관에게 전속시키고 있는데, 하위
법령인 토지보상칙에서 그 권한의 행사 여부를 좌우하는 동의권한을 중앙토지수용위
원회에 부여하는 것은 위임입법의 한계 일탈에 해당될 수 있다. 물론 토지보상법 제
21조에서 이미 중앙토지수용위원회와의 협의가 동의임을 전제로 상세한 절차적 규정
을 두었고, 토지보상칙에서 이를 확인한 것에 불과하다고 볼 여지도 있기는 하다. 그
러나 사업인정이 수용의 정당화 기제인 공공필요를 판단하는 중요한 검증기제인 만
큼 그 공공필요 판단에 관한 핵심적인 내용은 토지보상법에서 규정하는 것이 옳다.

다르게 처분하는 경우 그 처분은 위법하다.

(3) 중앙토지수용위원회와의 협의절차

㈎ 국토교통부장관은 중앙토지수용위원회에 의견요청서와 그 첨부자료를 제출하는 방식으로 협의를 요청한다(토지보상칙 제9조의2 제1항). 의견요청서에는 사업시행자의 성명 또는 명칭 및 주소, 사업의 종류 및 명칭, 사업예정지, 사업인정 사유를 기재한다. 사업시행자가 사업인정신청 당시 첨부한 서류 및 도면은 의견요청서에 첨부한다. 또한, 토지소유자, 관계인 및 그 밖에 사업인정에 관하여 이해관계가 있는 자의 의견도 송부 또는 통지받은 것이 있으면 이를 함께 제출한다.

㈏ 중앙토지수용위원회가 의견요청서 및 관련 서류를 제출받게 되면 사건번호를 부여한다. 사건번호는 접수연도, 분류기호,[39] 접수순번으로 구성된다. 협의요청을 전자공문으로 하면서 첨부서류를 우편으로 별송할 경우 중앙토지수용위원회는 그 첨부서류가 도달할 때까지 전자공문을 접수하지 않는다.[40]

사건 접수 후 중앙토지수용위원회 사무국 업무분장에 따라 담당자가 배정되면, 담당자는 우선 처리기한이 언제인지 확인하고 의견요청서 및 첨부서류의 구비 여부를 점검한다. 첨부서류가 미비한 경우 그 보완을 요구하는 공문을 발송하고, 발송공문에는 '기한 내 보완되지 않을 경우, 의견 회신이 지연되거나 부동의 의견으로 회신될 수 있다.'는 취지의 문구를 기재한다.[41]

㈐ 2018. 12. 31. 법률 제16138호로 개정된 토지보상법 제21조에는 중앙토지수용위원회와의 협의절차에 관한 규정이 대폭 보강되었다. 그동안 논란이 되었거나 명확하지 않은 해석에 의존해야 했던 쟁점들을 입법적으로

---

39) 사업인정일 경우 '인정', 사업인정의제일 경우 '의제'라는 분류기호가 붙는다.
40) 국토교통부 중앙토지수용위원회(2018), 504면.
41) 국토교통부 중앙토지수용위원회(2018), 504~505면.

해결하였다.

(라) 중앙토지수용위원회는 협의요청에 따른 검토를 위하여 필요한 경우 관계 전문기관이나 전문가에게 현지조사를 의뢰하거나 그 의견을 들을 수 있고, 관계 행정기관의 장에게 관련 자료의 제출을 요청할 수 있다(토지보상법 제21조 제4항). 관계 전문기관이나 전문가에게 현지조사를 의뢰하거나 의견을 듣는 제도는 관련 분야의 전문가를 검토절차에 참여시켜 현지조사 자료나 의견을 담은 자료를 제출하게 함으로써 검토의 전문성을 보완하는 데에 그 취지가 있다. 전문기관이나 전문가는 위원회의 검토에 조력하는 자로서 중립적인 지위에서 공평하게 현지조사를 하거나 의견을 개진할 수 있는 자로 선정되어야 함은 물론이다. 관계 행정기관의 장은 요청에 따른 관련 자료를 제출할 의무가 있고, 중앙토지수용위원회가 관련 자료를 충분히 제출받지 못한 경우 '부동의'의 의견을 제시할 수 있다.[42]

(마) 중앙토지수용위원회는 협의를 요청받은 날부터 30일 이내에 의견을 제시하여야 한다. 다만, 그 기간 내에 의견을 제시하기 어려운 경우에는 한 차례만 30일의 범위에서 그 기간을 연장할 수 있다(토지보상법 제21조 제5항). 의견제출 기간의 '연장'규정은 중앙토지수용위원회와의 협의가 동의를 구하는 협의임을 나타내는 표지이기도 하다. 그 의견이 참고자료에 불과하다면 의견제출 기간은 훈시적 의미만을 가질 뿐이어서 굳이 기간 '연장'까지 규정할 필요가 없기 때문이다. 관계 중앙행정기관이나 시·도지사의 의견제출 기간 7일보다 훨씬 장기간인 최대 60일의 기간을 중앙토지수용위원회에 부여한 것도 그 협의가 단순한 의견교환에 그치지 않고 해당 사업을 위한 수용에 대한 공공필요성을 면밀히 검토하는 것을 전제로 의견을 제출하도록 요구하기 때문이다.

중앙토지수용위원회가 협의를 요청받은 날부터 최대 60일 이내에 의견

---

42) 중앙토지수용위원회가 공공필요 검토결과에 따라 제시할 수 있는 의견에는 '동의', '조건부 동의', '부동의'가 있는데, 각 의견의 의미에 대해서는 뒤에서 설명한다.

을 제시하지 않는 경우에는 협의가 완료된 것으로 본다(토지보상법 제21조 제7항). 중앙토지수용위원회가 정해진 기간 내에 공공필요 검토의견을 제출하지 않는 경우 사업의 시행에 지장을 줄 수 있으므로, 기간 내 의견 미제출에 협의완료 간주효를 부여하였다. 즉, 정해진 기간 내에 의견을 제출하지 않는 것을 동의의 의미로 본다는 것이다.

㉕ 중앙토지수용위원회는 자료 등을 보완할 필요가 있다고 판단할 경우 14일 이내의 기간을 정하여 보완을 요청할 수 있다. 이 경우 그 보완기간은 의견제출 기간 산정에서 제외한다(같은 조 제6항). 이 규정에서 보완 요청의 상대방을 해당 허가·인가·승인권자로 한정한 것은 의문이다. 사업인정 의제의 경우에만 보완 요청을 허용한다는 것인데, 사업인정의 경우에 자료 보완 요청을 배제할 합리적인 이유가 없다. 입법적 불비라고 보이므로 국토교통부장관을 보완 요청의 상대방으로 명시하여야 한다고 본다.[43)]

보완을 요청한 자료 등의 회신기간의 상한을 14일로 법정한 것은 의견제출 기간의 산정에서 제외되는 보완기간을 통제함으로써 협의절차가 만연히 지연되는 것을 방지하기 위함이다. 자료 등의 보완 요청은 국토교통부장관에게 자료 등의 보완을 기대할 수 있는 경우에 한하여 행해져야 한다. 보완을 요청할 자료 등이 제출될 수 없거나 제출되기 현저히 곤란하다고 판단될 경우 중앙토지수용위원회로서는 자료 등의 보완 요청을 할 것이 아니라, '부동의' 등의 종국적인 검토의견을 제시하여야 한다. 공익성을 검토할 기초자료가 충분하지 않기 때문이다. 국토교통부장관이 충분히 제출할 수 있는 자료 등을 요청받았음에도 그 자료 등의 보완 요청에 응하지 않거나 충분한 자료 등을 제출하지 않을 경우 중앙토지수용위원회는 '부동의'

---

43) 중앙토지수용위원회가 국토교통부에 설치되어 있어 일부러 직제상 상급기관인 국토교통부장관을 자료 보완 요청의 상대방으로 포섭하지 않은 것이라면 큰 문제이다. 중앙토지수용위원회가 국토교통부에 설치되어 있다고 해서 그 부처에 종속된 기관은 아니다. 중앙토지수용위원회는 합의제 독립행정위원회로서 그 기능적 독립성과 중립성이 견지되어야 한다.

의 의견을 제시할 수 있다.44)

(4) 중앙토지수용위원회의 공공필요 검토기준

(가) 개관

중앙토지수용위원회는 협의를 요청받은 경우 ㉠ 사업인정에 이해관계가 있는 자에 대한 의견 수렴 절차 이행 여부, ㉡ 해당 사업의 공공성, ㉢ 수용의 필요성, ㉣ 해당 사업이 근거 법률의 목적, 상위 계획 및 시행 절차 등에 부합하는지 여부, ㉤ 사업시행자의 재원 및 해당 사업의 근거 법률에 따른 법적 지위 확보 등 사업수행능력 여부를 검토하여야 한다(토지보상법 제21조 제3항, 토지보상령 제11조의2). 중앙토지수용위원회가 해당 사업을 위한 수용의 공공필요성을 검토함에 있어 고려하여야 할 요소를 제시한 것이다.

중앙토지수용위원회는 이들 규정에 따라 자체적으로 '공익성 검토기준'을 마련하여 사업인정 협의요청에 대응하고 있는데,45) 그 내용은 다음과 같다.46) 이 검토기준의 구체적인 내용을 들여다보면, 다분히 판단 여지가 많은 항목들로 구성되어 있어 다수의 사례를 통하여 일관된 세부기준을 형성해 나가는 것이 공용수용의 공공필요 검증 영역에서 법적 안정성과 예측 가능성을 보장하는 길이라고 생각한다.47) 이 공익성 검토기준이 일종의 수용절차 통제지침으로서 사업시행자의 '자기점검항목(self-monitoring system)'

44) 종래 중앙토지수용위원회는 '부적정'과 '검토불가'를 구별하여 의견을 제시하였는데, 현재 이들 의견은 '부동의'로 통합된 것으로 보인다. 따라서 '부동의'에는 검토할 자료나 근거가 충분하지 않다는 의미의 '검토불가'와 해당 사업을 위한 수용이 공공필요를 흠결한다는 의미의 '부적정'이 모두 포함되어 있다고 보아야 한다.
45) 이 공익성 검토기준은 토지보상법령의 규정내용과 기존 대법원 및 헌법재판소 판례에서 제시된 법리를 비교적 잘 담아내고 있다.
46) 국토교통부 중앙토지수용위원회(2022), 37~38면.
47) 정기상(2022b), 214면.

으로 작용할 것임을 고려하면 유형화의 필요성은 더욱 크다.[48]

〈표 1〉 중앙토지수용위원회 공익성 검토기준

구분	평가항목		평가기준
형식적 심사	수용사업의 적격성		• 토지보상법 제4조 해당 여부
	사전절차의 적법성		• 사업시행 절차 준수 여부 • 의견수렴 절차 준수 여부
실질적 심사	사업의 공공성	시행목적의 공공성	• 주된 시설의 종류(국방·군사·필수기반, 생활 등 지원, 주택·산단 등 복합, 기타)
		사업시행자의 유형	• 국가/지자체/공공기관/민간 • 국가·지자체 출자비율
		목적 및 상위 계획 부합 여부	• 주된 시설과 입법목적 부합 여부 • 상위계획 내 사업 추진 여부
		사업의 공공기여도	• 기반시설(용지) 비율 • 지역균형기여도
		공익성 지속성	• 완공 후 소유권 귀속 • 완공 후 관리주체
		시설의 대중성	• 시설의 개방성 : 이용자 제한 여부 • 접근의 용이성 : 유료 여부 등
	수용의 필요성	피해의 최소성	사익의 침해최소화 / • 이주자 발생 및 기준 초과 여부 • 이주대책 수립
			공익의 침해최소화 / • 보전지역 편입비율 • 사회 경제 환경 피해 • (감점)중요공익시설 포함
		방법의 적절성	• 사전 토지 확보(취득/동의) 비율 • 사전협의 불가사유 • 분쟁제기 여부 • 대면협의 등 분쟁완화 노력
		사업의 시급성	• 공익실현을 위한 현저한 긴급성 • 정부핵심과제
		사업수행능력	• 사업재원 확보비율 • 보상업무 수행능력(민간, SPC)

---

48) 정기상(2022c), 164면.

(나) 수용사업의 적격성

신청된 사업이 토지보상법 제4조 제1호부터 제7호까지 열거된 공익사업의 유형과 제8호 및 별표 규정 제1항에 열거된 공익사업의 유형에 해당되는지 검토하여야 한다.[49] 입법적 공공필요 검증기제인 공익사업 법정주의의 틀을 통과한 사업에 한하여 사업인정을 검토할 여지가 있기 때문이다(단계적 공공필요 검증). 사업인정신청서와 사업계획서에 기재된 내용에 따라 확인하면 된다. 해당 사업이 토지보상법 제4조에 열거된 사업유형에 해당되지 않는 경우 국토교통부장관에게 협의요청을 반려한다.[50]

(다) 사전절차의 적법성

사업시행자가 사업인정신청 이전에 개별 법률에서 정한 선행 절차를 적법하게 준수하였는지 여부를 검토한다. 위법한 사업을 위한 수용은 논의될 이유가 없기 때문이다. 개발계획 또는 사업의 기본계획 수립 여부, 토지 및 물건에 관한 세목고시 여부, 환경영향평가 협의 여부, 교통영향평가 심의 여부, 재해영향평가 협의 여부 등을 확인한다.

토지보상법 제21조 제1항에 따른 이해관계인으로부터의 의견수렴 절차를 이행하였는지 여부를 검토한다. 앞의 ㉠ 항목을 반영한 것이다. 의견수렴 절차의 성실한 이행 여부는 이해관계인에 대한 의견제출 기회의 충분한 제공이 있었는지 여부로 판단될 것이지만, 이를 판단할 기준은 마땅치 않다. 정성적인 판단이 작용하는 영역이기 때문이다. 이에 일응은 토지보상법령에서 정한 의견수렴 절차를 거쳤다면 의견수렴이 적정하게 이루어진 것으로 보고 이를 형식적 심사요소로 삼은 것이다.

---

49) 별표 규정 제2항에서는 사업인정의제를 채택한 사업유형을 열거하고 있으므로, 사업인정의제의 경우에는 해당 사업이 별표 규정 제2항에서 열거된 공익사업의 유형에 속하는지 확인하여야 한다.

50) 국토교통부 중앙토지수용위원회(2022), 38면.

이러한 사전절차를 제대로 이행하지 않은 경우 중앙토지수용위원회는 그 보완을 요구하거나 협의요청을 각하한다.[51)

⒭ 시행목적의 공공성

사업의 명칭 또는 유형에 따라 형식적으로 판단할 것이 아니라 사업의 내용을 확인하여 주된 시설의 유형을 실질적으로 검토한다. 주된 시설의 유형은 공용시설, 공공용시설, 주택 및 산업단지 등 복합시설, 그 밖의 시설로 구분하되, 주된 시설에 해당하는지 여부는 사업의 목적과 내용, 사업시행자의 의도를 종합적으로 고려하여 판단한다.[52) 주된 시설이 공용시설, 공공용시설인 경우에는 시행목적의 공공성이 문제될 여지가 적으나, 주된 시설이 그 자체로 당연히 사회 일반의 이익으로 귀속되지는 않는 시설인 경우, 즉 공공성을 보강하는 제도적 근거를 필요로 하는 경우에는 공공성의 인정에 신중하여야 한다.

⒨ 사업시행자의 유형

사업시행자는 국가, 지방자치단체, 공공기관 및 민간을 포괄하는데, 해당 사업의 시행자가 이 중 무엇에 해당하는지에 따라 사업의 공공성, 공익의 지속성 등에 있어 심사강도가 달라질 수 있다. 공공기관과 민간이 공동으로 사업을 시행하는 경우에는 출자비율 및 수익배분비율 등의 적정성을 검토하여야 한다. 결국 이 검토항목에서는 사업시행자가 수용을 통하여 사익을 추구할 유인이 얼마나 배제될 수 있는가를 확인하게 된다.

⒩ 근거법률의 목적 및 상위계획의 부합성

이 검토항목은 앞서 제3장에서 설명한 대법원의 이른바 '제주예래휴양

---

51) 국토교통부 중앙토지수용위원회(2022), 37~39면.
52) 국토교통부 중앙토지수용위원회(2022), 40면.

단지' 판결과[53] 헌법재판소의 이른바 '민간개발자 고급골프장 수용'결정에
서[54] 제시된 법리 및 앞서 본 ㉣ 항목을 반영한 것이다.

해당 사업이 법령의 목적에 기여하고, 관련 계획 및 지침 등에 부합하는
지 여부, 법령상 정해진 절차를 적법하게 이행하였는지 여부, 해당 사업이
상위계획의 범위 내에서 추진되는지 여부를 확인하여야 한다. 엄밀하게 따
지면, 이 검토항목은 수용의 공공필요성에 관한 것이라기보다는 해당 사업
자체의 적법요건에 관한 것이어서 그 사업시행인가, 실시계획인가, 계획승
인 등의 과정에서 검토되어야 할 성질의 것들이다. 다만, 위 대법원 판결에
서 보듯이 해당 사업을 실시하게 하는 처분의 적법요건에 사업의 공공필요
성에 관한 평가요소가 담길 수 있으므로, 이 검토항목을 둔 것이다. 중앙토
지수용위원회의 공공필요 검토가 사업을 시행하게끔 하는 처분에 대한 감
독·통제 절차는 아니므로, 이 항목에 따른 검토의 범위는 어디까지나 수용
의 공공필요성에 관한 판단과 직접 관련되는 부분에 한정되어야 한다.

이 검토항목은 사업인정신청서, 사업계획서, 사업 관련 도면 등을 참고
하여 판단할 수 있다.

(사) 사업의 공공기여도

이 검토항목은 '시행목적의 공공성' 항목과 대부분 겹친다. 공공기여도

---

53) 대법원 2015. 3. 20. 선고 2011두3746 판결; 대법원은 이 판결에서 "행정청이 도시계
획시설인 유원지를 설치하는 도시계획시설사업에 관한 실시계획을 인가하려면, 실시
계획에서 설치하고자 하는 시설이 국토 계획법령상 유원지의 개념인 '주로 주민의 복
지향상에 기여하기 위하여 설치하는 오락과 휴양을 위한 시설'에 해당하고, 실시계획
이 국토계획법령이 정한 도시계획시설(유원지)의 결정·구조 및 설치의 기준에 적합하
여야 한다. … 실시계획의 인가 요건을 갖추지 못한 인가처분은 공공성을 가지는 도
시계획시설사업의 시행을 위하여 필요한 수용 등의 특별한 권한을 부여하는 데 정당
성을 갖추지 못한 것으로서 법규의 중요한 부분을 위반한 중대한 하자가 있다."고 판
시하였다.
54) 헌법재판소 2014. 10. 30. 선고 2011헌바129·172(병합) 결정.

라는 것이 공공성에 다름 아니기 때문이다.[55] 오히려 공익의 우월성이 검토항목으로 적시되었어야 한다. 수용의 공익성은 '특별히 중대한 고양된 공익'인데, 공익성 검토기준에서 이를 반영한 검토항목을 뚜렷하게 확인할 수 없다.[56]

해당 사업을 위한 수용으로 달성할 수 있는 공익이 다른 공익이나 사익보다 우월하여야 한다는 것은 공공필요에 담긴 필요성, 즉 비례의 원칙이 구현된 것이다. 해당 사업의 시행을 위한 수용을 허용함으로써 '새롭게 얻게 되는 공익, 현재 발생하고 있는 손실의 상쇄분 및 사업 시행을 하지 않을 경우 장래 발생할 것으로 예상되는 손실'을 합한 값이, 그 수용에 따라 잃게 되는 다른 공익과[57] 사익을 합한 값보다 커야 한다. 다른 검토항목도 그러하겠지만, 이 항목의 경우 사례의 유형화가 특히 필요하다.

사업계획서, 관계 행정기관의 장 및 이해관계인의 의견, 환경영향평가서, 사업타당성 보고서 등을 참조하여 이 검토항목을 판단한다.

㈈ 공익의 지속성

이는 계속적 공익실현에 대한 검토항목이다.[58] 사업이 정상적으로 진행될 수 있는지, 사업 완료 후에도 지속적으로 공익에 기여할 수 있는지를 판단한다. 헌법재판소도 사업시행자가 사인인 경우에는 그 사업의 시행으로 획득할 수 있는 공익이 현저히 해태되지 않도록 보장하는 제도적 규율을

---

55) 국토교통부 중앙토지수용위원회(2022), 41면에서 '사업의 공공기여도'에서 확인하여야 할 사항으로 제시한 기반시설의 설치 정도나 지역경제에 미치는 영향 등도 공공성의 판단요소일 뿐이다.
56) 공익성 검토기준에서 과잉금지의 원칙을 구성하는 요소 중 피해의 최소성과 방법의 적절성은 적시하였으나, 법익의 균형성, 특히 공익의 우월성에 대해서는 명시적인 언급이 없다.
57) 이러한 다른 공익에는 환경, 문화재 등이 주로 포함된다.
58) 앞서 제3장에서 사인수용의 공익성 담보기제가 반드시 마련되어야 함을 자세히 검토하였다.

갖추어야 한다고 판시하였다.[59] 따라서 이 항목은 주로 사업시행자가 사인인 경우에 집중적으로 검토되는데, ⓐ 사업시행자가 사업에 착수하지 않아서 사업이 지연될 가능성, ⓑ 사업진행 중 사업시행자가 사업 시행 의사나 능력을 상실할 가능성, ⓒ 사업진행 중 분쟁이 발생할 가능성, ⓓ 사업 완료 후에 사업의 공익 유지 및 관리에 관한 책임소재가 없어질 가능성 등을 확인하여야 한다.[60]

사업계획서를 바탕으로 사업을 통해 설치되는 공공시설의 소유권 귀속 주체와 관리주체를 구분하여 검토한다. 특히 사업시행자가 사인으로서 사익 추구의 유인이 강하게 개재될 수 있는 사업인 경우에는 법령상 공익유지 및 관리기제가 존재하는지 여부를 잘 점검하여 그 방안이 없는 경우 사업시행자로 하여금 적절한 관리방안을 마련하도록 의견을 제시할 필요가 있다.

㈜ 시설의 대중성

사업을 통하여 설치되는 시설이 개방성과 접근의 용이성을 갖추었는지 여부를 확인하여야 한다. 해당 시설의 운영방식, 그 시설 이용에 드는 경제적 부담의 정도, 시설의 규모 등을 종합적으로 고려하여 그 시설의 이용가능성이 불특정 다수에게 실질적으로 열려 있는지 여부를 검토한다.[61]

㈜ 피해의 최소성

대법원은 일관되게 "공용수용은 공익사업을 위하여 타인의 특정한 재산권을 법률의 힘에 의하여 강제적으로 취득하는 것이므로 수용할 목적물의 범위는 원칙적으로 사업을 위하여 필요한 최소한도에 그쳐야 한다."고 판

---

59) 헌법재판소 2014. 10. 30. 선고 2011헌바129·172(병합) 결정.
60) 국토교통부 중앙토지수용위원회(2018), 517면.
61) 국토교통부 중앙토지수용위원회(2018), 511면.

시하고 있다.62) 따라서 수용목적물의 범위가 해당 사업의 시행에 필요한 정도를 넘어서는지를 확인하여 수용권의 남용을 견제하여야 한다.

이 검토항목에서는 해당 사업의 시행을 위하여 재산권의 강제적 박탈을 용인해줄 필요가 있는지 여부를 판단하여야 한다. 사업 성격이나 내용에 따라서는 수용방식 이외에 사용방식으로 사업추진을 할 수는 없는지, 사업의 진행현황이나 사업계획, 목적 등에 비추어 협의취득만으로 사업구역 내의 토지를 모두 확보할 수는 없는지 등을 검토한다.63)

사업시행으로 인해 이주해야 하는 이주대상가구 규모를 사업유형별로 사업면적 대비 이주대상가구 최소기준에 따라 확인하여 사익의 침해 정도를 이주대책의 수립 여부와 그 내용 등과 관련지어 검토한다.64)

보전산지, 농업진흥지역, 생태·경관보전지역, 문화재보호구역, 상수원보호구역, 개발제한구역 등 보전지역의 면적 비율과 재난 및 안전관리기본법상 국가핵심기반 포함 여부를 확인하여 사회·경제·환경적 피해 발생가능성을 검토함으로써 다른 공익에 대한 침해를 최소화하도록 한다.

(카) 방법의 적절성

사업시행자가 사업인정신청 이전에 보상협의 절차를 이행한 경우 그 절차를 성실하게 이행하였는지 여부를 확인한다.65) 사인수용의 경우 동의요

---

62) 대법원 1987. 9. 8. 선고 87누395 판결; 대법원 1994. 1. 11. 선고 93누8108 판결; 대법원 2005. 11. 10. 선고 2003두7507 판결 등.

63) 환지방식이나 매도청구방식이 수용방식에 비하여 덜 침익적인지, 그렇다면 환지방식이나 매도청구방식이 가능한 경우에는 수용방식보다 먼저 고려되어야 하는지 선결적으로 생각해볼 필요가 있다.

64) 국토교통부 중앙토지수용위원회(2022), 42면; 실무상 택지·산업단지 등 면적사업의 경우 10,000㎡ 당 2.43명 초과 여부, 도로·철도 등 선형사업의 경우 10,000㎡ 당 0.66명 초과 여부, 그 밖의 시설사업 등의 경우 10,000㎡ 당 0.23명 초과 여부를 그 최소기준으로 삼고 있다.

65) 토지보상법 제16조에 따라 사업시행자는 토지 등에 대한 보상에 관하여 토지소유자 및 관계인과 성실하게 협의하여야 한다.

건이나 소유요건이 수용권의 발동요건으로 법률에 규정되어 있는지 여부
도 이 검토항목에서 확인하여야 할 것이다. 보상협의는 재산권의 강제적
박탈을 최소화하는 기제로 작용하여 재산권의 보장 이념과 밀접하게 닿아
있는 만큼 협의취득의 노력 정도와 토지확보율을 확인하는 것은 매우 중요
하다. 특히 협의취득이 되지 않은 이유가 무엇인지를 확인하고 그 해결방
안을 떠올려보는 것도 수용의 최소화에 실질적인 도움이 된다.

　이 검토항목들은 사업인정신청서, 사업계획서, 사업예정지 및 사업계획
표시도면 등을 확인하여 판단한다. 특히 사업계획서 중 사업의 개요, 사업
의 착수·완공예정일, 사업에 필요한 토지와 물건의 세목, 수용의 필요성 등
을 면밀히 살핀다.

　㈑ 사업의 시급성

　공익실현을 위하여 사업을 시급하게 추진하여야 하는 현저하고 긴급한
필요가 있는지 검토한다. 그러한 현저하고 긴급한 필요를 유형화하여 그
필요가 긍정되는 경우에는 신속하게 검토의견을 제시하여야 한다.

　㈒ 사업시행자의 사업수행능력

　대법원은 일찍이 "해당 공익사업을 수행하여 공익을 실현할 의사나 능
력이 없는 자에게 타인의 재산권을 공권력적·강제적으로 박탈할 수 있는
수용권을 설정하여 줄 수는 없으므로, 사업시행자에게 해당 공익사업을 수
행할 의사와 능력이 있어야 한다는 것도 사업인정의 한 요건이라고 보아야
한다."고 판시하였다.[66] 이 검토항목은 위 대법원 판결의 법리와 앞서 본
㉤ 항목을 반영한 것이다.[67]

---

66) 대법원 2011. 1. 27. 선고 2009두1051 판결.
67) 이 검토항목의 표제는 '사업시행자의 사업수행능력'이지만, 사업시행자의 사업수행의
　　사도 이 항목에서 검토되어야 한다는 점에는 이론(異論)이 있을 수 없다고 본다.

사업시행자가 국가 또는 지방자치단체인 경우 그 사업 시행을 위하여 국회, 지방의회 등의 의결이 필요한지, 그 절차를 거쳤는지 여부를, 사업시행자가 공공기관 또는 사인인 경우 그 기업이나 공공기관의 이사회 등 의사결정을 할 수 있는 권한을 가진 내부 기구에서 해당 사업을 시행하는 것을 공식적으로 결정했는지 여부를 확인하여야 한다.[68]

사업인정절차에 선행하거나 병행하여 해당 사업의 시행을 위하여 이행이 필요한 절차(관련 인허가, 협의절차 등)가 있는 경우 이를 이행하였거나 이행하는 노력을 기울이고 있는지 여부를 확인하여 사업시행자의 적극적 사업수행 의지를 판단하여야 한다.

사업시행자에게 해당 사업을 시행할 수 있는 법적 권한을 보유하고 있는지, 해당 사업을 수행할 수 있는 재정적·조직적 능력을 보유하고 있는지 여부를 확인하여야 한다. 특히 인허가를 의제 받아 수행하려는 사업이 포함된 경우에는 해당 인허가 의제와 관련한 관계 행정기관과의 협의 여부와 그 가능성 등을 반드시 확인하여야 한다. 사업시행자가 국가, 지방자치단체인 경우 해당 사업에 필요한 재원이 예산 등에 반영되어 있는지, 채권·차입 등 외부에서 자금을 조달하여야 할 경우 그 조달이 가능한지 살펴야 한다. 사업시행자가 공공기관 또는 사인인 경우 해당 공공기관 또는 기업의 자본금, 재무상태 등을 통해 해당 사업을 수행할 기본적인 역량을 점검하고, 자체 자금 이외의 재원 조달 방안에 대해서는 그 실현가능성을 검토해보아야 한다.[69]

사업시행자의 사업 수행 의지에 대해서는 사업계획서, 각종 회의록, 관련 처분서, 관계 행정기관의 장의 의견서 등을, 사업 수행 능력에 대해서는 사업계획서, 자금조달계획서 등을 주로 참고하여 판단한다.

---

68) 국토교통부 중앙토지수용위원회(2018), 508~509면.
69) 국토교통부 중앙토지수용위원회(2018), 510면.

(5) 검토보고서의 작성

㈎ 중앙토지수용위원회는 공익성 검토기준에 따라 해당 사업의 공익성, 수용의 필요성 등에 대하여 검토한 결과를 바탕으로 검토보고서를 작성한다. 검토보고서는 사건의 표시, 사업개요, 항목별 검토, 종합 검토의견으로 구성된다.

㈏ '사건의 표시'에는 담당계, 담당자 이름, 안건번호, 사건번호와 사업명을 기재한다. 안건번호는 위원회에 안건을 상정할 때 부여하는 것으로 사건번호와는 다르다. '사업개요'에는 사업시행자의 성명 또는 법인(단체)명, 인허가권자, 사업명,70) 사업목적, 총사업비, 전체 사업면적, 사업예정지,71) 근거법률 및 사업유형, 목적사업 현황을 기재한다. 해당 사업이 목적사업(주된 사업)인지, 부대사업인지 구분하여 표시한다.72)

㈐ '항목별 검토'에서는 ❶ 먼저 해당 사업이 목적사업(주된 사업)인지, 부대사업(부수·연계사업)인지 구분하여 공공필요성을 판단한다. 외형상 독립된 사업이라도 실질적으로 부대시설을 설치하는 경우에는 부대·연계사업에 포함한다.73) ❷ 사업주체와 사업의 공익성 정도에 따라 검토항목을 일부 생략하거나 간략하게 살펴볼 수도 있다. 사업시행자가 국가·지방자치단체·공공기관인 경우 사업시행자의 사업시행 의사와 능력, 공익 지속성은 추정할 수 있다.74) 사업의 성격 자체로 고도의 공익성을 띤다고 평가할 수 있는 경우에는 시행목적의 공공성, 사업의 공공기여도, 시설의 대중성 등은

---

70) 사업명에 지역 표시가 없는 경우 사업명 앞에 지역을 표시한다.
71) 사업예정지의 위치뿐만 아니라 수용할 면적과 이미 협의취득한 면적을 구분하여 기재한다.
72) 국토교통부 중앙토지수용위원회(2018), 505면; 예컨대, 공동주택 건설사업을 위하여 도로개설사업을 시행하는 경우 도로개설사업은 공동주택 건설사업의 부대사업이다.
73) 예컨대, 공동주택 건설사업에 수반하는 도로, 공원, 공연장 등 무상귀속·기부채납시설을 건설·설치하는 것은 부대·연계사업에 해당된다.
74) 입안 또는 의사결정과정에서 토론, 검토, 자문, 심의 등의 과정을 거치는 것이 대부분이고, 해당 사업에 대한 예산확보 절차도 마련되어 있을 것으로 보는 것이다.

충족한 것으로 추정할 수 있다.75) ❸ 제출된 자료를 바탕으로 각 항목별로 적합 여부를 판정한다. 판정의 내용은 'O'(적합·존재), '×'(부적합·부존재), '△'(보완)으로 기재하되, 필요할 경우 비고란에 그 사유를 간략하게 기재한다. 사업시행자가 사인이면서 그 사업의 영리성이 특히 문제될 수 있는 경우에는 '결론-논거-근거자료'로 구성된 '서술형 검토보고서'를 작성한다.76)

㈒ '종합 검토의견'에는 항목별 검토를 바탕으로 한 의견요지와 검토의견이 담긴다. 의견요지에는 '동의', '조건부 동의', '부동의'가 있다. '동의'를 제외한 나머지 의견요지의 경우 그 사유를 검토의견란에 간략하게 기재하거나 별도로 '검토의견서'를 작성한다.77) ⓐ '동의'는 사업의 공익성과 수용의 필요성 등에 관하여 개진할 의견이 없다는 것으로서 공공필요의 존부 및 정도에 대한 '적정의견'이다. ⓑ '부동의'는 해당 사업의 공공필요성이 인정되지 않는다는 의미와 해당 사업을 위한 수용의 공공필요성을 확인할 충분한 자료가 없다는 의미를 모두 포괄한다. 사업시행자의 보완조치로도 공공필요성을 확보할 가능성이 없다고 인정되는 경우, 즉 사업의 본질적인 부분이 공공필요성을 흠결한 경우나 사업인정권자가 보완요구를 받고도 성실하게 이행하지 않은 경우에 낸다. ⓒ '조건부 동의'는 중앙토지수용위원회의 보완조치요구에 따른 사업인정권자의 보완계획이 적정한 경우 그 보완계획의 이행을 조건으로 한 동의이다.

㈓ 중앙토지수용위원회는 합의제 행정위원회이므로, 일정한 사업에 대한 공공필요성 검토를 한 경우 그 의견을 대외적으로 표출하기 위해서는

---

75) 예컨대, 공공도서관을 짓는 사업에 있어서는 대중성·개방성을 당연히 띠게 되고, 공익이 우월할 개연성이 높으므로, 따로 관련 항목을 면밀히 살필 필요는 없다. 국토교통부 중앙토지수용위원회(2018), 506면에서는 수용의 필요성도 추정된다고 하나, 동의하기 어렵다. 수용의 필요성은 수용의 최소화를 통한 재산권의 보장과 직접 관련되어 사업 자체의 공익적 성격에서 당연히 도출되는 것은 아니기 때문이다.

76) 국토교통부 중앙토지수용위원회(2018), 506면.

77) 사업시행자가 사인이면서 영리사업이 문제되는 경우에는 어떠한 의견을 내든지 별도의 검토의견서를 작성한다.

심의·의결이 필요하다. 중앙토지수용위원회가 협의요청을 받은 후 원칙적으로 30일 이내에 사업인정권자에게 그 검토의견을 회신하여야 함은 앞서 설명하였다.

(6) 국토교통부장관의 후속 조치

(개) 국토교통부장관이 중앙토지수용위원회로부터 '동의'의 검토의견을 제출받은 경우에는 이해관계인으로부터 제출받은 의견 등을 두루 참작하여 사업인정을 할 수 있다.

(내) 국토교통부장관이 '부동의'의 의견을 제출받은 경우에는 사업인정을 할 수 없다. 중앙토지수용위원회와의 협의는 동의를 요하는 협의이기 때문이다. 이 때, 국토교통부장관이 취할 수 있는 조치는 2가지이다. 하나는, 사업시행자로 하여금 중앙토지수용위원회의 검토의견에 부기된 부동의사유를 보완하도록 하고, 그 보완된 내용이나 조치를 바탕으로 다시 중앙토지수용위원회에 협의를 요청하는 것이다. 이러한 재협의 요청에 대해서도 앞서 설명한 토지보상법 제21조 제3항부터 제8항까지의 규정이 그대로 적용된다(토지보상칙 제9조의3). 다른 하나는, 국토교통부장관이 사업시행자의 사업인정신청에 대하여 거부처분을 하는 것이다. 이는 부동의사유에 대한 보완이 불가능하거나 현저히 곤란하다고 판단될 경우에 행해진다.

(대) 국토교통부장관이 '조건부 동의'의 회신을 받은 경우에는 문제가 간단하지 않다. 토지보상칙 제9조의4 제2호에서는 '사업인정의제'의 경우 중앙토지수용위원회에게 협의 완료 후 협의 조건의 이행 여부에 관한 자료 제출 요청권을 부여하고 있다.[78] 일응 토지보상법령에서 '조건부 동의'를 허용하고 있다고 볼 여지가 있다. 그런데 조건의 법적 성격, 조건 이행의 판단주체와 방법 등에 관한 정립된 기준 없이 조건부 동의를 인정했다가는 사업인정의 효력을 둘러싼 논란이 발생할 수도 있어 법적 안정성이 크게

---

78) '사업인정'의 경우에는 이에 해당하는 규정이 없다. 입법적 불비이다.

저해된다. 이를테면 어떠한 협의 조건의 이행 여부에 대하여 사업인정권자와 중앙토지수용위원회 간에 의견의 차이가 있는 경우는 어떠한가?[79] 사업인정권자가 조건의 이행을 전제하고서 사업인정을 하였는데, 사법심사까지 거쳐 조건의 미이행이 확인된 경우라면 그 사업의 시행 자체가 혼돈에 빠진다. 이런 논란의 씨앗을 제거할 적절한 제도적 장치 없이 조건부 동의를 '해석상' 폭넓게 인정할 것인지는 생각해볼 일이다.

라. 이해관계인으로부터의 의견청취

(1) 제도의 취지

행정기관은 이해관계인들에게 실질적인 참여의 기회를 부여하고 합리적인 행정행위에 도달할 수 있는 숙의(熟議)적 절차를 거쳐 근거법률에 따른 행정행위를 함으로써 절차적 정당성을 확보하게 된다.[80] 이해관계인에 대한 통지와 의견제출 기회의 보장은 공정한 심사절차의 구축만큼이나 절차적 정당성의 중요한 부분을 구성한다.[81] 특히 침익적 효과가 발생하는 처분을 함에 있어 이해관계인에게 의견제출의 기회를 법적으로 보장하는 것은 헌법상 법치주의의 원리에 따른 당연한 요청이다.[82] 이해관계인의 참여

---

79) 단적으로 사업인정권자가 조건의 이행을 판단하고서 사업인정을 하였는데, 중앙토지수용위원회가 수용재결단계에서 그 조건의 미이행을 이유로 재결신청을 기각하는 경우를 상정해볼 수 있다. 이렇게 되면 수용절차가 진행되지 않는 혼란에 빠지게 된다.
80) 미연방대법원은 United States v. Mead Corp. 판결에서 행정행위에 대한 사법적 존중은 그 행정행위의 절차적 정당성에서 비롯된다고 하였다[533 U.S. 218 (2001)].
81) Eberle(1987), p.339.
82) 헌법재판소는 "적법절차원칙에서 도출할 수 있는 중요한 절차적 요청으로서는 당사자에게 적절한 고지를 할 것, 당사자에게 의견 및 자료 제출의 기회를 부여할 것을 들수 있는바, 이 원칙이 구체적으로 어떠한 절차를 어느 정도로 요구하는지는 일률적으로 말하기 어렵고, 규율되는 사항의 성질, 관련 당사자의 사익, 절차의 이행으로 제고될 가치, 국가작용의 효율성, 절차에 소요되는 비용, 불복의 기회 등 다양한 요소들을 형량하여 개별적으로 판단할 수밖에 없을 것이다."라고 판시하였다(헌법재판소 2003.

가 보장되지 않은 상태로 행해지는 권리의 침해는 그 자체로 기본권의 침해를 구성한다.[83]

공용수용법제상 사업인정에 있어서도 이해관계인으로부터의 의견청취절차는 사업인정권자의 주관적인 의사나 독단 또는 편견에 의한 결정을 방지하고 객관적이고 공정한 결과를 이끌기 위한 제도적 장치이다.[84] 이로써 그 절차는 수용권의 남용 가능성을 억지하고 피수용자의 권리를 보호하는 기제로 작용하게 된다.[85] 피수용자로서는 해당 수용의 적법성 또는 타당성에 대하여 의견을 제출할 수 있는 기회를 가지게 되고, 이렇게 제시된 의견들은 해당 수용의 공공필요를 판단하는 정보로 활용될 수 있다.[86]

(2) 이해관계인의 범위

의견제출권을 갖는 이해관계인의 범위를 획정하는 것은 절차적 정당성의 보장은 물론 사업인정절차의 안정적인 진행에도 중요한 의미를 갖는다. 그런데 토지보상법령에서는 이해관계인의 의미와 범위에 관하여 명시적인 규정을 두고 있지 않으므로 결국 해석론으로 해결해야 한다.

토지소유자와 관계인이 이해관계인의 범주에 들어간다는 점에는 의문의 여지가 없다. '토지소유자'는 공익사업에 필요한 토지의 소유자를, '관계인'은 사업시행자가 취득하거나 사용할 토지에 관하여 지상권·지역권·전세권·저당권·사용대차 또는 임대차에 따른 권리 또는 그 밖에 토지에 관한 소유권 외의 권리를 가진 자나 그 토지에 있는 물건에 관하여 소유권이나 그 밖의 권리를 가진 자를[87] 말한다(토지보상법 제2조 제4, 5호). 토지보상

---

7. 24. 선고 2001헌가25 결정).
83) 홍준형 외(1996), 34면.
84) 이세정(2013), 72면.
85) Hudson(2010), p.1308.
86) 정기상(2022b), 214면.
87) 다만, 사업인정의 고시가 된 후에 권리를 취득한 자는 기존의 권리를 승계한 자를 제외하고는 관계인에 포함되지 않는다.

령 제11조 제4항에서도 이 점을 분명히 하고 있다.

그런데 토지보상령 제11조 제5항 등의 규정을 들여다보면, 토지소유자와 관계인 이외의 이해관계인이 존재한다는 것을 토지보상법령에서 상정하고 있음을 알 수 있다. ‘이해관계인’은 통상적으로 일정한 사실이나 행위로부터 영향을 받는 특정가능한 개인 또는 집단을 의미한다.[88] 그런데 ‘영향’이라는 것이 불확정적이고 추상적인 개념이어서 이해관계인의 범위를 모호하게 한다는 문제가 있어 법률해석상으로는 ‘영향’을 법률적 이해관계로 보려는 경향을 띤다. 즉, 일정한 사실 또는 행위로 인하여 자신의 권리·의무에 영향을 받게 되는 사람을 이해관계인으로 보려는 것이다.

토지보상법 제21조 제1항에서 말하는 ‘이해관계인’은 사업인정에 따라 자신의 권리·의무에 직접적인 영향을 받게 되는 사람이라고 해석해야 한다고 본다(법률적 이해관계). 단지 사실상으로 또는 경제적으로 이해관계에 있다는 정도로 사업인정에 이해관계가 있다고 볼 수는 없다. 토지보상법에서 ‘관계인’의 범위를 넓게 설정하고 있어 토지소유자나 관계인에 해당하지 않는 이해관계인은 드물 것으로 생각한다.

이해관계인이 의견을 제출함에 있어서는 사업인정과 법률상 이해관계를 가진다는 점을 소명할 자료나 근거를 제시하여야 한다고 본다. 의견서를 접수하는 시장·군수 또는 구청장은 그 이해관계의 존부를 직권으로 확인하여야 한다.

(3) 의견청취 절차

국토교통부장관이 사업인정에 관하여 이해관계가 있는 자의 의견을 들으려는 경우 사업인정신청서 및 관계 서류의 사본을 토지 등의 소재지를 관할하는 시장·군수 또는 구청장에게 송부하여야 한다(토지보상령 제11조 제2항).[89] 시장·군수 또는 구청장이 송부된 서류를 받았을 때에는 지체 없

---

88) Freeman(1984), p.46.

이 사업시행자의 성명 또는 명칭 및 주소, 사업의 종류 및 명칭, 사업예정지를 시·군 또는 구의 게시판에 공고하고, 공고한 날부터 14일 이상 그 서류를 일반인이 열람할 수 있도록 하여야 한다(같은 조 제3항).

열람·공고는 일반적·관념적인 인지가능성을 전제한 것이어서 이해관계인에게 해당 사업인정의 신청사실과 개략적인 내용을 인지시키는 방법으로 충분하지 않다. 이에 시장·군수 또는 구청장이 공고를 한 경우 그 공고의 내용과 의견이 있으면 의견서를 제출할 수 있다는 뜻을 토지소유자 및 관계인에게 통지하여야 한다(같은 조 제4항).90) 토지소유자와 관계인은 대체로 그 대상을 명확하게 특정할 수 있으므로91) 이들에 대해서는 통지를 하도록 규율하였다.

토지소유자 및 관계인, 그 밖에 사업인정에 관하여 이해관계가 있는 자는 열람기간 내에 해당 시장·군수 또는 구청장에게 의견서를 제출할 수 있다(같은 조 제5항). 시장·군수 또는 구청장은 열람기간이 끝나면 그 기간 동안 제출받은 의견서를 지체 없이 국토교통부장관에게 송부하여야 하고, 제출된 의견서가 없는 경우에도 그 사실을 통지하여야 한다(같은 조 제6항).

사업인정에 앞서 토지소유자와 관계인의 의견을 들어야 한다고 정한 것은 이해관계인의 의견을 반영할 기회를 주어 사업인정 여부를 결정함에 있어서 이를 참작하도록 하고자 함일 뿐, 사업인정권자가 그 의견에 기속되는 것은 아니다.92)

---

89) 이 경우의 송부는 전자문서에 의한 송부를 포함한다.
90) 토지소유자 및 관계인이 원하는 경우에는 전자문서에 의한 통지를 포함하되, 통지받을 자를 알 수 없거나 그 주소·거소 또는 그 밖에 통지할 장소를 알 수 없을 때에는 통지절차를 생략할 수 있다.
91) 물론 토지소유자와 관계인의 범위가 언제나 명확한 것은 아니다. 예컨대, 거래관념상 토지와 별도로 취득 또는 사용의 대상이 되는 정착물에 대한 수거·철거권 등 실질적 처분권을 가진 자도 관계인에 포함되는데(대법원 2009. 2. 12. 선고 2008다76112 판결), 시장·군수 도는 구청장이 이들을 확인해내기는 쉽지 않다. 실무에서는 공부상 토지소유자 및 관계인이 통지의 주된 대상이 될 것이다.
92) 대법원 1995. 12. 22. 선고 95누30 판결.

3. 사업인정과 그 고시

가. 사업인정의 요건

(1) 개관

공용수용이 헌법상 정당화되기 위해서는 ① 국민의 재산권을 그 의사에 반하여 강제적으로 취득해야 할 공익적 필요성이 있을 것, ② 수용과 그에 대한 보상은 모두 법률에 의거할 것, ③ 정당한 보상을 지급할 것의 3가지 요건을 모두 충족하여야 한다.93) 그 중 ②의 요건이 법률유보의 원칙을 뜻한다. 이는 재산권을 제한하는 공용수용이 의회의 의결을 거친 법률에 근거를 두어야 한다는 형식적 의미를 넘어 그 본질적인 사항에 대하여 의회가 직접 결정하여야 한다는 실질적 의미까지 내포한다.94) 즉, 법률에 근거한 행정을 뜻하는 고전적 의미의 법률유보원칙은 입법자의 본질적 사항에 관한 규율의무를 강조하는 '의회유보원칙'으로 발전되었다.95)

사업인정은 해당 사업의 공공필요를 판단하는 핵심적인 절차이므로,96) 사업인정의 요건, 절차 등에 관한 본질적인 내용은 토지보상법에 규정되어 있어야 한다. 그런데 토지보상법에는 사업인정의 요건에 관한 아무런 규정이 없다. 사업인정권자가 고려하여야 할 기본적인 사항조차도 법정되어 있지 않은 것이다.

---

93) 헌법재판소 1998. 3. 26. 선고 93헌바12 결정; 헌법재판소 2000. 6. 1. 선고 98헌바34 결정.
94) 헌법재판소 1999. 5. 27. 선고 98헌바70 결정; 헌법재판소 2008. 2. 28. 선고 2006헌바 70 결정.
95) 임지봉(2018), 95면.
96) 국가권력인 수용권이 발동될 수 있도록 하는 대전제인 공익성의 판단은 오로지 행정적 판단의 영역에 속하는 것이어서 공익성의 검증을 사업인정에 귀속시켰다는 설명으로는, 高田賢造(1970), 118~120頁 참조.

(2) 실무례에서 확인한 사업인정의 요건

(가) 대법원이 사업인정의 요건을 일반론으로 판단한 예를 찾기는 어렵지만, 적어도 어떠한 요건이 사업인정의 요건에 포함되어야 하는지에 관하여 판시한 예는 있다. 대법원은 사업인정의 요건에 ① 해당 사업이 공용수용을 할 만한 공익성이 있을 것, ② 그 사업의 내용과 방법에 관하여 사업인정에 관련된 자들의 이익이 비례의 원칙에 적합할 것, ③ 사업시행자에게 해당 공익사업을 수행할 의사와 능력이 있을 것이 포함되어야 한다고 보았다.97) 대법원은 사업시행자가 '사업인정을 받은 후에' 이들 요건을 결하게 되었음에도 그 사업인정에 기하여 수용권을 행사하는 것은 수용권의 남용에 해당하여 허용되지 않는다고 판단하였다.98) 그런데 사업인정 단계에서 이들 요건이 충족되었는데 그 이후에 이르러 이들 요건을 결하게 되는 경우는 드물다고 할 것이고, 오히려 위 판시내용은 공익성과 필요성, 그리고 사업시행자의 공익사업 수행 의사와 능력이라는 사업인정의 요건을 판시한 것으로 이해하여야 한다.99)

(나) 중앙토지수용위원회의 공익성 검토기준에도 사업인정의 요건이 포함되어 있다. 이 공익성 검토기준 자체가 헌법과 토지보상법의 해석으로 도출한 공공필요의 검증항목을 집약한 것이고, 사업인정은 공공필요 검증에 다름 아니기 때문이다. 이 공익성 검토기준에 대해서는 앞서 자세히 살펴보았다.

(다) 결국 실무에서는 공공필요를 구성하는 사업의 공익성과 수용의 필요성, 계속적 공익실현을 담보하는 사업시행자의 사업수행의사와 능력 및 공익 관리기제와 같은 항목을 사업인정의 요건으로 보고 있다고 추론할 수 있다.

---

97) 대법원 2011. 1. 27. 선고 2009두1051 판결.
98) 이 판결에 대해서는 제6장에서 자세히 검토한다.
99) 정기상(2022c), 162면.

(3) 비교법적 검토

㈎ 독일 연방건설법전(Baugesetzbuch)에서는 수용의 허용조건을 명문으로 정하고 있다(제87조). 수용은 공공복리(Wohl der Allgemeinheit)를 위하여 필요하고 그 목적을 다른 합리적인 방법으로 달성할 수 없을 경우에 한하여 개별적으로 허용된다고 규정하고 있다(같은 조 제1항).[100] 사업시행자는 해당 재산을 합리적인 기간 내에 의도된 목적으로 사용할 것임을 증명하여야 한다(같은 조 제2항). 사업시행자가 합리적인 기간 내에 사업을 추진할 능력이 있는 경우에만 수용청구가 허용된다(같은 조 제3항). 즉, 사업시행자의 공익사업 시행에 대한 의사와 능력을 확인하는 과정을 거치도록 강제하고 있는 것이다. 공용수용이 국민의 재산권을 강제로 박탈하는 것인 만큼 수용권의 설정과 행사가 제한적으로만 행해져야 함을 강조하는 입법례라고 볼 수 있다.[101]

㈏ 일본 토지수용법에서도 사업인정의 요건을 명문으로 정하고 있다(제20조). 사업인정의 요건으로 ⓐ 해당 사업이 제3조 각 호의 어느 하나에서 정하는 사업에 관한 것일 것,[102] ⓑ 기업자가 해당 사업을 수행할 충분한 의사와 능력을 가질 것, ⓒ 사업계획이 토지의 적정하고 합리적인 이용에 기여할 것, ⓓ 토지를 수용 또는 사용할 만한 공익상의 필요가 있을 것이 열거되어 있다. ⓐ 요건은 공익사업의 유형에 따른 입법적 공익성 검증기제로 볼 수 있고, ⓑ 요건은 공익사업의 시행 의사나 능력이 없는 사업시행자에게 수용권을 설정하는 것이 수용권의 남용에 해당함을 천명한 것으로 이해할 수 있다. ⓓ 요건은 공공필요성의 전형적인 의미를 담아낸 것으

---

100) 독일 연방헌법재판소와 학계에서는 수용의 허용요건이자 한계로서의 '공공복리'를 특별히 중대한 고양된 공익으로 보고 있음은 앞서 제3장에서 설명하였다.
101) 공용수용은 공익사업을 위한 토지 등의 취득에 있어 최후의 수단으로만 고려되어야 하고, 그 공익 목적이 소멸된 경우 해당 토지 등을 원소유자에게 반환하는 것은 독일 기본법의 이념이라고 한다[Hanne(2021), S.126~127].
102) 일본 토지수용법 제3조에서 수용적격사업 법정주의를 채택하여 그 사업유형을 엄격하게 제한하고 있음은 앞서 설명하였다.

로 볼 수 있는데, ⓒ 요건은 그 존재의미가 분명하지 않다. 토지공개념에 입각하여 토지재산권을 제한할 수 있는 명분을 제공한 것으로 읽히는데, 일본 학계에서는 ⓒ 요건이 공익과 사익의 비교형량을 다룬 것이라고 해석하고 있다.[103]

(다) 독일과 일본의 입법례에서는 모두 사업인정의 요건 또는 수용의 허용요건을 명시하고 있다. 공용수용이 일정한 요건 아래 제한적으로만 이루어져야 함을 역설하고자 한 입법자의 의지가 드러나는 대목이다. 이러한 요건이 이미 수용권의 설정을 위한 행정적 심사과정에서 고려되어야 함은 분명하지만,[104] 이를 법률에 명시함으로써 공공필요에 대한 검증이 공용수용을 헌법적으로 정당화하는 기제라는 점에 대한 사회 일반의 주의를 환기시킨 셈이다.

나. 사업인정의 시점

사업인정은 공익사업의 시행에 앞서 또는 그 시행 중에 토지 등을 수용하거나 사용할 필요가 있을 때에 행해져야 하고, 이미 실행되어 완료된 공익사업의 유지를 위하여 사후적으로 사업인정을 받는 것은 허용되지 않는다고 보아야 한다. 어떠한 토지 등을 적법한 권리 없이 공익사업의 시행에 이용하는 것은 그 자체로 재산권의 침해일 뿐이고, 이러한 불법행위를 감싸주기 위해 수용절차를 사후적으로 진행하는 것은 헌법 제23조 제3항을 위반한 수용권의 남용이다. 그런데 대법원은 다음과 같이 판시하여[105] 이와 정반대의 결론을 내렸다.

---

103) 小澤道一(2012). 341~345頁.
104) 실제로 사업인정의 요건에 관한 명시적인 규정이 없는 우리 법제 아래에서도 이들 요건이 사업인정의 요건으로서 검토되고 있음은 대법원 판례나 중앙토지수용위원회의 공익성 검토기준 등에 비추어 알 수 있다.
105) 대법원 2005. 4. 29. 선고 2004두14670 판결.

　토지보상법 제20조는 공익사업의 수행을 위하여 필요한 때, 즉 공공의 필요가 있을 때 사업인정처분을 할 수 있다고 되어 있을 뿐 장래에 시행할 공익사업만을 대상으로 한정한다거나 이미 시행된 공익사업의 유지를 그 대상에서 제외하고 있지 않은 점, 당해 공익사업이 적법한 절차를 거치지 아니한 채 시행되었다 하여 그 시행된 공익사업의 결과를 원상회복한 후 다시 사업인정처분을 거쳐 같은 공익사업을 시행하도록 하는 것은 해당 토지소유자에게 비슷한 영향을 미치면서도 사회적으로 불필요한 비용이 소요되고, 그 과정에서 당해 사업에 의하여 제공되었던 공익적 기능이 저해되는 사태를 초래하게 되어 사회·경제적인 측면에서 반드시 합리적이라고 할 수 없으며, 이미 시행된 공익사업의 유지를 위한 사업인정처분의 허용 여부는 사업인정처분의 요건인 공공의 필요, 즉 공익사업의 시행으로 인한 공익과 재산권 보장에 의한 사익 사이의 이익형량을 통한 재량권의 한계문제로서 통제될 수 있는 점 등에 비추어 보면, 사업인정처분이 이미 실행된 공익사업의 유지를 위한 것이라는 이유만으로 당연히 위법하다고 할 수 없다.

　이 대법원 판결은 위법한 재산권의 침해를 정당화하는 기제로 수용권을 가져다쓰는 것을 용인했다는 점 자체만으로도 옳지 않다. 심지어 토지보상법에서는 이미 시행된 공익사업의 유지를 위한 사업인정을 명시적으로 배제하고 있지 않다는 점을 그 논거로 들어 아예 사업인정의 시점에 아무런 제한이 없는 것처럼 판시한 것은 수용권의 남용을 폭넓게 허용하는 길을 열어준 것에 다름 아니어서 매우 우려스럽다. 토지보상법에서 장래에 시행할 공익사업만을 대상으로 사업인정을 할 수 있다고 명시적으로 규정하지 않은 것은, 사업인정의 시점 또는 대상 공익사업을 그와 같이 한정하는 것이 너무나도 당연하기 때문이다. 이미 공익사업을 실행하여 어떠한 토지 등을 가져다쓰고서는 사후에 사업인정을 받아도 된다는 관념은 그 자체로

헌법 제23조 제3항에 반하는 것으로서 토지보상법이 상정할 수 있는 것이 아니다.[106)

이미 시행된 공익사업의 결과를 뒤엎고 원래의 권리상태로 회복하는 것도 위법한 재산권 침해의 상태를 적법하게 돌려놓는다는 관점에서 바라보아야지, 그 침해가 공익사업을 위한 것이었다는 이유만으로 적법상태로의 회복을 불필요한 것으로 치부할 수는 없다. '결과가 옳으면 과정은 어찌 해도 좋다.'라는 발상은 사법심사가 행정의 법률적합성을 유도하는 기능을 수행한다는 점을 외면한 것이다. 나아가 그 원상회복이 일시적으로 공익적 기능의 저해를 가져오더라도 협의에 의한 소유권 취득 등을 통해 공익적 기능의 유지를 도모하여야 하지, 수용권의 행사를 통하여 이미 재산권을 침해당한 자의 지위를 고착화시켜서는 안 된다.[107)

또한, 재결신청기간과 관련하여 사업의 완료 이후에도 재결신청을 허용할 경우 법체계의 정합성에도 반한다. 뒤에서 살펴보겠지만, 실무에서 수용방식으로 시행되는 공익사업의 대부분은 '사업인정의제'로 수용권을 설정하는데, 사업인정의제를 정한 많은 개별 법률에서 재결신청기간을 '사업시행기간'으로 정하고 있다. 이들 규정에 따르면, 애당초 사업이 완료된 경우에는 재결신청을 할 수 없는 셈이다. 명문의 규정도 없이 재결신청기간을 사업의 실행이 완료된 이후로 확장할 수도 없다. 위 대법원 판결에 따를 경우 수용절차의 1단계인 사업인정을 거치고도 2단계인 수용재결은 받을 수

---

106) 사실 토지보상법에는 사업인정의 시기 제한이 존재함을 전제로 한 다수의 규정들이 있다. 대표적으로 천재지변이나 그 밖의 사변으로 인하여 공공의 안전을 유지하기 위한 공익사업을 긴급히 시행할 필요가 있는 때의 토지 사용에 관한 제38조와 시급한 토지의 사용에 관한 제39조를 들 수 있다. 이러한 예외적인 경우 사업인정 없이도 일정한 기간 동안 타인의 토지를 사용할 수 있다. 토지보상법에서 사업인정이 사업의 완료 이후에도 가능함을 전제로 하였다면 이들 규정은 무의미하다.

107) 사후적으로 협의매수만을 허용할 경우 그 토지소유자 등의 '기회주의적 버티기'가 발생하는 문제가 있다고 하더라도 이는 애당초 권리 확보 없이 타인의 토지에 해당 사업을 실행한 사업시행자가 자초한 결과이다.

없는 상태에 놓일 수 있는 것이다.

결국 공공필요의 검증을 뜻하는 사업인정은 응당 공익사업의 실행 이전에 사전적으로 이루어져야 한다. 그것이 헌법 제23조 제3항의 당연한 요청이다. 법제처의 유권해석도 이와 맥락을 같이 하는데, 그 내용은 다음과 같다.[108)

[질의요지]

공익사업이 완료된 이후 종전의 공익사업을 위하여 사용되고 있는 부지에 매입되지 않은 토지가 존재하나 해당 토지에 대한 매수협의가 이루어지지 않음을 이유로, 사업시행자가 실제로 공익사업을 수행하지 않으면서 그 토지의 소유권만을 취득하기 위하여 사업인정을 신청한 경우, 국토교통부장관이 그 신청에 대한 사업인정을 하지 않을 수 있는지 여부

[회답]

이 경우 국토교통부장관은 그 신청에 대한 사업인정을 하지 않을 수 있다.

[이유]

공익사업의 수행으로 인한 공익과 재산권 보장에 의한 사익 사이의 이익형량의 결과, 사업을 수행하여야 할 공익적인 필요가 개인의 재산권에 대한 침해보다 더 크다고 사업인정권자가 판단한 경우에 할 수 있는데, 이 사안의 경우와 같이 협의매수가 어렵다는 사유로, 완료된 공익사업에 이미 사용되고 있는 토지의 소유권만을 취득하기 위한 사

---

108) 2011. 4. 7. 법제처-11-0073호; 이 유권해석에 반대하는 견해[국토교통부 중앙토지수용위원회(2022), 99면]가 있으나, 앞서 본 이유에서 이 유권해석의 결론이 타당하다.

업인정의 신청은 공익사업의 '수행'을 위한 것으로 보기 어려울 뿐만 아니라, 공익사업의 유지·관리라는 공익적인 필요보다는 개인의 사유재산권 침해가 더 크다고 볼 수 있으므로 사업인정처분의 요건을 충족한다고 보기도 어렵다.

이 사안과 같이 공익사업이 완료된 이후 종전의 공익사업을 위하여 사용되고 있는 부지의 매입되지 않은 토지에 대한 매수협의가 이루어지지 않음을 이유로 그 토지의 소유권만을 취득하기 위한 목적으로 공익사업의 실제 수행 없이 공용수용절차 개시를 위한 사업인정을 받을 수 있다고 한다면, 종전의 공익사업을 위한 사업시행자의 수용재결 신청기간을 공익사업이 완료된 이후까지 연장시키는 결과를 초래하므로, 사업시행자가 수용재결을 신청할 수 있는 기간을 제한한 토지보상법 제28조의 취지에 어긋날 수도 있다.

다. 사업인정의 심사기준

어떠한 법률규정에서 처분의 요건에 관하여는 전혀 정하지 않고, 단지 처분권한만을 정하고 있는 경우, 그 규정을 '공백규정'이라 한다. 공백규정에 의한 행위는 원칙적으로 재량행위이다. 처분의 종국적인 목적으로 '공익'만을 규정한 경우에도 마찬가지이다. 공익 목적은 행정의 내재적 목적이기 때문이다.[109] 더욱이나 공익, 공공복리 등과 같이 규범적인 판단이 개재되어야 하는 불확정개념에 대한 해석과 판단은 재량행위에 속한다.[110] 사업인정은 이러한 재량행위의 개념과 범주에 정확하게 들어맞는다. 토지

---

109) 고헌환(2017), 229면.
110) 실제 행정청이 행정행위를 하면서 불확정개념을 접할 때 이를 해결해야 할 일반적이고 명백한 기준이 없어 구체적인 행정행위로 구현되기 때문에 불확정개념에 대한 재량이 진정한 의미의 재량이라고 설명되기도 한다[김형남(2010), 67면].

보상법 제20조에서는 국토교통부장관에게 사업인정권한이 있음을 규정하였을 뿐 그 요건을 정하지 않았고, 사업인정을 통하여 심사하여야 할 공공필요는 전형적인 불확정개념이기 때문이다. 대법원도 토지수용법 아래에서 한 판결에서 "사업인정은 단순한 확인행위가 아니라 형성행위이고 당해 사업이 비록 토지를 수용할 수 있는 사업에 해당된다 하더라도 행정청으로서는 그 사업이 공용수용을 할 만한 공익성이 있는지의 여부를 모든 사정을 참작하여 구체적으로 판단하여야 하는 것이므로 사업인정의 여부는 행정청의 재량에 속한다."고 판시하였다.[111]

사업인정이 재량행위에 속하는 이상 이를 실체적으로 통제하기는 어렵기 때문에, 절차적 통제의 필요성이 강조된다. 사업인정에 앞서 관계 중앙행정기관, 시·도지사, 중앙토지수용위원회와의 협의, 이해관계인으로부터의 의견청취를 거치게 한 것도 이러한 맥락으로 볼 수 있다. 이에 못지않게 중요한 것은 추상적으로라도 사업인정의 심사기준을 명확히 하는 것이다. 그 심사기준 또는 판단과정의 하자와 흠결이 곧 사법심사의 대상이 될 것이므로, 재량의 통제관점에서 사업인정의 심사기준 정립은 큰 의미를 가진다.

앞서 제3장에서 공공필요의 심사기준으로 설명한 내용이 그대로 사업인정의 심사기준이 된다. 사업인정이 그 자체로 공공필요의 심사이자 검증이기 때문이다. 요약해보면, 사업인정권자는 사업의 내용과 방법을 잘 검토하여 사업인정에 관련된 다양한 이익을 정당하게 비교형량하여야 하고, 그 비교형량은 비례의 원칙(과잉금지의 원칙)에 적합하도록 하여야 한다.[112]

---

111) 대법원 1992. 11. 13. 선고 92누596 판결; 비록 토지수용법 아래에서의 판결이지만 당시 사업인정의 일반규정은 현행 토지보상법의 규정과 다르지 않으므로, 토지보상법 아래에서도 그대로 통용될 수 있는 판결이다.

112) 대법원이 다수의 판결에서 "사업인정처분에 관련된 자들의 이익"을 비교형량하여야 한다고 설시한 것(대법원 2005. 4. 29. 선고 2004두14670 판결; 대법원 2011. 1. 27. 선고 2009두1051 판결)을 두고 이러한 이익만을 비교형량의 대상 또는 범위로 본 것은 의문이라는 주장이 있다[박균성(2017), 8면]. 공익은 특정 집단을 대상으로 하지 않고 사회 일반의 이익을 포괄하므로 위 판시부분은 '사업인정과 관련된 이익'

공익과 사익의 정당한 비교형량은 비교형량의 대상인 이익에 관한 충분한 정보를 바탕으로 전문적인 지식과 경험에 기반하여 각 이익의 우열을 가늠하는 것이다. 앞서 본 관계 중앙행정기관의 장 및 시·도지사, 중앙토지수용위원회와의 협의, 이해관계인으로부터의 의견청취는 이와 같은 취지에서도 중요하다. 해당 사업에 관한 이해당사자들의 의견을 들어 비교형량의 대상을 분명하게 확정하고, 공용수용에 관한 전문기관인 중앙토지수용위원회로부터 이익형량의 고려요소와 판단기준 등에 관한 자문을 얻을 수 있다.

해당 사업의 목적이 정당하고, 그 사업의 시행을 위하여 토지 등을 수용할 필요성이 인정된다고 하더라도 그 수용으로 인하여 토지소유자 등 이해관계인이 입는 손실이 수인한도를 넘어설 정도로 크고, 수용이 아닌 다른 방법, 즉 협의취득의 여지가 상당히 남아있다고 판단되는 경우에는 섣불리 사업인정을 할 것은 아니다. 해당 수용의 공공필요에 대한 증명책임은 사업시행자에게 있다.[113]

라. 사업인정의 고시

(1) 사업인정 여부의 결정

국토교통부장관은 취합된 중앙토지수용위원회의 검토의견, 이해관계인의 의견 등을 종합하여 그 사업을 위한 수용을 허용할 것인지 여부를 결정한다. 그 수용의 공공필요를 인정할 경우 사업인정을 하게 되는데, 사업인정 여부의 결정에 대한 시간적 제한을 둔 규정은 없으나, 국토교통부장관이 의견을 취합한 후 상당한 기간 내에 사업인정 여부를 결정하여야 한다고 본다.[114] 수용의 공공필요가 부정되는 경우 국토교통부장관은 사업인정

정도로 이해하는 것이 옳다고 본다.
113) 대법원 2005. 11. 10. 선고 2003두7507 판결.
114) 이선영(2008), 165면.

신청에 대한 거부처분을 한다.

　사업시행자가 국토교통부장관일 경우 국토교통부장관이 스스로 추진하는 사업을 위한 사업인정을 엄격하게 할 것을 기대하기는 어렵다.[115] '통제하는 자'와 '통제받는 자'의 지위가 중첩되는 경우 통제의 실효성을 도모하기 쉽지 않음에도 국가가 사업시행자가 되는 경우 국토교통부장관 이외의 어떤 사업주체를 상정하기는 현실적으로 곤란하다. 따라서 사업시행자가 국토교통부장관인 경우에는 중앙토지수용위원회의 협의 강화, 공청회의 의무적 개최 등의 절차적 통제를 제고하는 방안을 마련할 필요가 있다.

(2) 사업인정의 통지 및 고시

　(가) 국토교통부장관은 사업인정을 한 경우 지체 없이 그 뜻을 사업시행자, 토지소유자 및 관계인, 관계 시·도지사에게 통지하고, 사업시행자의 성명이나 명칭, 사업의 종류, 사업지역 및 수용하거나 사용할 토지의 세목을 관보에 고시하여야 한다(토지보상법 제22조 제1항). 국토교통부장관이 사업시행자에게 사업인정을 통지하는 경우 중앙토지수용위원회와의 협의 결과와 중앙토지수용위원회의 의견서를 함께 통지해야 한다(토지보상령 제11조의3 제1항). 중앙토지수용위원회가 낸 의견을 사업의 계획과 시행에 반영하라는 취지이다.[116] 사업인정의 사실을 통지받은 시·도지사(특별자치도지사는 제외)는 관계 시장·군수 및 구청장에게 이를 통지하여야 한다(같은 조 제2항). 사업인정고시가 된 후 사업시행자가 잔여지를 매수하는 경우 그 잔여지에 대하여는 처음부터 사업인정 및 그 고시가 있었던 것으로 보므로

---

115) 국토교통부장관이 사업시행자와 사업인정권자의 각 지위를 모두 겸하는 것은 '누구나 자기 사건에 심판관이 될 수 없다.'는 자연적 정의의 원칙에도 반한다는 주장으로는, 박평준(2004), 22면 참조.
116) 규정의 문언상 '의견없음'의 경우에도 그 요지를 통지하여야 하나, 이 규정은 '의견있음'의 검토결과에 부기된 의견을 사업시행자에게 전달하는 데에 그 본래의 취지가 있다.

새로운 절차를 요하지 않는다(토지보상법 제73조 제3항).

(나) 고시는 일정한 사항을 일반에게 알리는 통지수단으로서의 성격을 가지기도 하고,[117] 고시에 담긴 내용에 따라서 그 내용이 일반적·추상적 성격을 띨 경우에는 행정규칙 또는 법규명령의 범주에서 개념화될 수도 있으며, 그 내용이 구체적인 집행의 성격을 지닐 경우에는 행정처분의 형태로 나타날 수도 있다.[118] '법제업무 운영규정' 제24조의3에서 훈령 및 예규와 나란히 열거된 고시와 행정규제기본법 제2조 제1항 제2호에서 정의한 '법령 등'에 속한 고시는[119] 행정규칙이나 법규명령으로서의 고시에 해당하고, '행정 효율과 협업 촉진에 관한 규정' 제4조 제3호에서 정한 공고문서로서의 고시는[120] 통지수단으로서의 고시에 해당한다.

사업인정고시는 일정한 공익사업의 시행에 필요한 토지 등에 수용권이 설정된다는 사실을 일반에게 알리는 행위를 의미하므로, 통지수단으로서의 고시에 해당한다. 통상 처분의 상대방이 불특정다수인이고 그 처분의 효력이 불특정다수인에게 일률적으로 적용되어야 할 경우에는[121] 고시 또는 공고의 방법에 의하여 통지가 이루어지는데, 토지보상법에서는 사업인정의 경우 통지와 고시를 모두 하도록 정하고 있다. 특히 토지소유자 및 관계인의 구체적인 인지가능성을 보장하기 위하여 사업인정의 고시 이외에 통지의무까지 부과한 것이다.

토지보상법 제22조에서는 사업인정을 관보에 고시한다고 정할 뿐, 그 고

---

117) '통지'가 개별적 알림수단이라면, '고시'는 일반적 알림수단이다.
118) 헌법재판소 1998. 4. 30. 선고 97헌마141 결정.
119) 행정규제기본법 제2조 제1항 제2호에서는 "법령 등이란 법률·대통령령·총리령·부령과 그 위임을 받는 고시(告示) 등을 말한다."고 규정하고 있다.
120) 이 규정 제4조 제3호에서는 고시·공고 등 행정기관이 일정한 사항을 일반에게 알리는 문서를 공고문서로 정하고 있다.
121) 따라서 누군가가 그 행정처분의 고시가 있었다는 사실을 현실적으로 알았는지 여부와 관계없이 그 고시가 효력을 발생하는 날에 행정처분이 있음을 알았다고 보아야 한다. 대법원 2000. 9. 8. 선고 99두11257 판결; 대법원 2001. 7. 27. 선고 99두9490 판결.

시의 절차, 형식이나 그 밖의 요건에 관하여 따로 규정하지 않고 있다. 이러한 경우 '행정 효율과 협업 촉진에 관한 규정'이 적용된다.[122] 이 규정에서 정하는 바에 따라 공고문서(사업인정안)가 기안되고 국토교통부장관이 이를 결재하여 그의 명의로 관보에 게재하는 방식으로 일반에 공표함으로써 사업인정고시가 그 효력을 발생하게 된다.[123]

(다) 대법원은 국토교통부장관이 사업인정의 통지나 고시를 누락한 경우 그 절차적 위법은 사업인정을 다툴 수 있는 취소사유에 해당할 뿐, 그 사업인정 자체를 무효로 할 중대하고 명백한 하자라고 보기 어렵다고 판시하였다.[124] 그러나 사업인정의 '통지'는 별론으로 하더라도 사업인정의 효력을 발생시키는 사업인정의 '고시'를 누락한 위법은 중대하고 명백하다고 보아야 한다.[125]

(라) 사업인정고시를 함에 있어 관보에 고시하는 방법이 아니라 정보통신망(특히, 각 행정청의 누리집)에 게재하는 방법을 취할 수 있는지 논란이 되었다. 중앙토지수용위원회는 이를 부적법한 사업인정고시로 보아 수용재결신청을 받아들이지 않고 있다. 법문에서 명백히 '관보에 고시'할 것을 규

---

122) 위 규정 제2조에서는 '중앙행정기관(대통령 직속기관과 국무총리 직속기관을 포함)과 그 소속기관, 지방자치단체의 기관과 군(軍)의 기관의 행정업무 운영에 관하여 다른 법령에 특별한 규정이 있는 경우를 제외하고는 이 영에서 정하는 바에 따른다.'고 규정한다.

123) 대법원은 사업인정고시에 관한 판시는 아니지만, 토지보상법 제70조 제5항에서 정한 '공익사업의 계획 또는 시행의 공고·고시'에 관하여 이와 같은 취지로 판시하였다 (대법원 2022. 5. 26. 선고 2021두45848 판결).

124) 대법원 2000. 10. 13. 선고 2000두5142 판결.

125) 오히려 사업인정의 고시가 없다면 사업인정의 대외적 효력은 발생되지 않은 것이어서 사업인정처분이 부존재한다고 보아야 할 것이다. 이에 대하여 위 판결은 사업인정고시를 하면서 토지 세목의 고시만을 누락한 경우에 관한 판시라고 밝히며 그 결론에 동의하는 견해[석종현(2005), 158면]가 있다. 그러나 위 판결에는 토지 세목의 고시만을 누락하였다는 판시부분이 없고 사업인정고시의 누락에 대하여만 언급하고 있을 뿐이다. 설령 토지 세목의 고시만을 누락하였더라도 이것으로써 수용권의 설정 범위를 정하는 이상 그 누락의 하자는 중대하고 명백하다고 보아야 한다.

정하였고, 통상 정보통신망에 게재하는 방식을 허용할 경우에는 법문에서 이 점을 명시하는데, 사업인정고시에 관해서는 그러한 규정이 존재하지 않으므로, 정보통신망 게재방식의 사업인정고시는 허용되지 않는다고 보아야 한다. 더욱이나 사업인정은 토지소유자 및 관계인의 재산권을 박탈하는 수용권을 설정하는 행정행위이므로 관련 규정은 더욱 엄격하게 해석되어야 한다.

㈐ 관보 등에 고시함으로써 효력이 발생하도록 되어 있는 행정처분은 외부에 그 의사를 표시함으로써 효력이 불특정다수인에 대하여 동시에 발생하고 제소기간 또한 일률적으로 진행하게 된다.126) 토지보상법 제22조 제3항에서도 이와 같은 취지에서 사업인정은 고시한 날로부터 그 효력을 발생한다고 규정하고 있다. 국토교통부장관이 사업시행자 등에게 사업인정의 뜻을 통지하였더라도 그 고시가 없으면 사업인정의 효력이 발생하지 않는다.

사업인정의 효력발생시점이 토지보상법상 각종 권리·의무 발생의 기준일 또는 기산일이 되는 경우가 많으므로, 사업인정고시일이 사업인정의 효력발생시점임을 명확히 한 것이다. '사업인정의 효과'에 대해서 곧바로 살펴보겠지만, 토지보상법에서는 사업인정고시일을 관계인의 범위 확정 기준시점, 재결신청기간의 기산일, 토지 등의 보전의무 및 토지 등에 관한 조사권 발생시점 등으로 삼고 있다.

여기서 '관보에 고시한 날'이라 함은 관보에 인쇄된 발행일을 뜻하는 것이 아니라, 도달주의의 원칙에 따라 관보가 전국의 각 보급소에 배포되어 그 수신인을 포함한 일반인이 열람·구독할 수 있는 상태에 놓인 때를 말한다.127)

㈑ 사업인정은 고시한 날로부터 그 효력이 발생하는데, 산업입지 및 개발에 관한 법률 제22조 제2항과 같이 개별 법률에서 토지 등의 세목 고시

---

126) 송동수(2011), 248면.
127) 대법원 1969. 11. 25. 선고 69누129 판결.

일을 사업인정고시일로 의제하는 경우도 있다. 사업인정 후 사업계획의 변경에 따라 토지세목이 추가로 고시된 경우에는 토지세목이 추가로 고시된 날을 사업인정고시일로 보아야 하지만, 사업구역의 확장이나 변경 없이 지적분할 등에 따라 토지의 세목이 변경고시된 경우에는 당초 고시일을 사업인정고시일로 본다.[128] 즉, 토지세목의 '실질적인 변경'이 있는 경우에 한하여 그 토지세목의 변경고시일이 사업인정고시일이 되는 것이다.

4. 사업인정의 효과

가. 수용권의 설정

사업인정으로써 수용권이 설정된다. 사업구역 내 토지 등에 대하여 협의취득이 성립하지 않는 경우 그 수용권이 실행되어 재산권을 강제로 박탈할 수 있게 되는 것이다. 많은 자료에서는 사업인정으로써 수용권이 사업시행자에게 부여된다고 설명하고 있으나, 이는 정확한 표현이 아니다. 국가의 고권인 수용권은 다른 주체에게 넘겨줄 수 있는 권한이 아니다. 단지 사업시행자는 일정한 절차를 거쳐 수용권의 행사를 신청할 수 있는 권한을 가지게 되고, 그 수용의 효과를 누릴 수 있는 지위를 보유할 따름이다. '수용권의 설정'도 이러한 의미로 이해하여야 한다.

나. 수용목적물의 확정

토지 세목의 고시는 해당 사업인정을 통하여 수용할 수 있는 토지의 범위를 결정하는 행정행위이다. 수용할 대상인 토지를 '잠정적'으로 확정하는 것이므로, 이 범위 내의 토지가 실제로 수용되는 것은 아니다. 사업인정 이후에 사업시행자가 협의를 통하여 토지를 취득할 수도 있기 때문이다. 또

---

128) 석종현(2019), 331면.

한, 토지 세목에 포함되지 않더라도 토지보상법 제74조 제1항에 따른 일정한 조건을 갖춘 잔여지는 수용의 대상이 될 수도 있다(토지보상법 제74조 제3항).

토지의 세목은 일련번호, 소재지, 지번, 지목, 지적, 소유자(성명·주소), 관계인(성명·주소·권리관계), 비고로 구성된다.

다. 관계인의 범위 제한

'관계인'이란 사업시행자가 취득하거나 사용할 토지에 관하여 지상권·지역권·전세권·저당권·사용대차 또는 임대차에 따른 권리 또는 그 밖에 토지에 관한 소유권 외의 권리를 가진 자나 그 토지에 있는 물건에 관하여 소유권이나 그 밖의 권리를 가진 자를 말한다. 다만, 사업인정의 고시가 된 후에 권리를 취득한 자는 기존의 권리를 승계한 자를 제외하고는 관계인에 포함되지 않는다(토지보상법 제2조 제5호).

관계인은 토지에 관하여 소유권 이외의 권리를 가지는 자와 토지에 있는 물건에 관하여 소유권 등 권리를 가진 자를 포괄하는데, 토지소유자와 함께 해당 공익사업의 시행에 따라 자신의 재산권을 박탈당하는 이른바 '피수용자'에 해당하게 될 수도 있다.[129] 그러나 사업인정고시 이후에 권리를 취득한 자는 원칙적으로 관계인에 포함될 수 없다고 정한 것은 관계인의 범위를 확정하는 기준시점을 사업인정고시일이라는 일정한 시점으로 고정함으로써 공익사업을 위한 토지 등의 취득과 보상에 관한 법률관계를 명료하게 하기 위함이다.[130] 다만, 권리·의무가 일괄적으로 이전되는 '포괄승

---

[129] 그러나 '토지소유자 + 관계인 = 피수용자'라는 등식이 성립하지는 않는다. 토지소유자 및 관계인과 사업시행자 간에 협의취득이 성립하면 수용절차로는 나아가지 않기 때문이다.

[130] 수용절차 전반에서 이루어지는 권리의 이전을 모두 용인한다면 사업시행자가 취득하여야 할 권리 등을 확정하기 어렵게 되므로, 단체법적 규율의 차원에서 관계인의 범위를 정하는 기준시점을 고정한 것이다.

계'의 경우 대체로 종전 권리자가 존재하지 않게 되므로 그 시점과는 관계 없이 승계를 인정하여야 한다는 이유에서 사업인정고시 이후에 포괄승계 가 있더라도 관계인에 포함되도록 하였다. 즉, '기존의 권리를 승계한 자' 란 포괄승계인을 의미한다고 새겨야 한다.

라. 토지 등의 보전의무

사업인정고시가 된 후에는 누구든지 고시된 토지에 대하여 사업에 지장 을 줄 우려가 있는 형질의 변경이나 토지와 함께 공익사업을 위하여 필요 한 입목, 건물, 그 밖에 토지에 정착된 물건 및 토지에 속한 흙·돌·모래 또 는 자갈을 손괴하거나 수거하는 행위를 하지 못한다(토지보상법 제25조 제 1항). 사업인정고시가 된 후에 고시된 토지에 건축물의 건축·대수선, 공작 물의 설치 또는 물건의 부가·증치를 하려는 자는 특별자치도지사, 시장·군 수 또는 구청장의 허가를 받아야 한다. 이 경우 특별자치도지사, 시장·군수 또는 구청장은 미리 사업시행자의 의견을 들어야 한다(같은 조 제2항). 허 가 없이 건축물의 건축·대수선, 공작물의 설치 또는 물건의 부가·증치를 한 토지소유자 또는 관계인은 해당 건축물·공작물 또는 물건을 원상으로 회복하여야 하고 이에 관한 손실의 보상을 청구할 수 없다(같은 조 제3항). 공익사업의 시행에 직·간접적으로 지장을 줄 수 있는 행위를 제한하여 적 어도 사업인정고시일을 기준으로 현상을 고정시킴으로써 원활한 공익사업 의 시행을 도모하고자 한 것이다.[131]

여기서 '사업에 지장을 줄 우려'라고 하는 것은 사업시행에 직·간접으로 장해가 될 염려가 있는 경우는 물론, 그 의무위반으로 인하여 사업시행자 에게 보상의 부담을 가중시킬 염려가 있는 경우를 포괄한다.[132] 따라서 토 지형질의 변경이나 물건의 손괴·수거의 정도가 사소하여 사업시행에 법률

---

131) 정기상(2014a), 178면.
132) 박평준(2004), 19면; 이선영(2008), 170면.

적으로나 물리적으로 지장을 줄 우려가 없는 경우 의무위반이라고 할 수
없다. 그 토지의 종래 이용방법에 따른 통상적인 범위 내의 물건 등의 부가
나 증치 등도 사업에 지장을 줄 우려가 없다고 새겨야 한다.

이러한 토지 등의 보전의무를 위반한 자는 1년 이하의 징역 또는 500만
원 이하의 벌금에 처한다(토지보상법 제96조). 법인의 대표자나 법인 또는
개인의 대리인, 사용인, 그 밖의 종업원이 그 법인 또는 개인의 업무에 관
하여 그 토지 등의 보전의무를 위반한 경우 그 행위자를 벌하는 외에 그
법인 또는 개인에게도 해당 조문의 벌금형을 과한다. 다만, 법인이나 개인
이 그 위반행위를 방지하기 위하여 해당 업무에 관하여 상당한 주의와 감
독을 게을리하지 않은 경우에는 벌하지 않는다(토지보상법 제98조).

토지 등의 보전의무는 '누구나' 부담하고, 토지소유자와 관계인만 그러
한 의무를 지는 것은 아니다. 다만, 토지소유자와 관계인이 허가 없이 건축
물의 건축·대수선 등을 한 경우에는 형사처벌 이외에도 원상회복의무와 손
실보상청구의 제한이라는 제재를 추가로 받게 된다.

사업인정고시가 된 토지에 건축물의 건축·대수선, 공작물의 설치 또는
물건의 부가·증치를 함에 있어 다른 법률에서 정한 허가 등을 받은 경우에
도 토지보상법 제25조 제2항에 따른 허가를 받을 의무가 면제되지 않음은
당연하다.[133) 각 규정의 입법취지가 다르기 때문이다. 따라서 건축법상 건
축허가를 받았더라도 허가받은 건축행위에 착수하지 않고 있는 사이에 토
지보상법상 사업인정고시가 된 경우 고시된 토지에 건축물을 건축하려는
자가 토지보상법 제25조에서 정한 허가를 따로 받아야 함은 물론이다.[134)

사업인정고시 이후에는 모든 사람에게 토지의 형질변경 금지 등의 효력
이 발생하므로, 그 토지 등의 보전의무에 따라 행위제한을 받게 된 이해관
계인은 토지소유자나 관계인에 속하지 않더라도 사업인정의 위법을 다툴

---

133) 대법원 1969. 7. 29. 선고 69누48 판결.
134) 대법원 2014. 11. 13. 선고 2013두19738, 19745 판결.

법률상의 이익이 있다.[135)

허가 없이 건축물의 건축·대수선, 공작물의 설치 또는 물건의 부가·증치를 한 토지소유자 또는 관계인은 해당 건축물·공작물 또는 물건을 원상으로 회복하여야 한다. 이 경우 관계 행정청은 그 위반행위에 의하여 생긴 유형적 결과의 시정을 명하는 행정처분을 하여 이에 따르지 않으면 행정대집행의 방법으로 그 의무내용을 실현할 수 있는 것이고, 이러한 행정대집행의 절차가 인정되는 경우에는 따로 민사소송의 방법으로 시설물의 철거·수거 등 유형적 결과의 시정을 구할 수는 없다.[136)

마. 손실보상금액 산정의 기초가 되는 시점

공용수용에 따른 보상액은 사업인정고시일 전의 시점을 공시기준일로 하는 공시지가로서, 해당 토지에 관한 수용재결 당시 공시된 공시지가 중 그 사업인정고시일과 가장 가까운 시점에 공시된 공시지가를 기준으로 산정한다(토지보상법 제70조 제4항). 사업인정 당시부터 가격시점인 수용재결 당시까지의 가격 변동은 시점수정으로 반영한다(같은 조 제1항).

이처럼 사업인정고시일 무렵의 공시지가를 기준으로 보상액을 산정하는 것은 해당 공익사업에 따른 개발이익을 보상액 산정에서 배제하기 위함이다. 사업인정고시일은 공익사업의 시행에 편승하여 부당한 이익을 도모하려는 유인을 제거하기 위한 기준 시점으로 기능하게 된다.[137) 개발이익의 배제를 둘러싼 논란은 손실보상법의 주된 화두 중 하나이다.

개발이익의 배제를 찬성하는 입장에서는 개발이익이 '불로소득'임에 주목한다. 토지공개념과 사회정의의 실현을 위해서라도 개발이익은 공공에 귀속되어야 한다고 보는 것이다.[138) 나아가 개발이익의 배제는 보상의 공

---

135) 대법원 1973. 7. 30. 선고 72누137 판결.
136) 대법원 2000. 5. 12. 선고 99다18909 판결.
137) 정기상(2014a), 177면.
138) 박균성(2019), 815~816면; 석종현(2019), 178면.

평화와 사업시행의 지연 유인 차단에 기여할 수 있다고 한다. 수용재결 무렵의 지가를 기준으로 보상액을 산정하게 되면, 개발이익은 토지소유자 및 관계인에게 귀속하게 되고, 재결이 지연될수록 보상액은 증가하는 경향을 띠게 될 것이므로 토지소유자 및 관계인은 협의에 응하지 않고 재결시기를 가능한 한 늦추려는 유인을 가지게 된다. 이로써 사업시행자의 원활한 토지취득이 어렵게 되고, 먼저 매수협의에 응한 자보다 협의에 불응하여 지연시킨 자가 이익을 보게 되는 불균형과 불합리가 발생하게 된다는 점을 지적한다.139)

반면에, 개발이익의 배제를 비판하는 입장에서는 사업시행구역 인근 토지의 소유자들만 개발이익을 누리게 되면서 피수용자들이 상대적 박탈감을 느끼게 되고, 피수용자가 그 보상액으로 인근에 대체 토지를 취득할 수 없게 될 경우 피수용자의 희생만을 강요하는 꼴이 된다는 점을 꼬집는다.140) 나아가 정당한 손실보상액 산정을 위한 체계가 완벽하게 정비되지 않은 현실에서 개발이익 배제가 사인수용과 맞물릴 경우 개발이익이 사업시행자인 사인에게 귀속되는 '엄청난' 불합리가 발생할 수 있음을 우려한다.141) 결국 보상시스템이 불완전한 상황에서 개발이익 배제가 지나치게 강조되면 과소보상의 편의는 심화될 수 있고, 이는 미래 토지개발활동의 감소를 초래할 수 있다고 한다.142)

---

139) 박평준(2004), 19~20면; 심지어는 현재의 개발이익 배제를 위한 법제가 충분하지 않으므로 공시지가의 기준시점까지도 사업인정고시 이전으로 앞당겨야 한다고 주장하기도 한다. 이에 대해서는 선병채(2007), 49~65면; 이호준 외(2012), 10~23면 참조.
140) 류하백(2005), 177면; 이에 대하여 개발이익의 성질에 비추어 보면 보상액 산정에서 개발이익을 마땅히 배제하여야 하고, 위와 같은 불평등의 문제는 오히려 인근 토지에서 발생하는 개발이익을 철저하게 환수하는 방안을 찾는 것으로 나아가야 한다는 주장으로는, 류해웅(2007), 132면 참조.
141) 조병구(2012a), 219면.
142) 김일중 외(2013), 205면; 개발이익배제는 수용되는 사업이 국민을 위한 공익적 사업이고, 충분하고 완전한 보상이 이루어졌다는 것을 전제로 한다는 지적도 이와 맥락을 같이한다[박성규(2022), 129면].

생각건대, 일정한 공익사업에서 발생한 개발이익의 일부를 피수용자에게 귀속시킬 필요가 있다고 본다. 임의의 공익사업 시행에 따라 총 부가가치가 종전 A에서 비율 r만큼 비례적으로 증가하여 A(1 + r)이 되었다고 하자. 종전 A 중에서 해당 토지의 가치가 차지하는 부분을 L, 토지가치 이외의 부가가치를 E라고 할 경우 'A = L + E'이고 해당 공익사업의 시행에 따라 총 부가가치는 (L + E)(1 + r)이 된 것이다. 이처럼 증가된 총 부가가치 중 해당 토지가 증가한 부분인 L·r 중 적어도 일정한 정도는 토지소유자에게 귀속시키는 것이 오히려 공평과 정의의 관념에 부합한다. L에서 파생된 가치를 E 중 일부 구성요소를 가진 쪽이나 그 밖의 경제주체에게 온전히 배분하는 것이 과연 정당한가? 반드시 짚어보아야 할 문제이다.[143]

바. 토지·물건조사권

사업인정의 고시가 된 후 사업시행자가 사업의 준비나 토지조서 및 물건조서를 작성하기 위하여 필요한 경우, 감정평가법인 등이 감정평가를 의뢰받은 토지 등의 감정평가를 위하여 필요한 경우 해당 토지나 물건에 출입하여 측량하거나 조사할 수 있다. 토지 등의 수용 과정에서 필연적으로 거쳐야 하는 절차를 수행하는 데에 필요한 사업시행자의 측량·조사권을 인정하되, 그 권원(權原)을 사업인정에 둔다는 것이다.[144]

이 경우 사업시행자는 해당 토지나 물건에 출입하려는 날의 5일 전까지 그 일시 및 장소를 토지점유자에게 통지하여야 한다(토지보상법 제27조 제1항). 다만, 해가 뜨기 전이나 해가 진 후에는 토지점유자의 승낙 없이 그

---

143) 개발이익 배제를 둘러싼 논란은 손실보상법의 거대한 담론이어서 방대한 자료의 검토와 분석이 필요하다. 이는 여기서 다룰 논지와 직접 관련되지는 않으므로 자세한 논의는 후속연구의 과제로 남겨둔다. 개발이익을 토지소유자 등에게도 어느 정도 분배해야 한다는 주장과 그 근거에 대해서는, Merrill(1986), Krier/Serkin(2004), Kowal(2006), Williams(2009), Park(2017) 등 참조.

144) 정기상(2014a), 178면.

주거나 경계표·담 등으로 둘러싸인 토지에 출입할 수 없다.[145] 토지점유자는 정당한 사유 없이 사업시행자나 감정평가법인 등이 토지에 출입하고 그 토지를 측량 또는 조사하는 행위를 방해하지 못한다. 타인이 점유하는 토지에 출입하고자 하는 자는 그 신분을 표시하는 증표를 휴대하고 토지 및 장해물의 소유자 및 점유자, 그 밖의 이해관계인에게 이를 제시하여야 한다(토지보상법 제27조 제2항, 제10조 제3항, 제11조, 제13조).

5. 사업인정의 실효

가. 개관

공용수용은 공공필요라는 불가피한 사유로 재산권의 존속보장을 뒤로 물리고 그 자리를 가치보장으로 갈음하는 제도이다. 공공필요는 재산권의 존속보장 우위를 희생시키는 것을 정당화하는 핵심적인 요소이다. 따라서 사후적으로라도 공공필요가 없어졌다고 판단되는 경우 다시 재산권의 존속보장으로 회귀하여야 한다는 것은 헌법적 요청이다. 그러기 위해서는 해당 사업을 위하여 설정된 수용권을 존속시키고 있는 사업인정의 효력을 소멸시켜야 한다.

공공필요의 소멸로 평가할 수 있는 경우로는 사업시행자가 사업인정 이후에 정당한 사유 없이 후속 수용절차를 진행시키지 않는 경우와 사업의 전부 또는 일부가 폐지·변경된 경우를 상정해볼 수 있다. 토지보상법에서는 이들 각 경우에 사업인정의 효력을 잃게 하는 '사업인정의 실효'를 규정하고 있다. 특히 사업시행자가 사업인정의 후속 절차인 재결신청을 하지 않는 경우 정당한 사유의 존부를 묻지 않고 일정한 재결신청기간의 경과만을 이유로 사업인정을 실효시키는 것은 공공필요의 통제 관점에서 매우 인상적이다.[146]

---

145) 주거의 안녕을 위한 것이다.

나. 재결신청기간의 경과에 따른 사업인정의 실효

(1) 사업인정과 수용재결의 관계

사업인정은 일반적인 수용권한을 설정하는 처분으로서 그 구체적인 실행을 위해서는 후속절차가 필요하다. 사업시행자는 토지소유자 등과 협의가 성립되지 않거나 협의를 할 수 없는 경우에 해당 토지 등에 대한 개별적·구체적 수용권의 집행을 위하여 사업인정고시가 된 날부터 1년 이내에 관할 토지수용위원회에 재결을 신청할 수 있다(토지보상법 제28조 제1항). 즉, 사업인정으로써 곧바로 특정한 토지 등에 대하여 수용의 효과가 발생하는 것이 아니고, 협의의 불성립 또는 불가능을 이유로 한 사업시행자의 재결신청에 따라 수용재결이 행해짐으로써 수용권이 구체화되는 것이다. 앞서 설명한 대법원의 사업인정에 대한 정의에서 사업인정의 조건으로 삼은 '일정한 절차'는 토지소유자 등과의 협의, 재결신청 등을 포괄하는 셈이다.[147]

사업시행자가 사업인정고시가 된 날로부터 1년 이내에 재결신청을 하지 않는 경우에는 사업인정고시가 된 날부터 1년이 되는 날의 다음 날에 사업인정은 그 효력을 상실한다(토지보상법 제23조 제1항). 이러한 사업인정의 실효가 재산권의 존속보장 우위를 실현하고 공용수용의 한계를 확인하는 헌법적 의미를 가진다는 점은 이미 설명하였는데, 부가적으로도 몇 가지 실익 또는 근거를 갖는다.

정책적으로는 사업인정의 효력을 일정한 기간 내로 한정함으로써 사업시행의 지연에 따른 토지소유자 등 이해관계인의 불안정한 상태를 최소화하고 사업시행자로 하여금 사업을 조속하게 시행하도록 간접적으로 강제

---

146) 다만, 뒤에서 설명하듯이 실무에서 이 규정을 적용할 일은 거의 없다. 사업인정의제 때문에 이 규정은 유명무실해졌다.

147) 정기상(2022d), 631면.

하는 데에 그 취지가 있다.[148] 법리적으로는 실권 또는 실효의 법리에 기
반한다고 볼 수 있다. 즉, 사업시행자가 본래 수용권을 실행하는 절차를 취
할 기회가 있었음에도 장기간에 걸쳐 그 절차를 취하지 않았는데 새삼스럽
게 그 권리를 행사하는 것은 법의 일반원리인 신의성실의 원칙에 반한다는
관념이다.[149]

(2) 재결신청기간의 경과

재결신청기간은 '사업인정고시가 된 날부터 1년 이내'이다. 여기서 '사업
인정고시가 된 날'은 국토교통부장관이 사업시행자의 성명이나 명칭, 사업
의 종류, 사업 지역 및 수용하거나 사용할 토지의 세목을 관보에 고시한 날
을 말한다(토지보상법 제22조 제1항). 관보에 고시한 날은 관보가 전국의
각 보급소에 배포되어 이를 일반인이 열람 또는 구독할 수 있는 상태에 놓
이게 된 최초의 시기를 의미하고, 정보통신망에 고시하는 것은 허용되지
않는다는 점은 이미 설명하였다.

'1년'의 재결신청기간은 사업시행자와 토지소유자 등 이해관계인의 법익
이 균형을 이룰 수 있는 시점으로 입법자가 결단한 기간이다. 즉, 사업시행
자가 사업인정의 고시 이후에 언제까지 재결신청을 할 수 있도록 허용할
것인지는 입법정책의 문제라고 볼 수 있다. 다만 이는 어디까지나 공익사
업의 시행을 둘러싼 공익과 사익이 균형을 이루어야 함을 전제로 한다. 재
결신청기간이 사업시행의 편의에 치우쳐져서 토지소유자 등에게 수인할

---

148) 박정일(2007), 306면.
149) 실권의 법리가 적용되기 위해서는 첫째, 행정청이 권한을 행사할 수 있었음에도 불
구하고 이를 행사하지 않았어야 한다. 둘째, 장기간에 걸쳐 권리불행사의 사실상태
가 계속되어야 한다. 셋째, 이제 와서 새삼스럽게 권리를 행사하는 것은 신의성실의
원칙 또는 신뢰보호의 원칙에 반하는 경우이어야 한다. 재결신청기간 경과에 따른
사업인정의 실효는 이들 요건에 딱 들어맞는다. 실권의 법리에 관한 일반적인 설명
으로는, 고영훈(2011), 174~178면 참조.

수 없는 정도의 손해를 발생시킨다면, 사업인정의 실효는 형해화되고 말 것이다.[150] 이는 주로 사업인정의제와 맞물린 재결신청기간의 확장과 관련되는데, 이에 대해서는 뒤에서 자세히 검토한다.

사업시행자가 그 사업인정고시일로부터 1년 이내에 재결신청을 하였다면 그 신청은 위 1년의 기간이 경과된 이후에도 여전히 유효하므로, 토지수용위원회는 위 1년의 기간이 경과한 이후에도 그 신청에 따른 수용재결을 할 수 있다고 보아야 한다.[151] 즉, 사업인정고시일로부터 1년 이내에 행해져야 할 것은 '재결신청'이고, 수용재결 자체는 그 기간 이후에 행해져도 무방하다.

(3) 사업인정의 효력 상실과 그 후속 문제의 해결

사업시행자의 재결 미신청에 따라 사업인정은 '사업인정고시가 된 날부터 1년이 되는 날의 다음 날'에 그 효력을 상실한다. 뒤에서 살펴보듯이 사업인정은 장래에 향하여 그 효력을 상실하므로 그 실효 이전에 확정적으로 행해진 법률행위의 효력에 어떠한 영향이 있는 것은 아니다. 사업인정의 실효로써 수용권의 설정 효력이 사라지므로, 그 구체적인 실행을 위한 수용재결의 절차로 나아갈 수 없게 된다. 사업인정의 실효는 사업인정에 따라 형성된 종전의 법률관계를 해소·정리하는 문제와 사업시행자가 다시금

---

150) 정기상(2022d), 632면.

151) 토지보상법 제23조 제1항에 관한 사안은 아니지만 구 도시계획법(2002. 2. 4. 법률 제6655호 국토의 계획 및 이용에 관한 법률 부칙 제2조로 폐지되기 전의 것)상 재결 신청기간의 특례에 관한 사안에서 대법원은 이와 같은 취지로 판시하였다(대법원 2007. 1. 11. 선고 2004두8538 판결). 대법원은 이 판결에서 "위법한 행정처분의 취소를 구하는 소에 있어 그 처분을 취소한다고 하더라도 원상회복이 불가능한 경우에는 그 취소를 구할 이익이 없으나, 사업시행자가 도시계획시설사업의 실시계획에서 정한 사업시행기간 내에 해당 토지에 대한 수용재결 신청을 하였다면, 그 신청을 기각하는 내용의 재결의 취소를 구하던 중 그 사업시행기간이 경과하였다 하더라도, 그 재결이 취소되면 사업시행자의 신청에 따른 수용재결이 이루어질 수 있어 원상회복이 가능하므로, 그 재결의 취소를 구할 소의 이익이 있다."라고 판단하였다.

290 공용수용의 공공필요 검증론

사업인정을 받는 문제를 남기는데, 사업시행자가 사업인정의 실효 이후에
도 해당 사업을 계속 추진할 것인지 여부에 따라서는 이들 문제가 경합할
수 있기에 법률관계가 복잡하게 될 수 있다.

(가) 토지소유자의 환매권 행사 가능 여부

토지보상법상 협의취득은 사법상 매매계약에 해당한다는 것이 대법원의
일관된 입장이므로,[152] 수용권의 설정에 관한 사업인정이 그 효력을 잃더
라도 당연히 협의취득의 효력까지 부인되는 것은 아니다. 다만, 토지보상법
제91조 제1항에서는 공익사업의 폐지·변경 또는 그 밖의 사유로 취득한 토
지의 전부 또는 일부가 필요 없게 된 경우 토지의 협의취득일 또는 수용개
시일 당시의 토지소유자 또는 그 포괄승계인은 일정한 날로부터 10년 이내
에 그 토지에 대하여 받은 보상금에 상당하는 금액을 사업시행자에게 지급
하고 그 토지를 환매할 수 있다고 규정하고 있다. 이른바 환매권의 행사에
관한 규정인데, 재결신청기간 내에 재결 미신청은 환매권의 행사요건으로
명시되어 있지 않다.

이에 대하여 재결신청기간 내에 재결신청을 하지 않은 경우도 '그 밖의
사유로 취득한 토지의 전부 또는 일부가 필요 없게 된 경우'에 해당하므로
환매권의 행사요건을 충족한다고 해석하는 견해가 있다.[153] 그러나 위 규
정에서 그 밖의 사유로 취득한 토지의 전부 또는 일부가 필요 없게 된 경
우에 있어 10년의 기산점을 '사업완료일'로 정한 이상, 대체로 사업이 완료
되지 못한 상태에서 재결신청기간 내에 재결신청을 하지 않은 경우를 '그
밖의 사유'로 해석하기에는 문리해석상 한계가 있고,[154] 재결신청기간 내

---

152) 대법원 2004. 9. 24. 선고 2002다68713 판결; 대법원 2018. 12. 13. 선고 2016두
   51719 판결.
153) 류지태(1998), 101면.
154) 물론 사업시행자가 협의취득되지 않은 일부 토지에 대하여 해당 공익사업의 시행에
   굳이 필요하지 않다고 사후에 판단하여 사업시행구역의 범위를 협의취득된 토지로

재결의 미신청이 곧 확정적인 사업의 폐지를 의미하는 것이 아니어서 사업시행자가 다시금 사업인정을 받을 수 있으므로 재결의 미신청만으로 취득한 토지의 전부 또는 일부가 '필요 없게' 되었다고 단정할 수도 없다. 따라서 사업시행자가 재결신청기간 내에 재결신청을 하지 않은 경우에 있어서는 '공익사업의 폐지·변경'에 해당할 수 있는 경우에만 토지소유자의 환매권 행사를 인정할 수 있다고 해석할 수밖에 없다.

 '취득한 토지가 필요 없게 된 때'라 함은 협의취득 또는 수용의 목적이 된 구체적인 특정의 공익사업이[155] 폐지되거나 변경되는 등의 사유로 인하여 해당 토지가 더 이상 그 공익사업에 직접 이용될 필요가 없어졌다고 볼 만한 객관적인 사정이 발생한 때를 말한다. 취득한 토지가 필요 없게 되었는지의 여부는 해당 사업의 목적과 내용, 취득의 경위와 범위, 해당 토지와 사업의 관계, 용도 등 제반 사정에 비추어 객관적 사정에 따라 합리적으로 판단하여야 한다.[156] 그런데 국토교통부장관이 사업인정에 따라 수용하거나 사용할 토지의 세목을 고시함으로써 수용목적물이 확정되는 이상, 사업시행자가 사업의 전부 또는 일부를 폐지하거나 변경함으로 인하여 토지의 전부 또는 일부를 수용하거나 사용할 필요가 없게 되었음을 관할 시·도지사에게 신고한 경우(토지보상법 제24조 제1항) 이외에는 사업의 폐지·변경으로 필요 없게 된 토지의 범위를 객관적으로 확정하기 어려운 경우가 많

변경하고서 재결신청기간 내에 재결신청을 하지 않을 수도 있다. 이러한 경우에는 사업시행자가 재결신청기간 내에 재결신청을 하지 않았지만 사업이 완료될 수도 있을 것이다. 그러나 이러한 경우는 이미 '사업의 변경'에 해당하여 '그 밖의 사유'에 해당할 여지가 없으므로, 사업시행자가 재결신청기간 내에 재결신청을 하지 않았지만 사업이 완료된 경우를 상정하기 어렵다.

155) 토지보상법 제14조에 따라 사업인정 전에 사업시행자가 토지를 협의취득한 경우에는 사업인정의 내용을 통해 해당 사업을 특정할 수 없으므로, 협의취득 당시의 제반 사정을 고려하여 협의취득의 목적이 된 공익사업이 구체적으로 특정되었는지 살펴보아야 한다.

156) 대법원 1997. 11. 11. 선고 97다36835 판결, 대법원 2016. 1. 28. 선고 2013다60401 판결, 대법원 2021. 9. 30. 선고 2018다282183 판결.

을 것이다.

(나) 손실보상

 사업시행자는 사업인정의 실효로 인하여 토지소유자나 관계인이 입은 손실을 보상하여야 한다(토지보상법 제23조 제2항). 다만 토지소유자 등은 그 손실이 있음을 안 날부터 1년이 지났거나 손실이 발생한 날부터 3년이 지난 후에는 손실보상을 청구할 수 없다(토지보상법 제23조 제3항, 제9조 제5항). 이는 손실보상청구권의 제척기간을 정한 것으로,157) 위 두 기간요건 중 어느 하나에만 해당하더라도 손실보상의 청구를 할 수 없다.

 손실보상에 대해서는 사업시행자와 손실을 입은 자가 협의하여 결정한다. 협의가 성립되지 않으면 사업시행자나 손실을 입은 자는 관할 토지수용위원회에 재결을 신청할 수 있다(토지보상법 제23조 제3항, 제9조 제6항, 제7항).158) 수용재결의 경우 사업시행자만이 그 재결신청을 할 수 있고, 토지소유자와 관계인은 사업시행자에게 재결을 신청할 것을 청구할 수 있을 뿐인데, 사업인정의 실효에 따른 손실보상재결에 대해서는 사업시행자와 토지소유자 등이 모두 신청할 수 있다는 차이가 있다. 수용재결의 경우에는 수용권의 구체적인 실행과 재산권의 가치 보장인 손실보상에 관한 사항을 모두 포함하고 있어159) 토지소유자 등에게 수용권의 구체적인 실행에

---

157) 따라서 그 기간의 정지나 중단은 허용되지 않고, 법원으로서는 당사자의 제척기간 만료의 원용 없이도 그 권리의 소멸 여부를 판단하여야 한다.

158) 재결을 신청하려는 자는 손실보상재결신청서에 재결의 신청인과 상대방의 성명 또는 명칭 및 주소, 공익사업의 종류 및 명칭, 손실 발생사실, 손실보상액과 그 명세, 협의의 경위를 적어 관할 토지수용위원회에 제출하여야 한다(토지보상법 시행령 제6조의2).

159) 토지보상법 제50조 제1항에서 정한 토지수용위원회의 재결사항 중 제1호의 수용하거나 사용할 토지의 구역 및 사용방법, 제3호의 수용 또는 사용의 개시일과 기간이 수용권의 구체적인 실행에 관한 사항이고, 제2호가 손실보상에 관한 사항이다. 토지수용위원회의 재결을 그 내용에 따라 재산권의 변동·소멸을 시키는 것을 내용으로 하는 '수용재결'과 수용되는 재산권의 가치에 대한 보상을 내용으로 하는 '손실보상

관한 신청권을 인정하는 것이 법체계 정합성에 반하는 측면이 있음에 반하여, 손실보상재결의 경우 손실보상에 관한 사항만을 포함하므로 토지소유자 등에게 그 신청권을 인정하더라도 특별히 문제될 것이 없고, 그것이 오히려 토지소유자 등의 권리 구제에 더욱 적합하다는 측면을 고려한 것으로 보인다.160)

여기서 보상의 대상이 되는 손실은 재결신청기간의 경과에 따른 사업인정의 실효를 원인으로 토지소유자나 관계인이 입게 된 것이어야 한다. 즉, 사업인정의 효력이 상실되면서 비로소 토지소유자 등이 입게 된 손실을 보상한다는 것인데, 이러한 손실을 상정하기는 쉽지 않다. 사업인정의 실효와 손실의 발생 사이에 상당인과관계를 인정하기 어려운 경우가 많기 때문이다. 사업인정의 실효가 있었기 때문에 손실이 발생하였는가, 역으로 말하면 사업인정의 실효가 없었더라면 손실이 발생하지 않았을 것인가 하는 사실적 인과관계를 확인하는 것만으로는 '상당인과관계'를 설명하기에 충분하지 않다. '상당인과관계'는 규범적 개념이므로 그 손실을 사업시행자에게 귀속시키는 것이 타당한가 하는 법률적 판단이 개입될 수밖에 없다.

예를 들어본다. 어떠한 공익사업을 위하여 토지 1,000필지를 취득해야 하는데, 그 중 700필지에 대하여는 협의취득이 성립하였고, 나머지 300필지에 대하여는 사업시행자가 재결신청기간 내에 재결신청을 하지 않아서 사업인정이 실효되었다는 사례를 가정해보자. 이 사례에서 재결신청기간의 경과만으로 사업의 시행이 확정적으로 불가능하게 된 것은 아니다. 따라서 700필지에 대한 협의취득(매매계약)의 효력이 당연히 부정되지는 않는다. 협의취득된 700필지의 토지소유자들이 환매권을 행사하려면 그 사업인정의 실효에 따라 사업이 폐지되거나 변경되었어야 함은 앞서 설명하였다. 그러나 이러한 경우에는 이미 사업의 폐지·변경 자체에 따른 문제로 변환

재결'로 나누는 견해도 이와 같은 맥락이다[이선영(2008), 237면].
160) 정기상(2022d), 635면.

되고 재결신청기간의 경과에 따른 사업인정의 실효가 문제되는 국면이 아니다.

그렇다면, 300필지의 토지소유자들이 사업인정의 효과로서 토지 등의 보전의무를 부담하면서 입게 된 손실은 어떠한가? 위 300필지가 수용될 것이라면, 토지소유자 등이 해당 토지 등에 관하여 보전의무를 부담하더라도 부당할 것이 없다. 어차피 그 토지 등에 대한 소유권이 사업시행자에게로 넘어갈 것이고, 보전의무는 그 경과조치에 불과하기 때문이다.161) 그러나 300필지가 사업인정의 실효에 따라 더 이상 수용되지 않는다면 문제는 달라진다. 사업인정의 실효에 따라 토지소유자 등은 결과적으로 부담하지 않았어도 될 보전의무를 부담하였고, 그에 따른 손실은 수용에 따른 손실보상으로 전보될 수도 없게 되었기 때문이다. 따라서 사업시행자가 사업인정을 다시 취득하여 해당 토지 등에 대한 수용절차를 진행하지 않는 이상 그 보전의무의 부담에 따른 손실은 보상되어야 한다.162) 물론 사업인정의 실효는 장래효만을 가지므로 소급하여 사업인정이 없었던 상태로 되는 것은 아니다.163) 그러나 이는 토지 등의 보전의무가 적법하다는 근거일 뿐, 그에 따른 손실이 전보되어야 하는지의 문제와는 논의의 평면을 달리한다.

  (대) 사업인정의 재취득

사업시행자가 재결신청기간 내에 재결신청을 하지 않아서 사업인정이 실효된 경우 그 자체로 사업의 폐지에 해당하는 것은 아니므로, 사업시행

---

161) 토지 등의 보전의무에 따른 손실은 해당 토지 등의 수용에 따른 손실보상으로 보전된다.

162) 다만, 추상적으로 토지소유자 등이 보전의무를 부담한 것 자체가 손실이라는 주장은 받아들여질 수 없고, 사업인정과 그에 연이은 수용절차의 진행을 신뢰하여 어떠한 행위를 하여야만 했거나 원하는 행위를 할 수 없음으로써 손실을 입게 되었다는 등의 구체적인 손실발생 원인에 대한 주장·증명이 있어야 한다.

163) 즉 사업인정이 실효되기 전에는 토지 등의 보전의무를 발생시키는 사업인정이 유효하게 존재하고 있었기 때문에 그 의무의 근거가 상실되는 것은 아니다.

자가 해당 사업을 계속 진행할 필요가 있다고 판단하면 사업인정절차를 다시 거쳐 사업인정을 받을 수도 있다. 다만 사업시행자가 재결신청기간 내에 재결신청을 하지 않았다는 사정은 해당 사업의 공공필요 중 필요성에 관한 판단에 중요한 고려요소가 될 수 있다. 사업시행자가 사업인정을 받고도 그로써 설정된 수용권을 적극적으로 실행하지 않았다는 것은 해당 사업에 수용권이 필요한지 여부에 대하여 의구심을 자아낼 수 있기 때문이다.

사업시행자가 사업인정을 다시 받은 경우 토지보상법상 여러 쟁점의 기준시점이 되는 '사업인정고시일'을 종전 사업인정고시일로 볼 것인지, 새로운 사업인정고시일로 볼 것인지 하는 문제가 발생한다. 원칙적으로는 종전의 사업인정이 그 효력을 상실한 이상 새로운 사업인정의 고시일을 기준으로 판단하는 것이 옳을 것이다. 그러나 사업인정고시일을 기준으로 삼는 여러 토지보상법 규정의 입법취지가 다른데, 일률적으로 새로운 사업인정의 고시일을 기준으로 삼게 되면 입법취지나 목적이 훼손되는 결과가 발생할 수도 있다.

예컨대, 토지보상법 제70조 제4항의 경우가 그러하다. 앞서 설명한 바와 같이 이는 개발이익의 배제를 도모한 규정인데, 새로운 사업인정의 고시일을 공시지가의 기준시점으로 삼게 되면 개발이익이 그대로 보상금액의 산정에 반영되어 버린다. 종전의 사업인정고시일 이후에 이미 해당 공익사업의 시행사실이 널리 알려졌기 때문이다. 이러한 경우에는 종전 사업인정고시일을 기준시점으로 삼을 수밖에 없다.[164] 이는 현행 토지보상법 규정에 의해서도 뒷받침된다. 토지보상법 제70조 제5항에서는 공익사업의 계획 또는 시행이 공고되거나 고시됨으로 인하여 취득하여야 할 토지의 가격이 변동되었다고 인정되는 경우에는 해당 공고일 또는 고시일 전의 시점을 공시

---

164) 물론 이는 개발이익의 배제를 관철하는 현행 토지보상법의 태도를 그대로 받아들인다는 전제에서 그러하다. 입법론적으로 개발이익의 어느 정도는 보상금액에 반영되어야 함은 이미 설명하였다.

기준일로 하는 공시지가로서 그 토지의 가격시점 당시 공시된 공시지가 중 그 공익사업의 공고일 또는 고시일과 가장 가까운 시점에 공시된 공시지가를 선정할 수 있다고 규정하고 있다.

다. 사업의 폐지·변경에 따른 사업인정의 실효

(1) 제도의 취지

공용수용은 공익사업을 위하여 재산권을 법률의 힘에 의하여 강제적으로 취득하는 것이므로 수용할 목적물의 범위는 원칙적으로 사업을 위하여 필요한 최소한도에 그쳐야 하고, 그 한도를 넘는 부분은 수용대상이 아니어서 그 부분에 대한 수용은 위법하다.[165] 해당 공익사업에 필요하지 않은 재산권을 강제로 박탈하는 것은 공용수용의 헌법상 정당화 기제인 공공필요에 근거한 과잉금지의 원칙을 위반한 것이 된다.[166] 즉, 해당 사업에 대하여 공익성의 검증을 통과하여 사업시행자가 사업인정을 받았다고 하더라도 그 후에 수용의 목적인 공익사업이 수행되지 않거나 또는 일부 재산권이 해당 공익사업에 필요 없게 되었다고 한다면, 수용의 헌법상 정당성과 공공필요에 의한 재산권 취득의 근거가 장래를 향하여 소멸하는 것이다.[167] 사업의 폐지·변경에 따른 사업인정의 실효제도는 공공필요에 대한 검증이 사업인정단계에 머무는 것이 아니라 수용절차 전반에서 행해져야 함을 확인한 것으로 수용의 공공필요 통제 관점에서 중요한 의의를 가진다.[168]

---

165) 대법원 1994. 1. 11. 선고 93누8108 판결; 헌법재판소도 "공공필요에 의한 재산권의 공권력적·강제적 박탈을 의미하는 공용수용은 헌법상의 재산권 보장의 요청상 불가피한 최소한에 그쳐야 한다."라고 판시하였다(헌법재판소 1998. 12. 24. 선고 97헌마 87·88 결정). 이는 앞서 여러 차례 강조하였다.

166) 헌법 제23조 제3항의 공공필요에서 과잉금지의 원칙을 도출할 수 있으므로, 헌법 제37조 제2항을 원용할 필요가 없고, 이로써 더욱 엄격한 과잉금지원칙의 적용에 대한 해석적 근거를 마련할 수 있음은 앞서 제3장에서 설명하였다.

167) 헌법재판소 1996. 4. 25. 선고 95헌바9 결정.

이러한 취지에서 토지보상법 제24조에서는 사업시행자에게 토지의 전부 또는 일부를 수용하거나 사용할 필요가 없게 되었음을 시·도지사에게 신고할 의무를 지우고(제1항), 시·도지사에게는 사업시행자의 신고에 따라 사업의 폐지·변경 내용을 관보에 고시하거나 사업의 폐지·변경을 알게 되었을 때 직권으로 이를 고시할 의무를 부담시키고 있다(제2항, 제3항).[169]

(2) 사업의 폐지·변경에 따른 사업인정 실효의 요건

㈎ 사업의 폐지·변경

사업인정고시가 된 후에 사업의 전부 또는 일부를 그만두거나(폐지) 그 사업 내용을 바꾸는(변경) 경우이어야 한다. 즉, 원래 진행하던 사업에 관련하여 일정한 사정의 변경이 있는 경우에 비로소 여기에 해당될 수 있다. 사업의 폐지·변경이 토지 등을 수용하거나 사용할 필요가 없게 된 것 간에는 직접적인 인과관계가 있어야 한다.[170] 토지를 수용하거나 사용할 필요가 없게 된 경우에도 그 원인이 사업의 폐지·변경이 아니라면 이 요건을 충족하지 못하게 된다는 점에서 사업의 폐지·변경 이외에 '그 밖의 사유'를 인정한 환매권의 요건과 구별된다.[171]

---

168) 공공필요를 공용수용의 존속요건으로 보아야 하고, 공공필요가 소멸되었음에도 불구하고 수용권을 행사하는 것은 수용권의 공익목적에 반하는 수용권의 남용에 해당되는 것이다[황창근(2016), 180면].

169) 사업시행자의 신고가 없더라도 시·도지사가 사업의 폐지·변경에 따라 토지를 수용하거나 사용할 필요가 없게 된 것을 '알았을 때'에는 그 내용을 관보에 고시하도록 의무를 부담시킨 것에서 공공필요의 필요성 요건(침해의 최소성)에 대한 입법자의 강력한 통제 의지를 엿볼 수 있다.

170) 정기상(2022d), 638~639면.

171) 환매권의 발생기간을 일률적으로 제한한 구 토지보상법 제91조 제1항 중 '토지의 협의취득일 또는 수용의 개시일부터 10년 이내' 부분에 대하여 한 헌법재판소의 헌법불합치 결정(헌법재판소 2020. 11. 26. 선고 2019헌바131 결정)에 따라 2021. 8. 10. 법률 제18386호로 개정된 토지보상법 제91조 제1항에서는 '그 밖의 사유'를 사

(나) 토지 등을 수용하거나 사용할 필요가 없게 될 것

'토지 등의 전부 또는 일부를 수용하거나 사용할 필요가 없게 되었을 때'라 함은 해당 공익사업이 폐지되거나 변경된 것을 원인으로 하여 해당 토지 등이 더 이상 그 공익사업에 직접 이용될 필요가 없어졌다고 볼 만한 객관적인 사정이 발생한 때를 말한다. 즉, 당초에는 적법하게 공익사업을 시행하였고 그 사업에 해당 토지 등이 필요했으나 후발적인 사정으로 사업이 폐지·변경되어 그 토지 등이 필요 하지 않게 된 경우를 가리킨다.[172] '사정의 변경'이 있는 경우에만 여기에 해당할 수 있고, 애당초 일정한 토지 등이 해당 사업의 시행에 필요하지 않았던 것이라면 '필요가 없게 된 경우'에 해당되지 않는다고 보는 것이 문언에 충실한 해석이다. 이러한 사정의 변경이 있는지 여부는 해당 사업의 목적과 내용, 해당 토지와 사업의 관계, 용도, 해당 사업의 진행 경과 등 제반 사정에 비추어 객관적 사정에 따라 합리적으로 판단하여야 한다.[173]

이 요건은 토지보상법 제91조 제1항의 환매권 행사 요건과 비슷하지만, 환매권이 이미 사업시행자가 취득한 토지를 대상으로 함에 반하여 사업의 폐지·변경은 사업시행자에 의한 취득 여부와는 관계없이 수용의 필요성이 없어지거나 수용목적물에 변경이 생긴 경우를 다룬다는 점에서 차이가 있다.

(다) 시·도지사의 관보 고시

사업시행자는 사업의 폐지·변경으로 인하여 토지 등을 수용하거나 사용할 필요가 없게 된 사실을 지체 없이 사업지역을 관할하는 시·도지사에게 신고하고, 토지소유자 및 관계인에게 이를 통지하여야 한다(토지보상법 제

업의 완료로 규정짓고 사업의 완료일을 특정하기 위하여 사업완료 신고 및 그 고시에 관한 제24조의2를 신설하였다.

172) 대법원 2021. 4. 29. 선고 2020다280890 판결.
173) 정기상(2022d), 639면.

24조 제1항). 시·도지사는 그 신고를 받으면 사업의 전부 또는 일부가 폐지되거나 변경된 내용을 관보에 고시하여야 하고, 그 신고가 없더라도 사업시행자가 사업의 전부 또는 일부를 폐지하거나 변경함으로 인하여 토지를[174] 수용하거나 사용할 필요가 없게 된 것을 알았을 때에는 미리 사업시행자의 의견을 듣고 위와 같이 관보에 고시하여야 한다(토지보상법 제24조 제2항, 제3항).[175] 시·도지사의 직권고시 의무는 일정한 토지에 대하여 수용을 할 만한 공익적 필요성이 없는 상황을 알게 되고서도 이를 그대로 방치해서는 안 된다는 헌법적 요청을 반영한 것이다.[176]

[별표]에 규정된 법률에 따라 사업인정이 있는 것으로 의제되는 사업에 있어서는 해당 법률에서 정하는 바에 따라 해당 사업의 전부 또는 일부가 폐지되거나 변경된 내용이 고시·공고된 경우에 위와 같은 고시가 있는 것으로 본다(토지보상법 제24조 제5항). 개별 법률에 의하여 수권된 실시계획인가 등이 사업의 폐지·변경으로 인하여 변경고시된 경우에는 주된 행정처분이 그 효력을 전부 또는 일부 상실한 이상 그에 부수되는 의제된 사업인정도 그에 맞추어 그 효력을 상실한다는 것이다.[177] 이는 사업인정의제의

---

174) 수용하거나 사용할 필요가 없게 된 대상이 사업시행자의 신고에 따른 시·도지사의 고시에 있어서는 '토지 등'인 데 반하여, 시·도지사의 직권고시에 있어서는 '토지'라는 차이가 있다. 시·도지사가 직무수행상 토지 이외의 물건이나 권리가 해당 공익사업에 필요하지 않게 되었음을 알게 될 가능성이 토지의 경우에 비하여 현저히 낮고, 공익사업의 시행 과정에서 사업내용이 사소하게 변경되는 경우가 많은데 그러한 모든 경우에 시·도지사에게 직권고시 의무를 지우는 것은 적절하지 않다는 정책적 고려가 반영된 것이다.

175) 시·도지사가 직권고시에 앞서 사업시행자의 의견을 듣는 것은 적법절차의 원칙에 따라 사업시행자에게 의견을 제출할 기회를 줌과 동시에 일정한 토지를 수용하거나 사용할 필요가 없게 되었음을 확인하는 취지이다.

176) 정기상(2022d), 640면.

177) 이를 사업인정의 수반성으로 설명하는 견해도 있다. 이 견해에서는 사업인정이 공익사업의 전 과정을 포괄하는 완결적 처분에 해당되지 않고, 다른 법률에 의하여 수권된 공사허가와 결합하여 수용과 보상만을 규율하는 수반적 성격의 처분이라고 규정 짓고 있다[김종보(2011), 295~298면].

경우에도 환매권의 행사가 가능하도록 10년 행사기간의 기산점을 [별표]에 규정된 개별 법률에서 정하는 내용을 기준으로 설정하는 데에 그 취지가 있다.

(3) 사업인정의 효력 상실과 그 후속 문제의 해결

고시가 된 날부터 그 고시된 내용에 따라 사업인정의 전부 또는 일부는 그 효력을 상실한다(토지보상법 제24조 제6항). 사업의 폐지·변경 고시일은 환매권의 행사기간 10년의 기산점이 된다(토지보상법 제91조 제1항 제1호).

⑺ 사업인정의 실효와 수용재결의 관계

재결신청이 토지수용위원회에 계속 중일 때 사업인정이 실효되는 경우 사업시행자는 사업의 폐지·변경내용에 따라 그 신청의 전부 또는 일부를 취하하여야 한다. 사업시행자가 신청을 취하하지 않을 경우 토지수용위원회는 수용재결의 전제인 사업인정의 효력이 상실되었음을 들어 그 신청을 각하하여야 한다고 본다. 수용재결이 있은 이후 그 수용개시일 이전에 사업인정이 실효된 경우 토지수용위원회가 따로 재결을 취소하지 않더라도 당연히 재결은 실효된 사업인정의 범위 내에서 그 효력을 상실한다고 새겨야 한다.178)

⑼ 토지소유자의 환매권 행사 가능 여부

사업의 폐지·변경으로 취득한 토지의 전부 또는 일부가 필요 없게 된 경우 그 토지의 협의취득일 또는 수용개시일 당시의 토지소유자 또는 그 포괄승계인은179) 사업의 폐지·변경 고시가 있는 날부터 10년 이내에 그 토지

---

178) 박평준·박창석(2012), 454면.
179) 이미 사업시행자가 취득한 토지에 대하여 당초의 토지소유자로부터 특정승계하는 경우는 성립할 수 없으므로, 그 승계인의 범위를 포괄승계인으로 한정한 것이다.

에 대하여 받은 보상금에 상당하는 금액을 사업시행자에게 지급하고 그 토지를 환매할 수 있다(토지보상법 제91조 제1항). 다만, 환매권자가 사업시행자로부터 환매권의 통지를 받은 경우 통지를 받은 날부터 6개월이 지난 후에는 환매권을 행사하지 못한다(같은 조 제2항).

대법원은 토지보상법에서 환매권을 인정하는 취지에 대하여 "토지 등의 원소유자가 사업시행자로부터 토지 등의 대가로 정당한 손실보상을 받았다고 하더라도 원래 자신의 자발적인 의사에 따라서 그 토지 등의 소유권을 상실하는 것이 아니어서 그 토지 등을 더 이상 당해 공공사업에 이용할 필요가 없게 된 때에는 원소유자의 의사에 따라 그 토지 등의 소유권을 회복시켜 주는 것이 원소유자의 감정을 충족시키고 동시에 공평의 원칙에 부합한다."라고 판시하였다.[180] 그러나 원소유자의 감정이 법적으로 보호되어야 할 이유가 분명하지 않고, 환매권의 헌법적 근거를 찾을 수 있는데도 공평과 같은 조리(條理)에서 그 근거를 도출한 것은 '일반법이념으로의 도피'로 볼 수 있어 타당성에 의문이 있다. 환매권은 헌법 제23조 제1항의 재산권보장 이념에서 그 근거를 찾아야 한다고 본다.[181] 즉, 공공필요에 따라 재산권의 존속보장이 가치보장인 손실보상으로 전환되었는데, 공공필요가 소멸하게 되면 재산권 보장의 원형인 존속보장으로 회귀하여야 한다.

대법원은 환매권의 행사에 따라 환매권자와 사업시행자 간에 사법상 매매가 성립한다고 보았으나,[182] 환매권은 공용수용의 헌법상 정당화 기제인 공공필요가 소멸되었음을 원인으로 한 원상회복이라는 점, 환매대금의 결정에 공법적 요소가 크게 개재되어 있는 점 등에 비추어 환매권은 공법적

---

180) 대법원 1995. 2. 10. 선고 94다31310 판결, 대법원 2001. 5. 29. 선고 2001다11567 판결, 대법원 2021. 4. 29. 선고 2020다280890 판결.
181) 헌법재판소도 "토지수용법 제71조 소정의 환매권은 헌법상의 재산권 보장규정으로부터 도출되는 것으로서 헌법이 보장하는 재산권의 내용에 포함되는 권리"라고 판시하였다(헌법재판소 1994. 2. 24. 선고 92헌가15 등 결정).
182) 대법원 1989. 12. 12. 선고 88다카15000 판결, 대법원 1989. 12. 12. 선고 89다카9675 판결, 대법원 1990. 2. 13. 자 89다카12435 결정.

성질을 가진 권리로 취급하여야 한다. 따라서 환매권자는 소송상 또는 소
송 외에서 환매권을 행사하고 사업시행자를 상대로 환매를 원인으로 한 소
유권이전등기청구를 하는 것도[183] 행정소송법상 당사자소송으로 보는 것
이 타당하다.[184]

㈐ 손실보상

사업의 전부 또는 일부를 폐지·변경함으로 인하여 토지소유자 또는 관
계인이 입은 손실을 보상하여야 한다(토지보상법 제24조 제7항). 손실보상
에 대해서는 토지보상법 제9조 제5항부터 제7항까지의 규정을 준용하므로
(토지보상법 제24조 제8항) 앞서 재결신청기간의 경과에 따른 사업인정의
실효를 원인으로 한 손실보상에 대하여 설명한 내용이 여기서도 적용될 수
있다. 다만, 반드시 주목해야 할 점은 사업의 폐지나 변경으로 인하여 일정
한 토지 등은 더 이상 해당 공익사업에 이용할 필요가 없게 되었다는 것이
다. 결국 수용하거나 사용할 필요가 없게 된 토지 등에 대해서는 사업인정
이 없었던 상태로 되돌려 놓아야 한다. 그것이 재산권의 존속보장 이념이
고, 환매권도 이러한 연유에서 인정되는 것이다.

사업의 폐지나 변경이 있는 경우 애당초 그 사업이 추진되지 않았더라면
피수용자들이 지불하지 않아도 되었을 비용들이 손실보상의 범위에 포함
될 수 있다. 예컨대, 협의취득된 토지의 소유자들이 사업구역 밖으로 이주
한 다음 사업의 폐지 등에 따라 환매권을 행사하고서 환매된 토지로 다시

---

183) 환매의 요건이 발생하면 환매권자가 수령한 보상금에 상당한 금액을 사업시행자에
     지급하고 일방적으로 환매의 의사표시를 함으로써 사업시행자의 의사에 관계없이
     매매의 효과가 생긴다(형성권설). 대법원도 이와 같은 입장이다(대법원 1990. 10. 12.
     선고 90다카20838 판결, 대법원 1991. 2. 22. 선고 90다13420 판결, 대법원 1991.
     10. 22. 선고 90다20503 판결).
184) 다만, 대법원은 환매를 원인으로 한 소유권이전등기청구를 민사소송의 대상으로 보
     고 있다(대법원 2021. 4. 29. 선고 2020다280890 판결).

이주한 경우 그 재이주에 든 비용은 환매권으로 보전되지 않는다.[185] 이러한 재이주비용은 재산권의 존속보장으로 회귀하는 데에 드는 비용으로서 손실보상의 대상이 된다고 보아야 한다.[186] 공장을 이전한 경우에도 마찬가지이다. 공장의 이전이 해당 공익사업의 시행으로 인한 것이었다면 그 이전비용과 이전에 따른 휴업손실 등은 해당 사업의 폐지 또는 변경에 따른 손실보상의 범주에 포함되어야 한다.[187]

토지 등의 보전의무를 부담함으로써 입게 된 구체적인 손실도 보상되어야 함은 앞서 재결신청기간의 경과에 따른 사업인정 실효 부분에서 설명하였다.

---

185) 헌법재판소도 이와 같은 취지에서 환매권의 법적 성질에 대하여 "반드시 환매권자의 법적 지위를 공용수용이 없었던 상태로 회복시켜 주는 것을 그 내용으로 한다고 보기도 어렵다. 그러므로 환매권은 환매권자가 이미 성립된 협의 또는 수용을 해제하고 수용이 없었던 상태로 원상회복을 구할 수 있는 권리가 아니라, 환매권자가 해당 토지의 소유권을 회복하기 위하여 새로운 매매계약을 체결할 수 있는 권리로 보는 것이 타당하다."라고 판시하였다(헌법재판소 2016. 9. 29. 선고 2014헌바400 결정).

186) 종래 이러한 재이주비용이 사업인정의 실효에 따른 손실보상의 범주에 포함되지 않는다는 취지로 정기상(2022d), 636면에서 개진했던 견해는 철회하고, 위 본문 내용과 같이 견해를 변경한다.

187) 중앙토지수용위원회는 2013. 7. 19. 주식회사 한화가 천안신월지구 국민임대주택단지 예정지구 내에 위치했던 공장을 아산으로 이전하였는데, 그 사업지구가 지정 해제되었음을 들어 그 이전비용 및 이전에 따른 휴업손실 등을 구한 사안에서 다음과 같이 판시하면서 보상신청을 기각하는 재결을 하였다. "공익사업에 편입된 건축물 등에 대하여는 건축물 등의 손실보상금(이전비)에 대한 협의 또는 재결 이후 이전이 실시되는 것이 통상적이나, 이 건에 있어서는 물론 특별한 사정으로 인한 것이라고는 하나 협의성립은 차치하고라도 보상금액이 현시(現示)되지도 않은 상황에서 공장의 이전이 실시되었고, 위 사실관계에 따르면 이 건 공익사업 시행을 위하여 사업시행자가 선 이전을 요청하였다거나 또는 강제하였다고 볼 만한 사정은 없는 것으로 보인다. 공장의 이전이 공익사업 시행으로 인한 것이었음이 객관적이고 명백하게 증명되지 않는 한, 동 이전비용 및 이전에 따른 휴업손실 등을 '공익사업의 폐지로 인하여 소유자 등이 입은 손실'이라고 인정하기 곤란[하다.]"

6. 현행 사업인정제도의 문제점과 개선방안

가. 이해관계인의 절차 참여의 현실적 한계

(1) 정보의 불균형

해당 사업에 이해관계가 있는 사람이 그 사업인정에 관하여 적절한 의견을 제출하기 위해서는 해당 사업에 관한 충분한 정보를 제공받을 수 있어야 한다. 이것이 이해관계인이 자신의 권리를 효과적으로 방어할 수 있는 필수적인 전제이다. 여기서 '충분한 정보'는 사업인정의 본질인 공익과 사익의 비교형량에 있어 고려요소가 된 주된 사정들을 표상하는 정보를 의미한다. 이해관계인이 사업시행자와의 대칭점에서 사업인정으로 인하여 자신이 받게 될 법적 효력을 제대로 이해하고, 사업인정의 위법성을 다툴 수 있을 단초가 될 자료를 확보할 수 있다면, 적어도 절차적으로는 사업인정의 적법성이 담보될 것이다.188)

그런데 토지보상법 시행령 제11조 제3항 및 제4항이 통지로써 이해관계인에게 제공하는 정보는 ① 사업시행자의 성명 또는 명칭 및 주소, ② 사업의 종류 및 명칭, ③ 사업예정지에 불과하여 이해관계인이 해당 사업에 관한 정보를 얻기에는 턱없이 부족하다. '사업인정'이라는 용어는 사회 일반에서 널리 쓰이는 것이 아닌데다 용어 자체가 그 의미를 충분히 전달하지도 못 하기 때문에 사업인정에 관한 통지를 받아든 이해관계인들이 자신의 토지소유권을 강제로 박탈당할 수도 있다는 점을 제대로 인지하기 어렵다.189) 결국 어떠한 처분을 할 것이라는 취지를 이해관계인에게 간단하게

---

188) 이해관계인이 충분한 정보를 얻을 수 있느냐 하는 문제와 이해관계인이 그 정보를 이용하여 사업인정의 위법성 여부를 다툴 식견과 경험을 가지고 있다고 일반적으로 인정할 수 있느냐 하는 문제는 서로 별개의 것이다. 후자(後者)가 부정된다고 하여 전자(前者)를 허용하지 않는 것이 정당화될 수는 없다.

189) 토지소유자 등 이해관계인들은 사업인정에 관한 통지를 받고도 그 의미를 제대로

알려주고서는 이해관계인으로부터 의견을 듣는다는 것이 '마지못해' 의견 청취 절차를 진행하는 것이 아닌가 하는 인상마저 준다.[190]

결국 이해관계인으로서는 스스로 정보를 수집하여 개별적으로 의견을 제출할 수밖에 없다. 설령 이해관계인이 관계 서류를 열람할 수 있다고 하더라도 사전정보를 바탕으로 작성된 다분히 전문적인 관계 서류의 내용을 제대로 이해하여 대응하기를 기대하기는 현실적으로 어렵다.[191] 해당 사업에 관한 모든 정보를 갖는 사업시행자와 대칭점에 선 이해관계인들이 얻을 수 있는 정보의 수준도 그리 충분하지 않을 것으로 생각된다.

(2) 비교법적 검토

㈎ 프랑스 공용수용법전(le Code de l'expropriation pour cause d'utilité publique)에서는 수용권을 설정하는 처분으로서 우리 법제의 사업인정에 대응하는 공공필요선언(déclaration d'utilité publique)에 앞서 사전적 공공조사(enquête publique préalable)를 행하도록 정하고 있다.[192] 사전적 공공조

인지하지 못하다가 수용재결에 관한 통지를 받고서야 비로소 자신의 토지소유권이 강제로 박탈당한다는 것을 알게 되는 경우가 빈번하게 발생하는데, 그때엔 이미 사업인정에 대한 행정소송법상 제소기간을 경과한 경우가 대부분 이다.

190) 같은 취지로는, 김원보(2017), 50면 참조.

191) 일반인으로서는 사전 설명 없이 '사업인정'이라는 용어 자체를 이해하기도 어려울 것이다.

192) 참고로 독일의 경우에는 우리 토지보상법상 사업인정에 대응하는 절차가 없다. 독일 연방건설법전(Baugesetzbuch)의 수용절차에 관한 규정들은 같은 법전의 다른 규정들, 특히 건축상세계획(Bebauungsplan)의 수립 및 확정에 관한 규정들과 밀접한 관련성을 갖는다. 연방건설법전 제85조 제1항 제1호에서는 공용수용이 같은 법 제9조에 따른 건축상세계획의 집행에 기여하고, 그 확정된 내용을 실현하는 기능을 가지고 있음을 규정하고 있다. 즉, 건축상세계획의 수립 및 확정단계에서 이미 해당 사업의 공공필요성이 충분히 심사된다는 점을 고려하여 특별히 우리의 사업인정과 같은 행정적 공공필요 검증단계를 별도로 설정하지 않은 것이다[계획확정결정의 수용법적 예비효(Vorwirkung)]. 독일의 공용수용 절차에 관한 상세한 설명으로는, 임현(2014), 40면 이하 및 정남철(2009), 80~81면 참조.

사는 도행정관령으로 결정되는데, 공용수용의 실체적 정당성을 확정하는
공공필요선언에 필요한 자료를 수집하고, 이해관계인의 의견을 수렴하는
것을 주된 목적으로 한다.193) 조사절차의 개시 이전에 공중에게 공익사업
에 관한 정보를 제공하여야 하고, 대규모개발계획에 있어서는 공중의 의견
을 수렴하는 절차를 거쳐야 하며, 국민토론을 개최하여야 한다. 조사위원은
공공조사의 대상이 되는 사업의 시설주체를 접견하고, 모든 문서를 접수할
수 있다. 또한, 조사위원은 주거지가 아닌 한 권한 있는 기관에 의한 소유
자와 점유자에 대한 사전고지 후 관계 장소를 방문할 수 있고, 그가 필요하
다고 인정하는 모든 자의 의견을 청취하며, 공청회를 개최할 수 있다. 조사
위원은 정보제공을 위하여 해당 공익사업의 목적과 효과, 계획안의 재정사
항, 공익사업의 내용 및 환경보호에 관한 사항을 두루 담은 공공필요조사
서를 작성한다.194) 이러한 사전적 공공조사는 행정의 민주화를 실현하는
절차로서 이해관계인에게 정보 제공의 측면에서 불필요한 수용을 막을 수
있는 실질적인 기회를 제공하는 의미를 갖는다고 한다.195)

(나) 일본 토지수용법에서는 국토교통대신 또는 도도부현지사의 사업인정
을 전후로 하여 이해관계인에게 충분한 정보를 제공하기 위한 여러 제도적
장치를 마련하고 있다. 사업시행자인 기업자는 설명회 개최, 그 밖의 조치
를 강구하여 해당 사업의 목적 또는 내용을 이해관계인에게 설명하여야 한
다(제15조의14). 간략한 내용의 통지만으로는 이해관계인이 사업인정의 의
미와 그로 인하여 자신이 입게 될 불이익을 제대로 인지하지 못할 수 있으
므로, 사업시행자가 그 구체적인 의미와 내용을 이해관계인에게 설명하라
는 것이다. 또한, 국토교통대신 또는 도도부현지사는 이해관계인의 공청회
개최요구가 있는 경우를 비롯하여 사업인정에 필요하다고 판단할 경우 공

193) Gaudemet(2014), N° 757.
194) 박균성(2006b), 165~169면.
195) Foulquier(2019), N° 1369~1370.

청회를 개최하고(제23조), 사업인정을 할 경우 기업자의 명칭, 사업의 종류, 기업지 이외에도 사업인정을 한 이유를 고시하도록 하고 있다(제26조 제1 항).196) 결국 일본 토지수용법은 사업시행자인 기업자에게는 이해관계인에 대한 설명의무를 지우고, 국토교통대신 또는 도도부현지사에게는 공청회의 개최의무를 부담시킴으로써 이해관계인이 그 사업인정에 관하여 충분한 정보를 접할 수 있는 기회를 실질적으로 보장하고 있다.

㈐ 프랑스와 일본 법제에서는 공공조사나 설명회, 공청회 등의 방법으로 이해관계인이 사업인정의 의미 및 내용을 제대로 인지할 수 있도록 하고 있다. 이해관계인이 사업인정과 그 후속 절차로 인하여 자신의 권리가 박탈당할 수 있음을 제대로 인지하는 것이 절차의 공정성을 담보하는 첫걸음임을 고려할 때, 이에 관한 제도적 장치가 미흡한 우리 법제가 아쉽기만 하다.197)

(3) 이해관계인의 절차 참여권의 실질적 보장

㈎ 이해관계인의 사업인정에 대한 인식가능성 보장

이해관계인이 사업인정의 의미를 제대로 이해하여야 사업인정 전후의 절차에 능동적으로 참여할 수 있다. 그런데 앞서 설명한 바와 같이 사업인정의 전문성, 통지의 불충분 등의 원인으로 사업인정에 관한 통지를 받아 든 이해관계인들이 자신의 토지소유권을 강제로 박탈당할 수도 있다는 점을 제대로 인지하기 어려운 현실적 한계가 있다.198) 이해관계인이 사업인

---

196) 일본 토지수용법 제26조 제1항에서는 국토교통대신이나 도도부현지사로 하여금 사업인정을 한 이유를 고시하도록 하였는데, 그 이유에는 같은 법 제20조에서 정한 사업인정의 개별 요건에 해당하는 이유가 포함되어야 한다. 이는 사업인정이 토지소유자 등의 권리를 박탈 또는 제한하는 처분의 중요한 전단계이고, 일정한 행위제한을 수반하는 불이익처분의 실질을 갖기 때문이라고 한다[土地收用法令硏究會 (2005), 9頁].
197) 정기상(2022c), 157~158면.
198) 일반적으로 수용절차에서 이해관계인은 수동적인 지위에 놓여 사업의 시행에 대한

정의 의미를 충분히 이해하여야 한다는 것은 사업인정의 전후로 서로 다른 측면에서 중요성을 띤다.

사업인정 '이전'으로는 이해관계인이 국토교통부장관의 사업인정절차에 참여하여 자신의 권리를 방어할 기회를 갖는다는 의미를 갖는다. 사업인정 '이후'로는 행정소송법상 제소기간과 맞물려 이해관계인이 적법한 기간 내에 사업인정에 대한 불복절차를 진행하고, 손실보상 등의 후속 절차에 대비할 실질적인 기회를 갖는다는 의미를 지닌다. 그런데 현행 토지보상법에는 이해관계인의 사업인정에 대한 실질적인 인식가능성을 보장하는 규정이 없다.[199]

입법론으로서는 ① 사업인정에 앞서 사업시행자가 설명회를 개최하거나 그 밖의 조치를 통하여 이해관계인에게 사업의 목적 및 내용을 설명하도록 하는 규정, ② 사업인정에 관한 통지를 함에 있어 '사업예정지'를 표시할 때에는 이해관계인이 자신의 권리와 관련되는 토지가 사업예정지에 포함됨을 용이하게 판단할 수 있도록 하여야 한다는 규정, ③ 사업인정의 고시가 있는 때에는 이해관계인이 받을 수 있는 손실보상 등과 관련된 사항을[200] 이해관계인에게 주지시키기 위하여 사업시행자가 필요한 조치를 취

공표, 손실보상의 절차 등에서 소외되기 십상이므로, 이해관계인이 해당 사업의 시행에 따라 자신의 권리에 어떠한 영향을 받을 수 있다는 사정을 인지하고 손실보상이나 그 밖의 구제절차에 관한 정보를 얻기 위해서라도 이해관계인의 절차 참여가 중요하다는 설명으로, Lindsay et al.(2017), pp.144~145 참조.

199) 도시개발법 제7조, 도시철도법 제6조, 기업도시개발 특별법 제5조 등 일부 개별 법률에 산발적으로 공청회 또는 설명회에 관하여 규정되어 있으나, 이는 어디까지나 해당 법률의 적용을 받는 사업에 국한된 것일 뿐이다. 앞서 언급한 공청회의 기능이나 실익을 고려한다면, 공용수용절차에서 공청회 또는 설명회를 일반적으로 도입할 필요가 있다. 더욱이나 일부 법률에서는 행정청이 공람과 공청회 중에서 절차를 선택할 수 있도록 규정되어 있어 과연 행정청에게 공람보다 번잡하게 여겨질 수 있는 공청회를 개최할 유인이 있는지도 의문이다. 뒤에서 언급하듯이 공청회를 법률상 강제하거나 이해관계인의 공청회 개최 요구권을 명문화할 필요가 있다.

200) 여기에는 사업인정에 대한 불복절차, 손실보상과 관련한 후속절차의 개요, 해당 이해관계인이 받을 수 있는 손실보상의 유형과 개략적인 금액 등이 포함될 수 있다.

하여야 한다는 규정을 신설할 것을 제안하고 싶다.[201]

(나) 이해관계인의 의견 제출을 위한 충분한 정보의 제공

이해관계인이 사업시행자 및 사업인정권자와 해당 사업의 공공필요성에 관하여 토론할 수 있는 기회를 마련함으로써 이해관계인을 그 절차 속에서 사업인정에 관한 정보를 획득할 수 있다. 즉, 사업인정권자가 공청회 등을 열어 이해관계인과 전문가 등의 의견을 듣는 절차를 취하게 되면, 그 자체로 처분의 절차에 이해관계인이 참여하는 것이 될 뿐만 아니라 다양한 의견과 전문적인 의견 등이 교류되는 과정에서 이해관계인들이 적정한 정보를 얻게 될 것이다. 또한 이해관계인들이 알고자 하는 사항에 관하여 직접 사업시행자 등에게 묻고 그 답변을 들음으로써 더욱 구체적인 정보를 취득함과 동시에 불필요하거나 부적절한 의문이나 의혹을 해소할 수도 있다.[202]

행정절차법은 제38조부터 제39조의3까지의 규정에서 공청회의 개최 및 진행, 그 결과의 반영 등에 관한 일반적인 규정을 두고 있다. 그런데 사업인정에 있어 이들 규정에 따라 공청회를 개최한 예는 찾기 어렵다. 공용수용은 토지보상법에 따라 운용되는데, 그 법률에 특별히 규정하지 않은 채 행정절차 일반법의 규정에 따라 공청회를 개최할 것을 기대하기는 어렵다. 따라서 토지보상법에 공청회에 관한 규정을 두는 것이 바람직하다. 토지보상법상 사업인정에 관한 공청회를 정하는 규정은 2가지 사항을 담고 있어야 한다.[203]

먼저, 이해관계인에게 공청회 개최를 요구할 수 있는 권리를 부여하여야 한다. 사업인정권자가 필요에 따라 공청회를 개최할 수 있도록 규정하여 그 개최 여부에 관한 재량권을 사업인정권자에게 부여하게 되면 공청회 절차가 유명무실해질 수 있다. 따라서 사업인정권자가 이해관계인으로부터

---

201) 정기상(2022c), 166면.
202) 정기상(2017b), 516면.
203) 아래의 내용은 정기상(2022c), 167면을 요약·정리한 것이다.

공청회 개최 요구를 받으면 지체 없이 사업시행자의 성명 또는 명칭, 사업의 종류 및 명칭, 사업예정지, 공청회의 기일 및 장소를 공고하도록 규정하는 것을 제안한다.

다음으로, 공청회에서 논의된 내용이 실효성 있게 사업인정에 반영될 수 있도록 하여야 한다. 공청회가 단지 이해관계인의 권리 주장에 대하여 '구색을 맞추는' 형식적인 절차로 전락하는 것을 막기 위해서는 공청회에 의한 공공필요의 절차적 통제가 실효성을 갖도록 규정을 마련해야 한다. 행정절차법 제39조의2에 준하여 국토교통부장관이 사업인정을 할 때에 공청회를 통하여 제시된 사실 및 의견이 상당한 이유가 있다고 인정할 경우 이를 반영하여야 한다고 규정하는 것을 제안한다.[204)]

나. 중앙토지수용위원회의 공공필요 검증 내실화

종래 중앙토지수용위원회가 위원장인 국토교통부장관을 제외한 상임위원 1명, 비상임위원 18명의 제한된 인력과 한정된 심의시간만으로 수용재결의 충실한 심리를 기대하기 어렵다는 지적이 있었다.[205)] 여기에다 2015. 12. 29. 법률 제13677호로 개정된 토지보상법에서 제21조 제2항을 신설함으로써 사업인정의제에 대한 공공필요 검증이라는 새로운 업무도 중앙토지수용위원회에 부가하였으니 그 업무부담은 더욱 가중된 셈이다.

중앙토지수용위원회는 2019년 제17차 위원회부터는 수용재결, 이의재결, 공익성 협의를 각기 다른 차수에 처리하여 심리의 내실화를 꾀하고자 하였

---

204) 실상 '상당한 이유가 있다고 인정할 경우'라는 요건은 국토교통부장관이 공청회에서 제시된 의견 등을 반영하지 않을 수도 있음을 나타낸다. 그럼에도 이러한 규정이 실익을 갖는 것은 국토교통부장관이 그 의견을 '흘려들어서는 안 된다는' 당위적 명제를 선언하기 때문이다.

205) 강준원(2022), 28~31면; 이 논문에서는 수용재결 안건당 심의시간을 단순하게 '수용재결 총 심의시간/수용재결 전체 심의안건수'로 계산하였을 경우 평균 0.761분에 불과하다고 꼬집는다.

다.206) 공익성 협의는 실무상 매달 2회씩 이루어지고 있고, 각 차수별 심의 시간은 대략 두어시간 남짓인 것으로 보인다. 공익성 협의의 차수별 심의 위원이 10명이 채 안 되는 것으로 보이고,207) 그마저도 비상임위원이 대부분이어서208) 실질적으로 공익성 협의업무를 담당하는 직원들의 역할이 결정적일 수밖에 없다. 수용권 설정방식으로 시행되는 모든 공익사업에는 공익성 협의절차가 필요한데 제한된 인력과 지극히 짧은 심의시간에 내실 있는 심의를 기대하기란 사실상 어렵다. 특히나 공익성 협의가 서면심리에 의하여 이루어지고 이해관계인들에게 비공개된 상태에서 별다른 참여 없이 직권으로 진행된다는 점에서209) 그 심리의 내실화를 담보할 마땅한 제도적 장치마저 없는 상황이다.

이 문제를 일거에 해결할 어떠한 방안을 상정하기는 매우 어렵다. 다양한 현실적 문제들이 맞물려 있기 때문이다. 그러나 적어도 중앙토지수용위원회의 공익성 협의를 위한 심의가 지향하여야 할 바는 분명하다. 바로 충실한 심의를 위한 구조 또는 체계를 만들어내는 것이다. 그 제도가 선행적으로 구축되면 인력이나 그 밖의 제약은 제도에 맞추어 점차 개선될 것이기 때문이다.210)

---

206) 강준원(2022), 29면.
207) 중앙토지수용위원회 누리집(http://oclt.molit.go.kr) 중 '공지사항'란 '2022년 중앙토지수용위원회 개최일정' 참조; 토지보상법 제52조 제6항에 따르면, 중앙토지수용위원회의 회의는 위원장 및 상임위원 1명과 위원장이 회의마다 지정하는 위원 7명으로 구성하는 것이 원칙이다.
208) 중앙토지수용위원회는 관행적으로 1명의 상임위원을 두고 있는 것으로 보인다.
209) 국토교통부 중앙토지수용위원회(2022), 174면에서는 심리의 비공개가 원칙이라고 설명하고 있지만, 그 법적 근거는 분명하지 않다.
210) 중앙토지수용위원회의 공공필요 검증 역할을 효율적으로 제고하기 위해서 반드시 위원의 수를 늘린다거나 지방토지수용위원회에 그 역할을 분담시켜야 하는 것은 아니다. 조직의 확장이나 업무의 분장이 곧 능률의 제고를 의미하는 것은 아니기 때문이다. 오히려 연구조직을 활성화하여 위원들이 사안을 판단하는 데에 도움을 받을 수 있는 자료를 충분히 제공받을 수 있도록 하는 것이 바람직하다. 중앙토지수용위원회에 이른바 '공공필요 검증 연구원'을 확충하여 이들로 하여금 사안의 개요, 쟁

이해관계인으로부터의 의견청취 절차를 활성화해야 할 당위성이 여기서 다시금 떠오른다. 이해관계인의 적극적인 의견 개진을 통하여 대심적(對審的) 구조가 형성되면 공익성 협의는 자연스레 점차 내실화될 것이다. 단적으로 이해관계인의 '이의'가 있으면 중앙토지수용위원회는 '사업시행자와 이해관계인 중 누구의 말이 더 옳은지' 판단해야 하므로, 그 판단과정에서 쟁점이 현출되고 심리는 보강될 것이다. 결국 이해관계인의 의견청취 절차의 실질적인 보장이 곧 중앙토지수용위원회의 공익성 협의 내실화로 직결된다고 보아도 무리가 아니다.

다. 사업인정권자의 일원화에 따른 정책적·제도적 한계

(1) 개관

토지보상법 제20조 제1항에서는 사업시행자가 토지 등을 수용하거나 사용하려면 국토교통부장관의 사업인정을 받아야 한다고 규정하여 사업인정 권한을 국토교통부장관에게 집중시키고 있다. 그런데 수용권의 설정을 중앙행정기관에 전속시키는 것이 지방분권과 국토의 균형 발전이라는 현대 행정의 이념에 부합하는지 의문이 있다. 더욱이나 연간 수천 건에 이르는 공익사업에 대하여 그 규모나 성격과는 관계없이 국토교통부장관이 사업 인정을 하도록 한 것이 현실적합성이 떨어지는 것은 아닌지, 이것이 많은 폐해를 내재한 사업인정의제의 범람에 그 원인을 제공한 것은 아닌지 묻지 않을 수 없다. 사업인정권자의 일원화에 따른 정책적·제도적 한계를 검토해보자.

점, 선례, 판단 등을 기재한 보고서를 위원들에게 제공하게끔 하는 방안을 생각해볼 수 있다.

(2) 지방자치단체의 계획고권 관련 문제

(가) 지방자치 보장의 관점에서 본 계획고권

헌법 제117조 및 제118조에서는 지방자치를 제도적으로 보장하고 있다. 지방자치단체가 자기 지역 내의 모든 사무를 자신의 책임으로 처리할 수 있는 권한이 제도적으로 보장될 때에 비로소 지방자치가 제대로 구현될 수 있다. 그러한 권한 중 주로 공간적 설계와 관련하여 거론되는 것이 계획고권인데, 이는 지방자치단체가 지역의 (개발)계획에 관한 사무를 자주적으로 자신의 책임 아래 수행하고, 이와 관련이 있는 상위계획에 참여할 수 있는 권한을 의미한다.[211] 즉, 지역 내의 토지 이용 및 관리, 건조물의 건축 등에 대하여 지방자치단체가 국가의 계획에 엄격하게 기속되지 않고서 스스로의 정치적·행정적 판단에 따라 자유롭게 결정하고, 계획의 기본노선을 국가의 관여 없이 자신의 책임 아래 전개할 수 있는 권한을 통칭하여 계획고권이라고 하는 것이다.[212]

현행 법제상 계획고권을 인정할 수 있는지 여부에 관해서는 논란이 있으나, 적어도 지방자치단체가 국가의 지시에 엄격하게 구속되지 않으면서 그 지역에 대한 계획을 주체적으로 행하고 토지이용의 내용을 확정할 수 있는 것이 지방자치의 이념에 따라 구현되어야 할 모습이라는 점에는 별다른 이론(異論)이 없을 것이다.[213] 따라서 계획고권과 관련하여 "입법자에게 입법

---

211) 홍정선(2019b), 123~125면; 지방자치단체의 계획고권은 국가의 계획에 엄격하게 구속됨이 없이 지방자치단체의 구역 내에서 공간 관련행위의 전체적 질서를 능동적·형성적으로 발전시키고 구속적으로 행하는 권한을 의미하는데, 그 계획고권이 어느 범위까지 침해될 수 없는 것인지는 분명하지 않다고 한다.

212) BVerwGE 34, 301 (304).

213) 독일 연방건설법전에 따른 계획고권의 개념을 우리 헌법규정에 비추어 인정할 수 있을 것인지 여부에 관하여 계획고권을 인정하지 않는 견해[김해룡(2002), 43~62면], 계획고권을 인정하되 이를 지방자치단체의 고유권으로 보지 않고 국가에 의해 승인된 법령의 범위 내에서만 인정된다고 보는 견해[홍정선(2019b), 123면], 계획고권을

형성의 자유가 있다고 하더라도 무제한의 자유가 아닌, 헌법의 지방자치의 이념과 정신에 부합한 '입법형성의 자유'라고 해석해야 할 것"이고,214) 국회의 입법권이 지방자치단체의 계획고권을 침해하는 경우에 그 법률은 헌법에 위반될 수 있다.215)

(나) 토지보상법에 의한 계획고권의 제한

도시계획 등 지역개발계획과 관련하여 지방자치단체에서 그 계획을 수립하더라도 해당 계획에 따른 사업을 시행함에 있어 수용권의 설정을 위한 사업인정을 할 권한은 국토교통부장관에게 전속되어 있다. 계획의 수립·입안권자와 사업인정권자가 분리된 것인데, 공용수용이 대부분의 공익사업에서 필수적임을 고려하면,216) 사실상 국가가 지방자치단체의 계획고권을 광범위하게 통제할 수 있는 구조가 형성된 셈이다. 이렇게 되면 국가가 실질적으로 계획결정권을 갖게 되어 지방자치단체가 계획의 단순한 집행자로 전락할 수도 있다. 지방자치단체의 계획고권이 현저하게 침해될 소지가 있는 것이다.

이러한 문제는 사업인정의제를 부추기는 요인으로 작용할 수 있다. 어떠한 공익사업을 지방자치단체에서 자율적으로 시행하는 것이 바람직한 경우에도 토지보상법 제20조 제1항에 따르면 국토교통부장관의 사업인정을

인정하는 견해[신봉기(2003), 268면; 정남철(2017), 39면]가 대립한다. 그러나 이는 어디까지나 독일 법제상 '계획고권'을 수용할 수 있는지 여부에 관한 논란일 뿐이고, 지방자치의 근본이념이나 지방자치가 나아갈 방향에 대해서 서로 다른 주장을 하고 있는 것은 아니다. 여기서는 위와 같은 의미에서 '계획고권'이라는 용어를 사용하기로 한다.

214) 최우용(2009), 381면.
215) 최용전(2016), 231면.
216) 사업구역 내의 모든 토지를 사업시행자가 토지소유자로부터 협의취득하는 것을 기대하기는 현실적으로 어렵다. 토지소유자의 기회주의적 버티기 유인 등에 대해서는 앞서 제2장에서 설명하였다.

받아야 하기 때문에 애당초 그 공익사업을 규율하는 법률에서 일정한 처분
에 사업인정의 효과만 덧씌워 토지보상법상 사업인정을 우회하는 것이다.

　예컨대, 도시개발법 제3조 제1항, 제4조 제1항, 제5조 제1항, 제22조 제3
항에 따르면, 특별시장·광역시장·도지사·특별자치도지사(이하 ‘시·도지사’
라 한다)가 계획적인 도시개발이 필요하다고 인정하는 경우 도시개발구역
을 지정할 수 있다.[217) 시·도지사가 도시개발구역을 지정하려면 해당 도시
개발구역에 대한 도시개발사업의 계획을 수립하고, 수용 또는 사용의 대상
이 되는 토지 등이 있는 경우에는 그 세부목록을 고시하여야 하는데, 이러
한 세부목록의 고시를 토지보상법상 사업인정 및 고시로 간주한다. 결국
지방자치단체의 장인 시·도지사가 계획적인 도시개발을 위하여 자율적으
로 도시개발사업의 계획을 수립하고 이를 집행하려는데, 그 사업의 시행과
정에서 국토교통부장관의 사업인정을 받아야 하니 사업인정의제로써 그
과정을 건너뛴 것이다.[218) 공공필요의 존부나 정도를 엄격하게 검증한다는
기조에 입각하여 사업인정권한을 국토교통부장관에게 전속시킨 것이 오히
려 사업인정의 규율에서 벗어나려는 유인을 제공하는 아이러니를 낳은 셈
이다.

(3) 제도 운용상의 문제

　다수의 공공필요 검증을 통한 전문적인 지식과 경험의 축적, 검증기준의
일관성과 통일성 확보, 책임성의 강화 등을 목적으로 국토교통부장관에게
사업인정권한을 일임하였으리라 생각한다.[219) 그런데 2018. 12. 31. 법률

217) 계획고권의 전형적인 모습이 드러난 예이다.
218) 2015. 12. 29. 법률 제13677호로 개정된 토지보상법에서 신설된 제20조 제2항에 따
　라 사업인정의제의 경우에도 사업인정절차상 중앙토지수용위원회와 이해관계인으
　로부터의 의견청취절차를 거쳐야 하지만, 이러한 절차를 거친다고 한들 토지 등 세
　부목록의 고시가 공공필요의 판단을 요체로 하는 사업인정과 공익성 검증의 관점에
　서 동등하다고 평가할 수는 없다.
219) ‘(3) 제도 운용상의 문제’ 부분은 정기상(2022c), 161면을 요약·정리한 것이다.

제16138호로 개정된 토지보상법 제21조 제3항에 따라 공공필요 검증의 전문기관으로서의 역할을 중앙토지수용위원회가 분담하게 되었다. 따라서 사업인정권한을 다수의 행정주체에게 나누더라도 위와 같은 목적 달성에 큰 지장을 초래할 가능성은 줄어들었다고 보인다.

공익사업의 유형이나 규모 등을 묻지 않고 모든 사업인정을 국토교통부장관으로 하여금 행하게 하는 것은 사회적·경제적 비효율을 낳을 수 있다. 대규모의 사업을 시행하는 경우에 비교형량할 이익이 많고 그 비교형량의 과정이 복잡할 것인데, 다수의 사업인정 안건이 하나의 기관에 몰릴 경우에는 자칫 특정한 사업에 대하여 충분한 공공필요 검증이 행해지지 못할 가능성도 있다. 제한된 행정력을 효율적으로 배분하는 것이 충실한 공공필요 검증을 담보 하는 전제조건이 될 것이다.

또한, 사업인정에 따라 수용할 목적물의 범위가 확정되는데, 수용의 범위는 해당 공익사업의 목적을 달성할 수 있는 범위 내에서 최소한도에 그치는 것이 바람직하다. 그러기 위해서는 지역적 특성 등을 고려하는 과정이 필요한데, 중앙집권적인 사업인정 구조 아래에서는 이러한 과정이 충실히 이행되기 어렵다.

(4) 입법론 - 사업인정권자의 이원화

국토교통부장관이 사업인정을 행하는 공익사업의 유형을 열거하여 명문으로 정하고, 그 이외의 공익사업에 대해서는 해당 사업예정지를 관할하는 시·도지사가 행하도록 정하는 방안을 생각해볼 수 있다.[220] 국토교통부장관은 시·도지사의 사업인정권한이 경합하는 경우, 국가 정책상 필요한 경우, 시·도지사가 사업인정업무를 유기하는 경우 등에 한하여 사업인정권한을 행사하고, 그 이외의 경우에는 폭넓게 시·도지사의 사업인정권한을 인

---

[220] '(4) 입법론 - 사업인정권자의 이원화' 부분은 정기상(2022c), 168~169면을 요약·정리한 것이다.

정하는 것이다. 지방자치의 이념 구현과 사업인정의 효율적 운영에 긍정적인 효과를 낼 수 있으리라 기대한다.

입법론으로서 다음과 같은 경우에 한하여 국토교통부장관의 사업인정권한을 인정하는 방안을 제안한다.

첫째, 국가나 특별시·광역시·도(이하 '시·도'라 한다)가 공익사업의 시행자인 경우이다. 국가가 사업시행자인 경우 국토교통부장관을 대신할 사업인정권자를 상정할 수 없다. 시·도가 사업시행자인 경우에는 사업시행자와 사업인정권자가 사실상 일치하는 지위 충돌의 문제가 발생한다.[221] '통제하는 자'와 '통제받는 자'의 지위가 일치하는 상황에서는 충실한 공공필요 검증을 기대하기가 구조적으로 어렵다. 사업시행자인 시·도의 기회주의 발현을 차단하기 위해서라도 이러한 경우에는 국토교통부장관이 사업인정권한을 행사하는 것이 옳다.

둘째, 공익사업이 2개 이상의 시·도에 걸쳐 행해지는 경우이다. 공익사업이 2개 이상의 시·도에 걸쳐 시행되는 경우에는 시·도지사의 사업인정권한이 경합하고, 시·도 간의 이해관계가 충돌할 수 있음을 감안하여 국토교통부장관으로 하여금 이를 조율하게 하는 것이다.

셋째, 대규모 사회간접자본 등 국가 정책상 필요한 경우이다. 여기에는 고속도로, 철도, 항만시설, 항공시설, 방송설비, 전기통신설비 등을 건설 또는 설치하는 공익사업이 포함될 수 있다. 유의할 점은 이러한 공익사업의 유형을 제한적으로 열거하여야 한다는 것이다. 단순히 '국가 정책상 필요한 경우' 정도로 포괄적으로 규정하여서는 사업인정권자 이원화의 취지가 몰각되므로, '공항시설법에 따른 공항개발사업' 등의 규정형식으로 공익사업의 유형을 한정해야 한다.

---

221) 시·도를 대표하는 자가 시·도지사이고, 시·도지사의 의사가 시·도의 결정을 좌우하므로, 통제의 관점에서 시·도와 시·도지사는 사실상 같은 지위에 있다고 볼 수 있을 것이다.

넷째, 시·도지사가 정당한 이유 없이 사업인정에 관한 처분을 하지 않는 경우이다. 시·도지사가 정당한 이유 없이 사업인정이나 그 거부처분을 하지 않는 경우 사업시행자가 국토교통부장관에게 사업인정을 신청할 수 있도록 한다. 이 신청을 받은 국토교통부장관은 시·도지사에게 일정한 기간 내에 처분을 할 것을 요구하고, 시·도지사가 위와 같이 정해진 기간 내에 처분을 하지 않는 경우 국토교통부장관이 직접 사업인정에 관한 처분을 할 수 있도록 한다. 이는 시·도지사가 사업인정이든 그 거부처분이든 사업시행자의 사업인정신청에 응답하도록 정한 것일 뿐, 국토교통부장관의 요구에 따라 시·도지사가 사업인정을 할 것이 강제된다는 의미는 아니다. 즉, 시·도지사가 사업인정을 거부하는 처분을 하는 경우 사업시행자는 이를 행정쟁송으로 다툴 것이지 국토교통부장관에게 또 다시 사업인정신청을 할 수는 없는 것이므로, 이에 맞추어 법제를 설계하여야 한다.222)

라. 사업인정 요건에 관한 규정의 부재

(1) 개요

토지보상법에는 사업인정의 요건이 명문으로 정해져있지 않다. 그럼에도 앞서 설명한 바와 같이 중앙토지수용위원회는 공익성 검토기준을 마련하여 시행하고 있고, 대법원도 사업인정의 요건을 일별하는 법리를 제시하고 있다. 실무상 나름대로의 기준에 따라 사업인정이 행해지고 있으니 굳이 사업인정의 요건을 토지보상법에 명문으로 정할 필요는 없는 것일까? 결론적으로 말하면, 그렇지 않다. 수용권의 헌법상 정당화기제인 '공공필요'는 추상적인 불확정개념이어서 행정청에 그 판단을 일임하는 것은 그 자체로 수용권의 남용 가능성을 잉태하게 된다.223) 또한, 공익사업의 유형을 '큰

---

222) 국토교통부장관에 대한 사업인정신청이 시·도지사의 사업인정 여부 판단에 대한 불복수단이 되어서는 안 된다.

틀에서' 열거한 토지보상법 제4조의 규정은 '개별 사업'에 대한 공익성 통제로 충분히 기능할 수 없다.[224] 사업인정의 일반적인 판단기준을 토지보상법에서 제시하는 것이 공공필요 검증의 실효성을 높일 것이다.

더 근본적으로는 헌법 제23조 제3항에서 공공필요에 의한 재산권의 수용은 법률로써 하도록 정하여 공용수용의 실체적, 절차적 요건에 관한 법률유보를 선언하고 있음은 앞서 설명하였다. 사업인정이 수용권 설정의 요체(要諦)임을 고려하면, 사업인정의 일반적인 요건을 토지보상법에 규정하는 것은 헌법적 요청이라고 보아야 한다.

그렇다면, 사업인정의 구체적인 요건을 어떻게 정할 것인가? 사업인정이 해당 사업을 수용권을 설정할 만한 공공필요를 갖춘 사업으로 인정하는 처분을 의미한다고 본다면, 사업인정의 요건에는 '공공필요'의 개념요소가 고스란히 담겨야 한다고 볼 수 있다.

(2) 입법으로 구현되어야 할 사업인정의 요건

첫째, 해당 사업이 토지보상법 제4조에서 정한 공익사업에 해당하여야 한다.[225] 헌법재판소는 이 요건을 설정하여야 할 이유에 대해서 다음과 같이 판시하였는데,[226] 그 내용이 주목할 만하다.

"공익사업의 범위는 사업시행자와 토지소유자 등의 이해가 상반되는 중요한 사항으로서, 공용수용에 대한 법률유보의 원칙에 따라 법률에서 명확히 규정되어야 한다. 공공의 이익에 도움이 되는 사업이라도 공익사업으로 실정법에 열거되어 있지 않은 사업은 공용수용이 허용될 수 없다."

---

223) 이러한 공익성 검토기준은 행정청이 얼마든지 바꿀 수 있고 그 내용의 변경에 법률상 제한이 있는 것도 아니다.
224) 이와 같은 취지로는, 한국토지공법학회(2017), 232면 참조.
225) '(2) 입법으로 구현되어야 할 사업인정의 요건' 부분은 정기상(2022c), 171~172면을 요약·정리한 것이다.
226) 헌법재판소 2014. 10. 30. 선고 2011헌바129·172(병합) 결정.

둘째, 해당 사업이 수용권을 설정할 만한 공익성을 갖추어야 한다. 공익성은 불확정개념이어서 이를 풀어서 설명하기는 쉽지 않다. 규정에도 그대로 '공익성'이라는 용어를 사용하고 사업인정권자나 법원이 구체적인 사안에서 개별 법률의 입법목적, 사업내용과 성격 등 여러 사정을 고려하여 공익성의 충족 여부를 판단하도록 할 수밖에 없다.

셋째, 공용수용이 해당 공익사업의 목적 달성에 적합하고, 그 수용의 범위가 목적 달성에 필요한 최소한에 머물러야 한다. 과잉금지의 원칙 중 수단의 적합성, 침해의 최소성 요소를 반영한 것이다. 애당초 공용수용은 공익의 실현을 위하여 재산권을 강제로 박탈하는 것이기 때문에, 그 이외의 다른 방법으로도 목적을 달성할 수 있다면 법익 침해의 정도가 낮은 다른 방법을 취하여야 하고, 공용수용을 하더라도 그 사업의 시행에 필요한 최소한도에 그쳐야 한다.[227]

넷째, 공용수용으로써 달성하려는 공익이 이로써 침해되는 다른 공익이나 사익보다 우월해야 한다. 과잉금지의 원칙 중 법익의 균형성 요소를 반영한 것이다. 즉, 공용수용으로 달성하고자 하는 공익과 다른 공익 및 사익 사이에는 이성적 판단에 기초한 합리적인 균형관계가 성립하여야 한다. 셋째의 요건이 규범적 판단과 이익형량을 어느 정도 포함한다고 볼 수 있음에도 넷째 요건이 필요한 것은, 공용수용이 피수용자의 이익을 최소한도로 침해하는 방식일지라도 이로써 피수용자가 수인할 수 없는 과도한 부담을 지게 된다면 그러한 공용수용은 재고(再考)되어야 한다는 요청을 반영하기 위해서이다.[228]

다섯째, 사업시행자에게 해당 공익사업을 시행할 의사와 능력이 있어야 한다. 이 요건을 결한 사업시행자에 의한 수용권 실행은 그 자체로 수용권

---

227) 대법원 1992. 4. 28. 선고 91다29927 판결.
228) 과잉금지의 원칙 판단과정에서 침해의 최소성 단계와 구별되게 법익의 균형성 단계가 요구되는 것은 결국 어떠한 입법이나 행정행위로 인하여 희생되는 인적 집단의 수인가능성을 따지기 위해서라고 설명되기도 한다[강일신(2019a), 210~211면].

의 남용에 해당한다. 이는 다른 요건과 달리 사업인정권자가 서면조사보다
는 실지조사를 통하여 확인하여야 할 요건이다.

마. 사업인정 실효의 시간적 범위에 관한 논란

(1) 행정행위의 실효

행정행위의 실효란 적법하게 성립한 행정행위가 행정청의 의사와 상관
없이 일정한 사실의 발생에 의하여 당연히 그 효력이 소멸되는 것을 말한
다.[229] 행정행위의 실효사유가 발생하면 행정청이 특별한 행위를 하지 않
더라도 그 행정행위의 효력은 소멸하는 것이고, 행정청이 그 실효의 취지
에 맞는 어떠한 행위를 하더라도 이는 그 실효를 확인하는 뜻에 불과하
다.[230] 행정행위의 실효에 대해서 실무상 특히 문제되는 것은 행정행위의
효력 상실이 소급하여 그 이전에 발생한 법률관계까지 소멸시키는가 하는
것이다.

(2) 사업인정 실효의 시간적 범위

사업인정의 실효에 따라 그 실효된 사업인정에 근거하여 형성된 법률관
계가 모두 소급하여 그 효력이 소멸된다면, 복잡한 문제가 발생한다. 사업
인정고시가 된 후에는 누구든지 고시된 토지에 대하여 사업에 지장을 줄
우려가 있는 형질의 변경, 물건 손괴나 수거 등을 하지 못하고, 건축물의
건축 등을 위해서는 특별자치도지사, 시장·군수 또는 구청장의 허가를 받
아야 하는데(토지보상법 제25조 제1항, 제2항), 이러한 토지 등의 보전의무
가 그 근거를 상실하게 되어 그 의무를 강제하는 행정조치들이 위법하게
된다. 또한, 사업의 폐지·변경에 있어서는 사업인정의 실효 이전에 행해진

---

229) 하명호(2020), 201면.
230) 대법원 1981. 7. 14. 선고 80누593 판결.

토지의 협의취득, 수용 등의 효력이 문제되고, '토지 등이 필요하지 않게
된 경우'가 아니라 사업인정이 원천적으로 효력이 없었던 경우에 해당하여
토지소유자가 환매권을 행사할 수 없는 상황에 놓이게 된다.[231]

입법자가 사업인정의 실효에서 이러한 상황까지 의도하였을 것으로 보
이지는 않는다. 사업인정이 '장래를 향하여' 그 효력을 상실한다고 보는 것
이 옳다. 따라서 사업인정의 실효에 따라 적법하게 존재하던 사업인정이
소급하여 그 효력을 잃는 것은 아니므로, 사업인정이 존속하던 때에 그에
근거하여 형성된 법률관계는 당연히 무효로 되는 것은 아니라고 새겨야 한
다. 대법원도 사업시행기간 내에 재결신청을 하지 않을 경우 사업인정으로
의제되는 시행계획의 승인이나 그 변경승인은 장래에 향하여 그 효력을 상
실한다고 보면서 이것이 강학상 '실효'의 법리라고 판단하였다.[232]

그런데 강학상 실효에 해당하면 당연히 장래효가 인정되어야 한다는 명
문의 근거가 있는 것이 아니고, 실무에서 행정행위의 실효에 장래효를 인
정할 것인지, 소급효를 인정할 것인지를 다투는 사례가 적지 않기에 사업
인정의 경우에도 이에 관한 논란의 여지가 있다. 실제로 대법원은 다수의
사례에서 행정행위의 실효에 소급효가 있는지 여부를 판단하고 있다.[233]
특히 공익사업의 시행에는 다수의 이해관계인이 있고, 재산권의 박탈을 초
래하는 점을 고려하여 사업인정 실효의 시간적 범위를 명문으로 분명히 하
는 것이 바람직하다.

(3) 입법론 - 사업인정 실효의 장래효 명문화

사업인정 실효의 시간적 범위가 분명하지 않은 것은 실무상 혼선을 야기

---

231) 대법원 2021. 4. 29. 선고 2020다280890 판결: 이러한 경우에는 토지소유자는 소유
    권에 근거하여 등기명의를 회복하는 방식 등으로 권리를 구제받아야 한다.
232) 대법원 2001. 11. 13. 선고 2000두1706 판결.
233) 대법원 2010. 7. 29. 선고 2007두18406 판결, 대법원 2016. 6. 23. 선고 2014다16500
    판결 등.

할 우려가 있다. 사업인정에 다수의 이해관계가 집결되어 있음을 고려하면, 사업인정 실효의 시간적 범위에 관한 문제는 해석의 영역으로 남겨둘 것이 아니다. 토지보상법에서 명문으로 사업인정 실효의 장래효를 규정하는 것이 바람직하다.

토지보상법 제23조 제1항, 제24조 제5항에 대응하는 일본 토지수용법 제29조 제1항, 제30조 제4항에서는 '사업인정이 장래를 향하여 그 효력을 잃는다.'라고 명시하고 있다. 토지보상법 제23조 제1항 및 제24조 제5항의 '그 효력을 상실한다.' 앞에 '장래를 향하여'라는 문구를 삽입하여 사업인정 실효의 시간적 범위를 둘러싼 논란을 입법적으로 해결하는 것을 제안한다.

II. 사업인정의제의 허(虛)와 실(實)

1. 사업인정의제의 의미와 유형

가. 사업인정의제의 개념과 현황

사업인정은 수용권을 설정하는 처분의 원형이다. 그런데 아래 표에서 알 수 있듯이 연간 사업인정건수는 수용방식에 의하여 시행되는 전체 사업건수의 1%에도 미치지 못할 만큼 미미하다. 사업인정의제가 수용권 설정의 원칙적인 모습인 사업인정을 제치고 대부분의 공익사업에서 광범위하게 활용되고 있다.

〈표 2〉 연도별 사업인정 및 사업인정의제 건수

연도	2011년	2012년	2013년	2014년	2015년	2016년	2017년	2018년	2019년
사업인정	13	15	10	15	6	5	10	7	39
사업인정의제	자료 없음					894	2,959	3,098	3,166
합계	*	*	*	*	*	899	2,969	3,105	3,205

자료 : 국토교통부 통계누리(http://stat.molit.go.kr/), 중앙토지수용위원회(http://oclt.molit.go.kr/)

사업인정의제는 문언 그대로 토지보상법에서 정한 사업인정의 절차나 요건에 따른 사업인정은 아니지만, 개별 법률에서 해당 사업의 시행을 위하여 거치도록 한 일정한 다른 처분이 행해진 경우 그 처분을 사업인정으로 본다는 것이다. 즉, 개별 법률상의 일정한 처분에 사업인정의 법률효과를 덧씌운 것으로 볼 수 있다.[234] 행정의 능률성과 행정결정에 있어 절차적 신속성을 제고하기 위한 이른바 권한집중 및 절차집중을 인정하는 데에 그 취지가 있다고 한다.[235]

그런데 어차피 그 사업의 시행을 위해서 반드시 거쳐야 할 일정한 처분에 사업인정의 효과를 부여하기 때문에 사업인정의제는 태생적으로 사업시행의 편의에 치우쳐져 있다고 평가할 수밖에 없고, 이는 위 통계에서 보여주는 사업인정의제의 압도적인 비중으로 고스란히 드러난다. 토지보상법은 제4조 제8호와 별표 규정을 통하여 사업인정의제를 그대로 받아들였다. 제4조 제8호에 따라 '그 밖에 별표에 규정된 법률'에서도 토지 등을 수용하거나 사용할 수 있는 사업을 정할 수 있게 되었고, 별표 제2항에서는 '사업인정이 의제되는 사업'을 열거하였다. 토지보상법이 수용권의 설정이라는 공용수용의 핵심적인 역할을 어느 정도 스스로 내려놓은 셈이다.

---

234) 정기상(2017b), 503면.
235) 김해룡(2016), 246면.

나. 사업인정의제의 유형

사업인정의제는 'X 처분과 그 고시가 있으면 공익사업을 위한 토지 등의 취득 및 보상에 관한 법률 제20조 제1항 및 제22조에 따른 사업인정 및 그 고시가 있는 것으로 본다.'라는 규정형식을 따른다. 여기서 사업인정으로 의제되는 대상 처분인 X 처분은 크게 3가지 유형으로 나누어 볼 수 있다.[236]

첫째, 해당 공익사업의 시행단계 중 전체적인 개발계획의 발표 시점 무렵에서 행해지는 사업예정지구의 지정이나 일반적인 사업계획의 승인 등을 X 처분으로 정한 경우이다. 공익사업의 시행 단계 중 가장 이른 시점에 행해진 처분을 사업인정으로 의제하는 것이다. 택지개발촉진법 제12조 제2항에서 정한 택지개발지구의 지정 등이 그 예이다.

둘째, 구체화된 사업내용이 확정되는 단계 무렵에서 행해지는 사업실시계획의 승인이나 사업시행의 승인 또는 수용대상인 토지 등의 세부목록 고시를 X 처분으로 정한 경우이다. 지방소도읍 육성 지원법 제10조 제2항에 따른 개발사업 시행승인, 지역 개발 및 지원에 관한 법률 제27조 제4항에 따른 지역개발사업계획 중 수용의 대상이 되는 토지 등의 세부목록 고시 등이 그 예이다.

셋째, 타인의 토지 등을 수용하기 위해서 사업인정에 대응하는 특유한 처분을 창설하여 X 처분으로 정한 경우이다. 1유형과 2유형이 사업의 계획, 실시 등에 관한 처분으로서 해당 사업 자체의 시행과 관련되는 것이라면 3유형은 오로지 수용권의 설정만을 목적으로 한 별도의 처분을 정하였다는 데에 차이가 있다. 광업법 제73조 제2항에 따른 산업통상자원부장관의 인정 등을 예로 들 수 있다.[237]

---

236) 정기상(2014a), 179~181면.
237) 농어촌정비법 제110조 제4항에 따른 '수용의 대상이 되는 토지 등의 세목을 포함하는 농어촌정비사업의 기본계획 또는 시행계획 고시' 등과 같이 규정의 형식이나 내용에 따라서는 2개 이상의 유형에 해당될 수도 있다.

사업의 특수성에서 말미암은 3유형을 제외하고, 개별 법률에서 1유형과 2유형 중 어떤 방식을 채택할 것인지에 대하여 분명한 기준이 있어 보이지는 않는다. 해당 사업의 시행에 있어서 사업인정의 효과를 어느 시점에 부여하는 것이 적정한가 하는 '정책적인 관점'이 개별 법률의 유형 채택에 결정적인 영향을 미칠 것으로 짐작할 수 있다. 1유형의 사업인정의제 방식을 채택할 경우에는, 사업 추진의 초기 단계에서 공법상 제한을 설정함으로써 원활한 사업 시행의 여건을 마련할 수 있는 동시에, 보상액 산정의 기준 시점을 고정시킴으로써 사업계획의 공표에 따른 지가 상승의 이익(개발이익)을 효과적으로 배제할 수도 있다. 이러한 측면에서 사업시행자의 입장에서는 1유형에 따른 사업인정의제를 도모하고자 하는 유인이 클 것이다. 그러나 추상적이고 포괄적인 개발계획에 따라서는 사업구역이 특정되지 않는 경우가 있고, 기본계획의 수립을 별도로 필요로 하지 않는 특정 사업의 시행을 위한 개별 법률에서는[238] 사업의 직접적인 착수 시점에 근접하여 사업인정의 효과를 부여하게 되므로, 2유형을 채택할 구조적 원인도 존재한다.[239]

2. 사업인정의제의 위헌 논란

가. 헌법재판소의 입장

헌법재판소는 일관되게 사업인정의제를 정한 개별 법률의 규정에 대하여 합헌성을 긍정하는 결정을 하고 있는데, 그 중 주요 결정으로 꼽을 만한 사안의 개요와 판시 내용은 다음과 같다.

---

238) 「2018 평창 동계올림픽대회 및 동계패럴림픽대회 지원 등에 관한 특별법」 등을 그 예로 들 수 있다.
239) 정기상(2014a), 181면.

헌법재판소 2007. 11. 29. 선고 2006헌바79 결정

〈사안의 개요〉

문화관광부장관은 광주 동구 일대에 국립아시아문화전당을 건립하고자 광주광역시장에게 도시계획시설사업 실시계획 인가 신청을 하였고, 광주광역시장은 2005. 7. 21. 위 인가 고시를 하였다. 문화관광부장관은 사업시행구역 내에 있는 청구인 소유의 토지에 관하여 협의취득을 하지 못하였고, 중앙토지수용위원회는 2005. 12. 21. 장관의 신청에 따라 위 토지 등에 관한 수용재결을 하였다. 청구인은 법원에 그 수용재결의 무효확인 등 청구의 소를 제기하고서, 사업인정 의제를 규정한 구 국토계획법(2007. 1. 19. 법률 제8250호로 개정되기 전의 것) 제96조 제2항에 관한 위헌법률심판제청신청을 하였으나, 그 신청이 기각되자 헌법소원심판을 청구하였다.

〈주요 판시 내용〉

도시계획시설사업의 실시계획의 인가를 사업인정으로 의제하는 위 규정의 입법 목적은 도시계획시설사업에 있어서 이해관계인의 의견청취, 관계 행정기관과의 협의 등 중복되는 행정절차 등을 생략하여 사업인정 절차에 소요되는 시간을 단축하고 신속하게 도시계획시설사업을 시행하려는 것인데, 위 법률에서도 도시계획시설사업의 실시계획 인가를 할 때에 해당 사업과 관련된 토지소유자 및 이해관계인의 의견 수렴 절차를 거치게 되어 있는 점을 감안하면 사업인정의제를 규정한 위 조항이 적법절차의 원칙에 위배된다고 할 수는 없다.

나아가 사업인정제도의 취지가 특정한 사업이 토지수용을 할 수 있는 공익사업에 해당함을 인정하는 것이라고 하더라도 공공필요 유무에 대한 판단이 반드시 사업인정의 절차를 통해서만 행해질 이유는 없

고, 특정 사업에서 공공필요 유무를 판단할 수 있는 절차를 거쳤음에
도 다시 사업인정의 절차를 거치도록 하는 것이 중복적인 행정절차를
강요하는 것일 때에는 사업인정을 의제하는 것이 오히려 공익사업의
신속성을 도모하고 토지소유자 등 이해관계인의 이익에도 부합되므로,
위 조항이 재산권을 침해한다고 볼 수도 없다.

헌법재판소 2011. 4. 28. 선고 2010헌바114 결정

〈사안의 개요〉

인천광역시장은 인천 서구에 있는 가정오거리 일대에 관한 도시개발
구역 지정 및 수용대상 토지 등의 세부 목록을 고시하였는데, 청구인
은 그 개발구역 내의 토지 및 건물 소유자로서 위 도시개발사업의 공
동사업 시행자인 대한주택공사와 사이에 이들 부동산에 관한 보상협
의를 마치고서 매매계약을 체결하였고, 그 소유권이전등기도 마쳤다.
청구인은 사업인정의제를 규정한 구 도시개발법(2007. 4. 11. 법률 제
8376호로 개정되기 전의 것) 제21조 제3항이 위헌이라고 주장하며 대한
주택공사를 상대로 이들 부동산에 관한 소유권이전등기말소 청구의 소
를 제기하는 한편, 위 조항에 관한 헌법소원심판도 청구 하였다.

〈주요 판시 내용〉

이 사건 사업인정의제 조항은 수용 또는 사용에 따른 손실보상금 산
정의 기준 시점을 앞당김으로써 개발이익을 배제하기 위한 것으로, 도
시개발구역 지정 후 토지를 수용하는 때까지의 개발에 대한 기대이익
이 지가에 반영되는 것을 배제할 필요성이 높은 도시개발사업의 특성
에 비추어 볼 때, 수용 또는 사용의 대상이 되는 토지의 세목을 고시한
때를 토지보상법상의 사업인정 시점으로 택한 입법자의 선택은 헌법

이 요구하는 정당한 보상의 범위 내에서 합리적인 보상의 방법을 정한 것으로 보이고, 이 사건 사업인정의제 조항이 입법형성권의 한계를 벗어나거나 과잉금지의 원칙에 위반하여 재산권을 침해한다고 볼 수 없다.

그리고 개발사업의 종류에 따라 제각각 상이한 목적 및 기능이 있음에 비추어 볼 때, 개발 관련 법률이라고 해서 토지의 수용 등과 관련한 토지보상법상의 사업인정 시점이 반드시 일치해야 하는 것은 아니고, 그 규율대상을 당연히 동일한 비교집단으로 볼 수도 없으므로, 이 사건 사업인정의제 조항에 의한 어떠한 불합리한 차별이 있다고 볼 수 없다.

나. 사업인정의제의 위헌성

(1) 헌법재판소 결정에 대한 비판적 검토

헌법재판소는 이들 결정을 통하여 개별 법률에서 채택하고 있는 사업인정의제제도가 적법절차의 원칙, 헌법 제23조 제3항의 정당보상의 원리, 평등의 원칙에 위배된다거나 재산권을 침해한다고 볼 수 없다고 보았다.[240] 위 2006헌바79 결정이 토지보상법상 사업인정 절차가 사업인정의제에 의하여 왜곡되는지 여부의 관점에서, 위 2010헌바114 결정이 토지보상법상 사업인정 시점과 개별 법률에서 정한 사업인정으로 의제되는 시점의 불일치가 허용될 수 있는지 여부의 관점에서 각 해당 조항의 위헌성 여부를 판단하였다는 점에서 서로 차이가 있기는 하지만, 사업인정의제에 관한 개별 법률의 규정이 헌법에 위반되지 않는다고 한 결론에 있어서는 다를 바가

---

240) '(1) 헌법재판소 결정에 대한 비판적 검토' 부분은 정기상(2014a), 183~185면을 수정·보완한 것이다.

없다. 헌법재판소가 이와 같이 '합헌'의 결론을 내리는 데에 있어서 크게 주목한 것은 ① 수용권 부여의 전제인 공공필요의 유무에 대한 판단이 반드시 토지보상법에서 정한 사업인정의 절차를 통해서만 행해질 이유는 없는 점, ② 특정 사업에서 공공필요 유무를 판단할 수 있는 절차를 거쳤음에도 다시 사업인정의 절차를 거치도록 하는 것이 중복적인 행정절차를 강요하는 것일 수도 있다는 점, ③ 개발사업의 종류, 특성, 기능, 개발이익 배제의 목적 등을 고려하면 해당 개발사업을 위하여 사업인정으로 의제되는 시점과 토지보상법상의 사업인정 시점이 반드시 서로 일치해야 할 필요는 없다는 점이다.

2015. 12. 29. 개정된 토지보상법 제21조 제2항에서 사업인정의제의 경우에도 사업인정의 주된 절차인 중앙토지수용위원회와의 협의, 이해관계인으로부터의 의견청취 등을 거치도록 하였으므로, 위 ②의 논거는 더 이상 성립할 수 없게 되었다. 나머지 논거들도 아래와 같은 이유에서 사업인정의 의제로써 사업인정을 '회피'하는 것을 정당화할 수 있는지는 의문이다.

　㈎ 사업의 공공필요 검증은 이를 본질로 하는 사업인정 절차에 의하여야 한다.

토지보상법에서 정한 사업인정에 의하지 않고서도 다른 처분으로 수용의 공공필요를 판단할 수 있을까? 여기서 당장 드는 의문은 공용수용의 일반법인 토지보상법에서 공공필요에 대한 판단기제인 사업인정을 정하였는데 굳이 다른 처분으로 공공필요를 판단할 수 있다고 보아야 할 이유가 무엇인가 하는 점이다. 사업의 시행을 승인하는 개별 처분에 수용권 설정의 효과를 덧씌우고자 하는 유인이 작용한 것으로 보인다. 결국 사업시행의 편의를 도모한 것이다.

그런데 사업인정은 철저히 공공필요의 검증을 위한 절차로 설계되어 있는 반면, 개별 법률에서 정한 처분은 사업의 시행 자체에 대한 승인에 초점을 맞추고 있는 만큼, 일정한 처분을 사업인정으로 본다고 하여 당연히 그 처분이 공공필요 통제의 실질을 가진다고 단정할 수는 없다.[241] 개별 처분이 사업인정에 준할 정도로 수용의 공공필요 검증을 수행한다는 점을 담보할 제도적 장치가 있어야 한다. 아쉽게도 개별 법률에서 사업인정으로 의제되는 처분을 함에 있어 공공필요 검증을 거쳐야 한다는 점을 명시한 경우는 찾아보기 어렵다. 다만, 행정기본법 제24조부터 제26조까지의 규정에서 인허가의제의 경우 주된 인허가 과정에서 관련 인허가의 요건을 판단하여야 한다고 정하였는데, 뒤에서 살펴보는 바와 같이 사업인정의제를 일반적인 인허가의제의 범주에 포섭시킬 수 있는지 논란의 여지가 있다. 이처럼 개별 법률에서 정한 처분이 수용의 공공필요 검증을 수행하게끔 제도적으로 담보할 방안이 마땅치 않은 이상, '수용의 공공필요 유무에 대한 판단을 반드시 사업인정으로만 행할 필요는 없다.'는 명제는 그저 원론적인 관념일 뿐이다.

(나) 사업인정의제가 단지 사업인정 시점에만 영향을 미치는 문제는 아니다.

개발사업의 종류, 특성, 목적 등을 완전히 외면한 채 일률적으로 사업인정 시점을 규율할 수는 없다는 위 2010헌바114 결정의 원론적인 입장은 수긍할 수 있다. 그러나 개별 사업의 속성 등에 맞는 사업인정 시점의 설정을 반드시 사업인정의제의 방법으로 도모해야 하는지는 의문이다. 위 결정의 사안과 같이 개발이익을 배제할 고도의 필요성이 인정되는 개발사업에 있어서는 비교표준지 공시지가의 기준 시점을 앞당기는 규정을 마련함으로써 그 목적을 도모하면 되는 것이지 굳이 사업인정을 대체하는 다른 처분을 허용할 필요는 없다. 즉, 손실보상액 산정을 위한 표준지 공시지가의 기

---

241) 태생적으로 사업의 시행 자체를 승인하는 처분은 사업의 타당성, 목적 적합성 등을 점검하는 것을 그 본질로 하므로, 후속적으로 그 사업의 시행에 필요한 수용권의 설정 필요성에 대한 검증이 그 처분의 요소로 당연히 내재되어 있는 것은 아니다.

준 시점과 사업인정 시점을 분리하는 방법으로도 그 목적을 달성할 수 있는 것이다.242)

개별 사업에서 사업인정의 법률효과 중 특정한 효과를 배제한다는 명목 아래 사업인정을 다른 처분으로 갈음해 버리는 것은 사업인정제도가 갖는 본연의 목적을 간과한 소치라고 본다. 결국 사업인정 시점의 설정은 사업인정의 법률효과가 발생하는 시점을 특정하는 문제이고, 수용권의 발생이라는 사업인정의 본질에 관련된 법률효과가 아니라면 그 효력발생 시점을 사업인정 시점과 분리하는 방법으로 그 법률효과의 발생 시점을 떼어내면 될 것이지, 수용제도의 근간을 위협하는 결과를 낳을 수 있는 사업인정의 제의 방법을 택할 것은 아니다.

(2) 사업인정의제의 위헌성에 대한 분석

헌법 제23조 제3항에서는 수용의 허용 요건으로 '공공필요'를 정하였고, 그 공익성은 특별히 중대한 고양된 공익을 의미한다는 점은 앞서 누차 설명하였다. 공용수용에 이처럼 강력한 제한요건을 부가한 것은 수용이 재산권의 공권력적·강제적 박탈을 뜻하기 때문이다. 따라서 위 헌법규정에서 선언한 법률유보라는 것도 공공필요의 존부와 정도를 가늠할 제도적 장치를 법률에 두어야 한다는 적극적인 의미를 갖게 되고, 그렇게 탄생한 것이 토지보상법의 사업인정이다. 오로지 수용의 공공필요성만을 판단하는 단계

---

242) 실제로 토지보상법 제70조 제5항은 공익사업의 계획 또는 시행이 공고되거나 고시됨으로 인하여 취득하여야 할 토지의 가격이 변동되었다고 인정되는 경우에는 '사업인정 고시일 전의 시점을 공시기준일로 하는 공시지가'라는 원칙에 예외를 두고 있다. 해당 공고일 또는 고시일 전의 시점을 공시기준일로 하는 공시지가로서 그 토지의 가격시점 당시 공시된 공시지가 중 그 공익사업의 공고일 또는 고시일과 가장 가까운 시점에 공시된 공시지가를 기준으로 손실보상액을 산정하도록 규정하고 있다. 이 규정에 의하여 개발이익 배제의 목적은 상당 부분 달성할 수 있는데, 개발이익의 엄격하고도 완전한 배제에 지나치게 얽매여 사업인정에 따른 공공필요 검증을 약화시키는 것은 경계할 필요가 있다.

를 수용의 필요적 절차로 마련한 것이다. 입법적 공공필요 검증이 법률의 형식상 추상적, 일반적인 특성을 띨 수밖에 없어 세밀하고 구체적인 공공필요 판단이 개재될 수 없고, 사법적 공공필요 검증이 사법심사의 특성상 후행성을 그 본질로 한다면, 행정적 공공필요 검증의 핵심인 사업인정이 갖는 공공필요 검증기능은 절대적이라고 해도 과언이 아니다.

이러한 논리적 흐름에서 보면 사업인정은 그 자체로 '의제'에 친숙하지 않다. 수용에 있어 공공필요의 검증이 헌법적 요청인데, 다른 어떠한 처분이 있으면 공공필요를 충족한 것으로 본다는 관념 자체가 이미 헌법 제23조 제3항에 반한다. 앞서 언급한 것처럼 그 다른 처분의 판단과정에서 수용의 공공필요성을 따져보게끔 할 제도적 장치도 미비한 이상 그 처분권자가 공공필요의 판단과정을 제대로 거쳤는지 여부를 검증할 길도 없다.

2015. 12. 29. 개정된 토지보상법 제21조 제2항에서 사업인정의제의 경우에도 사업인정의 주된 절차인 중앙토지수용위원회와의 협의, 이해관계인으로부터의 의견청취 절차를 거치도록 하였으니 공공필요 검증이 면탈될 여지가 많이 줄었다는 반론이 있을지도 모른다. 그러나 오히려 사업인정의 주된 절차를 따르면서도 굳이 '의제'의 틀을 벗어나지 못하는 이유는 무엇인지 되묻고 싶다. 원활하고 신속한 사업의 시행을 위하여 어차피 사업의 시행 자체를 위하여 필요한 승인처분에 수용권 설정의 효과를 부여하고자 한 것이라면, 사업인정과정에서 소관부처와의 협의를 거쳐야 하는 이상[243] 그 승인처분권자와 사업인정권자가 미리 공감대를 형성하여 각 처분에 걸리는 시간을 단축할 수 있으므로 단지 각각의 처분권자가 분리되어 있다는 사정만으로 사업의 원활한 시행이 저해된다고 섣불리 단정할 수는 없다고 본다. 더 근본적으로는 이러한 절차적 보완만으로 사업인정으로 의제되는 처분이 공공필요 검증을 본질로 하는 사업인정 그 자체가 될 수도 없다.[244]

---

243) 토지보상법 제21조 제1항.
244) 정기상(2022c), 153면.

결국 분명한 실익도, 헌법적 근거도 찾을 수 없는 사업인정의제를 고수해
서는 안 된다고 보는데, 이러한 생각은 다른 나라의 입법례를 들여다보면
더 확고해진다.[245]

프랑스의 공익선언(déclaration de l'utilité publique), 일본의 사업인정 등
과 같이 여러 나라에서는 해당 사업의 공익성을 확인하고 이를 인정하여
수용권의 설정에 헌법적 정당성을 부여하는 절차를 마련하고 있다. 그러나
다른 처분에 사업인정의 효과만을 덧씌우는 사업인정의제를 광범위하게
인정하고 있는 입법례는 찾을 수 없다.[246] 수용의 공공필요를 인정하기 위
한 요건 및 절차를 엄격하게 한정하고 있는 터에, 사업인정 절차를 거치지
않고서도 수용권을 설정할 수 있다는 관념 자체를 상정할 수 없기 때문이
다.[247] 이것이 사업인정의 '의제'라는 도그마를 통해 공공필요 검증의 원형
인 사업인정을 거치지 않고서도 사업인정의 효과만을 도모할 수 있는 길을
열어준 우리 법제가 비교법적으로는 이례적이라고 평가되는 이유이다.

---

245) 정기상(2014a), 186면.
246) 일본 도시계획법 제59조에서 도시계획사업의 인가 또는 승인을 토지수용법상의 사
  업인정으로 의제하는 규정을 두고 있기는 하다. 그러나 도시계획법에서는 도시계획
  의 수립 단계에서부터 위 인가 또는 승인 단계에 이르기까지 공청회, 도시계획안의
  공람과 지방의회의 의결 등 토지수용법에서 정한 절차에 준하는 정도의 공공필요
  검증절차를 거치도록 정하고 있고, 위 처분 단계에서 토지수용법 제20조에서 정한
  사업인정의 요건을 반드시 검토하여야 한다는 것이 확고한 판례의 입장이다[小澤道
  一(2012), 275~276頁]. 공공필요 검증의 면탈을 방지할 제도적 장치를 충분히 갖추고
  있는 것이다. 더욱이나 일본 법제에서 사업인정의제를 광범위하게 인정하고 있는 것
  도 아니다. 따라서 이를 우리 법제의 사업인정의제와 나란히 놓고 볼 수는 없다
247) 프랑스의 공익선언은 수용적격사업인 '공익'사업으로 '선언'하는 것이고, 일본의 사
  업인정은 수용적격사업인 공익'사업'으로 '인정'하는 것으로서 해당 목적사업이 수
  용권을 부여할 만한 공익성을 갖춘 것으로 확인하는 수용 절차의 1단계이므로, 이를
  배제한 채 다른 개별 처분에 사업인정의 효과를 부여한다는 것은 생각할 여지가 없
  는 것이다.

3. 사업인정의제의 절차

가. 절차적 통제의 강화

종래 토지보상법 제21조에서는 사업인정을 하려는 국토교통부장관이 관계 행정기관과의 협의, 중앙토지수용위원회 및 이해관계인으로부터의 의견 청취 등의 절차를 거치도록 규정하였다. 그러나 수용권의 설정이라는 법적 효과만을 가져다 쓰는 사업인정의제에는 이러한 절차를 요구하는 명문의 규정이 없었다. 이에 따라 피수용자는 해당 공용수용의 절차에 관여하지도 못한 채 자신의 재산권이 수용되는 결과를 수동적으로 받아들여야 하는 현실에 직면하게 되었다.[248] 특히나 사업시행의 편의에 치우친 사업인정의제가 광범위하게 활용되는 반면, 토지보상법상 사업인정절차를 거치는 예는 거의 없는 현실에서 사업인정의 엄격한 절차는 사실상 공염불에 불과하였다.

공용수용에 있어 이미 폭넓게 자리 잡고 있는 사업인정의제에 절차적 통제기제를 도입하여 사업인정절차의 전면적 박탈이라는 문제를 해결하려는 입법자의 의도는 2015. 12. 29. 개정된 토지보상법 제21조 제2항의 신설로 표출되었다. 사업인정의제의 경우에도 사업인정의 주된 절차인 중앙토지수용위원회와의 협의 및 이해관계인으로부터 의견청취 절차를 거치도록 한 것이다.[249] 현실적으로 사업인정의제를 당장 전면 폐지하는 것이 어렵다면, 그로 인한 부작용을 최소화할 방안이 마련되어야 한다는 생각이 반영

---

248) 정기상(2017b), 512면; 결국 피수용자로서는 그저 해당 수용에 따른 손실보상금의 많고 적음만을 다툴 수 있게 될 뿐이고, 이것이 수용의 공공필요 검증보다는 손실보상금의 액수에만 관심을 두는 우리 사회의 풍조를 형성시키는 데에 결정적인 역할을 하였음을 부인할 수 없다.

249) 2015. 12. 29. 개정된 토지보상법에서는 중앙토지수용위원회로부터의 의견청취를 규정하였으나, 2018. 12. 31. 개정된 토지보상법에서 이를 '중앙토지수용위원회와의 협의'로 변경하였다. 이로써 그 협의를 동의로 해석할 길이 열렸고, 이는 곧 사업인정의제에 대한 공공필요 검증의 강화를 의미한다.

되었다고 평가할 수 있다.[250]

중앙토지수용위원회와의 협의 및 이해관계인으로부터 의견청취에 관해서는 앞서 사업인정의 절차에서 설명한 내용이 그대로 적용된다. 관련 규정을 적용·해석함에 있어서는 국토교통부장관을 토지보상법 별표에 규정된 법률에 따라 사업인정이 있는 것으로 의제되는 공익사업의 허가·인가·승인권자 등으로 바꾸어 보면 된다.

나. 사업인정의제의 절차에서 특유한 점

(1) 토지보상법령상의 차이점

토지보상법 제21조 제2항에서는 사업인정의제의 경우 사업인정과는 달리 관계 행정기관과의 협의를 따로 규정하지 않았다. 대체로는 사업인정이 있는 것으로 의제되는 공익사업의 허가·인가·승인권자 등 자신이 그 사업과 관계된 행정기관이기 때문이다.

중앙토지수용위원회는 사업인정이 있는 것으로 의제되는 공익사업의 허가·인가·승인권자 등에게 협의를 완료한 지구지정·사업계획승인 등에 관한 일정한 자료의 제출을 요청할 수 있다(토지보상칙 제9조의4). 일정한 자료는, 사업인정이 의제되는 지구지정·사업계획승인 등의 여부, 협의 조건의 이행 여부, 해당 공익사업에 대한 재결 신청현황이다. 표면적으로는 중앙토지수용위원회에 자료제출 요청권을 부여한 규정이지만, 그 내면을 들여다보면 협의 이후에도 협의 조건 이행 등 공공필요를 담보할 일련의 후속 절차를 점검할 사후 관리의무를 중앙토지수용위원회에 부과한 것으로 볼 수도 있다. 사업인정을 한 국토교통부장관에 대한 자료제출 요청권을 따로 규정하지는 않았는데, 사업인정의 경우에만 유독 이를 배제할 합리적

---

250) 제도적으로는 사업인정의 주된 절차를 사업인정의제의 절차로 편입함으로써 수용권의 설정에 관한 절차적 통제를 일원화하였다고 볼 수 있다.

인 이유가 없으므로 입법적 불비라고 본다.

(2) 토지 등의 세목 고시

종래 사업인정의제를 정한 개별 법률에서 토지보상법 제22조 제1항과는 달리 수용할 물건 또는 권리의 세목을 고시 또는 공고하도록 명시되어 있지 않다는 비판이 있었다.[251] 그러나 현재 많은 개별 법률에서는 사업인정으로 의제되는 실시계획인가 등의 신청을 위한 서류인 사업계획서 등에 '수용·사용할 토지 또는 건물의 조서와 지번·면적 및 소유권 외의 권리 명세서'를 첨부하도록 하여 이 문제가 어느 정도 입법적으로 해결되었다. 다만, 아직까지 수용 또는 사용할 토지의 세목이 작성되지 않은 상태에서도 사업인정의제를 허용하는 법률이 존재한다. 수용목적물과 관계인이 불분명한 상태에서 사업인정의제의 효력이 발생하는 것은 심각한 문제이다.[252] 입법적 개선이 필요하다.[253]

(3) 중앙토지수용위원회의 공익성 검토사례

중앙토지수용위원회의 사업인정의제에 관한 공익성 검토사례 중 주목할 만한 것들을 몇 개 살펴보자.[254]

---

251) 박평준(2004), 17면.
252) 토지세목의 고시에 관한 규정이 미흡한 사업인정의제 법률 현황에 대해서는, 허강무(2018), 97~99면 참조.
253) 시행령, 시행규칙 등 개별 법률의 하위법령에서 토지세목의 고시 등을 규정하는 경우도 있으므로, 하위법령의 내용까지 잘 살펴서 입법적 개선의 필요성과 그 방안을 검토하여야 한다.
254) 이들 검토사례는 국토교통부 중앙토지수용위원회(2018), 519~537면에 소개된 사례들 중 일부를 발췌한 것이다. 이들 사례에서 제시된 종합 검토의견이 예전의 검토의견체계인 부적정, 의견있음, 의견없음, 검토불가에 따른 것이어서 현행 검토의견체계인 '동의', '부동의', '조건부 동의'와는 다르지만, 그 검토기준 적용의 일면을 엿볼수는 있으므로 간략히 설명한다. 각 사례에 관한 자세한 내용과 그 밖의 다양한 검토사례는 위 자료에서 확인할 수 있다.

① 민간사업자가 국토계획법상 기반시설인 유원지의 이용객들에게 편의를 제공하기 위하여 유원지 내에 일반음식점(조경시설, 주차장 포함) 및 진입도로를 개설하고자 한 사례
• 부적정 의견
• 이 건 음식점은 민간사업자의 수익 창출을 주목적으로 하고, 그 밖의 조경시설이나 연못 등도 음식점의 운영·이용에 제공될 뿐 독자적인 공익성을 갖추지 못했음을 이유로 함.
② 전남 ○○군 일원에서 유원지 개발사업을 3단계로 나누어 진행하면서 1·3차 개발사업은 ○○군이, 2차 개발사업은 민간사업자가 시행하기로 하였는데, 2차 개발사업에는 휴양시설, 편익시설, 유희시설 등이 사업면적의 대부분을 차지하도록 계획된 사례
• 의견있음(공익성 보완 및 협의취득 강화)
• 1·3차 개발사업은 공공성이 높은 시설 등의 개설로 구성되어 있는 반면, 2차 개발사업은 영리 추구를 목적으로 한 시설(호텔, 상가, 펜션 등) 위주로 계획되어 있음.
• 1·3차 개발사업의 공공필요에 비추어 전체적인 유원지 사업을 그대로 진행할 필요가 있으므로 해당 시설의 소유·운영·처분 단계에서 발생하는 이익의 공적 귀속 장치를 마련하도록 하고,[255) 최대한 협의취득을 위하여 노력하도록 의견을 제시함.
③ 민간사업자가 △△시 일원에서 기존 관광자원과 연계한 지역경제 활성화를 위하여 육지의 산과 인근 섬을 연결하는 해상케이블카를 설치하고자 한 사례
• 의견있음(사업이익이 민간에게 과도하게 귀속되지 않도록 조정)
• 이 사업은 △△시가 공모한 수익형 도시계획시설(궤도시설) 사업으

---

255) 이익의 공적 귀속 장치로는, 공익성이 높은 시설의 기부채납, 손익분기점 경과 후 지방자치단체와 사업시행자 간의 이익배분 비율 조정 등이 있을 수 있다.

로서 민간사업자에게 소유권과 시설관리운영권을 영구적으로 주고 운영수익(매출액 기준)의 97%도 귀속시킴.

- 관광인프라가 부족한 지역여건, 낮은 재정자립도, 이 사업의 공익성을 높이려 여러 가지 노력을 더한 점 등을 고려할 때, 손익분기점까지는 이 사업의 공익성이 인정된다고 판단함.
- 다만, 손익분기점 도달 이후에 민간사업자에게 시설 및 토지 소유권이 귀속되지 않고, 사업이익도 과도하게 배당되지 않도록 운영수익 배분율을 조정할 필요가 있다는 의견을 제시함.
- 이 사업의 공공필요성을 인정할 수 없다는 이유로 부적정 의견을 제시한 위원 3명의 소수의견도 있었음.

④ 민간사업자가 진입도로(8,329㎡)를 기부채납하는 조건으로, 분리된 2개의 공장 중 한 개의 공장(제2공장)을 나머지 공장(제1공장) 인근으로 이전하여 하나의 일반산업단지를 조성하고자 한 사례[256]

- 의견있음(협의취득 강화 및 사업면적 축소)
- 이 건 사업계획상 산업단지 면적(108,360㎡)은 과다한 측면이 있으므로 고용창출 및 매출확대 예상 등을 고려하여 사업면적을 축소 조정하되, 사업시행자는 협의취득을 위한 노력을 최대한 기울여 토지소유자의 재산권 침해를 최소화하는 노력이 필요하다는 의견을 제시함.

⑤ 민간사업자가 도시공원을 조성하는 사업으로 전체 공원면적 70% 이상을 기부채납하고 나머지 부지(30%)에 비공원시설인 공동주택을 조성하고자 한 사례

- 의견있음(협의취득 강화 등)
- 공원면적 30%에 신축될 공동주택은 공공필요를 갖추었다고 보기 어려운 측면이 있으므로, 협의취득을 위한 노력 강화와 사업으로 발

---

256) 근거법률은 '산업단지 인·허가 절차 간소화를 위한 특례법'이다.

생한 개발이익이 민간사업시행자에게 과도하게 귀속되지 않도록 하
는 방안 마련이 필요하다는 의견을 제시함.257)

⑥ 지역개발사업의 일환으로 체육시설(대중제 골프장), 주거지구(주택
등) 및 특정지구(연수원 등)를 민간투자방식으로 시행하고자 한 사례
- 의견있음(협의취득 강화)
- 체육시설인 대중제 골프장은 공익성이 인정되나,258) 주거지구 및
특정지구 조성사업은 공익성이 상대적으로 낮은 사업으로 판단하고
서 법정 토지 매입요건보다 많은 토지를 협의취득하여 수용·재결에
따라 취득하는 범위를 최소화하는 노력이 필요하다는 의견을 제시함.

⑦ 민간사업자가 당초 동계올림픽에 숙박시설을 지원하고자 그 시설 조
성사업을 추진하였으나 사업지연으로 인하여 올림픽 폐막 이후에 숙
박시설이 완공될 것으로 예상되어 그 개최도시를 방문하는 관광객들
에게 제공할 목적으로 호텔 등을 조성하고자 한 사례
- 부적정 의견
- 이 건 사업은 민간사업자의 영리목적 수익시설 위주로 계획되고 사
업완공·운영단계에서 사업이익의 공공 귀속 장치가 명확하지 않다
고 판단함.
- 이 건 숙박시설이 올림픽대회 이후 준공되고 당초 목적한 올림픽
숙박시설 지원이 어렵게 되어 지역경제 활성화만으로는 공공성을
인정하기는 곤란하다고 결론지음.

---

257) 중앙토지수용위원회가 사업계획 중 공익성이 인정되는 부분과 그렇지 않은 부분이
혼재하나, 공익성이 인정되는 부분이 더 주된 부분이라고 판단하는 경우 '부적정'이
아니라 '의견있음(협의절차 강화)'을 제시하는 예가 적지 않아 보인다.
258) 이는 대법원이 대중제 골프장에 대해서 국토계획법령상 기반시설로서 설치되는 체
육시설에 해당한다고 본 것(대법원 2013. 7. 12. 선고 2012두21796 판결)과 같은 맥
락이다.

4. 사업인정의제에 있어 행정기본법의 적용

가. 행정기본법상 인허가의제

2021. 3. 23. 법률 제17979호로 제정된 행정기본법에서는 인허가의제에 관한 일반 규정을 두고 있다. 인허가의제를 받으려면 주된 인허가를 신청할 때 관련 인허가에 필요한 서류를 함께 제출하고, 주된 인허가 행정청이 주된 인허가를 하기 전에 관련 인허가에 관하여 미리 관련 인허가 행정청과 협의하여야 하며, 인허가의제가 있는 경우 관련 인허가 행정청은 관련 인허가를 직접 한 것으로 보아 관계 법령에 따른 관리·감독 등 필요한 조치를 하여야 함을 골자로 한다(행정기본법 제24조 내지 제26조). 이는 여러 개별 법률에 산재한 인허가의제와 관련된 표준적인 사항을 규율하여 인허가의제의 복잡성을 줄이고 더욱 투명하고 명확한 제도로 자리매김할 수 있도록 한 것이다.[259]

이러한 일련의 규정들은 주된 인허가 행정청이 관련 인허가의 실체적 요건 충족 여부를 검토하여야 한다는 이른바 실체집중효 부정설을 명문화한 것으로 이해하여야 한다.[260] 대법원도 행정기본법의 제정 이전부터 일관되게 주된 인허가를 위해서는 관련 인허가의 실체적 요건이 충족되어야 한다는 입장을 취하고 있다.[261]

여기서 '인허가'란 강학상 인가와 허가뿐만 아니라 지정, 승인, 영업등록, 신고 수리 등을 포괄한다(행정기본법 제16조 제1항). 주된 인허가에 따라 의제되는 행정행위를 폭넓게 인허가의제의 범주에 편입한 것이다. 행정기본법이 행정의 원칙과 기본사항을 규정하여 행정의 민주성과 적법성을 확보하고 적정성과 효율성을 향상시킴으로써 국민의 권익 보호에 이바지함

---

259) 조인성(2021), 33면.
260) 정기상(2022c), 154면.
261) 대법원 2002. 10. 11. 선고 2001두151 판결, 대법원 2011. 1. 20. 선고 2010두14954 전원합의체 판결.

을 목적으로 한다는 점(제1조)에 비추어 보면, '인허가'의 정의에 관하여 개방적 규정형식을 취한 것은 당연한 것이다.

나. 사업인정의제가 인허가의제에 포섭되는지 여부

사업인정도 행정기본법상 인허가에 포섭된다고 보아야 하는지의 문제는 그리 간단하지 않다. 수용의 공공필요 검증은 다른 인허가와는 달리 헌법상 요청에 따른 것이라는 특수성이 있기 때문이다. 이 문제에 대해서는 학계나 실무계에서 본격적인 논의가 아직 형성되지 않았다고 보이는데, 법리적으로는 서로 다른 방향의 접근이 가능하다고 본다.

먼저, 행정기본법이 '인허가'의 의미를 포괄적으로 정하고 있는데, '의제'의 형식을 취하는 것 중에서 유독 사업인정의제만이 인허가의제에 관한 행정기본법 제24조부터 제26조까지의 규정을 적용받지 않는다고 해석할 수는 없다는 견해가 가능하다(적용긍정설). 실제로 관광진흥법 제58조 제1항 등 일부 개별 법률의 규정에서는 '인허가 등의 의제'라는 표제 아래 사업인정을 다른 의제되는 인허가와 함께 열거하고 있다.262) 즉, 사업인정의제를 다른 인허가의제와 같이 취급하고 있는 것이다. 행정의 적정성 통제를 위한 행정기본법의 적용을 사업인정의제에서만 배제할 이유가 없다는 점을 주된 논거로 할 것이다.

다음으로, 사업인정의제에 관해서는 이미 토지보상법에서 상세한 규정을 두고 있고, 그 내용이 행정기본법의 내용과 정확히 들어맞지는 않는 부분도 존재하므로, 사업인정의제에 대해서는 행정기본법 제24조부터 제26조까지의 규정이 적용되지 않는다는 견해도 제기될 수 있다(적용부정설). 사업인정의제를 정한 법률 중에서 관광진흥법 등 극히 일부의 법률을 제외한 대부분의 법률에서는 인허가의제에 관한 조항과는 별도의 조항에서 사업인정의제를 정하고 있다.263) 사업인정이 수용권의 설정이라는 중대한 법률

---

262) 정기상(2022c), 154면.

효과를 낳는다는 특수성을 고려한 결과라고 볼 수 있다. 행정기본법 제5조 제1항에서 "행정에 관하여 다른 법률에 특별한 규정이 있는 경우를 제외하고는 이 법에서 정하는 바에 따른다."고 규정하고 있어 사업인정의제에 관한 토지보상법 규정을 행정기본법의 특칙으로 인정하는 데에 별다른 법리상 어려움도 없다.

생각건대, 인허가의제 제도는 목적사업의 원활한 수행을 위해 창구를 단일화하여 행정절차를 간소화하는 데에 그 입법취지가 있는데,[264] 애당초 수용의 공공필요 검증은 신속한 처리를 지향할 대상이 아니다. 재산권의 강제적 박탈을 헌법상 정당화하는 핵심기제인 공공필요의 검증은 철저하고 꼼꼼하게 진행되어야 하므로 이를 간소화한다는 것은 그 자체로 위헌적인 발상일 뿐이다. 따라서 사업인정의제를 일반적인 인허가의제와 나란히 놓고 볼 수는 없다. 여러 개별 법률에서 인허가의제와는 별도로 사업인정의제를 규정하는 형식을 채택하고 있는 것도 이러한 점에서 연유한다고 본다.

그렇다고 해서 적용부정설을 선뜻 따르기도 어렵다. 행정기본법은 행정의 원칙과 기본사항을 규정한 일반법이고, 인허가의 개념(제16조 제1항)에 대해서도 개방적 구조를 채택하고 있기 때문이다. 결국 사업인정의제에도 행정기본법 제24조부터 제26조까지의 규정이 적용되나, 앞서 언급한 다른 인허가의제의 경우와는 다른 특수성을 고려하여 토지보상법에 특칙을 둔 것으로 이해하여야 한다. 이러한 관점은 인허가의제의 기준과 사후관리 등에서 일정한 차이를 낳는다.[265]

---

263) 공항시설법은 제8조에서 인허가의제를, 제12조 제2항에서 사업인정의제를 각 규정하고, 기업도시개발 특별법은 제13조에서 인허가의제를, 제14조 제2항에서 사업인정의제를 각 규정하며, 도시개발법은 제19조에서 인허가의제를, 제22조 제3항에서 사업인정의제를 각 규정하고 있다. 다른 대부분의 법률에서도 이런 식으로 인허가의제 규정과 사업인정의제 규정을 분리하고 있다.

264) 대법원 2018. 10. 25. 선고 2018두43095 판결.

265) 인허가의제의 효과에 관한 행정기본법 제25조는 실무상 또는 해석상 당연히 받아들여지던 것을 명문화한 것이어서 사업인정의제와 일반적인 인허가의제 간에 어떠한

먼저, 행정기본법상 인허가의제의 기준에 관한 제24조의 규정내용은 토지보상법 제21조의 내용과 크게 다르지 않다. 주된 인허가를 신청할 때 관련 인허가에 필요한 서류를 함께 제출하여야 하고, 주된 인허가 행정청이 관련 인허가 행정청과 협의하여야 한다는 것은 토지보상법 제21조 제2항 및 토지보상령 제11조에 규정되어 있다. 다만, 주된 인허가 행정청의 역할을 사업인정권자인 국토교통부장관이 아닌 중앙토지수용위원회가 맡았을 뿐이다. 사업인정의 특수성을 고려한 특칙인 셈이다.

다음으로, 인허가의제의 사후관리 등에 관한 행정기본법 제26조 제1항에 따라 관련 인허가 행정청은 관련 인허가를 직접 한 것으로 보아 관계 법령에 따른 관리·감독 등 필요한 조치를 하여야 한다, 토지보상칙 제9조의4에서 중앙토지수용위원회의 협의 후 자료 제출요청권을 규정하여 실질적으로 그 위원회에 사후관리의무를 부담시키고 있음은 앞서 설명하였다. 사업인정으로 의제되는 처분이 있은 후 이를 변경하는 경우에는 행정기본법 제26조 제2항에 따라 중앙토지수용위원회와의 협의절차 등을 다시 이행하여야 할 수도 있을 것이다.

5. 주된 행정처분과 의제된 사업인정의 관계

사업인정으로 의제되는 인허가 등의 처분을 통칭하여 '주된 행정처분'이라 하고, 주된 행정처분에 따라 의제되는 사업인정의 실체를 논할 필요가 있는 경우 이를 '의제된 사업인정'이라고 하자.266) 주된 행정처분은 해당 사업의 시행을 승인함과 동시에 그 의제조항에 따라 토지 등에 대한 수용권을 설정하는 사업인정의 성격을 가진다. 따라서 어느 특정한 토지를 최

차이를 보이지는 않는다.
266) 주된 행정처분과 의제된 사업인정의 관계는 주로 사법심사에서 다루어질 수 있으므로, 제6장에서 추가로 검토하기로 하고, 여기서는 양자의 일반적인 관계만을 설명한다.

초로 사업시행 대상 부지로 삼은 주된 행정처분이 당연무효이거나 법원의 확정판결로 취소된다면, 그로 인하여 의제된 사업인정도 효력을 상실한다고 보아야 한다.[267] 의제의 부종성에 따라 주된 행정처분의 효력이 부정되는 경우 그에 종속된 의제된 사업인정이 존속할 근거가 없어지는 것이다.

그렇다면, 주된 행정처분이 변경된 경우에는 어떠한가? 주된 행정처분의 내용에 변경이 생겼으니 의제된 사업인정도 당연히 실효되는 것일까? 이는 일률적으로 논할 수 없다. 주된 행정처분의 변경은 대체로 사업의 시행과 관련한 사정변경에 따라 행해지는 것이고, 그 사업을 위한 수용의 공공필요성 판단을 당연히 전제하거나 수반하는 것은 아니기 때문이다. 결국 주된 행정처분의 변경이 그 사업을 위한 수용의 공공필요 존부나 정도에 실질적인 변경을 초래하는 경우에 한하여 의제된 사업인정의 효력 여부나 범위가 달라진다고 보아야 한다.

사업시행지역에 변경이 생겨 일부 토지가 그 시행구역에서 제외되는 등으로 일부 토지에 대한 수용의 공공필요가 부정되는 경우에는 그 부분을 제외한 나머지 토지들에 대해서만 당초의 의제된 사업인정이 존속하게 된다고 본다.[268] 대법원도 이와 같은 취지에서 다음과 같이 판시하였다.[269]

　특정한 토지를 최초로 사업시행 대상 부지로 삼은 최초의 사업시행인가가 효력을 유지하고 있고 그에 따라 의제된 사업인정의 효력 역시 유지되고 있는 경우라면, 특별한 사정이 없는 한 최초의 사업시행인가를 통하여 의제된 사업인정은 변경인가에도 불구하고 그 효력이 계속

---

267) 대법원 2018. 7. 26. 선고 2017두33978 판결.
268) 사업시행지역의 축소로 인하여 당초의 의제된 행정처분이 변경된 주된 행정처분에 따라 의제되는 행정처분으로 대체(흡수)되는 것이 아니라, 당초의 의제된 행정처분이 양적으로 축소된다는 의미이다.
269) 위 2017두33978 판결.

유지된다. 사업시행 대상 부지 자체에 관하여는 아무런 변경 없이 건
축물의 구조와 내용 등 사업시행계획의 내용을 대규모로 변경함으로
써 최초 사업시행인가의 주요 내용을 실질적으로 변경하는 인가가 있
는 경우에도 최초의 사업시행인가가 유효하게 존속하다가 변경인가
시부터 장래를 향하여 실효될 뿐이고, 사업시행 대상 부지에 대한 수
용의 필요성은 특별한 사정이 없는 한 변경인가 전후에 걸쳐 아무런
차이가 없다.

　토지보상법 제24조에 비추어 보더라도, 사업시행변경인가에 따라
사업대상 토지 일부가 제외되는 등의 방식으로 사업내용이 일부 변경
됨으로써 종전의 사업대상 토지 중 일부에 대한 수용의 필요성이 없게
된 경우에, 그 부분에 한하여 최초 사업시행인가로 의제된 사업인정
중 일부만이 효력을 상실하게 될 뿐이고(제24조 제1항, 제5항 참조),
변동 없이 수용의 필요성이 계속 유지되는 토지 부분에 대하여는 최초
사업시행인가로 의제된 사업인정의 효력이 그대로 유지됨을 당연한
전제로 하고 있다.

　문제는 주된 행정처분의 변경으로 인하여 사업시행지역이 더 넓어지는
경우이다. 이러한 경우 더 넓어지는 사업구역에 해당하는 일부 토지에 대
하여 다시금 토지보상법 제21조 제2항에 따른 절차를 진행하여 수용의 공
공필요를 판단하여야 함은 물론이다. 다만, 종전의 사업구역에 속하는 토지
에 대해서는 당초의 의제된 사업인정이 존속하고, 더 넓어진 토지에 대해
서만 변경된 주된 행정처분에 따라 의제되는 사업인정이 새롭게 그 효력을
발하게 된다고 볼 것인지(병존설), 당초의 의제된 사업인정이 전부 변경된
주된 행정처분에 따라 의제되는 사업인정으로 흡수된다고 볼 것인지(흡수
설) 논란이 생길 수 있다. 사업시행지역이 더 넓어지는 경우는 축소되는 경

우와는 달리 전체적으로 사업계획과 관련한 새로운 공공필요의 판단을 필요로 하고, 하나의 사업에 2개 이상의 사업인정이 존재한다는 것은 법률관계에 큰 혼란을 줄 수 있으므로, 흡수설이 타당하다. 흡수설에 따를 경우 주로 문제될 수 있는 보상금 산정의 기준 시점과 관련한 불합리는 토지보상법 제70조 제5항에 따라 해결하면 될 것이다.[270]

6. 사업인정의제의 제도적 문제점과 개선방안

가. 수용의 공공필요 검증

(1) 공공필요 검증의 약화

사업인정 자체는 일정한 목적사업에 수용권을 설정할 만한 공공필요가 있는지 여부를 확인하는 데에 초점을 두고서 설계되었다. 그런데 사업인정의제는 사업인정 이외의 다른 처분에 사업인정의 법률효과를 부여한다는 데에 중점이 있고, 당초 사업인정에서와 같은 정도의 공공필요 통제를 목적으로 한 것이 아니다. 사업인정의제는 태생적으로 공공필요 검증을 회피하려는 유인이 작용한 결과물일 뿐이다.[271]

---

270) 토지보상법 제70조 제5항에서는 "공익사업의 계획 또는 시행이 공고되거나 고시됨으로 인하여 취득하여야 할 토지의 가격이 변동되었다고 인정되는 경우에는 제1항에 따른 공시지가는 해당 공고일 또는 고시일 전의 시점을 공시기준일로 하는 공시지가로서 그 토지의 가격시점 당시 공시된 공시지가 중 그 공익사업의 공고일 또는 고시일과 가장 가까운 시점에 공시된 공시지가로 한다."고 규정하고 있다.

271) 정기상(2014a), 187면; 사업인정의제는 사업인정제도의 취지에 반하는 것으로 사업인정제도를 형해화시켜 법집행의 체계성이 상실되는 문제가 생긴다는 지적[석종현(2019), 366~367면]이나 사업인정으로 의제되는 처분을 규율하는 개별 법률에서 토지보상법과 같은 정도로 재산권 수용을 정당화하는 기제인 공익과 사익 간의 비교형량을 기대할 수 없으므로, 사업인정의제는 행정편의적인 수용권 남용의 우려를 낳을 수 있다는 지적[이선영(2003), 157면; 한국토지공법학회(2017), 69면]도 이와 맥락을 같이한다.

사업인정의제로써 사업시행의 편의를 도모하는 것을 경제적 효율을 추구하는 것으로 이해해서는 안 된다. 자원의 어떤 재분배에 의해서도 더 행복해질 수 없도록 유한한 사회의 자원을 적절하게 사용하고 있는 상태인 '경제적 효율'은 경제적 자유와 시장질서의 전제인 교환적 정의의 확보를 전제로 할 때에 비로소 달성될 수 있다.272) 즉, 경제적 효율을 달성하기 위해서는 경쟁적 시장가격기구가 원활히 작동하여야 하고, 시장가격기구가 원활히 작동하기 위해서는 경제적 자유의 최대 보장, 재산권제도의 명확한 확립, 계약법제의 확립 등이 이루어져야 하는 것이다.273) 재산권 침해를 헌법적으로 정당화하는 근거인 '사업의 공익성'을 검증하는 과정을 충분히 거치지 않은 채 경제적 효율을 달성하고자 하는 것은 이미 그 필수적인 전제인 교환적 정의를 훼손하는 것으로서 그 자체로 성립할 수 없다.274)

결국 사업인정의 의제는 공공필요 검증의 약화를 초래하고, 이는 여지없이 일반적인 사업인정을 거치는 사업의 비중을 극도로 낮추는 결과로 나타났다. 여기서 공공필요 통제의 실질화가 사업인정의제의 축소 또는 제한으로 귀결될 수밖에 없음을 알게 된다.275)

(2) 사업인정의제의 단계적 폐지

공익사업을 위한 수용 또는 사용에 관한 일반법인 토지보상법이 존재하는 이상, 개별 법률에서 다른 내용을 규정하는 데에는 더욱 신중해져야 한다. 토지보상법에 규정되지 않은 내용을 보완하거나 특정한 쟁점에 관하여 별도의 규율을 할 특별한 필요가 있는 경우에 한하여 예외적으로 개별 법률에 특별규정을 두되, 공용수용의 골격은 토지보상법의 규정에 따르도록

---

272) 강운산(2003), 198~199면.
273) 박세일(1998), 227면.
274) 더욱이나 사업의 원활한 시행이라는 가치를 곧바로 경제적 효율이라고 평가할 수도 없다.
275) 정기상(2014a), 187~188면.

하는 것이 옳다.

사업인정으로 의제되는 처분에 의한 수용권의 설정이 토지보상법상의 공공필요 검증을 우회하는 기제로 작용하므로, 수용권을 설정하는 처분을 사업인정으로 일원화하는 것이 필요하다. 현재 대다수의 공익사업이 사업인정의제 방식에 기반하여 추진·시행되고 있음을 고려하여 단계적으로 사업인정의제를 정한 개별 법률의 규정을 삭제하는 방향으로 수용절차를 일원화하는 것이 바람직하다. 현재 추진·시행되고 있는 사례가 적은 사업유형부터 그 근거가 되는 개별 법률에서 사업인정의제에 관한 규정을 삭제하되, 부칙에 일정한 시점 이전에 실시계획의 승인·인가·허가 등을 받아 그 고시를 행한 경우에는 종전 규정을 적용한다는 경과규정을 두어서 법개정에 따른 부작용을 최소화하는 방안을 생각해 볼 수 있다.276) 이러한 과도기를 거쳐 장기적으로는 사업인정의제를 폐지하는 것이 마땅하다.277)

나. 사업시행자의 기회주의

(1) 사업시행자의 기회주의 발현 조장

사업인정의제에서는 사업인정으로 의제되는 처분을 행하는 행정청이 사업시행자인 경우를 심심치 않게 발견할 수 있다. 예컨대, 자연공원법 제22조 제2항은 공원사업 시행계획을 결정·고시한 때에는 토지보상법 제20조 제1항 및 제22조에 따른 사업인정 및 사업인정의 고시를 한 것으로 본다고 규정하고 있다. 그러면서도 같은 법 제19조 제1항은 공원사업의 시행 및 공원시설의 관리는 원칙적으로 공원관리청이 한다고 정하고 있고, 같은 조

---

276) 신속하게 사업을 시행할 필요성이 낮은 사업 및 최근 5년간 사업실적이 없는 사업의 경우에는 수용절차를 토지보상법에 따르도록 하여 '사업인정'절차를 이행할 수 있도록 하는 것이 바람직하다는 의견도 유력하게 제시되고 있다, 한국토지공법학회 (2017), 246면 참조.

277) 정기상(2022b), 219면.

제2항은 공원사업 시행계획의 결정·고시 권한을 공원관리청에 귀속시키고 있다.

이와 같이 '통제받는 자'와 '통제하는 자'의 지위가 일치하는 상황에서는 당초 사업인정으로 의제되는 처분 자체에 실체적 정당성조차 부여하기 어려움은 물론이다. 더욱이나 사업인정의제의 방법으로 공공필요 검증을 우회하려는 기조가 만연한 터에 사업시행자가 스스로 사업인정으로 의제되는 처분을 할 수 있다는 것은 문제의 심각성을 더한다. 이러한 지위의 중첩 문제는 사업의 계획부터 추진에 이르기까지 일정한 행정청에 각종 권한을 결집시켜 사업의 추진력을 극대화하려는 의도에서 기인한 것으로 보인다. 어찌되었든 이와 같은 문제가 결국 사업시행자의 기회주의 발현을 제도적으로 부채질하는 결과를 낳고 있는 셈이다.278)

(2) 지위 중첩 규정의 개정과 사업인정권자의 이원화

개별 법률에서 사업시행자와 사업인정으로 의제되는 처분을 행하는 자가 중첩되도록 정한 경우에는 그러한 이해관계의 충돌 소지를 제거할 수 있도록 규정내용을 정비할 필요가 있다. 당초 입법 단계에서 수용권 설정의 정당성을 의심케 할 만한 여지를 차단할 수 있도록 규정내용을 마련해야 할 것이지만, 지금이라도 지위의 중첩을 해소하기 위한 입법적 개선이 이루어져야 한다.

더 근본적으로는 이러한 지위의 중첩을 원천적으로 차단하기 위해서라도 수용권을 설정하는 처분을 사업인정으로 일원화하고, 앞서 설명한 바와 같이 사업인정권자를 이원화하는 것을 검토할 필요가 있다.

---

278) 정기상(2014a), 188~189면.

다. 이해관계인의 절차 참여

(1) 정보의 불균형

해당 사업에 이래관계가 있는 사람이 그 수용에 관한 적절한 의견을 제출하기 위해서는 해당 사업에 관한 충분한 정보를 접할 수 있어야 한다. 이해관계인으로부터의 의견 청취가 실질적 의미를 가지려면 해당 사업에 대한 비판적 검토가 선행되어야 하고, 그 검토에는 충분한 정보가 수반되어야 한다. 결국 사업시행자와 이해관계인 간의 정보 불균형을 해소하는 과정이 이해관계인의 절차 참여를 실질화하는 핵심이다.279) 그런데 앞서 사업인정과 사업인정의제의 절차에서 살펴본 바와 같이 이해관계인이 그 절차에서 접할 수 있는 정보는 사업시행자가 누구인지, 무슨 사업을 어느 지역에서 할 것인지 하는 피상적인 정보들일 뿐이다.280) 사업의 필요성, 공익성 등에 대한 구체적인 자료는 이해관계인이 적극적으로 나서서 수집하여야 한다.281) 그런데 시장·군수 또는 구청장이 토지소유자 및 관계인에게 사업인정 또는 사업인정의제의 공고사실을 알린다고 하더라도 토지소유자 등이 지극히도 법적인 개념인 사업인정의 의미를 제대로 이해하여 의견을 제출할 것을 기대하기는 현실적으로 어렵다.

279) 정기상(2022b), 223면.

280) 단지 어떠한 처분을 할 예정이라는 내용을 이해관계인에게 간략하게 통지하고서 진행하는 의견청취절차는 '마지못해' 행하는 '번거로운 절차'라는 인상마저 준다.

281) 우리나라에서는 어떠한 처분을 할 것이라는 내용을 당사자에게 간단하게 알려주고서 당사자의 의견을 듣는데, 이는 법률의 규정에 따라 마지못해 의견청취를 진행하는 경향을 보여주는 것으로, 독일에서는 관계인에게 가능한 한 자세하게 처분을 둘러싼 사실관계를 알려주어 개개의 사실관계에 대하여 반박할 수 있는 기회를 줌으로써 실체적 진실을 파악함과 동시에 관계인의 권익을 보호하고자 하는 것과 대비된다는 설명으로, 박경순(2013), 113면 참조.

(2) 이해관계인의 절차 참여 실질화

이해관계인들이 사업시행의 관계자들과 함께 해당 사업의 공공필요에 관하여 의견을 나누고 필요한 정보를 직접 공유할 수 있는 기회를 마련하는 방안을 제안하고자 한다. 사업인정기관이나 사업인정으로 의제되는 처분을 하는 행정기관이 공청회 등을 열어 이해관계인, 사업시행자, 관계 전문가 등의 의견을 청취하는 절차를 거치게 되면, 이해관계인들이 그 토론 과정에서 사업의 구체적인 내용과 목적, 사업인정처분 등의 의미와 효력 등에 관한 적정한 정보를 얻을 수 있게 된다. 이해관계인들이 알고자 하는 사항에 관하여 사업시행자에게 직접 묻고 그 답변을 들음으로써 더욱 구체적인 정보를 취득함과 동시에 불필요하거나 부적절한 의문이나 의혹을 해소할 수도 있다.[282]

일본 토지수용법 제23조에 준하여 이해관계인에게 사업인정기관이나 사업인정으로 의제되는 처분을 행하는 행정청을 상대로 공청회의 개최를 요구할 권리를 부여하는 규정을 토지보상법에 신설하는 방안을 제시한다. 행정절차법 제38조부터 제39조의2까지의 규정에서는 공청회의 개최 및 진행, 그 결과의 반영 등에 관한 일반적인 규정을 두고 있는데, 종래 사업인정이나 사업인정으로 의제되는 처분을 행함에 앞서 공청회를 개최하는 사례는 많지 않다. 이해관계인에 의한 공청회의 개최를 가능하게 하는 제도적 장치를 마련함으로써 사업시행자와 대립(대칭)관계에 있는 이해관계인들의 절차적 참여를 실질적으로 보장하여야 한다.

---

282) 정기상(2017b), 516면.

라. 사업인정 실효의 실질적 회피

(1) 개별 법률에 의한 재결신청기간의 확장

토지보상법 [별표] 제2항에서 사업인정의제를 정한 개별 법률들에서는 대체로 '개발사업의 시행기간' 내에 재결신청을 할 수 있다고 규정하여 재결신청기간의 특례규정을 두고 있다.[283] 이에 따라 사업인정으로 의제되는 처분의 고시일로부터 1년이 지나더라도 사업시행자는 사업기간 내에 언제든지 재결신청을 할 수 있게 된다. 토지보상법 제23조 제1항에 따른 재결신청기간의 적용을 회피하는 것이다.

사업인정의제를 정한 개별 법률에서 재결신청기간의 특례를 두는 이유에 대해서는 장기간에 걸쳐 이루어지고 사업구역에 대한 보상금이 많이 소요되는 공익사업에서 토지보상법 제23조 제1항에 따른 재결신청기간을 그대로 관철할 경우 자칫 사업인정이 실효될 수 있어 공익사업이 원활하게 진행되기 어렵기 때문에, 사업시행자로 하여금 예산 확보 등의 사정에 따라 수용 여부나 그 시기 등을 결정할 수 있도록 하기 위함이라고 이해되고 있다.[284]

대법원은 사업시행자가 사업시행기간 내에 재결신청을 하지 않으면 사업인정으로 의제된 처분의 일부 폐지나 변경이 없더라도 그 사업시행기간 만료일의 다음날부터 사업인정으로 의제된 처분의 효력이 장래에 향하여 상실되고, 그 후에 사업인정으로 의제된 처분의 시행기간을 연장하였다고

---

283) 예컨대, 공공주택 특별법 제27조 제3항, 농어촌도로 정비법 제13조 제2항, 도시개발법 제22조 제3항 단서 등 그 규율의 형식에는 다소 차이가 있으나, 토지보상법 [별표] 제2항에 열거된 거의 모든 법률에서 재결신청기간의 특례를 정하고 있다.

284) 대법원 2014. 7. 10. 선고 2012두22966 판결, 헌법재판소 2013. 2. 28. 선고 2012헌바198 결정: 특히 위 결정에서는 "산업단지개발사업에 사업시행자의 이윤추구 동기가 개입되어 있다 하더라도, 재결신청기간을 연장하여 산업단지개발사업의 원활한 진행을 도모할 필요성이 존재하는 데 있어 달리 볼 것은 아니다."라고 판시하기도 하였다.

하더라도 이미 실효된 처분이 그 효력을 회복하여 소급적으로 유효하게 될 수는 없다고 판단하였다.285) 그러나 사업인정의제의 효력만을 소멸시키더라도 사업시행자는 토지보상법상 사업인정절차를 거쳐 수용권을 다시 설정받을 수 있고, 사업인정의제만이 실효되면 이를 제외한 나머지 인허가의제는 존속한다고 보는 것이 특별히 법리상 문제가 있다고 보이지 않는데도, 대법원이 '사업인정의제효(의제된 사업인정)'가 아닌 '사업인정으로 의제되는 처분 자체'가 그 효력을 상실한다고 본 것에는 의문이 있다.286) 사업시행기간 내에 사업이 완료되지 않은 경우 그 사업시행계획이나 실시계획인가 등의 효력이 상실되는가 하는 문제는 재결신청기간의 경과에 따른 처분의 실효와는 다른 논의의 평면에 있는 것인데, 대법원은 이미 사업시행기간 내에 행해진 토지의 매수·수용을 비롯한 사업시행의 법적 효과에는 영향이 없다고 판단하였다.287)

(2) 재결신청기간 특례규정의 위헌성

헌법재판소는 일관되게 개별 법률에서 정한 재결신청기간의 특례가 사업시행구역 내 토지 등 소유자의 재산권을 침해하거나 그들을 토지보상법 제23조를 적용받는 다른 공익사업의 토지 등 소유자와 합리적인 이유 없이 차별하여 평등원칙을 위배한 것은 아니라고 판시하였다.288)

---

285) 대법원 1991. 11. 26. 선고 90누9971 판결, 대법원 1997. 12. 26. 선고 97누2191 판결, 대법원 2001. 11. 13. 선고 2000두1706 판결.

286) 대법원은 "중소기업창업법에 따른 사업계획승인의 경우 의제된 인허가만 취소 내지 철회함으로써 사업계획에 대한 승인의 효력은 유지하면서 해당 의제된 인허가의 효력만을 소멸시킬 수 있다."라고 판시하기도 하였다(대법원 2018. 7. 12. 선고 2017두48734 판결).

287) 대법원 2016. 12. 1. 선고 2016두34905 판결, 대법원 2020. 1. 30. 선고 2018두66067 판결.

288) 헌법재판소 2011. 5. 26. 선고 2009헌바296 결정, 헌법재판소 2011. 11. 24. 선고 2010헌바231 결정, 헌법재판소 2013. 2. 28. 선고 2012헌바198 결정.

그러나 재결신청기간의 특례규정은 토지 등 소유자의 재산권을 침해하여 위헌이라고 생각한다. 과잉금지의 원칙에 비추어 보면, 헌법재판소의 판시 내용과 같이 개별 법률에 산재해 있는 재결신청기간의 특례규정이 해당 공익사업의 특성을 고려하여 공익사업이 원활하게 진행되도록 재결신청기간을 토지보상법과 달리 규정하는 방식을 택한 것이어서 목적의 정당성과 수단의 적합성이 인정된다고 하더라도 침해의 최소성과 법익의 균형성에 반한다고 본다.

침해의 최소성과 관련하여 살펴보면, 재결신청기간을 사업시행기간 내로 할 경우 사실상 재결신청의 해태로 인하여 사업인정이 실효될 가능성이 거의 없다. 사업시행기간의 연장을 통하여 재결신청기간이 제한 없이 늘어날 수 있기 때문이다.[289] 토지보상법 제23조 제1항의 입법 취지가 완전히 몰각되는 셈이다.[290] 사업인정이 재결단계로 나아가지 않은 채 장기간 그 효력을 지속함으로써 사업 시행의 지연에 따라 토지소유자 등 이해관계인의 법적 지위가 오랜 기간 동안 불안정한 상태에 놓일 수 있게 되고, 정당한 이유 없이 사업을 지체할 사업시행자의 도덕적 해이를 유발할 제도적 요인이 될 수도 있다. 또한, 공익사업의 특성을 고려하기 위해서 반드시 재결신청기간을 사업시행기간 전반으로 확장하여야만 하는 것은 아니다. 이는 오히려 사업시행자가 재결신청을 미루면서 정당하지 못한 이윤을 추구할 유인을 제공할 수 있으므로, 재결신청기간을 토지보상법 제23조 제1항에서 정한대로 따르도록 하되, 사업인정으로 의제되는 처분을 할 권한을 가진 자가 그 기간을 연장할 수 있도록 하는 규정을 두는 방안을 생각해 볼 수도 있다. 이른바 사업인정기간의 재심사를 통하여 공익사업의 원활한 시행

---

[289] 사업시행기간을 연장하더라도 의제된 사업인정은 최초로 설정된 사업시행기간의 만료로 소멸한다고 보는 견해가 있다[김종보(2011), 300면]. 이와 같이 해석할 현실적인 필요성은 긍정하지만, 개별 법률에는 '사업시행기간'이라고만 규정되어 있는데, 이와 같이 해석하는 것이 법해석의 한계 내에 있는 것인지 의문이다.

[290] 박평준·박창석(2012), 453면.

과 재산권의 보장이 조화를 이룰 수 있는 접점을 찾을 수 있을 것이다.

법익의 균형성과 관련해서 보면, 사실상 사업시행기간 내내 불안정한 법적 지위에 놓이고, 경우에 따라서는 사업시행자가 재결신청을 지연시키면서 협의를 종용하는 것까지 토지 등 소유자에게 수인케 하는 것이 정당한지 의문이다.291) 토지 등 소유자가 입게 되는 이러한 불이익이 재결신청기간의 확장으로 달성하고자 하는 공익에 비하여 열등하다고 볼 수는 없다. 원활한 사업 시행이라는 기치가 사업시행자의 사익 추구에 명분만 제공하는 것은 아닌지 생각해 볼 일이다.292)

(3) 재결신청기간 특례규정의 폐지와 그 기간의 연장허가규정 신설

재결신청기간의 특례규정은 사업인정의제와 맞물려 있다. 즉, 개별 법률에서 사업인정의제를 정하면서 그 재결신청기간에 대하여 토지보상법 제23조의 적용을 배제하고 사업시행기간 내에 재결신청을 하면 족하도록 규정한 것이다. 그런데 사업인정의제는 애당초 토지보상법의 규율을 벗어나려는 시도의 산물이다. 사업인정을 받지 않더라도 사업인정을 받은 것으로 의제한다는 것은 사업시행자에게는 더할 나위 없는 편의 제공인 셈이다. '원활한 사업 시행'이라는 명분으로 탄생한 사업인정의제가 재산권 보장 이념에 중대한 위협이 되고 있음은 많은 선행연구에서 지적되었다.293)

사업인정의제에 있어 재결신청기간에 관한 개별 법률의 특례규정을 모두 삭제하고, 토지보상법 제23조가 사업인정의 실효에 대하여 일반적으로 규율할 수 있도록 하는 방안을 제안한다. 다만 1년의 재결신청기간을 기계

---

291) 이른바 '양자 단수택일 제안(Take it or Leave it)' 상황에서 토지 등 소유자가 한 선택이 정당한 보상이념에 충실한 것은 아닐 수도 있음을 염두에 두어야 한다. 원활한 사업 시행을 목적으로 재결신청기간을 연장한 것이 오히려 수용절차를 지연시키는 도덕적 해이의 유인으로도 작용할 수 있음은 아이러니한 일이다.
292) 정기상(2022d), 643~645면.
293) 정기상(2014a), 182~190면; 이재훈(2017), 114면; 김원보(2017), 35~36면; 김기영·이성효(2014), 24면.

적으로 관철할 경우 공익사업의 유형에 따라서는 사업의 시행 자체를 어렵게 하는 요인이 될 수 있음을 감안하여 사업인정권자 또는 사업인정으로 의제되는 처분을 행하는 자의 재결신청기간 연장 허가에 관한 규정을 제23조에 신설하는 방안을 검토해 볼 수 있다. 그 허가에 따라 연장되는 기간에 대해서는 허가권자가 필요한 기간을 심사하여 정하게 하는 방안, 허가권자가 1~2년 등 기간의 구획 단위로 허가하도록 법정하고 사업시행자가 각 구획된 기간의 만료 전에 재결신청기간의 연장신청을 함으로써 그 기간을 갱신하도록 하는 방안 등을 생각해 볼 수 있는데, 토지보상법 제23조의 입법취지를 고려하면 후자의 방안이 적합하다고 본다.

Ⅲ. 수용재결에 있어 공공필요 통제기능의 재발견

1. 공용수용절차의 이원적 구성

가. 수용재결의 개념

공익사업을 수행하는 사업시행자가 해당 공익사업의 시행에 필요한 토지 등을 수용하기 위해서는 '사업인정'을 받아야 하고(토지보상법 제19조 제1항, 제20조 제1항), 토지소유자 및 관계인과 협의가 성립되지 않거나 협의를 할 수 없을 때에는 사업인정고시일로부터 1년 이내에 관할 토지수용위원회에 재결을 신청할 수 있다(토지보상법 제26조, 제28조 제1항). 위 재결신청을 받은 관할 토지수용위원회는 서면으로 수용의 목적물, 보상금액, 수용개시일 등을 결정하게 되는데(토지보상법 제34조), 이를 '수용재결'이라 한다. 사업시행자는 원칙적으로 수용개시일(토지수용위원회가 재결로써 결정한 수용을 시작하는 날)까지 관할 토지수용위원회가 재결한 보상금을 지급하여야 하고(토지보상법 제40조 제1항), 사업시행자는 수용의 개시일

에 토지나 물건의 소유권을 취득하며, 그 토지나 물건에 관한 다른 권리는
이와 동시에 소멸한다(토지보상법 제45조 제1항). 즉, 수용재결은 수용의
구체적인 법률효과를 발생시키는 형성행위이다.294)

나. 공용수용절차의 이원적 구성에 대한 대법원 판례의 입장

'사업인정은 수용권을 설정하는 처분으로서 수용절차의 1단계를 구성한
다. 사업인정 이후에 행해지는 구체적인 수용의 실행에 관한 결정인 수용
재결이 수용절차의 2단계에 해당한다.' 이것은 대법원이 수용절차의 2분화
라는 명칭 아래 일관되고도 확고하게 견지하고 있는 입장이다.295) 대법원
은 이 명제의 연장선에서 "토지수용위원회는 행정쟁송에 의하여 사업인정
이 취소되지 않는 한 기능상 사업인정 자체를 무의미하게 하는, 즉 사업의
시행이 불가능하게 되는 것과 같은 재결을 행할 수 없다."고 판시하였다.
사업인정의 공공필요 판단을 수용재결로써 거스를 수 없다는 의미를 '사업
인정 자체를 무의미하게 하는' 또는 '사업의 시행이 불가능하게 되는 것'이
라고 표현한 것이다.296)

대법원은 이러한 공용수용절차의 2분화로써 2가지의 중요한 결론을 도

---

294) 토지수용위원회의 재결을 그 내용에 따라 수용할 토지의 구역. 수용개시일 등을 정
하여 재산권을 변동·소멸시키는 것을 내용으로 하는 '수용재결'과 수용되는 재산권
의 가치에 대한 보상을 내용으로 하는 '손실보상재결'로 나누기도 한다[이선영
(2008), 237면].

295) 대법원 1994. 11. 11. 선고 93누19375 판결, 대법원 2007. 1. 11. 선고 2004두8538
판결 등; 위 판시내용은 비록 구 토지수용법을 전제로 한 것이나, 구 토지수용법의
규정 대부분이 그대로 토지보상법에 이어지고 있는 이상, 현행 토지보상법 아래에서
도 위 입장이 그대로 유지되고 있다고 본다.

296) 이것이 사업인정고시에 명시된 '수용하거나 사용할 토지의 세목'에 대하여 그 재결
을 거부할 수 없다는 뜻인지는 분명하지 않다. 그 세목에 포함된 일부 토지에 대하여
재결을 거부하더라도 사업의 시행 자체를 불가능하게 하지는 않는 경우도 있을 수
있기 때문이다. 특히 수용은 가능한 한 최소한의 범위 내에서 이루어져야 한다는 전
제에서 토지수용위원회가 해당 사업에 반드시 필요하다고 판단되지는 않는 일부 토
지에 대한 수용재결을 거부하는 것은 오히려 헌법적 요청에 부합하는 것이다.

출해냈다. 하나는, 사업의 공익성 판단을 사업인정단계에 전속시킨 것이다. 사업의 공익성 판단이 사업인정기관에 '일임'된다는 표현은 이러한 관점을 여과 없이 보여준다. 해당 사업을 위한 수용이 허용되는지 여부에 대해서는 수용재결이 철저히 사업인정에 종속되어야 한다고 선언한 셈이다.297) 이러한 논리에서는 사업인정을 무위(無爲)로 돌리지 않는 이상, 그 이후의 단계에서 수용을 허용한 사업인정의 판단을 뒤집어 해당 사업의 시행을 불가능하게 할 수 없음은 당연한 결론인 것이다.298) 또 다른 하나는, 수용재결의 기능을 구체적인 수용의 실행(집행)으로 엄격하게 제한했다는 점이다. 사업인정으로 부여된 일반적인 수용권을 구체화하여 개별 토지에 관하여 수용의 효과를 발생시키는 것이 수용재결의 본질임을 확인함으로써 수용재결의 작동국면을 기능적으로 제한하였다.299)

  헌법재판소도 몇 가지 근거를 제시하면서 대법원의 이러한 법리에 동조하여 다음과 같이 판시하였다. "사업인정 이후 수용재결까지는 상당한 시간이 소요되고, 일반적으로 공익사업에 편입되는 대부분의 토지 등은 수용재결까지의 과정에서 당사자들 간의 협의를 통해 매수가 이루어지는 현실을 감안하면, 사업인정 자체의 하자에 대하여 이미 쟁송기간이 경과하여 이를 더 이상 다툴 수 없는 단계에 이른 수용재결 단계에서 공공필요성 유무를 다시 심사하게 하는 것은 공익사업의 원활한 추진을 저해하고 법적 안정성을 침해할 가능성이 있으며, 협의가 이루어지지 않은 경우에 예외적으로 신속하게 토지 등을 수용할 수 있도록 한 공익사업법의 취지와도 어울리지 않는다."300)

---

297) 정기상(2022c), 149~150면.
298) 실무에서 토지소유자가 해당 사업의 공공필요 존부를 다투며 재결의 취소나 무효확인을 구하는 경우에 토지수용위원회는 위 판결을 그대로 원용하여 사업인정에 의해서 확정된 수용목적물의 범위 내에 속하는 토지 등에 관한 수용 필요성을 직접 판단할 권한이 없다는 입장만을 표명하고 있는 실정이다.
299) 정기상(2017a), 78~79면.
300) 헌법재판소 2014. 7. 24. 선고 2012헌바294 등 결정.

다. 공용수용절차의 2분화 ≠ 사업인정으로의 공공필요 검증 전속

공공필요는 수용의 허용요건이자 존재적 전제에 해당하는 것으로, 수용절차 중 어느 단계에서라도 공공필요의 흠결이 나타나거나 확인되는 경우에 해당 사업을 위한 재산권의 수용이 허용되어서는 안 된다. 공공필요의 흠결에 따라 그 존립근거를 상실한 수용권의 실행을 강행할 수는 없고, 더 이상 정당화되지 못하는 수용절차가 중단되어야 함은 자명하다. 따라서 사업인정단계에서 행해진 공공필요의 판단은 절대적인 것이 아니고, 공공필요의 검증 또는 통제는 수용재결단계에서도 구체적인 수용개시의 요건인 '해당 사업에 관한 공공필요의 존재'를 확인하는 차원에서 행해져야 한다.[301]

그런데 사업인정과 수용재결의 엄격한 분리·단절을 선언한 대법원의 확고한 입장은 수용재결 단계에서 행해질 수 있는 공공필요 검증을 크게 제한하는 결과를 초래하였다. 엄격한 공공필요의 검증은 수용의 모든 단계에서 행해져야 하고, 해당 사업에 대한 공공필요의 흠결이 확인되면 그 사업을 위한 수용은 더 이상 허용될 수 없다고 보아야 할 것인데도, 위 판시내용에 따르면 수용재결 단계에서는 이러한 판단이 불가능하게 되기 때문이다.

이러한 결론이 사업의 원만한 시행(사업 시행의 편의) 또는 사업의 시행이 불가능하게 될 경우에 발생할 사회적 혼란과 비용을 지나치게 의식한 결과라는 인상을 지울 수 없다. 이러한 사정만으로 그 존재근거를 상실한 수용권의 실행을 허용할 수 있는지 생각해 볼 일이다. 오히려 사업인정과 수용재결의 엄격한 분리를 통해 사업인정에 공공필요 판단을 전속시킨다는 논리가 '헌법상 정당화되지 못하는 수용'을 가능케 하는 수단으로 전락할 수도 있음을 지적하고 싶다.[302] 사유재산권의 보장이라는 자본주의의

---

301) 정기상(2017a), 80면.
302) 행정소송의 제소기간 경과로 인하여 사업인정의 취소를 구할 수 없게 된 경우에 사업의 시행을 불가능하게 할 수 없는 수용재결단계에서는 공공필요의 흠결을 들어 수용재결을 거부할 수 없고, 이는 고스란히 공공필요를 흠결한 수용이라는 결과로 이어지는 것이다.

근간을 물러서게 하면서까지 재산권의 수용을 인정하였던 헌법의 정신을 되새겨 봄직하다.

결론적으로, 사업인정과 수용재결로 구성된 공용수용의 단계적 절차가 곧바로 양자의 엄격한 기능적 단절을 의미하지는 않는다고 본다. 사업인정과 수용재결은 모두 '사업의 공공필요'라는 기반 위에서 비로소 존립할 수 있으므로, 공공필요의 충족 여부에 대한 확인 또는 검증은 수용절차 전반 (수용권의 발생, 존속, 행사 등)에서 끊임없이 행해져야 한다. 결국 사업의 공공필요 판단을 사업인정단계에 전속시킬 합리적인 이유를 찾을 수는 없고, 공공필요의 충족 여부는 구체적인 수용개시의 요건으로서 수용재결단계에서도 확인되어야 한다.303)

2. 수용재결의 본질

가. 개관

수용재결의 본질에 관한 종래의 논의는 수용권의 귀속주체에 관한 쟁점으로 집중되어 있고, 국가수용설, 사업시행자수용설 등의 대립은 국가가 아닌 사업시행자에게 재산권의 강제적인 박탈권한을 부여할 수 있는가 하는 문제에 대한 해답을 찾는 과정에서 나타난 것으로 볼 수 있다.

그런데 수용재결의 본질을 기능적 측면에서 찾고자 할 경우 종래의 논의에서 실마리를 얻기는 어렵다. 수용재결의 본질에 관한 모색은 수용재결이 왜 존재하는가 하는 근본적인 물음에서 시작하여야 한다. 수용재결이 강제적으로 법률관계를 형성하는 효력을 갖는 수용권의 구체적인 내용을 결정하는 절차라고 한다면, 수용권의 설정과는 별개로 '재결'의 형식으로 수용권을 실행하도록 한 입법취지에 관심을 기울일 필요가 있다. 뒤에서 자세히 살펴보겠지만, 적어도 수용재결을 수용권의 기계적인 집행절차로 삼고

---

303) 정기상(2017a), 80~81면.

자 하는 것이 그 입법취지라고 보이지는 않는다. 그럼에도 종래 수용재결은 수용의 정당성을 판단하는 주된 잣대인 공공필요 검증의 영역에서 철저히 소외되어 있었다. 여기서 수용재결 관련 규정을 체계적으로 검토, 해석할 필요성이 제기된다.

나. 재결사항의 법정(法定)과 관련하여

토지보상법 제50조 제1항에서는 토지수용위원회의 재결사항을 ① 수용할 토지의 구역, ② 손실보상, ③ 수용개시일, ④ 그 밖에 각종 법률에서 규정한 사항으로 열거하고 있다. 앞서 살펴본 대법원 판결은 이처럼 재결사항이 한정적으로 법정되어 있다는 점에서, 토지수용위원회가 이를 벗어나는 내용의 수용재결을 할 수 없다는 결론을 이끌어낸 것으로 보인다. 그러나 재결사항의 면면을 들여다보면, 반드시 이와 같이 소극적으로 해석하여야 하는지는 의문이다.

우선, '수용할 토지의 구역'에 관해서는, 이미 사업인정고시에서 정해진 수용할 토지의 세목을 기계적으로 받아들여 구체적인 수용대상인 토지의 범위를 확정하는 것에 불과하다고 제한적으로 해석할 것은 아니다. 수용의 공공필요성이 부정되는 경우에는 당초 '수용할 토지'라는 관념은 상정할 수 없고, 그 토지의 범위를 설정할 여지는 없다. 정당화의 근거를 상실한 수용은 그 자체로 허용될 수 없는 것이기 때문이다. 따라서 '수용할 토지의 구역'은 헌법상 정당화될 수 있는 수용을 개념적 전제로 한다고 보는 것이 옳다. 즉, '수용할 토지의 구역'이 수용재결의 사업인정에의 기속을 표상한다고 볼 수는 없는 것이다.304)

다음으로, '수용개시일'에 주목할 필요가 있다. 수용개시일은 수용에 따

---

304) 정기상(2017a), 82~83면; 즉, '수용할 토지의 구역'은 사업인정의 내용에 기속되어 어떤 내용으로든 반드시 정해져야 할 사항이 아니라, 수용의 공공필요에 관한 검토 결과 등에 따라 합리적으로 결정되어야 할 사항으로 보는 것이 타당하다.

른 법률효과가 발생하는 시점을 의미한다. 사업시행자는 수용개시일에 토지나 물건의 소유권을 취득하고, 그 토지나 물건에 관한 다른 권리는 이와 동시에 소멸한다(토지보상법 제45조 제1항). 수용개시일의 설정 없이는 수용권 실행의 구체적인 법률효과가 완성되지 않는 셈이다. 여기서도 수용재결이 사업인정에 기속되는가 하는 문제가 등장한다. 이미 사업인정이 존재하는 이상, 수용개시일을 정한 수용재결이 반드시 행해져야만 하는가의 문제이다. 앞서 '수용할 토지의 구역'에 있어서도 그렇지만, '수용개시일'에 있어서도 토지보상법 등 관계 법령은 이 문제에 대한 명시적인 해답을 주지는 않는다. 단지 재결사항의 한정적인 열거가 수용재결의 작동반경을 제한하려는 취지에 입각하였을 것이라는 추단(推斷)이 앞서 살펴본 대법원 판결의 내용에 반영되어 있을 뿐이다. 그러나 수용절차의 어느 단계에서라도 공공필요성을 흠결한 사업을 위한 수용은 차단되어야 한다는 명백한 전제에 서 보면, 수용재결의 입지를 가능한 한 좁혀서 사업의 시행과 관련한 영역에서 수용재결을 추출하려는 해석에 동의하기는 어렵다. 수용재결단계에서 수용개시일을 설정하는 터라면, '수용의 개시'가 정당한 것인지 여부도 선결적으로 확인하여야 한다.305)

결국 현행 법령의 해석에 의하더라도 수용재결로써 해당 사업의 공공필요를 검증하는 것은 가능하다고 본다. 토지수용위원회로서는 해당 사업에 대한 공공필요성의 흠결이 확인되는 경우에 위 각 규정부분을 들어 수용재결 자체를 거부할 수 있다고 새겨야 한다.306)

다. 수용재결의 기능적 구성과 관련하여

수용재결은 수용절차에서 크게 2가지 의미를 지닌다. 하나는 개별 사업에 있어 수용권의 구체적인 내용을 결정하는 것이고, 다른 하나는 수용대

---

305) 공공필요는 공용수용의 개시요건이자 존속요건으로 보아야 한다[황창근(2016), 180면].
306) 정기상(2017a), 83~84면.

상에 관한 손실보상액을 정하는 것이다. 토지보상법 제50조 제1항 역시 이 점을 확인하고 있는데, 수용할 토지의 구역 및 수용개시일은 전자(前者)의 영역에 속하는 재결사항이다.

이처럼 수용재결은 ㉠ 권리의 취득 및 소멸과 ㉡ 손실보상이라는 양대 축으로 구성되어 있으나, 현실에서 ㉠에 해당하는 수용권의 실행과 완성으로서 수용재결이 갖는 의미나 기능은 크게 퇴색되어 있다. ㉠부분에 관한 한 사업인정에서 이미 결정된 사항을 구체적으로 집행하는 데에 필요한 사항을 정할 뿐이기 때문이다. 토지소유자 등 이해관계인이 수용재결단계에서 해당 수용의 공공필요 충족 여부를 다툰다고 하더라도 토지수용위원회는 앞서 살펴본 대법원 판결의 법리 뒤로 숨어버린다. 사업인정과 수용재결의 엄격한 분리에 기초한 수용재결의 내재적 제한을 금과옥조(金科玉條)로 삼는 입장 위에서 수용재결은 손실보상액을 정하는 절차쯤으로 전락하고 만다. 수용재결의 효력을 다투는 소송절차에 이르러서도 마찬가지다. 어쩌다 토지소유자 등이 수용재결 자체의 효력을 다투기라도 하면, 피고인 토지수용위원회는 원고의 주장이 재결 자체의 고유한 하자에 해당하지 않는다는 답변만을 할 뿐, 애당초 해당 수용의 공공필요 충족 여부를 둘러싼 다툼에 실질적으로 응할 의사를 보이지 않는다.

여기서 수용재결에 구체적인 수용권 내용의 완성이라는 기능을 부여한 배경이나 이유를 밝혀볼 필요가 있다. 제도적으로는 사업인정에서 수용권의 내용 및 범위를 개괄적으로 정하고, 수용권의 실행은 사업시행자에게 맡기되, 손실보상에 관해서만 재결을 거치도록 하는 것이 더욱 간명할 수 있다. 그런데 굳이 수용재결로써 구체적인 수용권의 내용을 확정하도록 한 것에서 '수용권 실행의 완성'이 갖는 실질적인 의미를 짐작해볼 수 있다. 수용권을 실현하기 위해서는 일반적인 수용권의 내용을 구체적으로 확정하는 절차가 필요한데, 이를 사업시행자에게 전적으로 일임하는 것은 우려스럽다는 판단이 작용한 것으로 보인다. 결국 중립성과 전문성을 갖춘 별도의 기관으로 하여금 수용권의 행사과정에 개입하도록 한 것은 수용재결의 통제적 기능을 염두에 둔 결과라고 해석할 수 있다. 따라서 적어도 공공필요의 흠결이 확인되는 경우에 수용재결이 행해지지 않을 수 있다는 점은 수용재결 자체에서 이미 예정하고 있다고 보아야 한다. 수용재결 단계에서 수용절차가 중단될 수 없고 사업인정이 존재하는 이상 반드시 그 수용절차가 그대로 강행되어야만 한다는 것은, ㉠부분에 관한 한 수용재결에 '번거로울 뿐 실익이 없는 기능'을 부여한 것에 지나지 않는다.307)

라. '재결'이라는 형식의 본연과 관련하여

행정소송법 제2조 제1항 제1호에서는 '처분 등'을 행정청이 행하는 구체적 사실에 관한 법집행으로서의 공권력의 행사 또는 그 거부와 그 밖에 이에 준하는 행정작용(처분) 및 행정심판에 대한 재결을 포섭하는 의미로 정의하고 있어 처분과 행정심판에 대한 재결은 별개의 개념으로 받아들여지고 있다. 그런데 재결 중에는 위법 또는 부당한 처분의 시정을 구하기 위하여 제기된 행정심판의 청구에 대하여 행정심판위원회 등 그 권한이 있는 행정기관이 행하는 판단(행정심판법 제2조 제3호) 이외에도 행정법관계의 형성 또는 존부에 관하여 다툼이 있는 경우에 당사자의 신청에 의하여 권한 있는 행정기관이 이를 유권적으로 심리·판정하는 것도 있다.308) 전자를 '행정심판에 대한 재결'이라고 한다면, 후자는 '처분으로서의 재결'로 지칭할 수 있을 것이다.

수용재결은 사업시행자의 신청에 따라 토지수용위원회가 수용권의 구체적인 내용과 손실보상 등을 심리, 결정하는 행위로서309) 전형적으로 '처분으로서의 재결'에 해당한다.310) 그런데 처분으로서의 재결은 판단작용에

---

307) 정기상(2017a), 84~85면.
308) 김용섭(1999), 168면.
309) 토지보상법 제32조가 수용재결을 위한 토지수용위원회의 조사 및 심리에 관하여 규정하고 있다.

속하고 법률관계의 내용을 확인하는 것을 그 본질로 한다. 즉, 재결이라는 형식은 태생적으로 판단의 영역을 전제하는데, 그 판단의 영역은 해당 재결에서 대상으로 삼은 법률관계의 존부 및 내용의 전반에 포진하는 것이다. 수용재결도 이와 같은 맥락에서 이해되어야 한다.

단순히 사업인정내용의 범위 내에서 사업시행자의 신청에 따라 수용될 토지의 범위와 면적을 확정하고, 관행에 따라 재결일로부터 1~2달 정도 지난 날짜로 수용개시일을 설정하는 것에서 수용재결의 '판단영역'을 찾기는 어렵다. 해당 사업을 위한 수용권이 구체적으로 실현되어야 하는지 여부에 대해서 수용재결의 판단영역이 형성된다고 보아야 한다. 이와 같이 수용재결의 판단영역을 설정하는 데에 있어 걸림돌이 되는 법리적, 제도적 제한이 존재한다고 볼 수 없다는 점은 이미 앞에서 자세히 살펴보았다. 그럼에도 수용재결의 실질적인 기능이 스스로 위축되는 배경에는 그 판단영역을 외면하려는 현실적인 유인이 폭넓게 자리 잡고 있다고 보이는데, 이에 관해서는 항을 바꾸어 살펴보자.[311]

마. 사업 시행의 중단에서 발생하는 사회적 비용에 관하여

사업인정에 따라 추진되던 사업의 시행이 중단되는 경우에 상당한 사회적 혼란과 비용이 발생할 것임은 분명하다. 특히나 수용재결 이전에 이미 협의로써 사업시행자에게 토지 등을 이전하는 경우가 많은데, 이러한 경우에 사업의 폐지가 미칠 사회적 파장이 결코 작지 않을 것임은 쉽게 짐작할 수 있다. 사업 시행의 중단에 따른 사회적 혼란과 비용에 대한 우려는 사업인정단계에 공공필요 판단을 전속시키려는 현실적인 유인으로 널리 작용

---

310) 비록 구 토지수용법 아래에서의 판결이기는 하지만. 대법원 역시 "토지수용에 관한 토지수용위원회의 수용재결은 구체적으로 일정한 법률효과의 발생을 목적으로 하는 점에서 일반의 행정처분과 다를 바 없다."고 판시하였다(대법원 1993. 4. 27. 선고 92누15789 판결).
311) 정기상(2017a), 85~86면.

되어 온 것으로 보인다.

 그런데 사업 시행의 중단을 바라보는 시각을 전환해 보면 이러한 우려가 수용제도의 근간을 흔드는 것은 아닌지 하는 의문이 들게 된다. 사업인정에 따라 시행되던 일정한 사업이 중단(폐지)됨으로써 발생하는 사회적 혼란과 비용이 크다면, 당초 공익성이 흠결되어 수용을 정당화할 근거를 찾을 수 없는 사업에 대해서까지 수용을 허용하여야 할 것인가? 단지 '되돌리기 위한 비용이 크다.'는 이유가 '애당초 허용될 수 없는 수용'을 정당화하지는 못한다. 수용제도의 근간인 '공공필요'를 흔들면서까지 '예외'를 인정하는 것은 장기적으로 수용제도의 존립을 위태롭게 할 것이다.

 제도의 관점에서 살펴보면, 토지보상법은 일정한 사업의 시행을 위하여 취득한 토지의 전부 또는 일부가 더 이상 필요하지 않게 된 경우에 토지소유자의 권리를 보장하기 위한 규정을 마련하고 있다. 사업인정고시 이후에 수용이 허용되지 않음으로써 사업의 전부 또는 일부가 폐지되거나 변경되어 토지의 전부 또는 일부를 취득할 필요가 없게 된 경우에, 사업시행자는 토지소유자 등에게 이를 통지하고, 토지소유자 등이 입은 손실을 보상하여야 한다(토지보상법 제24조 제1항, 제6항).[312] 또한, 공익사업의 폐지·변경 또는 그 밖의 사유로 취득한 토지의 전부 또는 일부가 필요 없게 된 경우 토지의 협의취득일 또는 수용의 개시일 당시의 토지소유자 또는 그 포괄승계인은 일정한 날부터 10년 이내에 그 토지에 대하여 받은 보상금에 상당하는 금액을 사업시행자에게 지급하고 그 토지를 환매할 수 있다(토지보상법 제91조 제1항).[313] 수용재결단계에서 수용절차의 진행을 중단시킴으로써 발생하는 불합리는 이들 규정으로 어느 정도 시정할 수 있고, '막대한 사회적 비용'이라는 이유를 들어 공공필요 검증의 영역에서 수용재결 자체

---

312) 앞서 '사업인정의 실효'에 관한 설명부분을 참조하면 된다.
313) 공공필요는 재산권의 존속보장 우위를 희생시키는 것을 정당화하는 핵심적인 요소이다. 따라서 사후적으로라도 공공필요가 없어졌다고 판단되는 경우 다시 재산권의 존속보장으로 회귀하여야 한다는 것은 헌법적 요청이다.

를 배제할 것은 아니다.314)

바. 소결론

수용재결은 '헌법상 정당화되는' 수용권의 구체적인 내용과 범위를 결정하고, 나아가 손실보상에 이르기까지 수용절차를 완결시키는 행정행위를 의미한다고 본다. 따라서 수용재결을 단순히 사업인정의 내용에 기속되어 수용권의 내용을 기계적으로 확정하고 손실보상액을 결정하는 '수동적인 집행절차' 쯤으로 치부해서는 안 된다. 해당 수용의 공공필요 흠결을 이유로 수용절차를 중단할 수 있음은 수용재결에서 당연히 예정하고 있는 것이고, 수용재결에서 공공필요 검증기능을 배제하여야 할 뚜렷한 제도적 또는 법리적 근거를 찾을 수도 없다. 결국 공공필요의 판단 또는 검증과 관련해서는 사업인정과 수용재결이 유기적으로 결합되어 있다고 보아야 한다. 사업인정과 수용재결의 2분화가 필연적으로 공공필요 검증의 사업인정에의 전속을 의미하지는 않는다.

3. 수용재결에 의한 공공필요 검증기제의 구성

가. 개관

수용재결단계에서 토지수용위원회가 해당 수용의 공공필요 흠결을 확인할 수 있는 경우는 크게 2가지로 나누어볼 수 있다. 하나는, 애초부터 그 수용의 공공필요가 흠결된 경우이다. 다른 하나는, 사업인정 당시에는 충족되어 있었던 공공필요가 사후적으로 흠결되어 수용재결단계에서 확인할 수 있게 된 경우이다. 수용재결에 의한 공공필요 검증은 이들 유형별로 검토해보아야 한다.

---

314) 정기상(2017a), 86~87면.

나. 원시적 공공필요 흠결의 통제

중앙토지수용위원회가 사업인정으로 수용권을 설정하는 사업뿐만 아니라 사업인정의제의 방식으로 수용권을 설정하는 사업에 대해서도 공공필요 검증을 수행함은 앞서 자세히 설명하였다. 따라서 애당초 수용의 공공필요가 흠결된 경우는 이러한 중앙토지수용위원회의 공공필요 검증단계에서 걸러져야 한다. 그럼에도 사업인정 이전의 중앙토지수용위원회의 공공필요 검증단계에서 제대로 걸러지지 못한 경우가 있다면 이는 수용재결단계에서라도 추출되어야 한다. 즉, 토지수용위원회가 해당 수용의 공공필요 흠결을 들어 사업시행자의 재결신청을 거부(기각)하는 재결을 하여야 한다.[315] 그런데 앞서 본 대법원 판결의 법리가 토지수용위원회의 이러한 결단을 막아선다. 이미 사업인정에서 공공필요의 충족을 확인하였는데, 수용재결로써 이를 뒤집는 것은 '월권(越權)'이라는 선언 앞에서 토지수용위원회는 수용재결로 해당 수용의 공공필요 흠결을 지적하는 것을 주저하게 된다. 그러나 토지수용위원회의 용단(勇斷)을 뒷받침할 법리가 없는 것은 아니다. 대법원이 내세웠던 수용권 남용의 법리를 재구성해 볼 수 있는데, 이 법리의 구체적인 내용과 확장 가능성에 대해서는 항을 바꾸어 살펴보자.

---

315) 중앙토지수용위원회가 사업인정이나 사업인정의제 과정에서 공공필요를 검증하여 해당 사업의 공공필요를 인정하고서 그 수용재결을 기각하는 것이 신뢰보호의 원칙에 위반되는 것은 아닌지 문제될 수 있다. 신뢰보호의 원칙을 적용하기 위해서는 종전의 견해표명에 따른 처분을 할 경우 이로 인하여 공익 또는 제3자의 정당한 이익을 현저히 해할 우려가 있는 경우가 아니어야 한다(대법원 2002. 11. 8. 선고 2001두1512 판결 등). 중앙토지수용위원회가 종전의 공공필요 검토내용을 이유로 공공필요를 흠결한 사업을 위한 수용재결을 허용하게 되면 광범위한 재산권의 침해를 낳게 된다. 결국 중대한 공익을 해치는 것이다. 이것이 공공필요의 흠결 앞에서 신뢰보호의 원칙을 논하기 힘든 이유이다.

다. 후발적 공공필요 흠결의 통제

(1) 후발적 공공필요의 흠결과 수용권의 남용

사업인정단계에서는 확인되었던 공공필요가 그 이후에 발생한 사정변경으로 더 이상 충족되지 않는 경우에도 수용재결로써 사업인정의 공공필요 판단을 뒤집을 수 없다는 명제를 그대로 고수할 것인가? 이러한 결론이 부당하다는 점에는 긴 설명이 필요하지 않다. 이 경우 사업인정이 그 판단의 기초로 삼았던 사정이 바뀌어서 '사업인정의 공공필요 판단이 옳다.'는 전제가 성립되지 않는 이상 사업인정과 수용재결의 엄격한 기능적 2분화 논리는 설 자리를 잃게 되기 때문이다. 그런데도 대법원이 이미 사업인정과 수용재결의 엄격한 단절을 선언한 터라 수용재결에서 그 수용의 공공필요를 '예외적으로라도' 다룰 수 있게 할 법리가 필요하다. 이렇게 해서 대법원이 수용재결로써 해당 수용의 공공필요를 판단할 수 있도록 할 '예외적인' 방법으로 제시한 것이 '수용권 남용의 법리'이다.

(2) 대법원이 제시한 수용권 남용의 법리

대법원은 수용권의 본질을 위협한다고 판단되는 3가지의 유형을 수용권 남용의 실체적 요건으로 삼았다.[316] ① 목적사업이 공용수용을 할 만한 공익성을 상실한 경우, ② 사업인정에 관련된 자들의 이익이 현저히 비례의 원칙에 어긋나게 된 경우, ③ 사업시행자가 공익사업을 수행할 의사나 능력을 상실한 경우가 그것이다.

①, ②의 각 유형은 '공공필요 흠결'의 경우를 포괄하여 언급한 것으로 볼 수 있다.[317] 위 ③ 유형은 사업시행의 주체에 관한 요건인데, 사업시행

---

316) 대법원 2011. 1. 27. 선고 2009두1051 판결; 아쉽게도 이 판결 이후에 수용권 남용의 법리를 확인한 후속판결은 없다.
317) 헌법 제23조 제3항에서 정한 '공공필요'의 구성요소를 놓고 보았을 때, ① 유형은

자에게 공익사업을 수행할 의사나 능력이 없는 경우에 그로 하여금 사업을 계속 진행하면서 타인의 재산권을 강제적으로 취득할 수 있도록 하는 것은 당연히 부당하므로, 이는 사업인정의 당연한 내재적 요건을 확인한 것에 불과하다고 보아야 한다. 따라서 ③ 유형 역시 '공공필요 흠결'의 문제로 논의될 수 있는 것이다.[318)]

그런데 이 대법원 판결에서는 이러한 '공공필요 흠결'에 대하여 시기적 제한을 부가하고 있다. '사업시행자가 사업인정을 받은 이후'에 비로소 위와 같은 흠결이 발생하였어야 한다는 것이다. 사업인정고시일을 기준으로 하였을 때 사업인정에 후발적인 하자가 있는 경우에 한하여 제한적으로만 수용권 남용의 법리를 적용하겠다는 취지이다. 이로써 대법원은 사업인정과 수용재결의 엄격한 분리에 기초한 종전의 법리를 완전히 깨뜨리지 않고도 '도저히 허용될 수 없는 수용'을 차단할 수 있는 길을 찾을 수 있었다.[319)]

수용재결이 수용권의 남용에 해당하여 허용되지 않는 경우에는 사업인정에서 부여된 수용권의 집행이 원천적으로 차단되는 결과, 사업인정은 실질적으로 그 효력을 상실하게 된다. 공공필요 흠결의 하자는 대체로 치유할 수 있는 성질의 것도 아니어서 결국 사업인정에서 목적한 사업의 시행이 불가능하게 된다. 수용권 남용이 수용재결의 효력을 다투는 근거이지만 실질적으로 사업인정을 무력화하는 효과를 낳는 것은 사업인정과 수용재결이 유기적으로 얽혀서 단계적 절차를 구성하기 때문이다.[320)]

목적사업의 공공성에 관한 측면(공공)을, ② 유형은 과잉금지의 원칙 충족에 관한 측면(필요)을 정한 것으로 볼 수 있다.

318) 사업인정의 요건과 중앙토지수용위원회의 공익성 검토기준에 관하여 앞서 설명한 부분을 참조하면 된다.

319) 정기상(2014b), 239면; 이 판결은 수용재결이 사업인정에 의하여 발생된 수용권의 구체적인 실행 또는 집행에 불과하다고 보아 사업인정과 수용재결의 철저한 단절을 꾀하였던 종전의 법리에 대하여 공공필요의 검증(통제)라는 차원에서 그 수정의 가능성을 연 최초의 판결로서 큰 의미가 있다.

320) 정기상(2014b), 245면; 결국 사업시행자로서는 토지 등의 전부 또는 일부를 수용하거나 사용할 수 없게 되므로, 사업의 전부 또는 일부를 폐지하는 절차를 밟아야 한다.

　그러나 대법원은 사업인정과 수용재결의 엄격한 단절에 관한 종전의 법리를 완전히 철회하는 방향을 택하지는 않았다. 그 근본적인 이유를 정확하게 알 수는 없지만, 대법원이 수용절차의 전반에 관한 종전의 논리구성을 전면적으로 수정할 경우 발생할 수 있는 사회·경제적인 파급효과를 우려하였을 것으로 추측할 수 있을 뿐이다. 어찌되었든 대법원은 '사업시행자가 사업인정을 받을 당시'에 존재하였던 사정만큼은 '수용권 남용'의 적용영역 밖에 두는 결단을 하였다. 즉, 단지 사업인정 당시에 고려될 수 없었던 사정을 고려한 공공필요 판단만을 수용재결에 허용하는 구조를 설계한 것이다.

　그런데 이러한 시기적 제한의 부가는 '혁신적인 법리'를 골방에 가두는 결과를 초래하였다. 현실적으로 사업인정 당시에는 존재하지 않았던 사정이 그 이후에 나타나서 수용권의 행사를 부당하게 할 정도에 이르는 경우는 매우 드물 것이다. 결국 '수용권 남용'이 이례적인 경우에 극히 예외적으로 적용되는 법리에 머무르고 말았다. '공공필요'가 비단 수용권의 설정으로서의 사업인정에만 요구되는 것이 아니라 수용권의 발생, 존속, 행사의 전(全) 과정에서 유지되어야 하는 것이고 보면, '수용권 남용'이 공공필요의 검증기제로서 실질적인 기능을 발휘할 수 있도록 하는 것이 옳다고 본다.321)

(3) 수용권 남용 법리의 확장과 토지수용위원회의 역할

　대법원이 제시한 수용권 남용의 법리에 따를 경우 토지수용위원회는 후발적 공공필요의 흠결을 판단할 수 있다. 사업인정 이후의 사정변경에 따라 수용의 공공필요를 더 이상 충족하지 않는 경우 토지수용위원회는 그 재결신청을 기각할 수 있어야 한다. 문제는 당초부터 그 수용의 공공필요가 흠결된 경우에도 토지수용위원회가 그 재결신청을 거부할 수 있는가 하는 것이다.322) 이는 수용권 남용 법리의 확장과 맞물려 있다.

---

321) 정기상(2014b), 240~241면.

수용의 공공필요 판단을 사업인정에 전속시키고서는 그 사업인정을 다툴 수 있는 시기가 지났으니 공공필요가 흠결되었더라도 수용절차를 그대로 강행하라는 것은 헌법적 요청에도 어긋난다. 이러한 생각에서 싹튼 수용권 남용의 법리는 수용의 공공필요 판단문제를 수용재결단계에까지 끌어들여 수용재결의 효력을 다투는 방법으로 사업인정의 효력을 실질적으로 상실시킬 수 있는 길을 열어 주었다. 이는 수용절차 전반에서 공공필요 통제의 폭을 크게 넓힐 수 있는 이론구성으로 주목할 만하다.

대법원은 수용권 남용에 시기적 요건을 부가하여 이른바 후발적 공공필요 흠결로 통제의 범위를 좁혔는데, 수용권 남용의 이론적 틀을 떠올려 보면, 수용권 남용에 시기적 요건을 부가할 합리적인 이유를 찾기는 어렵다.323) 수용권 남용이 공공필요 검증기제로서 그 실효성을 확보하기 위해서는 수용재결단계에서 수용의 공공필요에 관한 전면적인 판단이 이루어질 수 있어야 한다. 시기적 제한의 부가는 수용권 남용의 법리에 터 잡은 여러 단계의 공공필요 검증절차가 전체적인 공익사업시행절차를 지연시켜 원활한 공익사업의 진행을 저해하는 부작용을 낳을 수 있다는 우려의 발로일지도 모른다. 그러나 이러한 우려는 수용권 남용의 적용영역 축소가 아니라 적용 선례의 축적을 통한 유형 분류 등으로 해소시켜야 할 것이다.324)

수용권 남용의 법리는 수용의 공공필요 검증에 있어 토지수용위원회의 역할 제고에 경종을 울린다. 사업인정이나 사업인정의제를 거쳤으니 응당 수용의 공공필요를 충족하였을 것으로 생각하고 무비판적으로 재결사항을 정해서는 안 된다. 선결적으로 공공필요의 충족 여부에 관한 이전의 판단

---

322) 물론 중앙토지수용위원회가 사업인정 또는 사업인정의제의 단계에서 해당 수용의 공공필요를 검증하므로, 거의 대부분의 경우에는 여기서 공공필요를 흠결한 수용이 걸러질 것임은 앞서 누차 언급하였다.

323) 수용권 남용의 법리는 사법심사와 깊은 관련을 가지므로, 제6장에서 좀 더 구체적으로 설명한다.

324) 정기상(2014b), 245~246면.

에 문제가 없는지부터 살펴야 한다.325) 수용의 공공필요는 수용절차 전반에서 지속적으로 검증되어야 하고, 어느 단계에서라도 그 흠결이 확인되면 해당 수용절차는 중단되어야 한다. 공공필요의 흠결이 원시적이든 후발적이든 마찬가지이다. 수용권 남용의 법리가 이러한 당위적 명제를 구현하기 위한 중요한 이론적 기초를 제공할 것이다.

---

325) 특히나 사업인정부터 수용재결까지 사이의 시간적 간격이 짧지 않으므로 수용의 공공필요 판단에 영향을 줄만한 사정변경이 존재하는지를 항상 검토해야 한다. 실무상 토지수용위원회는 재결신청의 적정성을 검토하면서 중앙토지수용위원회와의 협의 절차 이행 여부를 확인하는데[국토교통부 중앙토지수용위원회(2022), 564면], 기계적으로 그 절차의 이행 여부만을 판단할 것이 아니라 협의에서 내건 조건을 이행하였는지, 사업인정 이후 사정변경은 없는지 등을 두루 살펴야 한다.

제6장

사법적 공공필요 검증

I. 사법적 공공필요 검증의 의의

입법적·행정적 공공필요 검증단계를 거치면서 통제의 폭은 점차 좁아지고, 전(前)단계의 통제장치는 후속 단계의 통제장치가 적절한 기능을 수행한다는 전제에서 비로소 높은 수준의 검증력을 가지게 된다. 후속 검증단계에서 공공필요성의 흠결이 확인되리라는 생각은 이전 검증단계에서 이미 '공익성을 갖추지 못한 사업의 추진을 실질적으로 억제'할 것이기 때문이다.1) 따라서 사법적 공공필요 검증은 공익성 검증의 최후의 보루로서 중요한 역할을 담당한다고 보아야 한다.

사법적 공공필요 검증은 사업인정처분이나 사업인정으로 의제되는 처분에 대한 불복과정에서 이루어진다. 이들 처분이 행정소송의 대상으로서의 처분성을 가지는지 여부, 특히 수용권 설정이라는 효과를 원용하는 사업인정의제에 있어 그 의제되는 처분의 위법성을 다툴 사유로서 공공필요성의 흠결을 주장할 수 있는지 여부, 사업인정 이후 수용재결을 다투는 단계에서 사업인정의 위법을 다툴 수 있는지 여부(하자의 승계) 등을 살펴볼 필요가 있다.

II. 사업인정처분에 대한 사법심사

1. 개관

사업인정이 행정청이 공익사업의 시행자에게 그 후 일정한 절차를 거칠

---

1) 정기상(2014b), 233면.

것을 조건으로 하여 일정한 내용의 수용권을 설정해 주는 형성행위임은 앞서 살펴보았다. 사업인정은 행정청의 공공필요 판단의 요체(要諦)인 만큼 어떠한 사업이 수용권의 설정을 허용할 정도의 공익성을 갖추지 못하였다는 점에 대한 사법적 판단을 받기 위해서는 '공공필요성의 흠결'이라는 사업인정의 위법성을 다투는 항고소송을 제기하여야 한다.

그런데 토지보상법은 수용재결에 대한 불복절차를 제83조부터 제85조까지의 규정에서 상세히 정하고 있는 것과는 달리 사업인정에 대한 불복절차에 관하여는 아무런 규정을 두고 있지 않다.2) 그럼에도 사업인정이 행정청인 국토교통부장관이 행하는 구체적 사실에 대한 법집행으로서 재산권의 박탈이라는 효과를 낳는 수용권을 설정하는 공권력의 행사에 해당하여 피수용자의 권리에 직접적으로 법률상 영향을 미치는 이상3) 항고소송의 대상적격으로서의 처분성을 인정하는 데에는 별다른 의문이 없으리라 생각한다. 대법원도 이와 같은 취지에서 "사업인정은 그 후 일정한 절차를 거칠 것을 조건으로 하여 일정한 내용의 수용권을 설정하여 주는 행정처분의 성격을 띠는 것으로서 독립하여 행정소송의 대상이 된다."라고 판시하였다.4)

사업인정이 해당 사업의 공공필요 충족 여부를 확인하는 필요적 절차가 되어야 함에도 사업인정건수는 매년 10건 내외에 불과하고, 이는 대부분의 사업이 사업인정의제의 방식으로 수용권의 설정을 도모하고 있기 때문임은 앞서 설명하였다. 따라서 공공필요성의 흠결을 이유로 사업인정의 위법성을 다툰 항고소송의 사례를 찾아보기는 어렵다. 그럼에도 공공필요성의

---

2) 이는 실상 당연한 입법태도이다. 행정소송법의 일반규정에 따라 불복할 수 있는 경우에 개별 법률에서 일일이 불복절차 등에 관한 규정을 두지는 않기 때문이다. 보상금의 증감을 다투는 수용재결에 대해서는 토지보상법이 특유한 불복제도를 두고 있기 때문에 별도의 규정을 둔 것이다.

3) 사업인정으로 인하여 토지소유자는 토지형질의 변경 제한 등의 법적 의무를 부담하게 되고, 사업시행자는 해당 토지에 출입하여 조사할 수 있는 권한을 가지게 되는 등 관계인들의 부수적 권리, 의무의 변동도 발생하게 된다.

4) 대법원 1994. 5. 24. 선고 93누24230 판결.

흠결에 대한 사법심사를 논함에 있어 사업인정이라는 기본적인 모습을 중심으로 그 판단구조를 살펴보는 것은 여전히 실익이 있다고 본다. 사업인정에 대한 사법심사에 관한 논의는 사업인정의제의 경우에도 시사하는 바가 클 것이기 때문이다.[5]

2. 사업인정에 대한 위법성 판단구조

가. 사업인정의 절차적 하자와 실체적 하자의 준별

국토교통부장관이 사업인정처분에 앞서 중앙토지수용위원회와의 협의나 이해관계인으로부터의 의견청취 등을 거치지 않았다는 절차적 하자와 사업인정처분이 공공필요에 부합하지 않아서 수용을 정당화하지 못한다는 실체적 하자는 사업인정처분을 위법하게 하는 사유를 구성한다.

공공필요의 검증은 사업인정의 본질인 만큼 토지보상법 제21조 제1항은 그 제도의 실효성을 확보하고자 국토교통부장관에게 사업인정절차상 중앙토지수용위원회와의 협의, 이해관계인의 절차 참여를 요구하였음은 앞서 살펴보았다. 결국 사업인정의 위와 같은 절차적 요건은 공공필요 검증의 절차적 기제인 셈이다. 따라서 이러한 절차적 요건의 흠결에 따른 법률효과(그 절차적 하자가 사업인정의 취소사유인지, 무효사유인지)를 논함에 있어서도 그 제도적 의의를 충분히 고려하여야 함은 물론이다.

한편, 공익성은 불확정개념으로서 그 자체로 판단의 여지를 내포하기 때문에 사업인정을 하는 행정청으로서는 일정한 사업이 수용권을 설정할 만한 공익성을 충족하는지 여부를 구체적으로 판단할 재량을 갖는다고 보아야 한다.[6] 사업인정을 재량행위라고 볼 경우 재량권의 일탈·남용은 사업인

---

5) 정기상(2020), 261면.
6) 같은 취지로는, 대법원 1992. 11. 13. 선고 92누596 판결. 이에 반하여 사업인정의 본질적인 의의는 사유재산권의 침해를 용인하는 정당성의 논거인 공공의 필요성 여부에 대한 판단이므로, 특정 사업의 공익성 여부에 관한 판단은 어디까지나 토지보상

정의 실체적 하자를 포괄하는 개념으로 나서게 되고, 공공필요성의 흠결이 재량권의 일탈·남용에 해당하는지 여부에 관한 판단 문제만이 남는다.[7]

나. 사업인정의 절차적 하자

(1) 처분의 독자적 위법사유로서의 절차적 하자

사법심사에 따라 법원이 행정행위에 절차적 하자가 있음을 확인한 경우 실체적 하자의 존부에 관계없이 그 절차적 하자를 독립된 위법사유로 하여 해당 행정행위를 취소하거나 그 무효를 확인할 수 있는가 하는 문제는 오랜 논쟁의 대상이다.[8] 절차적 하자가 실체적 판단에 아무런 영향을 미치지 못하여 행정청이 절차를 다시 거칠 경우 어차피 같은 행정행위를 할 수 밖에 없는 경우에 절차적 하자를 이유로 그 행정행위를 취소하거나 그 무효를 확인하는 것은 소송경제와 행정경제에 반한다고 볼 여지가 있다.[9] 반면에, 타당한 절차에 의하여서만 정당한 결정이 내려진다는 법치주의의 요청에 주목한다면, 행정절차의 독자적 의미를 쉽사리 무시할 수 없고, 이는 적법절차 준수에 대한 행정청의 유인을 약화 또는 상실시키는 결과를 초래할 수 있음을 간과할 수도 없다.[10] 결국 행정행위에 절차적 하자가 있다는 위

　　법 제4조에서 규정하고 있는 사업에 해당하는가 하는 점에 대한 엄격한 판단으로 이루어져야 하는바, 사업인정을 확인적 기속행위로 보아야 한다는 주장으로는, 김해룡(2005b), 24면 참조.

7) 정기상(2020), 262면.

8) 미국의 경우 5 U.S.C. §706(2)(D)에서 법률규정에 따른 절차의 준수가 없는 경우 법원이 그 행정행위의 위법성을 확인하여 이를 무효화할 수 있다고 규정하고 있다. 독일의 경우 연방행정절차법 제46조에서 "제44조에 의하여 무효로 되지 않는 행정행위의 취소는, 그 위반이 실체적으로 그 행정행위에 영향을 미치지 않은 것이 명백할 경우에는, 그 행정행위가 절차에 관한 규정을 위반하였다는 것만으로 청구할 수는 없다."라고 규정하고 있다. 이들 국가에서는 이 문제가 어느 정도 입법적으로 해결된 셈이다.

9) 정하중·김광수(2022), 384면.

10) 김창조(2017), 107면.

법사유만을 들어 그 행정행위의 취소 또는 무효확인을 하는 법원으로서는 절차적 정당성과 행정경제의 적절한 균형점을 모색하는 해석론을 전개할 수밖에 없다.

종래 행정의 능률이나 소송경제상 절차적 하자의 존재만으로 처분이 위법하게 되는 것은 아니라는 견해,[11] 행정법의 대원칙인 법률적합성의 원칙과 절차적 정의에 비추어 절차적 하자를 실체적 하자의 존부와는 관계없이 독립된 취소 또는 무효사유로 보는 견해,[12] 절차적 하자의 법률효과를 행정행위의 내용 또는 결과와 결부시켜 적법한 행정절차를 다시 시행하는 경우에 실체법적 결정에 영향을 미칠 가능성이 있는 경우에 한하여 절차적 하자를 행정행위의 취소사유로 보는 견해,[13] 행정절차를 주요절차와 부수적 절차로 구분하고 당사자에게 절차적 권리가 부여되어 있는지 여부 등을 종합적으로 고려하여 절차적 하자의 법적 효과를 구체적·개별적으로 판단하는 견해[14] 등이 대립하였다.

생각건대, 사안에 따라 구체적·개별적으로 보아 행정의 효율성보다 절차적 정의를 더 존중하여야 할 필요가 인정되는 경우 절차적 하자를 독자적 위법사유로 파악할 수 있으리라 본다. 즉, ① 관련 규정의 취지, 내용 등을 고려하여 관계인에게 절차적 권리를 부여한 것으로 해석되는 경우, ② 행정절차가 내용적 적정성을 담보하는 것을 넘어 절차 그 자체의 공정성을 제도적 취지로 하는 경우, ③ 전문기술적 판단·정책적 판단 등 행정재량이나 판단여지가 인정되는 영역에서의 행정행위가 행해지는 경우에는[15] 그 절차를 흠결한 하자를 행정행위의 독립된 위법사유로 삼되, 그 이외의 경

---

11) 근래에 들어서는 전면적으로 절차적 위법을 부정하는 견해를 주장하는 학자는 없는 것으로 보인다.

12) 홍정선(2019a), 630면; 박균성(2018), 707면.

13) 정하중·김광수(2022), 384면.

14) 김유환(2005), 76면.

15) 행정재량 영역에 있어서는 사법심사의 한계가 존재하므로 이에 대한 보완책으로 절차적 규제밀도의 강화가 요청되기 때문이다[김창조(2017), 118면].

우에는 그 절차적 흠결이 행정행위의 결정과 그 내용에 영향을 미친 것으로 평가할 수 있는 때에 비로소 그 행정행위의 취소를 논할 수 있다고 보는 것이다.16)

(2) 사업인정에 있어 절차적 하자의 평가

(가) 사업인정은 판단여지가 인정되는 전형적인 재량행위로서 행정청이 적정한 재량권 행사를 유도하기 위하여 사법심사를 통한 절차적 통제를 강화할 필요가 있다. 중앙토지수용위원회와의 협의나 이해관계인으로부터의 의견청취는 사업인정과정에서 필요한 사실인정자료와 판단요소를 수집하는 중요한 절차가 된다. 중앙토지수용위원회는 사업의 공공필요 판단에 있어 전문적 지식과 경험을 축적한 기관으로서 사업인정기관은 중앙토지수용위원회와의 협의과정을 통하여 전문적 도움을 받을 수 있는 것은 물론 재량권 행사인 사업인정의 투명성과 공정성을 담보할 수 있다.17) 또한, 이해관계인의 절차적 참여는 대립되는 이익의 조정과 형량을 위한 핵심적인 절차로 기능한다는 점에서 엄격한 사법심사의 기준 적용이 정당화된다. 결국 이러한 의견수렴절차는 처분의 공정성과 처분에 이르는 행정절차의 투명성을 담보하고 처분의 상대방 또는 관계인이 갖는 권리의 보호를 도모하는 데에 그 취지가 있는 것이다.18) 따라서 중앙토지수용위원회와의 협의나 이해관계인으로부터의 의견 청취는 위 ①부터 ③까지의 사유에 모두 해당되는 절차로서 이들 절차가 흠결된 경우에 법원은 해당 사업인정에 독자적 위법사유가 있다고 판단하여야 한다고 본다.19)

---

16) 이와 유사한 취지로는, 김유환(2005), 76면 참조.
17) 특히 사업인정의제의 경우에도 중앙토지수용위원회와의 협의를 필요적으로 거치도록 한 토지보상법 개정에 따라 중앙토지수용위원회가 공공필요를 검증하는 사례는 급격하게 증가하였다.
18) 김창조(2017), 121면.
19) 정기상(2020), 264면.

(나) 사업인정에 따라 수용권이 설정되는 사례가 매우 적은 터라 사업인정의 절차적 하자를 이유로 사업인정처분을 취소한 대법원판결례를 찾기 어렵다. 다만 행정청이 관련 법령에서 정한 의견제출의 기회를 주지 않은 경우 해당 처분은 위법하여 취소를 면할 수 없다는 취지의 다수의 판례[20]가 있고, 법률상 의무적으로 실시되어야 하나 그 의견의 구속력이 인정되지 않는 다른 행정기관의 심의를 거치지 않은 것은 처분의 취소사유에 해당한다고 판시한 예[21]도 찾을 수 있다. 다만 그 심의를 거치지 않았다는 사정만으로 곧바로 해당 처분에 취소사유에 이를 정도의 절차상 하자가 있다고 할 수 없고, 그 심의를 거치지 않은 결과 해당 처분을 함에 있어 마땅히 고려하여야 할 사정을 참작하지 않은 경우에 비로소 그 처분은 재량권을 일탈·남용한 것으로서 위법하다고 판시한 예[22]가 있다. 결국 처분청 이외의 행정기관의 심의에 대해서는 관련 규정의 내용과 취지 등에 따라 절차상 흠결을 처분의 내용 또는 결과와 결부시킬 것인지 여부를 달리 보는 것이 대법원 판례의 입장이라고 이해할 수 있다.

(다) 사업인정의 경우 중앙토지수용위원회와의 협의나 이해관계인으로부터의 의견청취의 절차를 거치지 않은 때에는 사업인정에 취소사유가 있다고 보아야 한다. 이들 절차는 공익성 판단에 중요한 사실인정자료와 판단요소를 제공하는 핵심적인 과정이기 때문이다. 다만 뒤에서 살펴보는 바와 같이 사업인정에 대하여 취소소송의 제소기간 내에 그 취소를 구하는 소를 제기하는 것을 기대하기는 현실적으로 어려워 이들 절차의 흠결이 사업인정의 무효사유로 될 수 있는지 여부도 살펴볼 필요가 있다.

처분의 취소사유와 무효사유인 하자를 구별하는 기준에 관하여는 하자의 중대성과 명백성을 둘러싸고 여러 견해가 제시되고 있는데, 대법원은

---

20) 대법원 2000. 11. 14. 선고 99두5870 판결, 대법원 2013. 1. 16. 선고 2011두30687 판결, 대법원 2016. 10. 27. 선고 2016두41811 판결 등.
21) 대법원 2007. 3. 15. 선고 2006두15806 판결.
22) 대법원 2015. 10. 29. 선고 2012두28728 판결.

384 공용수용의 공공필요 검증론

행정처분에 내재된 하자가 중대할 뿐만 아니라 외형상 객관적으로 명백하여야 무효라고 판시하고 있다.[23] 대법원은 위와 같은 입장(이른바 중대·명백설)에 따라 절차적 하자를 처분의 무효사유로 인정하는 데에 인색하였다. 그러나 중앙토지수용위원회와의 협의 및 이해관계인으로부터의 의견청취는 공익성 판단의 사실인정자료와 판단요소를 제공하여 적정한 공공필요 판단을 절차적으로 보장하는 것에서 더 나아가 해당 사업에 대한 이해관계인들이 그 권리와 이익을 부당하게 침해받지 않도록 하는 개별적인 이익까지도 보호하는 것에 그 취지가 있다고 보아야 한다. 그런데 사업인정에 있어 이들 절차를 누락한 채 그 처분을 강행한다면, 중앙토지수용위원회와의 협의내용을 사업인정단계에서 미리 반영하는 것 자체가 원천적으로 봉쇄될뿐더러, 이해관계인들의 직접적이고 개별적인 이익을 근본적으로 침해하게 되므로, 이러한 절차적 하자는 토지보상법 규정의 중요한 부분을 위반한 중대한 것이고, 객관적으로도 명백한 것이라고 보아야 한다. 특히나 사업인정의제에 의하여 대부분의 공익사업이 시행되는 현실에서 사업인정으로 의제되는 처분에 대하여 제대로 인지하지 못한 채로 취소소송의 제소기간이 경과되는 불합리가 발생할 수 있음을 고려하면, 위와 같은 절차적 하자를 사업인정으로 의제되는 처분의 무효사유로 판단할 당위성은 더욱 분명하다고 보이는데,[24] 이에 관하여는 뒤에서 다시 살펴본다.

(라) 중앙토지수용위원회와의 협의 및 이해관계인으로부터의 의견청취절차를 구성하는 일부 세부절차를 흠결한 경우는 어떠한가? 예컨대, 사업인정신청서 및 관계 서류의 공고 및 일반인에 대한 열람절차는 거쳤는데, 토지소유자와 관계인에 대한 통지를 누락한 경우 등에서 그 절차적 하자를

---

23) 대법원 2012. 2. 16. 선고 2010두10907 전원합의체 판결; 행정행위의 무효 및 취소의 구별기준에 관하여는 중대성, 중대·명백설, 조사의무위반설, 명백성 보충요건설, 구체적 가치형량설 등이 대립하는데, 그 구체적인 내용에 대해서는 이규호(2019), 48~49면 참조.

24) 정기상(2020), 265~266면.

어떻게 평가할 것인지 문제된다. 이러한 절차적 하자를 일일이 빠짐없이 상정해볼 수는 없고, 결국 사안에 따라 판단할 수밖에 없는데, 앞서 본 ① 부터 ③까지의 사유에 해당되는지 여부를 판단기준으로 삼을 수 있다고 본다. 위 예시와 같은 경우에는 일반적으로 공고만으로 토지소유자 및 관계인들이 의견제출을 할 수 있음을 구체적으로 인지할 수 있는 상태에 있었다고 평가할 수 없고, 이들이 의견제출에 관하여 개별적으로 통지받지 못함으로써 실질적으로 의견제출 기회를 침해당하였다고 보아야 하므로, 이는 사업인정의 위법사유를 구성한다고 보아야 한다. 토지소유자 및 관계인의 의견제출 기회가 실질적으로 박탈되어 그 하자가 중대하고 통지절차 자체의 누락은 외관상 명백하므로 사업인정의 무효사유를 구성한다고 본다.

다. 사업인정의 실체적 하자

(1) 사업인정의 실체적 하자로서의 공공필요의 흠결

㈎ 해당 사업이 외형상 토지보상법 제4조에 따른 수용적격사업의 유형에 해당된다고 하더라도 사업인정기관으로서는 그 사업이 공용수용을 할 만한 공익성이 있는지 여부와 공익성이 있는 경우에도 그 사업의 내용과 방법에 관하여 사업인정에 관련된 자들의 이익을 공익과 사익 사이에서는 물론, 공익 상호 간 및 사익 상호 간에도 정당하게 비교·교량하여야 하고, 비교·교량은 비례의 원칙에 적합하도록 하여야 하므로,[25] 사업인정은 재량행위에 속한다.[26]

㈏ 재량행위의 실체적 하자에 관해서는 종래 재량권의 일탈·남용이 다루어져 왔다. 재량권의 일탈은 법이 허용한 범위를 넘어서 재량권을 발동

---

25) 대법원 2019. 2. 28. 선고 2017두71031 판결; 더 자세한 내용은 앞서 제3장의 공공필요 관련 설명부분 참조.
26) 대법원 1992. 11. 13. 선고 92누596 판결.

한 것으로서 재량권의 외적 한계를 위반한 경우를 의미하고, 재량권의 남용은 재량권의 범위 내에서 재량권이 고려되었으나 잘못된 방향으로 재량권이 행사된 것으로서 재량권의 내적 한계를 위반한 경우를 의미한다. 재량권의 남용은 재량의 수권목적에 위반되게 재량권이 행사되는 경우, 재량권 행사의 내용에 영향을 주는 헌법원칙이나 법의 일반원칙에 위반되게 재량권이 행사되는 경우, 잘못된 사실인정을 전제로 하거나 중요한 고려요소를 참작하지 않은 채 재량권을 행사한 경우 등을 포괄한다.

(다) 공공필요의 판단이 그 자체로 폭넓은 판단여지[27]를 전제한다는 점에서 사업인정의 실체적 하자와 주로 관련되는 것은 재량권의 남용일 것이다. 사업인정기관인 국토교통부장관으로서는 해당 사업을 위한 사업인정을 통하여 달성하려는 공익목적 등 여러 사정을 고려하여 공공필요에 따른 공익, 그 밖의 다른 공익, 재산권 등 사익을 종합적으로 비교·형량하여 해당 사업의 공익성 여부를 판단하여야 한다. 그런데 반드시 고려되어야 할 사항이 누락되거나 간과된 경우, 공익과 사익의 비교·형량이 현저히 균형을 잃은 경우에 그 사업인정은 평등원칙 또는 비례원칙 위반으로 평가될 수 있다.[28]

공공필요의 판단에 있어 재량권의 남용 중 특히 비례원칙의 위반이 문제될 여지가 크다. 즉, 해당 공익사업으로 인하여 달성하려는 공익에 비하여 이로써 침해되는 다른 공익 또는 사익이 더 크다고 판단될 경우 사업인정을 취소할 수 있는가 하는 문제가 항고소송에서 다투어질 수 있다. 사업인

---

27) 판단여지는 불확정 법개념에 내재된 것으로 비대체적 결정, 미래예측적 결정, 형성적 결정 등과 관련된 것인데, 우리 대법원은 일관되게 판단여지를 재량과 같은 논의선상에서 바라보고 있다. 판단여지가 법개념의 불확정성에 초점을 둔 개념이라면, 사업인정의 본질인 공익성 판단은 판단여지의 전형적인 모습이라고 해도 과언이 아닐 것이다. 판단여지이론에 대한 상세한 설명으로는, 서보국(2016), 21~36 참조.

28) 국토교통부장관이 사업인정을 기속행위로 오인하여 공익과 사익 간의 비교·형량을 전혀 하지 않고서 사업인정을 한 경우에는 재량권의 불행사(흠결, 해태)가 문제될 수 있는데, 현실에서 이러한 경우를 상정하기는 어려울 것이다.

정에 대하여 재량권의 남용 여부를 심사할 때에는, 관련 법령의 내용과 취지, 해당 사업의 특성, 사업인정으로 인한 국민의 재산권 침해 정도 등을 종합적으로 고려하여야 한다.[29] 이때, 비교·형량은 법원이 사업인정을 둘러싼 여러 고려요소를 참작하여 공익과 사익을 종합적으로 비교한 결과 해당 사업으로 인하여 달성하려는 공익이 다른 공익이나 사익보다 큰 것인지 여부를 판단하는 방식으로 이루어져야 하는 것이지, 사업인정기관이 다양한 요소를 고려하여 합리적인 근거를 찾아 사업인정을 한 이상 나중에 법원이 내린 판단과 같지 않더라도 이를 위법하다고 볼 수 없다는 정도로 소극적으로 판단할 것은 아니다.[30]

㈐ 여기서 앞서 설명한 사업인정의 요건을 다시금 들여다볼 필요가 있다. 토지보상법에 명문의 규정은 없지만, 사업인정의 요건이라고 일반적으로 설명되는 항목을 흠결한 경우에는 실체적 하자가 존재한다고 판단하여야 한다. 즉, 사업의 공익성 또는 수용의 필요성이 인정되지 않는 경우 이외에도, 사업시행자의 사업수행의사와 능력이 결여된 경우, 계속적 공익실현을 담보하기 위하여 관련 법령에서 정한 요건이 충족되지 않은 경우 등에도 사업인정에 실체적 하자가 존재한다고 보아야 한다.

㈑ 사업인정의 실체적 하자가 사업인정의 취소사유 또는 무효사유 중 어느 사유를 구성하는지 판단하는 문제도 일률적으로 논할 수는 없다. 결국 법원이 중대·명백설에 따라 개별적으로 판단하여야 한다. 다만, 공공필요가 불확정 개념에 해당하는 이상, 공익과 사익의 비교·형량을 잘못 한 위법이 있는 경우에도 그 하자가 명백하다고 보기는 어려운 경우가 많을 것이다.

---

29) 문화재의 보존을 위한 사업인정처분에 대하여 재량권의 일탈·남용을 심사하는 기준에 관하여는, 대법원 2019. 2. 28. 선고 2017두71031 판결 참조.
30) 정기상(2020), 266~268면.

(2) 사업인정에 대한 일부 취소판결의 허용 여부

종래 처분 등의 변경을 명하는 판결의 허용 여부에 관해서는 행정소송법 제4조 제1호[31]에서 규정하는 '변경'의 의미를 둘러싸고 견해가 대립하였다. 현행 행정소송법이 의무이행소송 등 적극적인 구제절차를 규정하고 있지 않은 점, 법원이 새로운 처분을 할 수 있도록 하는 것은 권력분립의 원칙에 반하는 점 등을 들어 '변경'은 처분 등의 일부 취소에 의한 소극적 변경만이 가능하다는 견해,[32] 항고소송의 종류에 관한 행정소송법 제4조는 예시적인 규정에 불과하고 무명의 항고소송으로서의 이행소송을 인정할 수 있으므로 '변경'은 적극적 형성판결 또는 이행판결을 의미한다고 보는 견해[33] 등이 제시되었다. 대법원은 일관되게 현행 행정소송법상 의무이행소송이나 의무확인소송은 인정되지 않고, 이러한 입법태도가 국민의 재산권을 보장한 헌법 제23조에 위배되지 않는다고 판시하여[34] '원칙적으로' 판결에 의한 처분 등의 적극적인 변경을 인정하지 않고 있다.

권력분립의 원칙에 따라 행정의 1차적 처분권(재량권)을 보장한다는 차원에서 항고소송의 판결에 따른 '변경'은 처분 등에 대한 일부 취소로써만 이루어질 수 있다고 보는 것이 타당하다. 개별 사안에서 처분 등에 대한 일부 취소판결이 가능한지 여부는 2가지 관점에서 살펴보아야 한다.[35]

먼저, 처분 등이 분리가능하거나 그 처분대상의 일부가 특정될 수 있어야 한다. 처분 등이 전체적으로 결합되어 있는 경우 '일부'라는 관념을 상정할 수 없고, 질적 일부 취소는 적극적 변경에 다름 아니기 때문에 가분성 또는 특정성이 요구된다. 대법원도 "외형상 하나의 행정처분이라 하더라도

---

31) 행정소송법 제4조 제1호에서는 "취소소송: 행정청의 위법한 처분 등을 취소 또는 변경하는 소송"이라고 규정하고 있다.
32) 김용섭(2009), 17면.
33) 홍정선(2019a), 1029면.
34) 대법원 1992. 2. 11. 선고 91누4126 판결, 대법원 1992. 12. 22. 선고 92누13929 판결 등.
35) 정기상(2020), 268면.

가분성이 있거나 그 처분대상의 일부가 특정될 수 있다면 그 일부만의 취소도 가능하고 그 일부의 취소는 당해 취소부분에 관하여 효력이 생긴다." 라고 판시하여[36] 일부 취소의 요건으로 행정행위의 가분성 또는 특정성을 제시하고 있다. 그런데 여기서의 가분성 또는 특정성은 단순히 물리적으로 분리가 가능하다는 것만을 의미하는 것이 아니라 일부 취소되고서 남는 처분만으로도 당초 처분의 목적을 실현할 수 있는 등 처분으로서의 가치가 유지되는 것을 의미한다고 새겨야 한다. 대법원이 정보공개거부처분 취소소송 사건에서 "공개청구의 취지에 어긋나지 아니하는 범위 안에서 비공개 대상 정보에 해당하는 부분과 공개가 가능한 부분을 분리할 수 있다고 함은, 이 두 부분이 물리적으로 분리가능한 경우를 의미하는 것이 아니고 당해 정보의 공개방법 및 절차에 비추어 당해 정보에서 비공개대상 정보에 관련된 기술 등을 제외 내지 삭제하고 그 나머지 정보만을 공개하는 것이 가능하고 나머지 부분의 정보만으로도 공개의 가치가 있는 경우를 의미한다고 해석하여야 한다."라고 판시한 것[37]도 이러한 맥락에서 이해할 수 있다.

다음으로, 재량행위에 있어서는 행정청에 1차적 판단권이 인정되어야 한다는 점이 고려되어야 한다. 행정청에 재량권이 부여된 처분의 경우 법원이 적정하다고 판단하는 처분으로 종전의 처분을 변경하는 판결을 하는 것은 헌법상 권력분립의 원칙에 부합하지 않는다. 법원이 변경하는 처분에 대하여는 행정청이 재량권을 행사한 적이 없기 때문에 행정청의 1차적 판단권 행사가 원천적으로 차단되기 때문이다. 따라서 해당 처분이 가분성 또는 특정성을 갖추었더라도 그 처분의 법적 성질이 재량행위인 경우에는 원칙적으로 일부 취소판결이 허용되지 않는다고 보아야 한다.[38] 대법원도

---

36) 대법원 1995. 11. 16. 선고 95누8850 전원합의체 판결.
37) 대법원 2004. 12. 9. 선고 2003두12707 판결; 위법한 부분을 취소하더라도 나머지 부분이 유효하고 적법한 처분이 독자성을 띠고 행정행위의 본질적 규율특성을 잃지 않아야 하므로, 잔존 부분이 그 내용의 변경 없이도 의미 있고, 적법하게 존속할 수 있어야 한다는 설명으로는, 김용섭(2009), 5면 참조.

이와 같은 취지에서 항고소송의 대상인 처분이 재량행위인지, 기속행위인지에 따라 일부 취소판결의 허용 여부를 결정한다는 전제에서 재량행위인 과징금부과처분에 대해서는 일부 취소판결을 부정하고,[39] 과세처분에 대해서는 일부 취소판결을 긍정하고 있다.[40]

　법원이 사업인정에 대한 취소청구 중 일부에만 위법이 있다고 판단하는 경우에 그 사업인정의 일부에 대해서만 취소판결을 할 수 있는지 여부도 사업인정의 가분성 또는 특정성과 행정청의 재량권 존중의 관점에서 다루어져야 한다. 앞서 살펴본 바와 같이 사업인정은 재량행위이므로, 설령 사업지역이 필요 이상으로 설정되었다는 등의 사유로 공공필요의 흠결이 있는 사업인정의 부분을 특정할 수 있다고 하더라도 일부 취소판결은 허용되지 않는다고 본다. 결국 법원으로서는 공공필요 흠결의 실체적 하자가 있는 경우 그 사업인정처분의 전부를 취소하여야 한다.[41]

　비록 사업인정을 다룬 사례는 아니지만, 이의재결에 대한 취소소송에서 대법원이 공공필요를 흠결한 부분의 일부 취소를 긍정한 듯한 판시를 한 예가 있다. 대법원은 일관되게 "공용수용은 공익사업을 위하여 타인의 특정한 재산권을 법률의 힘에 의하여 강제적으로 취득하는 것이므로 수용할 목적물의 범위는 원칙적으로 사업을 위하여 필요한 최소한도에 그쳐야 한다."고 판시하고 있다.[42] 나아가 그 최소한도를 넘는 수용의 경우 취소되어야 할 처분의 범위에 관하여 "그 한도를 넘는 부분은 수용대상이 아니므로

38) 이에 반하여 법원이 변론과정에서 현출된 자료를 토대로 적법한 처분의 범위를 정할 수 있는 경우라면 해당 처분의 법적 성질이 재량행위인가 기속행위인가를 불문하고 일부 취소판결을 허용하는 것이 분쟁의 조기 해결요청에 부합한다는 주장으로는, 김용섭(2009), 19~20면 참조.
39) 대법원 1998. 4. 10. 선고 98두2270 판결.
40) 대법원 2000. 6. 13. 선고 98두5811 판결.
41) 정기상(2020), 270면.
42) 대법원 1987. 9. 8. 선고 87누395 판결; 대법원 1994. 1. 11. 선고 93누8108 판결; 대법원 2005. 11. 10. 선고 2003두7507 판결.

그 부분에 대한 수용은 위법하고, 초과수용된 부분이 적법한 수용대상과 불가분적 관계에 있는 경우에는 그에 대한 이의재결 전부를 취소할 수밖에 없다.”고 판단하였다.[43] 최소한도를 넘는 부분을 법원이 특정할 수 있다는 전제에서 그 부분에 한하여 수용이 위법하다고 보되, 초과수용된 부분이 적법한 수용부분과 불가분의 관계를 형성할 경우에 비로소 이의재결 전부를 취소하여야 한다고 판단하였다. 그러나 사업을 위하여 필요한 최소한도를 넘는 수용이 있는 경우 사업인정권자가 사업시행구역을 다시금 조정할 수 있도록 사업인정 전부를 취소하는 것이 옳다.[44]

3. 사업인정 취소소송의 제소기간

가. 취소소송의 제소기간 개관

취소소송은 처분 등이 있음을 안 날부터 90일 이내, 처분 등이 있은 날부터 1년 이내에 제기하여야 한다(행정소송법 제20조 제1항 본문, 제2항 본문). 여기서 ‘처분 등이 있음을 안 날’은 통지, 공고, 그 밖의 방법에 의하여 유효한 행정처분이 있었다는 사실을 현실적으로 안 날을, ‘처분 등이 있은 날’은 그 행정처분의 효력이 발생한 날을 의미한다.[45] 편의상 전자를 주관적 제소기간, 후자를 객관적 제소기간이라고 부를 수 있다. 이들 기간 중 어느 하나라도 먼저 도과하면 더 이상 소를 제기할 수 없게 된다.

주관적 제소기간은 당사자의 해당 처분에 대한 인지(認知) 여부를 고려한다는 점에서 객관적 제소기간과 명확하게 구별되는 것으로 보인다. 그러

---

43) 위 93누8108 판결.

44) 법원의 사업인정에 대한 일부 취소판결을 인정하는 경우 법원이 사업시행구역을 결정하는 결과가 되는데, 이것이 바람직한지는 의문이다.

45) 대법원 1977. 11. 22. 선고 77누195 판결; 대법원 1991. 6. 28. 선고 90누6521 판결; 대법원 1998. 6. 12. 선고 98두5118 판결; 대법원 2019. 8. 9. 선고 2019두38656 판결 등.

나 대체로 양자는 서로 근접한다. 보통의 경우 처분의 효력은 '통지'되었을 때, 즉 처분이 있음을 '알 수 있는 상태'에 놓이게 된 때에 발생하기 때문이다.46) 대법원은 일관되게 "사회통념상 처분이 있음을 처분상대방이 알 수 있는 상태에 놓인 때에는 반증이 없는 한 처분상대방이 처분이 있음을 알았다고 추정할 수 있다."고 판시함으로써47) '처분이 통지된 날 = 처분이 있은 날'을 '처분이 있음을 안 날'로 추정하고 있다.48)

나. 사업인정고시에 있어 취소소송의 제소기간

(1) 사업인정고시와 관련한 제소기간의 기산점 문제

사업인정은 사업시행자의 성명이나 명칭, 사업의 종류, 사업지역 및 수용하거나 사용할 토지의 세목을 관보에 고시한 날부터 그 효력이 발생한다(토지보상법 제22조 제3항, 제1항). 사업인정처분의 상대방이 불특정 다수인이어서 개별적으로 통지하는 것이 불가능하고, 토지소유자 및 관계인에 대하여 개별적인 통지가 가능하다고 하더라도 모든 이해관계인에 대하여 효력발생시점을 일률적으로 정할 필요가 있어 위와 같은 규정을 둔 것이다.

이러한 사업인정의 효력발생시점에 관한 특칙은 사업인정의 취소를 구하는 항고소송의 제소기간과 관련하여 문제를 낳는다. 개별적인 통지에 비

---

46) 최계영(2007), 281면.
47) 대법원 1992. 3. 27. 선고 91누3819 판결; 대법원 1999. 12. 28. 선고 99두9742 판결; 대법원 2014. 9. 25. 선고 2014두8254 판결; 대법원 2017. 3. 9. 선고 2016두60577 판결 등; 처분서가 처분상대방의 주민등록상 주소지로 송달되어 처분상대방의 사무원 등 또는 그 밖에 우편물 수령권한을 위임받은 사람이 수령한 경우 처분상대방이 알 수 있는 상태가 되었다고 하고, 우편물이 등기취급의 방법으로 발송된 경우 그것이 도중에 유실되었거나 반송되었다는 등의 특별한 사정에 대한 반증이 없는 한 그 무렵 수취인에게 배달되었다고 추정할 수 있다고 한다.
48) 이로써 객관적 제소기간의 적용범위는 대폭 축소되고, 주관적 제소기간이 원칙적인 제소기간으로 기능하게 된다는 설명으로는, 최계영(2007), 281면 참조.

하여 고시는 이해관계인이 알 수 있는 가능성이 현저히 낮다. 더욱이나 개별적인 통지의 경우 통지된 시점, 즉 처분상대방이 그 처분의 존재를 알 수 있게 된 상태에 이른 시점이 비교적 분명하지만, 고시의 경우 설령 이해관계인들이 그 처분의 존재를 알게 되었다고 하더라도 인지시점이 제각각이고, 그 증명도 쉽지 않다.49) 이에 대법원은 고시에 의하여 효력이 발생하는 처분을 다투는 항고소송의 경우 그 제소기간의 기산점에 대한 독특한 법리를 제시하고 있다.

(2) 대법원 판례의 입장

대법원은 94누5694 전원합의체 판결 이래로 일관되게 '고시 또는 공고에 의하여 효력이 발생하는 처분의 경우에는 이해관계인이 그 처분이 있었다는 사실을 현실적으로 알았는지 여부에 관계없이 고시 또는 공고가 효력을 발생한 날에 처분이 있음을 알았다고 보아야 한다.'는 입장을 견지하고 있다.50) 고시 또는 공고보다 처분이 있음을 알 가능성이 높은 개별적인 통지의 경우에도 단지 안 것으로 '추정'될 뿐인데, 현실적으로 처분이 있음을 알게 될 가능성이 낮은 고시 또는 공고의 경우에는 안 것으로 '의제'된다고 본 것이다.51) 이러한 독특한 법리의 근거로 제시된 것은 '처분의 상대방이 불특정 다수인이고, 그 처분의 효력이 불특정 다수인에게 일률적으로 적용된다는 점'이다. 대법원의 이러한 법리로 인하여 고시 또는 공고에 의하여 효력이 발생하는 처분에 있어서는 취소소송의 객관적 제소기간은 적용될 여지가 없게 되었다. 이러한 처분의 경우 '처분이 있은 날 = 처분의 효력발생일 = 처분이 있음을 안 날'이기 때문이다.

---

49) 최계영(2007), 282면.
50) 대법원 1995. 8. 22. 선고 94누5694 전원합의체 판결; 대법원 2006. 4. 14. 선고 2004두3847 판결; 대법원 2017. 6. 8. 선고 2015두38573 판결 등.
51) 최계영(2007), 283면.

(3) 대법원 판례에 대한 비판적 검토

㉮ 대법원은 고시 또는 공고에 의하여 효력이 발생하는 처분에 대해서 단체법적 규율을 하여야 한다는 전제에 선 것으로 보인다. 불특정 다수의 이해관계인이 얽혀 있는 처분에 대해서 이해관계인들이 제각각 처분이 있음을 알게 된 날을 주장하며 그 처분의 취소를 구할 경우 법률관계가 불안정해진다는 점을 우려한 것이다. 그런데 대법원의 이러한 입장은 몇 가지 이유에서 수긍하기 어렵다.

① 처분의 효력발생시기와 제소기간의 기산점은 반드시 같은 시점이어야만 하는 것은 아니다. 고시 또는 공고에 의한 처분은 그 효력발생일에 당연히 처분상대방 전원에게 효력을 미치게 되고, 이해관계인이 취소소송을 제기한다고 하여 원칙적으로 처분의 효력이나 집행이 정지되는 것은 아니다.52) 즉, 효력발생시기가 일률적이어야 한다는 명제가 그 처분이 있은 날에 처분이 있음을 알았다고 의제하여야 한다는 명제로 논리필연적으로 이어지지는 않고, 반드시 그러해야 할 현실적인 필요성이 있다고 보이지도 않는다.

② 행정소송법 제20조 제1항과 제2항에서 '처분 등이 있음을 안 날'과 '처분이 있은 날'을 명확하게 구분하고 있는데, 특별한 규정 없이 처분이 있은 날을 처분이 있음을 안 날로 의제하는 것은 문리해석의 범위를 벗어난다.

③ 고시 또는 공고에 의한 처분의 경우 원고가 처분이 있음을 알았는지, 언제 알게 되었는지를 증명하기는 어렵다. 그러나 당초 이러한 사정을 예상하여 객관적 제소기간을 정하게 된 것이다. 행정소송법이 주관적 제소기간과 객관적 제소기간을 별개로 둔 것은 행정법률관계의 조속한 안정과 이해관계인의 재판청구권 보장을 조화롭게 도모할 수 있도록 하는 취지이다.53) 따라서 처분상대방이 불특정 다수인이기 때문에 발생할 수 있는 법

---

52) 이원(2004), 84면.

률관계의 불안정도 객관적 제소기간의 적용으로 해소되어야 할 문제일 뿐이지, 이해관계인의 재판청구권을 희생시키는 방향으로 제소기간 기산점의 증명문제를 해결할 것은 아니다.

㈏ 사업인정고시의 경우에는 토지보상법 제2조 제4호 및 제5호의 토지소유자 및 관계인이 이해관계인의 범위를 형성한다고 보더라도 크게 무리가 없어 이해관계인의 범위가 비교적 특정된다. 또한, 토지보상법 제22조 제1항에서 국토교통부장관이 사업인정을 하였을 때에는 지체 없이 그 뜻을 토지소유자 및 관계인에게 통지하도록 정하고 있다. 따라서 그 통지가 토지소유자 등에게 도달한 시점에 이들이 사업인정이 있음을 알게 되었다고 추정된다. 즉, 대법원이 고시 또는 공고에 의한 처분에서 처분이 있은 날에 처분이 있음을 알게 되었다고 간주하는 근거가 사업인정의 경우에는 대부분 희석된다.

결국 사업인정고시일부터 객관적 제소기간이 기산되고, 이해관계인이 사업인정의 통지를 받아서 그 존재를 알 수 있게 된 상태에 놓인 날이나 다른 경위로 그 이전에 사업인정의 고시로써 그 존재를 알게 된 날부터 주관적 제소기간이 진행된다고 봄이 타당하다.

4. 수용재결에 대한 취소소송이 있는 경우 소의 이익과 관련청구소송의 병합

가. 소의 이익

사업인정에 대하여 취소소송이 제기된 이후에 수용재결에 대하여 취소소송이 제기된 경우에도 사업인정에 대한 취소소송의 소의 이익이 당연히 부정되지는 않는다. 사업인정과 수용재결은 그 요건과 법률효과가 서로 다르고, 각 처분의 위법사유로 다투어지는 것도 다를 수 있기 때문이다.[54]

---

53) 이원(2004), 89~90면.

그러나 수용재결에 대한 취소소송의 계속 중에 사업인정에 대한 취소소송에서 사업인정을 취소하는 판결이 확정된 경우에는 문제가 다르다. 사업인정이 취소되면 수용재결은 당연히 실효된다. 수용권을 설정하는 처분이 취소되는 터에 그 수용권의 실행을 위한 처분을 존속시킬 여지는 없기 때문이다. 따라서 이러한 경우에는 수용재결에 대한 취소소송은 소의 이익이 없다고 보아야 한다.

반면에, 사업인정에 대한 취소소송 계속 중에 수용재결에 대한 취소소송에서 수용재결을 취소하는 판결이 확정된 경우에는 사업인정에 대한 취소소송의 소의 이익이 없어지는 것이 아니다. 수용재결이 취소되었다고 하여 사업인정이 그 효력을 잃는 것은 아니기 때문이다.

나. 관련청구소송의 병합

어떠한 처분 등에 대한 취소소송과 해당 처분 등과 관련되는 취소소송이 각각 다른 법원에 계속되고 있는 경우에 관련청구소송이 계속된 법원이 상당하다고 인정하는 때에는 당사자의 신청 또는 직권에 의하여 이를 취소소송이 계속된 법원으로 이송할 수 있다(행정소송법 제10조 제1항 제2호). 이러한 관련청구소송의 병합을 위해서는 관련청구의 내용 또는 발생원인이 취소소송의 대상인 처분 등과 법률상 또는 사실상 공통되거나, 그 처분의 효력이나 존부 유무가 관련청구소송의 선결문제로 되는 등의 관계에 있어야 함이 원칙이다.[55]

사업인정과 수용재결은 유기적으로 결합하여 수용절차를 구성하므로 사업인정에 대한 취소소송과 수용재결에 대한 취소소송은 서로 관련청구소송에 해당하여 병합될 수 있을 것이다.

---

54) 같은 취지로, 박균성(2019), 520면 참조.
55) 대법원 2000. 10. 27. 선고 99두561 판결.

5. 사업인정의 재심사

가. 사업인정을 다툴 여건의 현실적·제도적 제한

사업인정고시는 이해관계인 등 사회 일반의 해당 사업 시행 및 수용에 관한 '인지가능성'을 염두에 둔 소극적인 효력발생요건에 불과하여 실제로 해당 사업의 시행에 따라 재산상 이익을 침해당하는 토지소유자 및 관계인이 사업인정처분의 내용을 제대로 인지하여 적절한 조치를 취할 것을 기대하기는 어렵다. 사업인정고시나 관련 통지로 제공되는 정보도 피상적인 것에 불과하여 일반인으로서는 지극히도 법적인 개념인 '사업인정'이 무엇을 의미하는지 제대로 이해하기도 어려울 뿐만 아니라, 그 이해를 도울만한 충분한 정보를 얻기도 힘들다.[56)]

이러한 제도적·현실적 제약 속에서 사업시행지역으로 확정된 토지에 관하여 수용재결이 있게 되면, 대부분의 토지소유자 및 관계인들은 수용재결서 정본을 송달받는 시점에 비로소 해당 사업의 시행으로 인하여 자신의 재산권을 강제로 박탈당한다는 사실을 인지하게 된다. 그런데 토지소유자 등 이해관계인들이 적법한 제소기간 내에 사업인정의 취소를 구하는 소를 제기하지 못한 이상 당연무효가 아닌 한 사업인정의 효력을 다툴 수 없게 된다. 이러한 경우 이해관계인이 불가쟁력이 발생한 사업인정에 공공필요 흠결의 하자가 있다는 이유로 행정청에 사업인정의 직권취소 또는 철회에 대한 재심사를 청구하여 거부처분을 받고서 그 거부처분의 취소를 구하는 소를 제기한다면 어떠한가?

일반적으로 행정처분이나 행정심판 재결이 불복기간의 경과로 인하여 확정될 경우 그 불가쟁력은, 그 처분으로 인하여 법률상 이익을 침해받은 자가 해당 처분이나 재결의 효력을 더 이상 다툴 수 없다는 의미일 뿐, 더 나아가 판결에 있어서와 같은 기판력이 인정되는 것은 아니어서 그 처분의

---

56) 정기상(2020), 270면.

기초가 된 사실관계나 법률적 판단이 확정되고 당사자들이나 법원이 이에 기속되어 모순되는 주장이나 판단을 할 수 없게 되는 것은 아니다.[57] 따라서 위와 같은 거부처분 취소의 소는 사업인정의 불가쟁력에 반하는 것이 아님에 반하여 그 소송과정에서 사업인정의 공공필요 흠결의 하자를 다툴 수 있어 결과적으로 제소기간에 따른 불가쟁력의 제한을 회피할 수 있게 된다.[58] 결국 사업인정 자체가 취소소송의 대상이 되지는 못하지만 재심사 신청에 대한 결정을 매개로 사업인정의 위법성 여부가 간접적으로 취소소송에서 심리될 가능성이 열리게 되는 셈이다.[59]

나. 재심사신청권과 관련한 대상적격의 문제

대법원은 종래 행정청이 국민의 신청에 대하여 한 거부행위가 항고소송의 대상이 되는 행정처분으로 되려면, 행정청의 행위를 요구할 법규상 또는 조리상의 신청권이 국민에게 있어야 하고, 이러한 신청권의 근거 없이 한 국민의 신청을 행정청이 받아들이지 않는 경우에는 그 거부로 인하여 신청인의 권리나 법적 이익에 어떤 영향을 주는 것이 아니므로 이를 항고소송의 대상이 되는 행정처분이라 할 수 없다는 입장을 확고하게 견지하고 있다.[60] 그 연장선에서 제소기간이 이미 도과하여 불가쟁력이 생긴 행정처분에 대하여는 개별 법규에서 그 변경을 요구할 신청권을 규정하고 있거나

---

57) 대법원 1993. 4. 13. 선고 92누17181 판결 이래로 확립된 대법원의 입장이다. 후속판결로는, 대법원 1993. 8. 27. 선고 93누5437 판결, 대법원 1994. 11. 8. 선고 93누21927 판결, 대법원 2000. 4. 25. 선고 2000다2023 판결, 대법원 2004. 7. 8. 선고 2002두11288 판결, 대법원 2008. 7. 24. 선고 2006두20808 판결, 대법원 2015. 11. 27. 선고 2013다6759 판결 등.
58) 이러한 의미에서 재심사제도는 제소기간 제한의 효과를 완화하는 제도적 장치로 기능하게 된다는 설명으로는, 최계영(2008), 227면 참조.
59) 이상덕(2017), 98면.
60) 대법원 1984. 10. 23. 선고 84누227 판결, 대법원 2005. 4. 15. 선고 2004두11626 판결 등.

관계 법령의 해석상 그러한 신청권이 인정될 수 있는 등 특별한 사정이 없
는 한 국민에게 그 행정처분의 변경을 구할 신청권이 있다 할 수 없다고
판시하였다.[61]

위 대법원 판결은 행정처분의 재심사신청권을 '원칙적으로' 인정하지 않
는 입장으로 이해된다. 행정처분의 재심사는 개별 법령에 재심사신청의 요
건, 방법 등에 관하여 구체적인 규정이 없는 경우에 실질적인 의미를 갖는
데, 위 대법원 판결에서는 개별 법령에 신청권이 직접 규정되어 있거나 적
어도 그 법령의 해석상 신청권이 인정될 수 있어야 함을 요구하고 있기 때
문이다. 행정처분의 재심사는 법적 안정성에 치중되지 않도록 정의의 관념
에 입각한 구체적 타당성, 행정의 헌법·법률적합성을 도모하기 위한 기제
인 만큼 개별 법령에 구체적인 근거가 없더라도 '예외적으로' ㉠ 행정처분
의 기초가 된 사실관계나 법상태가 사후적으로 현저하게 변경된 경우, ㉡
행정처분의 위법을 드러내는 현저한 증거가 새롭게 발견된 경우, ㉢ 행정
처분에 중대한 원시적 하자가 있는데도 이를 유지하는 것이 이해관계인에
게 수인한도를 넘는 불이익을 강요하게 되는 경우, ㉣ 이해관계인이 제소
기간을 준수하지 못한 데에 원인을 제공한 행정청이 해당 행정처분의 불가
쟁력을 원용하는 것이 신의칙에 위반되는 경우 등에는 재심사신청권이 인
정될 수 있어야 한다.[62]

대법원도 이러한 점을 의식한 탓인지 예외적으로 조리상 신청권을 인정
하기도 하였다. 공사중지명령의 상대방이 그 명령 이후에 원인사유의 소멸
을 이유로 행정청에 공사중지명령의 철회를 요구할 수 있는 조리상의 신청
권이 있다고 판시하였다.[63] 또한, 개발사업시행자가 개발부담금 부과처분

---

61) 대법원 2007. 4. 26. 선고 2005두11104 판결.
62) 이와 같은 취지로는, 이상덕(2017), 107~109면.
63) 대법원 1997. 12. 26. 선고 96누17745 판결, 대법원 2005. 4. 14. 선고 2003두7590
    판결, 대법원 2007. 5. 11. 선고 2007두1811 판결, 대법원 2014. 11. 27. 선고 2014두
    37665 판결.

후에 학교용지부담금을 납부하여 개발부담금 제도의 본질상 마땅히 공제받아야 할 개발비용을 관계 법령의 규정에 따라 전혀 공제받지 못하는 법률상 불이익을 입게 되었는데 관계 법령에는 그 불복방법에 관한 아무런 규정이 없다면 개발부담금 부과처분 후에 납부한 학교용지부담금에 해당하는 금액에 대하여는 조리상 개발부담금 부과처분의 취소나 변경 등 개발부담금의 환급에 필요한 처분을 신청할 권리를 인정함이 타당하다고 하였다.[64] 공사중지명령에 관한 판결들에서는 ㉠의 사유로 조리상 신청권이 인정된 반면, 개발부담금에 관한 판결에서는 ㉢의 사유로 조리상 신청권이 인정된 것으로 볼 수 있다.

사업인정에 있어 개발부담금에 관한 판결은 중요한 시사점을 제공한다. 공공필요성은 재산권의 강제적 박탈을 용인케 하는 헌법적 근거인데, 공공필요성이 인정되지 않는다는 하자는 사업인정의 중요한 원시적 하자에 해당하고, 헌법적으로 정당화될 수 없는 수용권의 설정을 그대로 유지시키는 것은 재산권 보장의 이념에 정면으로 반하여 토지소유자 등 이해관계인에게 수인한도를 넘는 불이익을 강요하게 되는 결과를 낳는다. 그런데 토지보상법에는 사업인정의 재심사에 관한 아무런 규정이 없다. 따라서 사업인정에 있어 공공필요성의 판단에 하자가 있는 경우 이해관계인은 공공필요의 흠결을 이유로 행정청에 사업인정의 철회 또는 직권취소를 요구할 수 있는 조리상의 신청권이 있다고 보아야 한다.[65]

다. 거부처분의 위법성 판단

법원은 본안으로서 원고가 주장하는 재심사사유의 존재 여부를 심사하여 재심사사유가 존재하지 않는다고 판단한 경우에는 청구기각의 판결을 한다. 재심사사유가 존재한다고 판단하는 경우 곧바로 원고의 청구를 인용

---

64) 대법원 2016. 1. 28. 선고 2013두2938 판결.
65) 정기상(2020), 271~273면.

할 것이 아니라, 재심사사유가 존재하는데도 재심사신청을 거부한 것이 재량권의 일탈·남용에 해당하는지 여부를 검토해야 한다. 재심사청구권은 종전 행정처분의 폐지나 새로운 처분을 요구할 수 있는 청구권이 아니라, 단지 행정청이 종전 행정처분을 유지할지 또는 철회(직권취소)할지에 관하여 다시금 심사해 줄 것을 요구하는 신청권에 불과하여 그 판단에는 여전히 행정청의 재량이 개재되기 때문이다. 결국 이러한 재심사신청 거부처분에 대한 취소소송의 소송물은 당초 행정처분의 위법성이 아니라 그 거부처분의 위법성이므로, 법원의 심리범위는 재심사사유가 존재하지 않는다거나 존재하지만 재심사가 필요하지 않다는 판단으로 한정된다.[66] 재량권의 일탈·남용에 관해서는 앞서 설명한 내용을 여기에 그대로 원용할 수 있다. 재심사신청에 대하여 이를 거부하는 처분을 한 것이 관련 공익과 사익을 비교·형량한 결과 헌법규정, 행정법의 일반원칙 등에 비추어 현저하게 부당하다고 판단되는 경우 법원으로서는 청구인용의 판결을 하여야 할 것이다.

사업인정의 경우에는 신청인이 그 재심사사유로서 주장하는 공공필요성의 흠결이 존재한다고 법원이 판단하는 경우 그 판단과정에서 관련 공익과 사익의 비교·형량이 이루어지게 되어 공공필요의 흠결이라는 사유는 그 자체로 재량권의 일탈·남용에 해당될 여지가 매우 크다. 결국 사업인정의 철회 또는 직권취소를 구할 조리상 신청권의 존부에 관한 대상적격의 판단과 본안에 관한 재심사사유(공공필요 흠결)의 존부 및 재량권의 일탈·남용 여부에 관한 판단은 긴밀하게 엮여서 그 판단요소가 되는 구체적인 사정을 공유하므로 이들 판단은 사실상 동시에 이루어진다고 볼 수 있다.[67]

---

66) 이상덕(2017), 104, 110면.
67) 정기상(2020), 273~274면.

III. 사업인정의제에 있어 사법심사

1. 개요

사업인정의제로써 달성할 수 있는 원활한 사업 시행의 목적은 어디까지나 사업인정의 실체적 요건인 공공필요 판단이 주된 행정처분의 절차 내에서 충분히 이루어지는 것을 전제로 한다. 사업인정의제 아래에서 공공필요의 판단이 제대로 행해지지 않는다면, 이는 단순히 공공필요 통제의 면탈을 위한 제도에 다름 아니기 때문이다.

주된 행정처분에 대하여 공공필요 판단의 흠결을 이유로 한 사법심사를 어떻게 할 것인지를 검토함에 있어서는 ① 주된 행정처분을 행하는 행정청이 어떠한 요건 아래에서 사업인정의제의 법률효과를 얻을 수 있는지, ② 주된 행정처분이 있었으나 공공필요 판단의 흠결이라는 실체적 하자가 있는 경우 주된 행정처분을 취소할 수 있는지, 나아가 주된 행정처분의 수용권 설정 효력(사업인정의제적 효력)만을 배제하는 취지에서 의제된 사업인정을 독립적으로 취소하는 판결을 할 수 있는지, ③ 사업시행자가 주된 행정처분을 구하는 신청을 하였으나 행정청이 공익성 판단에 따라 이를 거부할 경우 그 거부처분의 위법 여부를 어떻게 판단할 것인지 등의 쟁점을 살펴보아야 한다.

2. 사업인정의제에 있어 사업인정의 요건 충족이 필요한지 여부

가. 사업인정의 실체적 요건 충족 필요 – 행정기본법의 적용

사업인정의제에도 인허가의제에 관한 행정기본법 제24조부터 제26조까지의 규정이 적용되나, 다른 인허가의제의 경우와는 다른 특수성을 고려하여 토지보상법에 여러 특칙을 두었음은 앞서 자세히 설명하였다. 행정기본법 제24조에서는 주된 인허가 행정청이 관련 인허가 행정청과의 협의를 통해 관련 인허가의 실체적 요건을 검토하도록 하였다. 공공필요의 판단이 사업인정의 법률효과인 수용권의 설정을 헌법상 정당화하는 기제로 작용함을 고려하면, 응당 사업인정으로 의제되는 주된 행정처분을 행하는 행정청이 사업인정의 요건을 검토하여야 함은 물론이다. 행정기본법 제24조는 이 점을 확인해주고 있는 것이다. 따라서 앞서 사업인정의 실체적 하자를 원인으로 한 사법심사에 관하여 설명한 내용을 사업인정의제의 경우에도 원용할 수 있다.

나. 사업인정의 절차적 요건 충족 필요

공공필요 검증과 관련한 사업인정절차의 핵심은 중앙토지수용위원회화의 협의 및 이해관계인으로부터의 의견청취인데, 2015. 12. 29. 법률 제13677호로 개정된 토지보상법에서 신설된 제21조 제2항의 규정에 따라 [별표]에 규정된 법률에 따라 사업인정이 있는 것으로 의제되는 공익사업의 허가·인가·승인권자 등이 사업인정이 의제되는 지구지정·사업계획승인 등을 하려는 경우 중앙토지수용위원회와 협의하여야 하고, 사업인정에 이해관계가 있는 자의 의견을 들어야 함은 앞서 살펴보았다. 결국 주된 행정처분을 함에 있어 사업인정의 절차적 요건을 충족하여야 하는지 여부에 관한 논란을 입법적으로 해결한 셈이다. 따라서 앞서 사업인정의 절차적 하자를 원인으로 한 사법심사에 관하여 설명한 내용은 사업인정의제의 영역에서도 그대로 적용될 수 있다.[68]

---

68) 정기상(2020), 277~278면.

3. 사업인정의제에 있어 사법심사의 기준

가. 쟁송의 유형

사업인정의제와 관련하여 상정해 볼 수 있는 항고소송의 모습은 주된 행정처분의 발령 여부에 따라 크게 2가지로 나뉜다. 먼저, 행정청이 주된 행정처분을 하여 사업인정의제의 법률효과가 발생하자 이해관계인이 그 사업인정에 따른 수용권 설정의 효력(이른바 사업인정의제적 효력)을 항고소송으로써 다투고자 하는 경우이다. 다음으로, 행정청이 공공필요성에 관한 실체적·절차적 사유(중앙토지수용위원회와의 협의 누락, 공공필요성의 불비 등)로 주된 행정처분에 대한 사업시행자의 신청을 거부하는 처분을 하여 이해관계인이 그 거부처분의 위법을 항고소송으로써 다투고자 하는 경우이다. 위의 2가지 경우는 사업인정의 의제효가 존재하는지 여부를 달리하는 것이어서 그 논의의 전제가 전혀 달라지므로 이를 하나의 틀에 넣고서 살펴볼 수는 없다. 따라서 전자(前者)의 경우에 대해서는 의제된 사업인정이 독립된 항고소송의 대상이 되는지 여부를, 후자(後者)의 경우에 대해서는 공공필요의 판단과 관련된 사유가 주된 행정처분에 미치는 영향을 각각 주된 쟁점으로 검토해야 한다.[69]

나. 의제된 사업인정이 독립된 항고소송의 대상이 되는지 여부

(1) 대법원 판례의 입장

대법원이 의제된 사업인정이 독립된 항고소송의 대상이 되는지 여부에 관하여 명시적으로 판시한 예는 없는 것으로 보인다. 다만 의제된 인허가에 하자가 존재하여 이해관계인이 위법함을 다투고자 하는 경우 의제된 인

---

69) 정기상(2020), 279면.

허가가 독립된 항고소송의 대상이 되는 처분에 해당하는지 여부를 다룬 대법원 판결들70)이 있어 여기서 의제된 처분의 항고소송 대상적격에 관한 대법원의 입장을 추론할 단서를 찾아볼 수 있다.

[대법원 2017두48734 판결]
　사업계획승인으로 의제된 인허가는 통상적인 인허가와 동일한 효력을 가지므로, 그 효력을 제거하기 위한 법적 수단으로 의제된 인허가의 취소나 철회가 허용될 필요가 있다. 특히 업무처리지침 제18조에서는 사업계획승인으로 의제된 인허가 사항의 변경 절차를 두고 있는데, 사업계획승인 후 의제된 인허가 사항을 변경할 수 있다면 의제된 인허가 사항과 관련하여 취소 또는 철회 사유가 발생한 경우 해당 의제된 인허가의 효력만을 소멸시키는 취소 또는 철회도 할 수 있다고 보아야 한다.

[대법원 2016두38792 판결]
　구 주택법(2016. 1. 19. 법률 제13805호로 전부 개정되기 전의 것) 제17조 제1항에 따르면, 주택건설사업계획 승인권자가 관계 행정청의 장과 미리 협의한 사항에 한하여 승인처분을 할 때에 인허가 등이 의제될 뿐이고, 각호에 열거된 모든 인허가 등에 관하여 일괄하여 사전협의를 거칠 것을 주택건설사업계획 승인처분의 요건으로 규정하고 있지 않다. 따라서 인허가의제 대상이 되는 처분에 어떤 하자가 있더라도, 그로써 해당 인허가의제의 효과가 발생하지 않을 여지가 있게 될 뿐이고, 그러한 사정이 주택건설사업계획 승인처분 자체의 위법사유가 될 수는 없다. 또한 의제된 인허가는 통상적인 인허가와 동일한 효력

---

70) 대법원 2018. 7. 12. 선고 2017두48734 판결; 대법원 2018. 11. 29. 선고 2016두38792 판결.

을 가지므로, 적어도 '부분 인허가의제'가 허용되는 경우에는 그 효력
을 제거하기 위한 법적 수단으로 의제된 인허가의 취소나 철회가 허용
될 수 있고, 이러한 직권 취소·철회가 가능한 이상 그 의제된 인허가
에 대한 쟁송취소 역시 허용된다. 따라서 주택건설사업계획 승인처분
에 따라 의제된 인허가가 위법함을 다투고자 하는 이해관계인은, 주택
건설사업계획 승인처분의 취소를 구할 것이 아니라 의제된 인허가의
취소를 구하여야 하며, 의제된 인허가는 주택건설사업계획 승인처분과
별도로 항고소송의 대상이 되는 처분에 해당한다.

　이들 판결에서 대법원이 의제된 인허가가 독립된 항고소송의 대상이 되
는지 여부에 관한 일반적인 법리를 설시하였다고 단정할 수는 없다. 다만
의제된 인허가를 주된 행정처분과는 별개로 항고소송의 대상으로 삼기 위
한 기준 또는 요건을 제시하였다는 점에 주목할 필요가 있다. 대법원은 의
제된 해당 인허가가 다른 의제된 인허가 및 주된 행정처분과 분리될 수 있
는 경우[71] 또는 의제된 인허가 사항을 관련 규정에 따라 변경할 수 있는
경우에 비로소 의제된 인허가에 대한 쟁송취소가 허용된다는 법리를 제시
한 것으로 보인다. 그러나 그 법리를 풀어나가는 과정에서 의제된 인허가
가 존재하는 것인지 여부를 따로 논증의 대상으로 삼지는 않았다. 의제된
인허가는 관련 법령에 따라 '법적으로' 존재하는 것임을 전제로 판단하였
음을 짐작할 수 있다.

---

71) '부분 인허가의제'란 주된 인허가를 할 당시에 협의가 완료된 관련 인허가에 대해서만
　　의제효를 발생시키고, 사후에 순차적으로 협의하여 나머지 관련 인허가에 대한 의제
　　효를 발생시킬 수 있도록 하는 제도를 뜻한다. 즉, 관련 인허가에 대한 협의가 모두
　　완료되지 않은 상태에서도 주된 인허가를 할 수 있도록 하는 것이다. 이에 대해서는,
　　박균성(2018), 699~702면; 박균성·김재광(2018), 100면; 입법이론실무학회(2017), 94
　　면 참조

(2) 의제된 사업인정에 대한 독립 쟁송의 인정

의제된 사업인정을 별도로 독립된 쟁송의 대상으로 삼을 수 있는지에 관한 논의는 따로 형성되어 있지 않고, 관련 행정청이 의제된 인허가만을 직권으로 취소하거나 철회할 수 있는지 여부가 논의되고 있다.

긍정설에서는 행정기본법이 의제된 인허가가 실재한다는 전제에 서 있고, 관련 행정청이 해당 인허가의제의 전 과정에 대한 관할권과 사후 관리·감독권을 가지므로 의제된 인허가만 취소할 수도 있다고 한다.[72]

부정설에서는 의제된 인허가가 실재하는 것이 아니므로 이를 직권 취소하거나 철회할 수 없으며, 의제된 인허가의 실체적 요건에 하자가 있다면 이는 주된 인허가의 취소사유를 구성한다고 한다.[73]

생각건대, 다음과 같은 이유에서 의제된 사업인정만을 독립된 항고소송의 대상으로 삼을 수 있다고 보는 것이 타당하다.

㉠ 주된 행정처분을 하는 행정청도 그 주된 행정절차와는 별도로 중앙토지수용위원회와의 협의, 이해관계인으로부터의 의견청취 등의 절차를 거쳐야 하고, 그 과정에서 공공필요를 검증하게 된다는 점에서 의제된 사업인정의 실체를 부정할 수는 없다고 본다.[74] 즉, 의제된 사업인정은 그 외관과는 관계없이 법률규정에서 정한 의제효에 따라 법적으로 존재하는 셈이다.[75]

㉡ 의제된 사업인정에 대한 이해관계인의 권익 보호의 측면에서 보다라

---

72) 김중권(2018), 525~526면; 정준현(2010), 17면; 의제된 인허가만을 취소해도 행정목적이 달성될 수 있는 경우에는 의제된 인허가만 취소하는 것이 비례의 원칙에 부합하므로 입법적 해결이 있어야 한다는 견해[입법이론실무학회(2017), 163면]도 이와 같은 취지이다.

73) 이광제(2015), 114면; 정태용(2002), 16~17면; 주된 인허가가 남아 있는 상태에서 의제된 인허가에 대한 소송상의 취소청구를 인정하는 것이 이해관계 있는 제3자의 입장에서 별다른 실익이 없고 남소의 위험이 있다고 한다[정해영(2019), 74~75면].

74) 행정기본법도 이러한 전제에서 관련 인허가가 실재한다는 입장을 취한 것으로 보인다.

75) 이와 같은 취지에서 의제된 인허가는 단순히 관념상 의제에 불과한 것이 아니라 규범적으로 실재하는 것으로 보아야 한다는 주장으로는, 박균성(2018), 700면 참조.

도 굳이 사업시행 자체에 관한 주된 행정처분 전체를 다투게 할 실익이 없다. 더욱이나 주된 행정처분과 의제된 사업인정이 서로 결합하여 1개의 법률효과를 완성하는 관계에 있는 것도 아니어서 하자의 승계에 대한 확고한 대법원 판례76)에 의할 때에는 의제된 사업인정의 하자를 곧바로 주된 행정처분의 하자로 평가할 수 없다고 볼 여지도 있다.

  ㉢ 행정소송법 제2조 제1항 제1호에서는 항고소송의 대상인 '처분'을 행정청이 행하는 구체적 사실에 관한 법집행으로서의 공권력의 행사 또는 그 거부와 그 밖에 이에 준하는 행정작용이라고 규정하고 있다. 대법원은 "행정청의 행위가 공권력의 주체로서 행하는 구체적 사실에 관한 법집행으로서 국민의 권리의무에 직접적으로 영향을 미치는 행위인 행정처분에 해당하면 항고소송의 대상이 될 수 있을 것이나, 그에 해당하는지 여부는 추상적·일반적으로 결정할 수 없고 구체적인 경우에 관련 법령의 내용과 취지, 그 행위의 주체·내용·형식·절차, 상대방 등 이해관계인이 입는 불이익과 그 행위의 실질적 견련성(牽連性), 그리고 법치행정의 원리와 당해 행위에 관련한 행정청 및 이해관계인의 태도 등을 참작하여 개별적으로 결정하여야 한다."라는 법리를 제시하였다.77) 의제된 사업인정은 관련 법령에서 정한 의제효에 따라 주된 행정처분에 내재되어 사업인정의 절차적·실체적 요건을 모두 충족하는 전제에서 비로소 그 효력을 발한다고 볼 수 있다. 더욱이나 토지소유자 등 이해관계인으로서는 의제된 사업인정으로 인하여 직접 불이익을 받을 수 있고, 이는 주된 행정처분에 내재된 사업인정과 실질

---

76) 대법원 1994. 1. 25. 선고 93누8542 판결; 대법원 2013. 3. 14. 선고 2012두6964 판결; 대법원 2019. 1. 31. 선고 2017두40372 판결; 이들 판결은 모두 2개 이상의 행정처분이 연속적 또는 단계적으로 이루어지는 경우를 전제로 한 것인데, 사업인정의제는 연속적 또는 단계적으로 이루어지는 경우에 해당하지 않는다고 지적할 수도 있다. 그러나 하자의 승계가 반드시 처분의 연속성 또는 단계성을 필연적 전제로 하는 것이 아니고, 2개 이상의 처분이 병존적으로 엮여있어 하나의 처분에 존재하는 하자가 다른 처분에 미치는 영향을 논하는 경우에도 하자승계의 법리는 그대로 유용하다고 본다.
77) 대법원 2010. 11. 18. 선고 2008두167 전원합의체 판결.

적 견련성을 갖는다. 따라서 의제된 사업인정이 처분의 외형을 갖지 않는 다는 점에 천착하여 항고소송의 대상적격을 쉽사리 부정할 것은 아니다.[78]

(3) 의제된 사업인정에 대한 쟁송취소가 사업의 시행에 미치는 영향

의제된 사업인정에 대한 쟁송취소가 사업의 시행에 미치는 영향은 절대 적이라고 해도 과언이 아니다. 취소의 사유가 절차적 하자인 경우 사업시 행자로서는 토지보상법에서 정한 사업인정의 절차에 따라 사업인정을 받 을 수 있는 여지가 있지만, 그 과정에서 해당 사업의 진행이 지연될 수 있 다. 반면에, 취소의 사유가 실체적 하자로서 해당 수용의 공공필요를 인정 할 수 없는 때에 해당한다면, 이는 시정할 수 없는 하자에 해당하여 해당 사업의 시행이 사실상 곤란하게 될 수 있다. 해당 사업을 위한 수용이 허용 되지 않아서 사업시행자로서는 그 사업에 필요한 토지 등을 모두 협의로만 취득하여야 하는데, 이는 현실적으로 매우 어렵거나 과다한 비용을 발생시 킬 수 있기 때문이다.[79] 결국 사업시행자가 사업인정을 받을 수 없음이 분 명해진 경우에는 해당 사업을 당초 계획대로 수행하는 것이 거의 불가능하 므로, 특별한 사정이 없는 한 주된 행정처분을 한 행정청으로서는 주된 행 정처분을 직권으로 철회하여야 할 것이다.

다. 공공필요 판단에 관련된 사유가 주된 행정처분에 미치는 영향

(1) 의제된 사업인정의 하자로 주된 행정처분을 다투는 경우

㈎ 행정청이 주된 행정처분을 하였는데 의제된 사업인정의 법률효과로 써 자신의 법률상 이익을 침해받았다고 주장하는 제3자가 의제된 사업인정

---

78) 정기상(2020), 281~282면.
79) 이러한 경우에 발생할 수 있는 토지소유자 등의 기회주의적 버티기에 대해서는 이미 제2장에서 설명하였다.

의 하자를 가지고 주된 행정처분의 위법 여부를 다툴 수 있는지 여부가 문제된다.[80]

(나) 대법원이 주택건설사업계획 승인처분에 따라 인허가의제 대상이 되는 처분에 어떤 하자가 있더라도, 그로써 해당 인허가의제의 효과가 발생하지 않을 여지가 있게 될 뿐이고, 그러한 사정이 주택건설사업계획 승인처분 자체의 위법사유가 될 수는 없다고 판시하였음은 앞서 살펴보았다. 대법원이 의제된 인허가의 하자가 '언제나' 주된 행정처분의 위법사유를 구성하지 않는다는 일반적인 법리를 설시한 것인지는 분명하지 않다. 다만 의제된 인허가와 주된 행정처분을 분리할 수 있는 경우에는 의제된 인허가의 하자로써 의제된 인허가 자체를 항고소송의 대상으로 삼을 수 있는 이상 따로 주된 행정처분까지 그와 같은 하자로써 다툴 수 있다고 보지는 않으려는 생각을 엿볼 수 있다.

(다) 그러나 사업인정의제에 있어 의제된 사업인정과 주된 행정처분은 별개의 법률효과를 갖지만, 실질적으로는 서로 긴밀하게 얽혀있다는 특성이 있다. 앞서 살펴본 바와 같이 수용권의 설정이 원활한 사업의 시행에 필수적인 경우가 대부분일 것이기 때문이다. 따라서 의제된 사업인정과 주된 행정처분이 관념상 별개의 목적 또는 법률효과를 갖는다는 것이 곧바로 쟁송대상으로서의 양자의 엄격한 분리·단절을 의미하지는 않는다고 본다. 또한, 의제된 사업인정만을 독립된 항고소송의 대상으로 삼을 수 있다는 것이 필연적으로 그 의제된 사업인정의 하자로써 주된 행정처분을 다툴 수

---

80) 대법원은 일관되게 "행정처분의 직접 상대방이 아닌 제3자라 하더라도 당해 행정처분으로 인하여 법률상 보호되는 이익을 침해당한 경우에는 그 처분의 무효확인을 구하는 행정소송을 제기하여 그 당부의 판단을 받을 자격이 있다 할 것이며, 여기에서 말하는 법률상 보호되는 이익이라 함은 당해 처분의 근거 법규 및 관련 법규에 의하여 보호되는 개별적·직접적·구체적 이익이 있는 경우를 말하고, 공익보호의 결과로 국민 일반이 공통적으로 가지는 일반적·간접적·추상적 이익이 생기는 경우에는 법률상 보호되는 이익이 있다고 할 수 없다."라고 판시하고 있다(대법원 2006. 3. 16. 선고 2006두330 전원합의체 판결 등).

없다는 결론을 이끌어내는 것도 아니다. 의제된 사업인정이 주된 행정처분의 중요한 일부를 구성하는 이상[81] 의제된 사업인정의 하자를 들어 주된 행정처분의 위법을 다툴 수 있다고 보는 것이 타당하다.

이 경우 의제된 사업인정의 하자는 주된 행정처분의 위법을 구성하는 공격방어방법에 불과하다. 즉, 의제된 사업인정의 하자가 인정된다고 하더라도 이로써 당연히 주된 행정처분이 위법하게 되는 것은 아니다. 의제된 사업인정에 존재하는 하자로 인하여 주된 행정처분에 재량권의 일탈·남용이 있다고 인정되는 경우에 비로소 주된 행정처분이 위법하다고 판단할 수 있다.[82] 결국 의제된 사업인정의 하자를 이유로 주된 행정처분에 관한 항고소송이 제기된 경우 법원으로서는 먼저, 원고가 주장하는 의제된 사업인정의 하자가 존재하는지 여부를 살펴본 다음, 그 하자의 존재가 인정되는 경우에는 그 하자로 말미암아 주된 행정처분에 재량권의 일탈·남용이 있는지 여부를 판단하여야 한다.[83] 의제된 사업인정의 하자는 주된 행정처분의 재량권 일탈·남용을 판단하는 요소 중 하나로서 주된 행정처분에 간접적인 영향을 미친다고 이해할 수 있다.[84]

(2) 의제되는 사업인정에 관한 사유로 주된 행정처분을 불허한 경우

(가) 행정청이 의제되는 사업인정에 관한 사유, 즉 공익성의 흠결, 절차적 불비 등을 들어 주된 행정처분을 불허하자, 주된 행정처분의 신청인이 주된 행정처분에 대한 불허처분의 취소를 구하는 소를 제기한 경우 법원은 어떠한 기준으로 심사를 하여야 하는지 문제된다.

---

81) 수용권의 설정이 불가능한데 그대로 해당 사업의 시행을 위한 주된 행정처분을 강행하는 경우는 상정하기 어렵다.

82) 사업인정의제를 정한 여러 법률은 그 근거 규정으로서 '(행정청은) …… 할 수 있다.'라고 정하고 있는데, 그 규정문언의 형식과 내용에 비추어 주된 행정처분이 재량행위에 해당함을 알 수 있다.

83) 의제된 인허가에 있어 이와 같은 논지의 주장으로는, 이용우(2016), 138~141면 참조.

84) 정기상(2020), 282~283면.

(나) 먼저, 의제된 사업인정의 불허처분이 있는 것으로 보아 의제된 사업 인정의 불허처분을 독립된 항고소송의 대상으로 삼을 수 있는지 여부가 다 투어질 수 있다. 주된 행정처분이 존재하는 경우에는 관계 법령에서 정한 의제효에 따라 '법적으로' 사업인정이 존재하게 되지만, 주된 행정처분이 불허된 경우에는 당초 주된 행정처분의 불허처분 이외에 의제된 사업인정 의 불허처분이 존재한다고 볼 근거가 없다. 따라서 의제된 사업인정의 불 허처분은 항고소송의 대상적격이 없다고 보아야 한다. 대법원도 이와 같은 취지에서 아래와 같이 판시하여[85] 주된 행정처분의 불허처분을 다투되 그 소송에서 의제된 사업인정을 불허하는 사유의 위법을 주장할 수 있음을 밝 혔다.[86]

> 구 건축법(1999. 2. 8. 법률 제5895호로 개정되기 전의 것) 제8조 제1 항, 제3항, 제5항에 의하면, 건축허가를 받은 경우에는 도시계획법 제4 조에 의한 토지의 형질변경허가나 농지법 제36조에 의한 농지전용허 가 등을 받은 것으로 보며, 한편 건축허가권자가 건축허가를 하고자 하는 경우 당해 용도·규모 또는 형태의 건축물을 그 건축하고자 하는 대지에 건축하는 것이 건축법 관련 규정이나 도시계획법 제4조, 농지 법 제36조 등 관계 법령의 규정에 적합한지의 여부를 검토하여야 하는 것일 뿐, 건축불허가처분을 하면서 그 처분사유로 건축불허가 사유뿐 만 아니라 형질변경불허가 사유나 농지전용불허가 사유를 들고 있다

---

85) 대법원 2001. 1. 16. 선고 99두10988 판결.
86) 위 대법원 판결의 적용 범위는 주된 인허가의 발급이 거부되어 사업시행자가 거부처 분 취소소송을 제기한 경우에 국한된 것이고, 주된 인허가가 발급되자 그로 인하여 불이익을 받은 이해관계인이 취소소송을 제기하고자 하는 경우 의제된 인허가를 대 상으로 한 항고소송이 허용되지 않는다는 것에까지 이르지는 않는다. 대법원이 일정 한 경우 의제된 인허가를 대상으로 한 항고소송을 허용하고 있음은 앞서 설명하였다.

고 하여 그 건축불허가처분 외에 별개로 형질변경불허가처분이나 농
지전용불허가처분이 존재하는 것이 아니다. 따라서 그 건축불허가처분
을 받은 사람은 그 건축불허가처분에 관한 쟁송에서 건축법상의 건축
불허가 사유뿐만 아니라 도시계획법상의 형질변경불허가 사유나 농지
법상의 농지전용불허가 사유에 관하여도 다툴 수 있는 것이지, 그 건
축불허가처분에 관한 쟁송과는 별개로 형질변경불허가처분이나 농지
전용불허가처분에 관한 쟁송을 제기하여 이를 다투어야 하는 것은 아
니며, 그러한 쟁송을 제기하지 아니하였어도 형질변경불허가 사유나
농지전용불허가 사유에 관하여 불가쟁력이 생기지 아니한다.

㈐ 다음으로, 법원이 행정청이 처분사유로 밝힌 의제되는 사업인정의 불
허사유와 관련하여 신청인이 주장하는 잘못이 존재한다는 점을 확인한 경
우 이로써 곧바로 주된 행정처분이 위법하게 되는지 여부를 살펴볼 필요가
있다.

의제되는 사업인정의 절차적 하자가 있다고 인정되는 경우 이는 대체로
토지보상법 제21조 제2항에서 정한 절차를 흠결한 위법일 것인데, 이러한
절차는 공공필요의 검증을 담보하는 기제로 작용한다는 점에서 적어도 중
앙토지수용위원회와의 협의, 이해관계인으로부터의 의견청취를 흠결한 하
자는 주된 행정처분을 위법하게 하는 사유를 구성한다고 해석하여야 한다.

해당 사업을 위한 수용의 공공필요에 관한 판단에 잘못이 있는 등 의제
되는 사업인정의 실체적 하자가 있다고 인정되는 경우에는 재량권의 일탈·
남용 여부를 검토하여야 한다. 즉, 의제되는 사업인정을 불허하는 사유를
근거로 하여 주된 행정처분을 불허한 것에 재량권을 일탈·남용한 위법이
있는지 여부를 살피는 것이다. 행정청이 해당 사업의 공공필요성 충족 여
부에 관하여 잘못 판단한 경우라면, 행정청은 결국 잘못된 판단을 기초로

주된 행정처분을 한 셈이므로 주된 행정처분은 재량권의 일탈·남용에 해당
된다고 볼 여지가 크다.[87] 재량행위에 있어서 그 재량권 행사의 기초가 되
는 사실인정이나 법률적용에 오류나 잘못이 있는 경우에는 해당 재량행위
는 위법한 것으로 인정될 수 있기 때문이다.[88]

(3) 대법원 판결에 나타난 공공필요 흠결에 관한 사법심사의 기준

(가) 앞서의 설명을 종합해 보면, 공공필요의 흠결이라는 의제된 사업인정
의 실체적 하자를 이유로 한 주된 행정처분의 위법 여부를 심사하는 법원
으로서는, 먼저 해당 사업을 위하여 수용을 허용하는 것이 허용될 수 있는
지 여부를 사업인정의 요건에 따라 검토하여야 한다. 공공필요의 흠결을
인정한 경우 그로 인하여 주된 행정처분에 재량권을 일탈·남용한 위법이
있는지 여부를 확인해 보아야 한다. 재량권의 일탈·남용 여부를 심사할 때
에는, 해당 사업의 목적, 상반되는 이익을 가진 이해관계인들 사이의 권익
균형과 관련 법령의 내용과 취지 등을 종합하여 신중하게 판단하여야 한다.

(나) 그런데 공공필요의 흠결을 관련 법령 규정의 위반으로 구성하여 주
된 행정처분의 당연무효를 선언한 대법원 판결이 있어 눈길을 끈다. 이른바
'제주예래휴양단지' 판결로 불리는 이 판결의 주된 내용은 다음과 같다.[89]

> 구 국토의 계획 및 이용에 관한 법률(2005. 12. 7. 법률 제7707호로
> 개정되기 전의 것, 이하 '국토계획법'이라 한다) 제2조 제6호 (나)목,
> 제43조 제2항, 구 국토의 계획 및 이용에 관한 법률 시행령(2005. 12.
> 28. 대통령령 제19206호로 개정되기 전의 것) 제2조 제1항 제2호, 제3

---

87) 정기상(2020), 285면.
88) 대법원 2004. 5. 28. 선고 2002두5016 판결.
89) 대법원 2015. 3. 20. 선고 2011두3746 판결.

항, 구 도시계획시설의 결정·구조 및 설치기준에 관한 규칙(2005. 12. 14. 건설교통부령 제480호로 개정되기 전의 것, 이하 '도시계획시설규칙'이라 한다) 제56조 등의 각 규정 형식과 내용, 그리고 도시계획시설사업에 관한 실시계획의 인가처분은 특정 도시계획시설사업을 구체화하여 현실적으로 실현하기 위한 것인 점 등을 종합하여 보면, 행정청이 도시계획시설인 유원지를 설치하는 도시계획시설사업에 관한 실시계획을 인가하려면, 그 실시계획에서 설치하고자 하는 시설이 국토계획법령상 유원지의 개념인 '주로 주민의 복지향상에 기여하기 위하여 설치하는 오락과 휴양을 위한 시설'에 해당하고, 그 실시계획이 국토계획법령이 정한 도시계획시설(유원지)의 결정·구조 및 설치의 기준에 적합하여야 한다.

 국토계획법에 정한 기반시설인 '유원지'는 광장, 공원, 녹지 등과 함께 공간시설 중 하나로서 '주로 주민의 복지향상에 기여하기 위하여 설치하는 오락과 휴양을 위한 시설'인 반면, 피고 제주국제자유도시개발센터(이하 '피고 개발센터'라 한다)가 기반시설인 예래유원지를 설치하기 위해 도시계획시설결정을 받은 토지 위에 주거·레저·의료기능이 통합된 휴양형 주거단지 개발사업(이하 '이 사건 개발사업'이라 한다)에 따라 조성하고자 하는 예래휴양형 주거단지(이하 '이 사건 휴양형 주거단지'라 한다)는 국내외 관광객, 특히 고소득 노년층을 유치하여 중장기 체재하도록 함으로써 관광수익을 창출하는 것을 주된 목적으로 하는 시설로서 국토계획법에 정한 기반시설인 '유원지'와는 그 개념과 목적이 다르고, 인근 주민의 자유로운 접근성과 이용가능성이 제한된 채 숙박시설 투숙객의 배타적 이용을 위한 각종 시설의 설치를 내용으로 하고 있어 도시계획시설규칙에 정한 유원지의 구조 및 설치 기준에도 부합하지 아니하는 등 국토계획법령이 정하는 도시계획시설인 유원지에 해당하지 아니한다는 등의 이유를 들어, 이 사건 휴양형 주거단지를 개발하는 내용인 이 사건 도시계획시설사업 실시계획인가 (이하 '이 사건 인가처분'이라 한다)는 위법하다.

국토계획법에 따르면, 도시계획시설사업의 시행자는 도시계획시설사업에 관한 실시계획을 작성하여 행정청의 인가를 받아야 하고(제88조 제2항), 실시계획의 인가 고시가 있으면 도시계획시설사업의 시행자는 사업에 필요한 토지 등을 수용 및 사용할 수 있다(제95조, 제96조). 위와 같은 국토계획법의 규정 내용에다가 도시계획시설사업은 도시 형성이나 주민 생활에 필수적인 기반시설 중 도시관리계획으로 체계적인 배치가 결정된 시설을 설치하는 사업으로서 공공복리와 밀접한 관련이 있는 점, 도시계획시설사업에 관한 실시계획의 인가처분은 특정 도시계획시설사업을 현실적으로 실현하기 위한 것으로서 사업에 필요한 토지 등의 수용 및 사용권 부여의 요건이 되는 점 등을 종합하면, 실시계획의 인가 요건을 갖추지 못한 인가처분은 공공성을 가지는 도시계획시설사업의 시행을 위하여 필요한 수용 등의 특별한 권한을 부여하는 데 정당성을 갖추지 못한 것으로서 법규의 중요한 부분을 위반한 중대한 하자가 있다고 할 것이다.

피고 개발센터는 주거·레저·의료기능이 결합된 세계적 수준의 휴양 주거단지를 조성함으로써 국내외 고소득 노인층 및 휴양관광객을 유치하여 인구유입효과와 더불어 고부가가치 창조 등을 추구함으로써 제주국제자유도시의 개발기반을 구축하는 것을 이 사건 개발사업의 목적으로 표방한 점, 그 연장선에서 피고 개발센터는 이 사건 휴양형 주거단지의 주된 시설로서 휴양숙박시설(콘도미니엄) 및 관광호텔을 설치할 계획이었고 도로, 주차장 등 관리시설과 녹지를 제외하면 편익시설과 특수시설은 보조적 시설에 불과하였던 점, 피고 개발센터가 제출한 개발사업 시행승인 신청서에 첨부된 사업계획서에는 휴양 주거형 숙박시설은 단독형, 빌라형, 콘도형 등의 휴양콘도미니엄으로 조성하여 분양하는 것으로 기재되어 있는 점, 제주도지사는 피고 개발센터에 대한 휴양형 주거단지 개발사업 시행예정자 지정통보를 하면서 "국토계획법에 의하여 도시계획시설 변경 결정(유원지 해제, 축소 등)과 주거단지 조성이 가능한 도시관리계획이 수립 결정되어야 하고, 유원지 개발사업에 의해 추진할 경우 유원지시설이 결정된 구역 내에서 도시계획시설규칙에 적합하게 조성계획이 수립되어야 한다."는 내용의 지정조건을 부가하기도 한 점 등의 사정을 알 수 있다. 위와 같은 여러 사정을 종합하여 보면, 이 사건 휴양형 주거단지는 고소득 노인층 등 특정 계층의 이용을 염두에 두고 분양 등을 통한 영리 추구가 그 시설 설치의 주요한 목적이라고 할 수 있고, 그 주된 시설도 주거 내지 장기체재를 위한 시설로서 일반 주민의 이용가능성이 제한될 수밖에 없을 뿐만 아니라 전체적인 시설의 구성에 비추어 보더라도 일반 주민의 이용은 부수적으로만 가능하다고 보이므로, 도시계획시설규칙 제56조에 정한 '주로 주민의 복지향상에 기여하기 위하여 설치하는 오락과 휴양을 위한 시설'로서 공공적 성격이 요구되는 도시계획시설인 유원지와는 거리가 먼 시설임이 분명하다.

㈐ 대법원은 이 사건 인가처분에 따라 시행되는 사업이 공익성에 부합하지 않는 경우를 해당 법률에서 정한 실시계획의 인가 요건을 갖추지 못한 것으로 평가하여 이 사건 인가처분의 당연무효를 판시하였다. 수용 등의 특별한 권한을 부여하는 이 사건 인가처분이 공익성을 가지지 못하는 도시계획시설사업의 시행을 위하여 행해진다는 것은 그 자체로 정당성을 인정받지 못하여 그 처분에 중대한 하자가 있는 것으로 보아야 한다고 판시한 부분은 특히 인상 깊다.[90] 이러한 생각은 앞서 누차 언급한 헌법재판

---

90) 이에 대하여 사업인정의제의 상황을 도외시하고, 사안을 오로지 국토계획법상의 유원

소 2011헌바129, 172(병합) 결정의 취지와도 맞닿아 있다. 고급골프장이나 휴양형 고급 주거단지 등 일반적인 접근과 이용이 제한되는 시설의 건설을 위한 재산권의 수용을 허용하는 것은 헌법에서 정한 수용의 정당성 요건인 공공필요에 부합하지 않는다는 것이다.

공공필요의 흠결을 중대한 법령 위반으로 구성하였기 때문에 따로 재량권의 일탈·남용을 판단할 필요가 없었다. 이러한 참신한 논리 구성은 재량권의 일탈·남용에 신중할 수밖에 없는 법원의 부담을 덜어주었다. 또한, 공익성이 도시계획시설사업의 필요적 전제임을 다시금 각인시켜 후속 사업들에 경종을 울리는 효과도 있다.

나아가 위 대법원 판결에서는 공익성을 갖추지 못한 사업의 시행을 위한 이 사건 인가처분에 내재된 하자는 객관적으로 명백하다고 보았다. 공익성의 판단에는 재량이 개재되어 있음을 고려할 때 공익성 흠결의 하자에 명백성을 인정하기는 어려울 것인데, 위 판결에서는 국토계획법령 규정의 문언상 유원지의 의미가 분명한데도 합리적인 근거 없이 이 사건 인가처분의 법령상 요건인 공익성이 충족되지 않은 상태에서 위 처분을 한 것이 명백한 하자라는 논리를 구성하였다. 관계 법률규정의 해석에 다툼의 여지가 있어 행정청이 이를 잘못 해석하여 행정처분을 하였더라도 이는 처분의 요건사실을 오인한 것에 불과하여 그 하자가 명백하다고 할 수 없으나, 법령규정의 문언상 처분 요건의 의미가 분명함에도 행정청이 합리적인 근거 없이 그 의미를 잘못 해석한 결과, 처분 요건이 충족되지 않은 상태에서 해당 처분을 한 경우에는 법리가 명백히 밝혀지지 않아서 그 해석에 다툼의 여지가 있는 경우에 해당된다고 볼 수 없다고 설시하였다.[91]

지의 차원에서 접근하는 것은 문제가 있다는 지적이 있으나[김중권(2019), 591면], 의제된 사업인정이 아닌 주된 행정처분인 이 사건 인가처분의 위법을 다투는 소송에서 위 대법원판결의 그러한 논리 구성이 이 사건 처분의 당연무효 사유를 끄집어내는 데에 더욱 유용하였을 것이다.
91) 정기상(2020), 287면.

결국 하자의 중대성과 명백성을 이끌어내는 논리적 단계로서 실시계획의 인가에 관한 법령상의 요건 중 하나가 사업의 공익성이고 그 요건을 갖추지 못한 것은 법령의 중요한 부분을 위반한 것이어서 그 하자는 중대하고 명백하다고 평가한 것이다.[92]

IV. 수용재결에 대한 사법심사

1. 수용재결에 대한 쟁송 가능성의 현실적·제도적 제약

사업인정의 개략적인 내용을 관보에 고시하는 것은 이해관계인 등 사회 일반의 해당 사업 시행 및 수용에 관한 '인지가능성'을 염두에 둔 소극적인 효력발생요건에 불과하여 실제로 해당 사업의 시행에 따라 재산상 이익을 침해당하는 토지소유자 및 관계인이 사업인정처분의 내용을 제대로 인지하여 적절한 조치를 취할 것을 기대하기는 어렵다. 또한, 설령 이들이 관보를 살펴보게 되었다고 하더라도 지극히도 법적인 개념인 '사업인정'이 무엇을 의미하는지 제대로 이해하기도 어려울 뿐만 아니라, 그 이해를 도울 만한 충분한 정보가 제공되지도 않는다.[93]

이러한 문제는 사업인정의제의 경우에 더욱 심화된다. 행정소송법에서

---

92) 이에 대하여 이 사건 인가처분이 위법하다고 하더라도 그 위법이 명백하다고 볼 수 있는지 의문이라는 지적이 있으나[김중권(2019), 591면], 법령의 중요한 내용에 관하여 별달리 견해의 대립이 있지 않은 사항에 대하여 행정청이 그 법령의 적용을 그릇되게 한 것은 명백한 하자에 해당한다고 볼 여지가 크다.

93) 시장·군수 또는 구청장이 국토교통부장관으로부터 사업인정신청서 및 관계 서류를 송부받으면 일정한 사항을 게시판에 공고하고, 그 공고한 날부터 14일 이상 그 서류를 일반인이 열람할 수 있도록 하여야 한다(토지보상법 시행령 제11조 제3항). 그런데 이해관계인이 이러한 게시판의 공고를 확인하기를 기대하기는 현실적으로 어렵다. 고시나 공고는 불특정 다수인에 대한 일률적인 법률효과의 발생을 염두에 둔 제도로서 실상 이해관계인들의 현실적인 인지 필요성을 희생시킨 것이라고 보아도 무리는 아니다.

정한 제소기간 내에 이해관계인이 사업인정의제효를 낳는 주된 행정처분을 인지하여 그 처분의 취소를 구하는 소를 제기하기는 현실적으로 어렵다. 주된 행정처분의 고시만으로는 이해관계인이 이를 제대로 인지할 수 없을 뿐만 아니라, 그 처분이 자신의 토지 등 재산권에 대한 수용과 관련된 것인지 알아내기는 매우 어렵기 때문이다.94) 이러한 제도적·현실적 제약 속에서 대부분의 토지소유자 및 관계인들은 수용재결서 정본을 송달받는 시점에 비로소 해당 사업의 시행으로 인하여 자신의 재산권을 강제로 박탈당한다는 사실을 인지하게 된다. 이에 따라 적법한 제소기간 내에 사업인정의 취소를 구하는 소를 제기하지 못한 토지소유자 및 관계인들은 수용재결의 위법을 주장하며 그 취소를 구하는 소를 제기하고서 그 소송절차 내에서 사업인정의 하자를 주장할 수밖에 없게 된다.

이해관계인의 절차 참여를 제한하는 정보의 불균형에 따른 사업인정처분 등에 대한 취소소송 가능성의 제한(제소기간의 한계), 행정처분 무효사유의 제한적 인정 범위(이른바 중대·명백설), 사업인정과 수용재결의 엄격한 분리(이원화), 양자 간 하자승계의 단절 등은 총체적으로 수용의 공공필요 검증에 있어 사법부의 역할을 축소시켰다. 당초 사업인정 또는 의제된 사업인정의 단계에서만 그 처분의 취소를 구하는 소를 제기하는 방법으로만 수용의 공공필요 흠결을 다툴 수 있을 뿐, 구체적인 문제가 불거진 수용재결의 단계에서는 이를 다툴 방법이 사실상 차단되는 구조에서는 수용의 공공필요 검증에 대한 사법부의 판단이 개재될 여지가 크지 않았다. 사업인정 또는 의제된 사업인정의 하자를 후속 처분인 수용재결의 위법을 다투는 단계에서 주장할 수 있도록 하는 법리를 모색하는 것이 공용수용에 대한 사법적 통제를 넓히는 길이 될 것이다.95)

---

94) 입법론으로서는 주된 행정처분 및 그 고시가 있는 경우에는 처분청이 해당 사업구역 내의 토지 등 소유자들에게 그 처분사실을 통지하면서 해당 사업이 수용절차를 수반할 수 있다는 내용을 알리도록 하는 규정을 토지보상법에 신설할 필요가 있다.

95) 정기상(2020), 288~289면.

2. 하자승계범위의 확대

가. 사업인정과 수용재결 간의 하자승계 여부에 관한 종래의 논의

사업인정의 하자가 수용재결에 승계되는지 여부, 즉 수용재결에 대한 취소소송에서 사업인정의 하자를 수용재결의 위법사유로 주장할 수 있는지 여부에 대해서는 견해가 대립한다.

부정설에서는 사업인정과 수용재결이 별개의 법적 효과를 가져오는 독립된 행위이므로 사업인정의 하자가 수용재결에 승계되지 않는다고 한다. 전통적인 하자승계론에 입각해서 사업인정이 수용권의 설정, 수용재결이 사업시행자의 소유권 취득 등의 서로 다른 법률효과를 낳는다는 점에 주목한다.

긍정설에서는 수용재결이 사업인정을 전제로 서로 결합하여 구체적인 법적 효과를 발생시키므로 사업인정의 하자를 수용재결의 위법사유로 주장할 수 있다고 한다.[96] 사업인정과 수용재결은 본질적으로 공용수용의 요건을 이루는 것으로서 타인 토지의 수용을 위한 일련의 행정결정이라는 점에서 그 목적의 동일성을 부인할 수 없음을 지적한다.[97]

나. 대법원 판례의 입장 – 부정설

대법원이 종래 "토지수용위원회는 행정쟁송에 의하여 사업인정이 취소되지 않는 한 그 기능상 사업인정 자체를 무의미하게 하는, 즉 사업의 시행이 불가능하게 되는 것과 같은 재결을 행할 수는 없다."고 판시하였음은 앞서 설명하였다. 이는 해당 수용에 관한 공공필요 판단을 철저히 사업인정

---

96) 박균성(2019), 521면; 정남철(2018), 97~98면; 홍강훈(2021b), 124면; 석종현 교수는 긍정설과 구별하여 예외적 긍정설을 주장하고 있으나[석종현(2019), 338~339면], 사업인정의 하자가 수용재결에 승계된다는 결론에 있어서 양설의 차이가 없어 보인다.
97) 김해룡(2016), 259면.

단계에 전속시키는 것이 토지보상법의 이념이라는 취지이다.

대법원은 행정처분의 하자승계에 관하여 일관되게 "선행처분과 후행처분이 서로 독립하여 별개의 법률효과를 목적으로 하는 때, 선행처분에 불가쟁력이 생겨 그 효력을 다툴 수 없게 된 경우에는 선행처분의 하자가 중대하고 명백하여 당연 무효인 경우를 제외하고는 선행처분의 하자를 이유로 후행처분의 효력을 다툴 수 없는 것이 원칙"이라는 법리를 설시해오고 있다.[98] 위 법리의 연장선상에서 대법원은 "사업인정단계에서 하자를 다투지 않아서 이미 쟁송기간이 도과한 수용재결단계에서는 사업인정처분에 중대하고 명백한 하자가 있어서 당연무효라고 볼 만한 특단의 사정이 없는한, 그 처분의 불가쟁력에 의하여 사업인정처분의 위법, 부당함을 이유로 수용재결의 취소를 구할 수 없다."라고 판시하였다.[99] 대법원의 이러한 입장은 토지수용절차의 이분화 법리에 의하여 더욱 강화된다. 토지수용절차의 엄격한 이분화 논리에 따르면, 사업인정과 수용재결은 그 작용의 국면을 달리하는 것으로 자연스레 양자의 단절이 초래되기 때문이다.

대법원은 이러한 법리를 사업인정으로 의제되는 처분과 수용재결 간의 하자승계에도 그대로 적용하고 있다. 구 도시계획법상 도시계획결정 또는 도시계획사업인가의 하자,[100] 택지개발촉진법상 택지개발예정지구 지정 또는 택지개발계획 승인의 하자[101] 등이 각각 수용재결에 승계되지 않는다고 판시하였다.

---

98) 대법원 1994. 1. 25. 선고 93누8542 판결; 대법원 1998. 3. 13. 선고 96누6059 판결 등; 하자승계 법리에 입각한 대법원 판례들을 개관한 내용으로는, 선정원(2005), 188 면 이하 참조.

99) 대법원 1987. 9. 8. 선고 87누395 판결; 대법원 1992. 3. 13. 선고 91누4324 판결; 대법원 2008. 4. 11. 선고 2007두9907 판결; 대법원 2019. 6. 13. 선고 2018두42641 판결 등.

100) 대법원 1986. 8. 19. 선고 86누256 판결; 대법원 1988. 12. 27. 선고 87누1141 판결; 대법원 1990. 1. 23. 선고 87누947 판결 등.

101) 대법원 2000. 10. 13. 선고 99두653 판결.

다. 하자승계의 인정

(1) 하자승계 인정의 당위성

앞서 설명한 바와 같이 공공필요의 흠결을 이유로 사업인정 또는 의제된 사업인정이 당연무효로 확인될 경우는 흔치 않을 것이므로, 대법원의 위 판시 법리를 엄격하게 관철할 경우에는 수용재결의 효력을 다투는 단계에서 해당 사업이 공공필요에 부합하지 않는다는 사유를 들어 사업인정처분의 효력을 다투는 길은 실질적으로 차단된다. 그런데 공공필요성이 재산권의 강제적 박탈인 공용수용을 정당화하는 가장 큰 축임을 고려할 때, 사업인정 또는 의제된 사업인정을 다툴 취소소송의 제소기간을 경과하였다는 사유만으로 공공필요가 인정되기 어려운 사업을 위한 수용을 그대로 강행한다는 것은 쉽사리 받아들일 수 없다. 수용권은 그 설정, 구체화, 집행의 모든 단계에서 공공필요의 토대 위에 있어야 한다는 것이 헌법의 이념이기 때문이다. 결국 공익성을 갖추지 못한 사업을 위한 수용은 수용의 어느 단계에서라도 차단되어야 한다.[102]

그런데 대법원이 종래 하자승계에 관하여 설시해온 법리를 통해서도 사업인정의 하자를 수용재결에서 승계하는 이론적 근거를 찾을 수 있다.[103] 단지 대법원이 현실적인 이유로 이를 외면했을 따름이다. 대법원이 하자승계의 예외적인 인정을 위하여 제시한 3가지 법리를 사업인정과 수용재결 간의 하자승계 논의에 대입해보자.

---

102) 정기상(2020), 290면.
103) 공공필요가 수용 절차의 전반에서 견지되어야 함을 고려하면, 수용재결 역시 공공필요의 충족을 존립근거로 하고 그 흠결은 수용재결 자체에 존재하는 하자로 보아야 하므로, 이 문제를 하자승계 논의의 범주에서 바라볼 것은 아니다. 그럼에도 대법원이 이를 하자승계의 문제로 논하고 있으므로, 그 전제를 받아들여 이에 따르더라도 사업인정과 수용재결 간에 공공필요 흠결의 하자가 승계된다고 보아야 함을 밝히고자 한다.

(2) 서로 결합하여 하나의 법률효과를 발생시키는 경우

대법원은 "동일한 행정목적을 달성하기 위하여 단계적인 일련의 절차로 연속하여 행하여지는 선행처분과 후행처분이 서로 결합하여 하나의 법률효과를 발생시키는 경우, 선행처분이 하자가 있는 위법한 처분이라면, 비록 하자가 중대하고도 명백한 것이 아니어서 선행처분을 당연무효의 처분이라고 볼 수 없고 행정쟁송으로 효력이 다투어지지도 아니하여 이미 불가쟁력이 생겼으며 후행처분 자체에는 아무런 하자가 없다고 하더라도, 선행처분을 전제로 하여 행하여진 후행처분도 선행처분과 같은 하자가 있는 위법한 처분으로 보아 항고소송으로 취소를 청구할 수 있다."고 판시하였다.104)

서로 결합하여 하나의 법률효과를 발생시키는 예외는, 표현의 유사성에 비추어 볼 때 프랑스의 복합적 작용 이론(la théorie de l'opération complexe)이 우리나라에 계수된 것으로 보인다.105) '복합적 작용'은 선행행위가 후행행위를 위해 필수적인 것으로서 후행행위를 가능하게 할 목적으로 특별히 규정된 경우106) 또는 최종적인 결과에 이르기 위해 법령에서 연속적인 절차를 예정하고 있고 각각의 준비단계는 오로지 이 목적을 위해서만 의미를 가지는 경우107)를 말한다. 복합적 작용이 인정되는 경우 후행행위를 다투는 소송에서 선행행위의 위법성을 주장할 수 있다.

사업인정과 수용재결의 관계를 살펴보자. 사업인정은 수용권의 설정을, 수용재결은 수용권의 실행을 맡아 유기적으로 얽혀 수용절차를 구성한다. 어느 하나를 결할 경우 수용절차는 완성되지 않는다. 프랑스의 복합적 작

---

104) 대법원 1993. 2. 9. 선고 92누4567 판결; 대법원 1993. 11. 9. 선고 93누14271 판결; 대법원 1996. 2. 9. 선고 95누12507 판결; 다만, 이 법리에 근거하여 하자의 승계를 인정한 경우는 많지 않다. 안경사시험 합격 무효처분과 안경사면허 취소처분, 행정대집행 계고, 대집행영장 통지, 대집행 실행, 비용납부명령 상호간에 하자승계를 인정하였다.

105) 선정원(2018), 384면.

106) Frier/Petit(2017), N° 946.

107) Chabanol(2018), N° 285.

용 이론을 대입해 보면, 사업인정은 수용재결을 위해 필수적이고, 수용이라
는 최종적인 결과에 이르기 위해 이들 처분이 연속적인 절차를 구성하고
있다. 사업인정과 수용재결은 '서로 결합하여 수용이라는 하나의 법률효과
를 발생시키는' 것이다. 그런데도 대법원이 사업인정과 수용재결이 서로
결합하여 하나의 법률효과를 발생시키는 경우에 해당되지 않는다고 명시
적으로 판단한 것에는 의문이 있다. 프랑스 학계에서는 공익선언과 수용결
정을 전형적인 복합적 작용으로 분류하고 있음[108]을 부기해 둔다.

(3) 수인한도론

대법원은 하자승계에 관한 원칙적 법리에 덧붙여 "선행처분과 후행처분
이 서로 독립하여 별개의 효과를 목적으로 하는 경우에도 선행처분의 불가
쟁력이나 구속력이 그로 인하여 불이익을 입게 되는 자에게 수인한도를 넘
는 가혹함을 가져오며, 그 결과가 당사자에게 예측가능한 것이 아닌 경우
에는 국민의 재판받을 권리를 보장하고 있는 헌법의 이념에 비추어 선행처
분의 후행처분에 대한 구속력은 인정될 수 없다."라는 하자승계범위의 예
외적 확장에 관한 법리를 설시해 오고 있다.[109]

---

108) Frier/Petit(2017), N° 946; Chabanol(2018), N° 286.
109) 대법원 1994. 1. 25. 선고 93누8542 판결, 대법원 1998. 3. 13. 선고 96누6059 판결
    등. 선행처분에 존재하는 하자가 후행처분에 미치는 영향에 관하여는 하자승계론 이
    외에도 ① 내부적 관련성을 가지는 경우에는 선행처분의 하자는 더 이상 후행처분의
    단계에서 다투지 못하고, 내부적 관련성이 결여된 경우에는 개별적인 정의실현의 요
    청상 선행처분의 하자가 후행처분에 승계된다고 파악한다는 견해[류지태(1995), 140
    면 이하], ② 행정처분에 판결의 기판력에 준하는 구속력을 인정하여 선행처분과 후
    행처분이 동일한 법적 효과를 추구하는 경우에 불가쟁력이 생긴 선행처분은 후행처
    분에 대하여 일정한 범위에서 규준력 또는 기결력이 생겨 그 범위 안에서는 선행처
    분의 효과와 다른 주장을 할 수 없다는 견해[정하중(2012), 252~254면], ③ 절차의
    신속성이 요구되는 예외적인 경우를 제외하고는, 하자의 승계를 원칙적으로 인정하
    여야 한다는 견해[박정훈(2003), 70면] 등 다양한 견해가 제시되고 있다. 그런데 여
    기서는 대법원의 입장에 기반하여 또는 이를 확대하여 사법심사의 공공필요 검증기
    능을 제고하는 법리적 기틀을 모색하고자 하므로, 대법원이 확고하게 견지하고 있는

426 공용수용의 공공필요 검증론

대법원은 하자승계의 원칙을 관철할 경우에 발생하는 구체적 타당성의 결여라는 문제를 타개하기 위한 논리로서 이른바 수인한도론을 제시하고 있다. 선행처분의 불가쟁력을 인정할 경우 ⑦ 수인한도를 넘는 가혹함을 가져오고, ⓛ 당사자가 그 결과를 예측할 수 없었다면, 후행처분의 위법을 다투는 단계에서 선행처분의 하자를 주장할 수 있도록 한 것이다. 대법원이 수용보상금의 증액을 구하는 소송에서 선행처분으로서 그 수용대상 토지가격 산정의 기초가 된 비교표준지 공시지가결정의 위법을 독립한 사유로 주장할 수 있는지 여부에 관하여 아래와 같이 판시한 예110)는 사업인정의 하자승계에 관한 논의에 많은 시사점을 준다.

> 표준지공시지가결정은 이를 기초로 한 수용재결 등과는 별개의 독립된 처분으로서 서로 독립하여 별개의 법률효과를 목적으로 하지만, 표준지공시지가는 이를 인근 토지의 소유자나 기타 이해관계인에게 개별적으로 고지하도록 되어 있는 것이 아니어서 인근 토지의 소유자 등이 표준지공시지가결정 내용을 알고 있었다고 전제하기가 곤란할 뿐만 아니라, 결정된 표준지공시지가가 공시될 당시 보상금 산정의 기준이 되는 표준지의 인근 토지를 함께 공시하는 것이 아니어서 인근 토지 소유자는 보상금 산정의 기준이 되는 표준지가 어느 토지인지를 알수 없으므로, 인근 토지 소유자가 표준지의 공시지가가 확정되기 전에이를 다투는 것은 불가능하다. 더욱이 장차 어떠한 수용재결 등 구체적인 불이익이 현실적으로 나타나게 되었을 경우에 비로소 권리구제의 길을 찾는 것이 우리 국민의 권리의식임을 감안하여 볼 때, 인근 토지소유자 등으로 하여금 결정된 표준지공시지가를 기초로 하여 장차토지보상 등이 이루어질 것에 대비하여 항상 토지의 가격을 주시하고

하자승계론에서 해결의 실마리를 찾는다.
110) 대법원 2008. 8. 21. 선고 2007두13845 판결.

표준지공시지가결정이 잘못된 경우 정해진 시정절차를 통하여 이를
시정하도록 요구하는 것은 부당하게 높은 주의의무를 지우는 것이고,
위법한 표준지공시지가결정에 대하여 그 정해진 시정절차를 통하여
시정하도록 요구하지 않았다는 이유로 위법한 표준지공시지가를 기초
로 한 수용재결 등 후행 행정처분에서 표준지공시지가결정의 위법을
주장할 수 없도록 하는 것은 수인한도를 넘는 불이익을 강요하는 것으
로서 국민의 재산권과 재판받을 권리를 보장한 헌법의 이념에도 부합
하는 것이 아니다. 따라서 표준지공시지가결정이 위법한 경우에는 그
자체를 행정소송의 대상이 되는 행정처분으로 보아 그 위법 여부를 다
툴 수 있음은 물론, 수용보상금의 증액을 구하는 소송에서도 선행처분
으로서 그 수용대상 토지 가격 산정의 기초가 된 비교표준지공시지가
결정의 위법을 독립한 사유로 주장할 수 있다.111)

　　위 판시내용을 사업인정의 하자승계 논의에 대입해 보자. 사업인정이나
의제된 사업인정의 경우 인근 토지의 소유자나 그 밖의 이해관계인에게는
어떠한 사업이 시행된다는 뜻만이 통지될 뿐이어서 이들 이해관계인이 자
신의 토지 등이 수용된다는 점을 정확히 인지하고 사업인정에 대하여 그
제소기간 내에 취소소송을 제기하도록 기대하는 것은 무리다. 토지소유자

---

111) 이 판결에서는 원심이 수용보상금의 증액을 구하는 소송에서 그 수용대상토지 가격
　　 산정의 기초가 된 표준지공시지가의 위법성을 다툴 수 없다고 판단한 데 대하여 그
　　 판단이 잘못되었음을 지적하였을 뿐, 원고의 청구를 기각한 원심을 그대로 수긍하였
　　 다. 이는 그 판시내용에서도 언급하고 있듯이 원고가 원심에 이르기까지 표준지공시
　　 지가가 낮게 책정되었다고만 주장하였을 뿐 표준지공시지가결정의 하자승계를 인정
　　 하지 않는다면 수인한도를 넘는 불이익이 있다거나 표준지공시지가에 구체적인 위
　　 법사유가 있다는 점에 대하여 아무런 주장도 하지 않았기 때문이다. 이에 대하여 원
　　 고가 위와 같은 사항을 주장·증명하였더라면 원고가 승소할 수도 있었을 것이라는
　　 분석으로는, 임영호(2009), 21~22면 참조.

등 수용재결에 따라 구체적인 불이익이 현실화되었을 때에 비로소 권리구
제의 방안을 모색하게 되고, 자신의 재산권이 수용될 경우를 항상 염두에
두고서 자신들의 토지 인근에서 시행될 사업의 공공필요를 일일이 검증하
도록 요구하는 것은 예측가능성의 한계를 벗어나는 것으로서 부당하다. 토
지소유자 등이 사업인정에 대하여 그 제소기간 내에 취소소송을 제기하여
그 위법을 다투지 않았다는 이유만으로 수용재결의 위법을 다투는 소송에
서 사업인정의 하자를 주장할 수 없도록 하는 것은 수인한도를 넘는 불이
익을 강요하는 것이 된다. 사업인정의 하자가 수용권 설정의 헌법적 정당
화의 근거인 공공필요성에 관한 것이라면, 그 하자를 그대로 덮어두는 것
은 국민의 재산권을 보장한 헌법의 이념에 정면으로 반한다.112) 따라서 사
업인정이 공공필요성이 인정되지 않는 사업을 위하여 행해져서 위법한 경
우에는 수용재결의 위법을 다투는 소송단계에서도 사업인정의 그와 같은
하자를 독립된 사유로 주장할 수 있다고 보아야 한다.113)

(4) 쟁송법적 처분론

최근 대법원은 근로복지공단의 사업종류 변경결정의 처분성이 문제된
사안에서 그 변경결정의 하자가 후속된 국민건강보험공단의 산재보험료
부과처분에 승계되는지 여부를 다루면서 이른바 '쟁송법적 처분' 개념을
등장시켜서 큰 주목을 받았다.114) 비록 쟁송법적 처분에 따른 하자의 승계
문제를 방론으로 다루었을 뿐이고, 이 개념을 받아들인 후속판결이 없기는
하지만, 점차 확대되는 처분 개념에 따른 권리 구제의 공백을 메우고자115)

---

112) 하자의 승계를 인정하기를 주저하게 하는 중요한 요인은 법적 안정성 문제이다. 이
미 불가쟁력이 발생한 처분을 또 다시 다툴 수 있게 할 것인가 하는 문제는 법적 안
정성, 구체적 정의(하자의 종류와 정도), 권리구제의 필요성을 비교형량해서 판단하
여야 한다. 헌법적 요청을 결한 선행처분의 하자는 어느 정도 법적 안정성을 저해한
다는 점을 무릅쓰고라도 그 승계를 인정하여야 할 정도로 중대하다고 새겨야 한다.
113) 정기상(2020), 292~293면.
114) 대법원 2020. 4. 9. 선고 2019두61137 판결.

하자승계의 범위를 넓히려는 의지는 충분히 수긍할 만하다. 이 법리에서
사업인정과 수용재결 간의 하자승계 논의에 참고할 만한 사항이 있는지 검
토해보자.

　근로복지공단이 사업종류 변경결정을 하면서 개별 사업주에 대하여
사전통지 및 의견청취, 이유제시 및 불복방법 고지가 포함된 처분서를
작성하여 교부하는 등 실질적으로 행정절차법에서 정한 처분절차를
준수함으로써 사업주에게 방어권행사 및 불복의 기회가 보장된 경우
에는, 그 사업종류 변경결정은 그 내용·형식·절차의 측면에서 단순히
조기의 권리구제를 가능하게 하기 위하여 행정소송법상 처분으로 인
정되는 소위 '쟁송법적 처분'이 아니라, 개별·구체적 사안에 대한 규율
로서 외부에 대하여 직접적 법적 효과를 갖는 행정청의 의사표시인 소
위 '실체법적 처분'에 해당하는 것으로 보아야 한다. 이 경우 사업주가
행정심판법 및 행정소송법에서 정한 기간 내에 불복하지 않아 불가쟁
력이 발생한 때에는 그 사업종류 변경결정이 중대·명백한 하자가 있어
당연무효가 아닌 한, 사업주는 그 사업종류 변경결정에 기초하여 이루
어진 각각의 산재보험료 부과처분에 대한 쟁송절차에서는 선행처분인
사업종류 변경결정의 위법성을 주장할 수 없다고 봄이 타당하다. 이
경우 근로복지공단의 사업종류 변경결정을 항고소송의 대상인 처분으
로 인정하여 행정소송법에 따른 불복기회를 보장하는 것은 '행정법관
계의 조기 확정'이라는 단기의 제소기간 제도의 취지에도 부합한다.
　다만 근로복지공단이 사업종류 변경결정을 하면서 실질적으로 행정
절차법에서 정한 처분절차를 준수하지 않아 사업주에게 방어권행사
및 불복의 기회가 보장되지 않은 경우에는 이를 항고소송의 대상인 처

---

115) 처분성이 확대되면 제소기간의 적용을 받아 불가쟁력이 발생하는 행정작용의 범위
　　가 넓어지게 된다. 처분성의 확대와 더불어 하자승계의 범위를 확장하지 않으면 폭
　　넓은 권리 구제를 위하여 처분성의 범위를 넓히려 한 당초의 취지가 퇴색될 수 있다.

분으로 인정하는 것은 사업주에게 조기의 권리구제기회를 보장하기
위한 것일 뿐이므로, 이 경우에는 사업주가 사업종류 변경결정에 대해
제소기간 내에 취소소송을 제기하지 않았다고 하더라도 후행처분인
각각의 산재보험료 부과처분에 대한 쟁송절차에서 비로소 선행처분인
사업종류 변경결정의 위법성을 다투는 것이 허용되어야 한다.

대법원은 이 판결에서 '개별·구체적 사안에 대한 규율로서 외부에 대하
여 직접적 법적 효과를 갖는 행정청의 의사표시 = 실체법적 처분', '내용·
형식·절차의 측면에서 단순히 조기의 권리구제를 가능하게 하기 위하여 행
정소송법상 처분으로 인정되는 것 = 쟁송법적 처분'이라고 정의하였다. 강
학상 행정행위와 같은 개념으로 보이는 실체법적 처분 이외에 쟁송법적 처
분 개념을 도입한 것이다. 이러한 개념정의에 따르면 행정소송법상 처분
중 강학상 행정행위의 요건을 충족하는 실체법적 처분을 제외한 나머지 부
분은 쟁송법적 처분에 해당하게 된다.[116] 즉, 쟁송법적 처분은 실체법적 처
분의 요건(개념징표)을 충족하지는 않지만 조기의 권리구제를 위하여 행정
소송법상 처분으로 인정하는 것을 말한다. 이 판결에서는 선행처분이 실체
법적 처분인 경우에는 하자의 승계를 부정하는 반면, 쟁송법적 처분인 경
우에는 하자의 승계를 긍정하고 있다.
대법원은 어떠한 행정작용이 실체법적 처분의 개념징표를 충족하더라도
실질적으로 행정절차법에서 정한 처분절차를 준수하지 않아 처분상대방에
게 방어권행사 및 불복의 기회가 보장되지 않은 경우에는 쟁송법적 처분에
해당하게 된다고 판단하였다. 이러한 법리에 대해서는 여러 비판이 제기되

---

116) 독일식의 최협의의 행정행위를 '실체법적 처분'으로, 확대된 처분 개념을 '소송법적
처분'으로 파악하면서 전자의 경우에만 구속력과 불가쟁력을 인정하여야 한다는 견
해[박정훈(2011), 145면]와 맥락을 같이 한다.

고 있지만,117) 절차적 보장을 받지 못한 처분상대방의 권리 구제 필요성을 고려한 것으로 어느 정도 불가피한 측면이 있었다고 생각한다. 처분상대방에게 절차적 보장이 되지 않아서 실질적으로 선행처분을 다툴 수 없었다면 선행처분의 불가쟁력을 제한할 여지가 생긴다고 보아야 한다.118) 어찌되었든 대법원의 쟁송법적 처분론에 따르면, 처분상대방에게 절차적 보장이 제대로 이루어지지 않은 경우에는 하자의 승계를 인정하게 된다.

쟁송법적 처분론을 사업인정과 수용재결 간의 하자승계 논의에 끌어들이면, 사업인정 절차에서 토지소유자 및 이해관계인이 실질적으로 절차적 보장을 제대로 받지 못한 경우에는 하자의 승계를 인정할 수 있다. 이를테면, 이해관계인으로부터의 의견청취 절차, 통지절차 등에 어떠한 위법이 있는 경우 토지소유자 및 이해관계인은 수용재결의 위법을 다투는 소송에서 사업인정의 공공필요 흠결을 주장할 수 있게 된다.

3. 수용권 남용 이론의 재구성

가. 수용권 남용의 법리

대법원은 사업시행자가 사업인정을 받은 이후 재정상황이 심각하게 악화되어 수용재결 당시 이미 해당 사업을 수행할 능력을 상실한 상태에 있

---

117) 하나의 행정결정이 처분절차를 거치면 실체법적 처분이고 그러한 절차를 거치지 않으면 쟁송법적 처분으로 그 성격이 전화(轉化)된다고 볼 수 있는지 의문이라는 비판[이승민(2021), 280면]과 실체법적 개념징표의 충족 여부와 처분절차의 이행 여부는 별개의 문제이므로, 처분절차의 이행 여부와는 무관하게 실체법적 처분의 개념을 충족하지 못하면 쟁송법적 처분에 해당될 뿐이라는 비판[최계영(2022), 89면]이 유력하게 제기되고 있다.

118) 다만, 판시내용으로는 처분절차에 실질적인 흠결이 있으면 실체법적 처분이 쟁송법적 처분으로 전환된다고 읽히기는 한다. 이러한 절차적 보장의 흠결이 있는 경우 실체법적 처분에 대해서도 예외적으로 하자의 승계를 인정할 수 있다고 보았다면 어땠을까 하는 아쉬움이 있다. 아마도 이러한 예외를 인정하게 되면 종전의 하자승계론과 별반 다를 바 없게 되는 점을 의식한 논리 구성이 아닐까 짐작할 수 있다.

었던 사안에서 '도저히 허용될 수 없는 수용권의 행사'를 차단하기 위하여 수용권의 남용이라는 혁신적인 법리를 제시하였다.119)

이 판결에서 수용권 남용을 인정할 수 있는 경우로 열거된 것은 ㉠ 해당 사업이 공용수용을 할 만한 공익성을 상실한 경우, ㉡ 사업인정에 관련된 자들의 이익이 현저히 비례의 원칙에 어긋나게 된 경우, ㉢ 사업시행자가 해당 공익사업을 수행할 의사나 능력을 상실한 경우이다. 공용수용은 헌법 상의 재산권 보장의 요청상 불가피한 최소한에 그쳐야 한다는 헌법 제23조 의 근본취지에 비추어 볼 때, 이러한 경우에도 여전히 그 사업인정에 기하 여 수용권을 행사하는 것은 수용권의 공익 목적에 반하는 수용권의 남용에 해당하여 허용되지 않는다는 것이다.120)

㉠과 ㉡은 공공필요성이 흠결된 경우를 포괄하는 것으로 수용권의 설정 을 용인할 수 없는 경우이어야 한다는 실체적 요건을 설정한 것으로 볼 수 있다. 그런데 대법원은 공공필요성의 흠결이라는 하자에 시기적 제한을 부 가하였다. '사업시행자가 사업인정을 받은 이후'에 위와 같은 공공필요성의 흠결이 발생한 경우에 비로소 수용권의 남용이 인정된다고 하였다. 수용권 남용 이론의 지나친 확장을 경계한 탓인지 사업인정에 후발적인 하자가 있 는 경우에 제한적으로만 수용권 남용 이론이 적용될 수 있도록 하였다.121)

나. 공공필요 통제기제로서의 수용권 남용 이론의 재구성

사업시행자가 사업인정을 받은 이후에 공공필요 흠결의 하자가 발생한 경우 수용재결이 수용권의 남용에 해당하여 허용되지 않으면, 수용권의 집 행이 차단된 사업인정은 실질적으로 그 효력을 발할 수 없게 된다.122) 이

---

119) 대법원 2011. 1. 27. 선고 2009두1051 판결.
120) 수용권 남용 이론은 사법심사 뿐만 아니라 중앙토지수용위원회의 수용재결과 관련 해서도 중요한 의미를 갖는다. 이 대법원 판결의 개략적인 내용과 의의에 대해서는 앞서 제5장에서 이미 설명하였다.
121) 정기상(2020), 293~294면.

는 사업인정과 수용재결이 공공필요 검증의 절차로서 유기적으로 얽혀서
단계적으로 작용한다는 점에 기인한다. 수용권 남용의 법리는 사업인정과
수용재결의 엄격한 단절에서 벗어나 공공필요 판단 문제를 수용재결단계
에까지 끌어들여 수용재결의 효력을 다투는 방법으로 사법심사에 의한 공
공필요 통제의 영역을 넓히는 이론구성으로 주목할 만하다.[123]

다만 위 대법원판결에서 사업인정에 '후발적 하자'가 발생한 '예외적인'
경우에 한하여 수용권 남용의 법리를 적용할 수 있다는 취지로 판시한 점
은 아쉬운 대목이다. 당초 공공필요를 충족했던 사업이 사업인정 후에 비
로소 공공필요를 흠결하게 되는 사례는 극히 드물 것이다. 대법원이 헌법
제23조의 근본취지를 수용권 남용의 근거로 삼았는데, 그러한 재산권 보장
의 이념은 사업인정의 전후를 묻지 않고 공익성에 터 잡지 않은 수용을 배
제한다는 것을 향하는 이상, 수용권 남용의 적용 범위를 그와 같이 제한할
합리적인 이유를 상정하기는 어렵다고 본다.[124] 또한, 사업인정과 수용재
결은 재산권의 강제적 박탈을 헌법상 정당화할 공공필요의 존재를 전제로
수용권의 설정과 실행이라는 역할을 분담하며 유기적인 관계를 형성하고
있다고 보아야 하고, 양자를 전혀 별개의 단계로 절연시키는 것은 지나치
게 사업시행의 편의에 치중된 관점이고, 반드시 그렇게 보아야 할 명문의
근거가 분명한 것도 아니다. 이 판결의 시기적 제한을 고수할 경우 단적으

---

122) 해당 사업의 공공필요 흠결을 이유로 후행처분인 수용재결의 효력이 없어지면, 그
    하자는 치유할 수 없는 성질의 것이어서 선행처분인 사업인정은 집행할 수 없는 수
    용권을 갖게 되어 실질적인 존재가치를 잃게 된다.

123) 정기상(2014b), 245~246면.

124) 공용수용이 인정되기 위한 공익성 요건은 헌법에서 전제하고 있는 공용수용을 위한
    필수적인 요건으로서 사업인정 또는 의제된 사업인정의 단계에서 뿐만 아니라 실제
    로 수용권이 행사될 때에도 충족되어야 할 요건이므로, 어떤 이유에서든 공익성 요
    건을 충족하지 못한 상태가 되면 이제는 수용권을 행사할 수 없도록 하는 것이 당연
    한 논리적 귀결이라고 할 것이고, 따라서 이러한 사실을 분명하게 하기 위해서도 향
    후 공용수용 법제를 개선하거나 신설하는 경우에는 수용권 실효제도를 함께 규정하
    여야 한다는 주장으로는, 이상수(2016), 21~22면 참조.

로는, 공공필요가 애초에 흠결된 경우의 수용재결은 허용되는데, 공공필요가 후발적으로 흠결된 경우의 수용재결은 허용되지 않는다는 매우 기이한 결론에 이르게 된다.[125]

위와 같은 근거에서 이 판결이 수용권 남용의 실체적 요건으로 설시한 ㉠, ㉡, ㉢의 경우에 해당되면, 그 공익성 흠결의 하자가 발생한 시점과는 관계없이 이를 원인으로 수용재결을 취소할 수 있다고 본다. 대법원이 수용권 남용 이론의 적용 범위를 매우 좁게 인정한 결과 그 법리를 적용하여 수용재결을 취소한 후속판결을 찾아볼 수 없다.[126] 대법원이 사법적 공공필요 검증을 위한 탁월한 법리를 제시하고도 스스로 그 법리를 그대로 골방에 가둬두는 모순적인 결과를 초래한 것은 안타까운 일이다.

---

125) 공공필요가 애초에 흠결된 경우에는 사업인정 또는 의제된 사업인정의 불가쟁력 때문에 '어쩔 수 없는' 것이 아닌가 하는 생각이 들 수도 있다. 그런데 공공필요의 흠결은 수용재결 자체의 하자로 보아야 하고, 하자승계의 관점에서도 헌법적 요청에 반한 수용을 위한 사업인정의 불가쟁력은 제한되어야 함은 앞서 설명하였다. 무엇보다도 수용권 남용의 법리 자체가 그 불가쟁력을 제한하고자 생겨난 것인데, 후발적 흠결의 경우에만 불가쟁력이 제한된다고 볼 이유가 무엇인지 의문이다.

126) 정기상(2020), 295면.

제7장

결 론

공공필요는 개인의 재산권을 강제로 박탈하는 것을 헌법적으로 정당화하는 핵심기제이다. 재산권을 강제로 가져올 수 있다는 편의(便宜)는 수용권의 남용 유인을 자극한다. 특히나 사업시행자가 그 성격상 공익을 추구할 것을 담보하기 어려운 경우에는 더욱 그러하다. 이에 공공필요의 충족과 유지를 끊임없이 검증하는 것이 공용수용을 지탱하는 데에 매우 중요함은 두말할 나위가 없다. 국가권력의 각 주체들은 공용수용을 그 명칭에 걸맞게 운용하도록 할 책임을 기능적으로 분담한다. 앞서 이를 입법적·행정적·사법적 공공필요 검증으로 나누어 살펴보았다. 이들 해당 부분에서 설명한 쟁점은 다양하지만, 각 쟁점들을 관통하는 핵심 직관(直觀)만 정리하면 다음과 같다.

첫째, 공공필요는 공용수용의 제한기제로 기능할 수 있도록 그 의미를 새겨야 한다. 특별히 고양된 공익을 달성하기 위하여 수용을 행하는 것이 불가피한 경우에 비로소 공공필요가 인정된다고 본다. 즉, 공공필요는 특별히 중대한 고양된 공익(공익성)과 강화된 의미의 과잉금지원칙(필요성)이 결합된 개념으로 이해할 수 있다. 특히 필요성과 관련해서는 침해의 최소성 및 법익의 균형성 관점에서 수용권의 남용을 억지한다는 공공필요의 기능을 제고하는 방향으로 관련 심사가 엄격하게 이루어져야 한다.

둘째, 사인이 사업시행자로서 수용의 효과를 향수할 수 있는지 여부는 오랜 기간 동안 격렬한 논란의 대상이 되어왔다. 헌법과 법률에서 이른바 사인수용을 배제할 명문의 근거를 찾을 수 없고, 때론 사인수용을 허용하는 것이 사회 전체의 편익 제고에 더욱 기여할 수 있음을 고려하면 사인수용이 그 자체로 위헌이라고 보기는 어렵다. 그렇다면 사인수용과 관련한 논의의 방향은 영리 추구의 유인이 공공주체보다 더 강할 수밖에 없는 사인의 수용권 남용 가능성을 어떻게 억지할 것인지 하는 쪽으로 향하여야 한다. 사인수용의 경우 공공필요 검증절차가 더 꼼꼼하게 진행되어야 하고, 각 권력주체들은 해당 검증단계에서 사인수용의 내재적 위험요소를 제거 또는 차단할 기준을 유형적으로 마련할 필요가 있다.

셋째, 입법적 공공필요 검증의 핵심은 그 성격상 공공필요를 충족할 수 없는 사업을 추상적으로 수용적격사업의 범주에서 배제시키는 것이다. 이른바 공익사업 법정주의이다. 토지보상법 제4조와 별표 규정에서 공익사업 법정주의를 천명하고 있다. 그런데 별표 규정에 열거된 개별 공익사업의 의미가 지나치게 포괄적이고, 일정한 행정처분에 사업인정의 효과만을 덧씌운 사업인정의제가 폭넓게 인정되는 이상, 공익사업을 제한적으로 열거함으로써 달성하고자 한 공공필요 통제의 입법취지가 다소 퇴색되었음을 지적하고 싶다.

넷째, 토지보상법에서 수용권을 설정하는 처분의 원형으로 제시한 것은 사업인정이다. 그런데 실제로는 토지보상법 이외의 개별 법률에서 정한 일정한 처분에 수용권 설정의 효과를 부여하는 사업인정의제가 폭넓게 인정되고 있다. 애당초 수용권의 설정을 위한 공공필요 검증을 목적으로 하지도 않는 처분에 수용권 설정의 효과를 부여한다는 것이 그 자체로 우려스럽다. 다만, 토지보상법 제21조 제2항에서 사업인정의제의 경우에도 사업인정의 핵심적인 절차인 중앙토지수용위원회와의 협의 및 이해관계인으로부터 의견청취 절차를 거치도록 강제한 것은 그나마 다행스러운 일이다. 이로써 중앙토지수용위원회는 행정적 공공필요 검증에서 주된 역할을 하는 기관으로 자리매김하게 되었다. 다양한 선례의 축적을 통하여 심사기준을 유형화함으로써 수용의 공공필요 검증에서 실질적이고 중요한 역할을 맡을 수 있어야 한다.

다섯째, 공공필요 검증의 최후 보루는 사법심사이다. 대법원이 일관되게 내세운 사업인정과 수용재결의 엄격한 단절 법리가 행정소송법상 제소기간과 맞물리면서 토지소유자 및 이해관계인이 사업의 공공필요 충족 여부를 다툴 수 있는 길이 실질적으로 차단되었다. 수인한도론, 수용권 남용의 법리, 쟁송법적 처분론 등 대법원이 종래 제시하였던 논리에 따르더라도 사업인정의 중대한 하자인 공공필요의 흠결을 수용재결에 대한 쟁송단계에서 다툴 수 있다고 새겨야 한다. 그것이 공공필요의 검증에 대한 사법심사의 역할을 제고하는 가장 중요한 발걸음이다.

참고문헌

〈국내문헌〉

강운산(2013), "법경제학적 연구에 기초한 현행 경제적 유인제도의 문제점과 개선 방안", 환경법연구 제25권 제2호, 한국환경법학회.

강일신(2019a), "과잉금지원칙의 논증방식-침해최소성·법익균형성 심사를 중심으로", 법학연구 제30권 제1호, 충남대학교 법학연구소.

강일신(2019b), "위헌법률심판에서 입법과정의 합리성 심사", 헌법학연구 제25권 제3호, 한국헌법학회.

강준원(2022), "수용 및 보상 제도의 절차적 정당성: 평가와 제고 방안", 법경제학 연구 제19권 제1호, 한국법경제학회.

강태수(2004), "분리이론에 의한 재산권체계 및 그 비판에 대한 고찰", 헌법학연구 제10권 제2호, 한국헌법학회.

강현호(2022), "선행행위의 후행행위에 대한 규준력 및 개발행위허가에 있어서 사법심사", 행정판례연구 제27권 제1호, 한국행정판례연구회.

고영훈(2011), "행정법상의 신뢰보호의 요건과 방법에 대한 비판적 고찰", 법학논총 제28권 제1호, 한양대학교 법학연구소.

고헌환(2017), "재량행위에 대한 행정적 통제와 새로운 방향", 토지공법연구 제80집, 한국토지공법학회.

곽영민(2013), "현행 세법상 영업권 평가제도의 개선방안에 관한 연구", 경영과 정보연구 제32권 제1호, 대한경영정보학회.

국토교통부 중앙토지수용위원회(2018), 2018년 토지수용 업무편람.

국토교통부 중앙토지수용위원회(2022), 2022년 토지수용 업무편람.

국토연구원(2014), 새로운 패러다임의 개발이익환수 개선방안 마련 연구, 국토교통부.

국토연구원(2016), 개발부담금 부과실태 조사 및 개선방안 마련 연구, 국토교통부.

권영성(2010), 헌법학원론 개정판, 법문사.

기획재정부(2020), 2019년도 부담금운용종합보고서.

김광수(2008), "토지비축사업의 사업인정 방안", 토지공법연구 제41집, 한국토지공법학회.

김기영·김갑열(2012), "공익성 확장의 경계에 위치한 공익사업과 사업인정의제", 대한부동산학회지 제30권 제1호, 대한부동산학회.

김기영·이성효(2014), "토지수용에 따른 공익사업인정의제에 관한 연구", 부동산경영 제9호, 한국부동산경영학회.

김남욱(2009), "사인에 대한 수용권 부여의 법적 문제", 토지공법연구 제43집 제1호, 한국토지공법학회.

김남진(1986), "사인을 위한 공용수용", 법학논총 제24집, 고려대학교 법학연구소.

김남진(1992), "토지재산권의 공공적 사용수용", 부동산연구 제2권, 한국부동산연구원.

김남진·김연태(2019), 행정법 II 제23판, 법문사.

김남철(2004), "기업도시에서의 사인을 위한 토지수용의 법적 문제", 토지공법연구 제24집, 한국토지공법학회.

김동희(2019), 행정법 II 제25판, 박영사.

김문현(2004). "재산권의 사회구속성과 공용수용의 체계에 대한 검토", 공법연구 제32집 제4호, 한국공법학회.

김상일·안내영(2011), 도시개발에 따른 개발이익 환수실태 및 제도개선 방향 연구, 서울시정개발연구원.

김상진·한종범(2020), "경제활성화 목적의 토지수용과 공공의 사용 요건에 관한 법적 논의-미국의 판례법을 중심으로-", 법이론실무연구 제8권 제2호, 한국법이론실무학회.

김성수(1996), "행정상 손실보상의 요건으로서 공공의 필요와 특별한 희생의 재조명", 고시계 제41권 제7호, 고시계사.

김성수(2015), "사인을 위한 공용침해와 관련된 판례분석과 입법정책적 과제-공공필요성이 인정되는 체육시설을 중심으로-", 토지공법연구 제71집, 한국토지공법학회.

김성수(2018), 일반행정법 제8판, 홍문사.

김성훈·심교언(2021), "개발부담금 부과기준으로서의 개발이익 산정에 관한 문제점과 개선방안", 일감부동산법학 제23호, 건국대학교 법학연구소.

김승종(2015), "생활보상의 법적 성격에 관한 연구: 대법원 판례에 대한 비판적 검토를 중심으로", 서울법학 제23권 제1호, 서울시립대학교 법학연구소.

김연태(2007), "공용수용의 요건으로서의 '공공필요'", 고려법학 제48호, 고려대학교 법학연구원.

김용섭(1999), "행정심판의 재결에 대한 취소소송", 법조 제48권 제1호. 법조협회.

김용섭(2009), "행정법상 일부취소", 행정법연구 제23호, 행정법이론실무학회.

김용창(2010), "개발이익 환수제도 운영과정의 법적 쟁점과 사법적 판단", 토지공법연구 제48집, 한국토지공법학회.

김용창(2012), "미국 도시개발사업에서 사적 이익을 위한 공용수용: 연방 및 주 대법원 판례를 중심으로", 국토연구 제74권, 국토연구원.

김유환(2005), "행정절차하자의 법적 효과 : 유형론과 절차적 권리의 관점에서의 검토", 한국공법이론의 새로운 전개, 삼지원.

김원보(2017), "사업인정 관련 토지보상법의 개정 내용과 과제", 토지보상법연구 제17집, 한국토지보상법연구회.

김일중 외(2013), 우리나라 수용법제에 대한 법경제학적 검토, 한국개발연구원 공공투자관리센터.

김일중·박성규(2013), "한국의 민간수용에 대한 법경제학적 고찰", 부동산연구 제23집 제3호, 한국부동산연구원.

김일중·변재욱·박성규(2018), "규제수용과 보상 : 장기미집행 공용수용사업들을 중심으로", 법경제학연구 제15권 제1호, 한국법경제학회.

김종보(2001), "공용환권의 개념과 법적 효과", 행정법연구 제31호, 행정법이론실무학회.

김종보(2010), "이주대책의 개념과 특별공급의 적용법조", 행정법연구 제28호, 행정법이론실무학회.

김종보(2011), "도시계획시설의 공공성과 수용권", 행정법연구 제30호, 행정법이론실무학회.

김종보(2018), 건설법의 이해: 건축·도시계획·재건축·재개발·도시개발·주택, FIDES.

김중권(2013), "법률상 근거가 없는 생활대책에 관한 신청거부의 문제 – 대상판결: 대법원 2011. 10. 13. 선고 2008두17905 판결", 토지보상법연구 제13집, 한국토지보상법연구회.

김중권(2018), "의제된 인·허가의 취소와 관련된 문제점-대법원 2018. 7. 12. 선고 2017두48734 판결-", 법조 통권 제731호, 법조협회.

김중권(2019), "도시계획시설사업 실시계획인가의 무효와 관련한 문제점", 법조 제68권 제3호, 법조협회.

김창조(2017), "행정처분의 절차적 하자", 법학논고 제60집, 경북대학교 법학연구원.

김학성·최희수(2021), 헌법학원론 전정5판, 피앤씨미디어.

김학세(2003), "행정쟁송의 제기기간 등에 관한 논의와 최근의 동향", 변호사 제33집, 서울지방변호사회.

김해룡(2002), "새로운 국토계획 관련법제에 대한 평가와 개선방향", 토지공법연구 제15집, 한국토지공법학회.

김해룡(2005a), "기업도시개발에 있어서의 이주 내지 생활대책", 토지공법연구 제29집, 한국토지공법학회.

김해룡(2005b), "토지보상법에서의 사업인정의 의의, 법적 성격 및 권리구제", 고시계 제50권 제2호, 고시계사.

김해룡(2016), "현행 토지수용절차의 문제점과 개선방안", 토지공법연구 제73집 제2호, 한국토지공법학회.

김현귀(2013), "사인을 위한 공용수용의 헌법적 정당성에 대한 비판적 검토", 헌법재판의 새로운 지평:이강국 헌법재판소장 퇴임기념논문집, 박영사.

김형남(2010), "미국행정법상 재량통제의 사법적 통제", 공법학연구 제2권, 한국비교공법학회.

나채준(2013), "정부조직법상 행정위원회제도의 문제점에 대한 재검토", 홍익법학 제14권 제4호, 홍익대학교 법학연구소.

대런 애쓰모글루(Daron Acemoglu)/제임스 A. 로빈슨(James A. Robinson)/최완규 옮김(2012), 국가는 왜 실패하는가, 시공사.

류지태(1995), "개별공시지가 결정행위의 하자의 승계에 관한 판례: 하자승계논의에 관한 새로운 해결시도", 판례연구 제7집, 고려대학교 법학연구소.

류지태(1998), "사업인정의 실효", 고시계 제43권 제7호, 고시계사.

류지태·박종수(2021), 행정법신론 제18판, 박영사.

류철호(2005), "법령상 협의규정에 관한 검토", 법제 통권 제569호, 법제처.

류하백(2005), 토지수용과 기본권 침해, 부연사.

류해웅(2000), "개발이익환수제도의 발전적 전개를 위한 법적 고찰", 토지공법연구 제9집, 한국토지공법학회.

류해웅(2007), "토지보상에 있어서 개발이익 배제에 관한 법제적 고찰", 감정평가연구 제17집 제1호, 한국감정평가연구원.

박경순(2013), "행정절차법상 청문제도 개선방안", 법제 통권 제659호, 법제처.

박균성(1996), "프랑스법상 수용의 요건으로서의 공공필요", 현대행정법학이론: 우재이명구박사화갑기념논문집.

박균성(2006a), "프랑스 행정법상 공익개념", 서울대학교 법학 제47권 제3호, 서울대학교 법학연구소.

박균성(2006b), "프랑스의 공용수용법제와 그 시사점", 토지공법연구 제30집, 한국토지공법학회.

박균성(2017), "행정판례를 통해 본 공익의 행정법적 함의와 기능", 행정판례연구 제22집 제2호, 한국행정판례연구회.

박균성(2018), 행정법론(상) 제18판, 박영사.

박균성(2019), 행정법론(하) 제17판, 박영사.

박균성·김재광(2018), "인·허가의제제도의 재검토", 토지공법연구 제81호, 한국토지공법학회.

박성규(2022), "손실보상액 산정절차와 보상액 결정기준에 관한 연구", 법경제학연구 제19권 제1호, 한국법경제학회.

박성준(2010), "이주대책에 관한 쟁송", 재판자료 제120집, 행정재판실무연구 Ⅲ, 법원행정처.

박세일(1998), "법적 정의와 경제적 효율", 서울대학교 법학 제39권 제1호, 서울대학교 법학연구소.

박정일(2007), "토지보상법상 사업인정에 관한 고찰", 원광법학 제23권 제1호, 원광대학교 법학연구소.

박정훈(2003), "행정소송법 개정의 주요 쟁점", 공법연구 제31집 제3호, 한국공법학회.

박정훈(2011), "항고소송과 당사자소송의 관계", 특별법연구 제9권, 사법발전재단.

박태현(2008), "사인을 위한 공용침해의 재고", 토지공법연구 제40집, 한국토지공법학회.

박평균(2006), "특정인에 대한 행정처분을 주소불명 등의 이유로 송달할 수 없어 관보 등에 공고한 경우, 상대방이 그 처분이 있음을 안 날(=현실적으로 안 날)", 대법원판례해설 제61호, 법원도서관.

박평준(2004), "공용수용의 절차(Ⅰ) 사업인정을 중심으로", 사법행정 제45권 제10호, 한국사법행정학회.

박평준·박창석(2012), 보상행정법, 도서출판 리북스.

박필·성주한(2013), "공익사업용지 취득·보상제도의 문제점 및 개선방안", 부동산경영 제8집, 한국부동산경영학회.

박현정(2019), "공익사업시행자가 실시하는 생활대책의 법적 성격과 사법심사", 법학논총 제36권 제2호, 한양대학교 법학연구소.

변무웅(2010), "행정규칙 특히 고시의 법적 성격", 법과 정책연구 제10집 제1호, 한국법정책학회.

배정범(2021), "행정기본법상 인허가의제 규정에 대한 법적 소고", 법학연구 제24집 제1호, 인하대학교 법학연구소.

백승주(2005), "수용조건으로서 공공필요 및 보상에 관한 연구-유럽연합 및 미국의 법체계상 논의를 중심으로-", 토지공법연구 제27집, 한국토지공법학회.

서보국(2016), "판단여지이론의 재고", 외법논집 제40권 제4호, 한국외국어대학교 법학연구소.

서순탁(2016), "저성장기의 개발이익환수제도 개편방향과 정책과제", 토지공법연구 제73집 제2호, 한국토지공법학회.

서순탁·최명식(2010), "한국과 싱가포르의 개발부담금제 비교연구", 공간과 사회 제33호, 한국공간환경학회.

석종현(2005), "토지보상법상 사업인정에 관한 검토", 토지공법연구 제27집, 한국토지공법학회.

석종현(2019), 신토지공법론 제12판, 박영사.

선병채(2007), "보상평가에 있어 개발이익 배제", 토지연구 통권 제78호, 한국건설기술연구원.

선정원(2005), "하자승계론의 몇 가지 쟁점에 관한 검토", 행정판례연구 제10권, 한국행정판례연구회.

선정원(2018), 행정법의 연구 Ⅰ-행정법의 작용형식, 경인문화사.

성낙인(2022), 헌법학 제22판, 법문사.

성소미(2006), "재건축 개발이익환수에 관한 법적 쟁점", 토지공법연구 제31집, 한국토지공법학회.

성중탁(2014), "매도청구소송에 따른 매매가 산정실무상 개발이익 포함 여부", 감정평가 제114호, 한국감정평가협회.

성중탁(2022), "부동산 개발이익환수제도의 주요 쟁점과 개선방안", 부동산법학 제26집 제1호, 한국부동산법학회.

송동수(2011), "행정기관의 고시의 법적 성질과 권리구제", 토지공법연구 제52집, 한국토지공법학회.

송희성(1994), "재산권의 존속보장과 공공필요의 요건", 고시연구 제21권 제12호, 고시연구사.

신봉기(2001), "수용개념의 이해", 토지공법연구 제12집, 한국토지공법학회.

신봉기(2003), "계획고권 재론", 토지공법연구 제17집, 한국토지공법학회.

안균오·변창흠(2010), "개발이익 환수규모 추정과 개발부담금제도 개선방안 연구", 공간과 사회 제33호, 한국공간환경학회.

유해용(2015), "수익적 행정처분의 취소 제한", 고요한 정의의 울림: 신영철 대법관 퇴임기념 논문집, 사법발전재단.

윤세창·이호승(1994), 행정법(하) 제3개정판, 박영사.

이광제(2015), "인·허가의제 제도의 입법적 대안 연구", 법제 통권 제671호, 법제처.

이규호(2019), "행정행위의 요건과 무효 및 취소가능 행정행위", 사법행정 제60권 제7호, 한국사법행정학회.

이동훈(2016), "헌법 제23조 제3항의 공공필요의 해석론-헌법재판소 2014. 10. 30. 선고 2011헌바129 결정에 대한 판례평석-", 저스티스 통권 제154호, 한국법학원.

이부하(2022), "문화재 보호와 재산권 보장-문화재 보호에 관한 독일 법원의 판결을 고찰하며-", 인권과정의 제505호, 대한변호사협회.

이상덕(2017), "불가쟁력이 발생한 행정처분의 재심사에 관한 법적 규율 : 독일연방행정절차법상 재심사제도의 시사점과 우리 실무 상황의 분석을 중심으로", 사법논집 제63집, 법원도서관.

이상수(2016), "공용수용 법제에서 공공필요성 요건 강화를 위한 제언", 법학연구 제57권 제4호, 부산대학교 법학연구소.

이상천(2015), "행정과정상 협의의 법적 지위에 관한 소고", 법학연구 통권 제44집, 전북대학교 법학연구소.

이선영(2003), "최근 주요 토지법의 개편현황과 공법적 검토", 토지법학 제19권, 한국토지법학회.

이선영(2008), 신토지수용과 보상법론 제2판, 도서출판 리북스.

이선영(2012), "토지권수용 요건의 토지법적 고찰", 토지법학 제28권 제1호, 한국토지법학회.

이세정(2013), 행정절차법 개선을 위한 청문제도 내실화 방안 연구, 한국법제연구원.

이승민(2021), "중간적 행정결정과 항고소송의 대상적격", 저스티스 통권 제184호, 한국법학원.

이영우(2019), "권력분립론에 관한 연구", 토지공법연구 제85집, 한국토지공법학회.

이용우(2016), "인허가의제의 요건 및 이에 대한 사법심사의 기준에 관한 연구", 사법논집 제61집, 법원도서관.

이원(2004), "행정소송법상 취소소송의 제척기간 제한에 관한 법리 -고시·공고에 의한 처분관련 일본과 한국의 판례분석-", 중앙법학 제6집 제1호. 중앙대학교 법학연구소.

이원식(2007), 국토의 계획 및 이용에 관한 법률의 이해, 백산출판사.

이인호(2009), "역 로빈홋 방식의 수용권 행사의 위헌성-헌법 제23조 제3항 공공필요의 해석론", 헌법실무연구 제10권, 헌법재판소.

이재홍(2017), "과잉금지원칙의 논증구조-침해의 최소성 원칙을 중심으로-", 저스티스 통권 제163호, 한국법학원.

이재훈(2017), "사업인정의제사업에 대한 중앙토지수용위원회 의견청취절차와 공익성 판단 -현황 및 운영, 공익성 판단기준, 법적 쟁점, 실효성 제고 등", 토지보상법연구 제17집, 한국토지보상법연구회.

이준일(2009), "헌법상 비례성원칙", 공법연구 제37집 제4호, 한국공법학회.

이준일(2019), 헌법학강의 제7판, 홍문사.

이춘원(2017), "개발이익환수에 관한 검토", 부동산법학 제21집 제2호, 한국부동산법학회.

이형찬(2015), "개발부담금 부과대상사업의 기준 정립을 위한 고찰", 부동산 포커스 제88호, 한국부동산연구원.

이호준 외(2012), "공공수용 적정보상지가에 관한 분석", 한국개발연구 제34권 제3호, 한국개발연구원.

이희준(2020), "도시계획시설사업시행자 지정에 있어 동의요건의 의미", 행정판례연구 제25권 제2호, 한국행정판례연구회.

임영호(2009), "비교표준지공시지가결정의 하자와 수용재결의 위법성", 대법원판례해설 제78호, 법원도서관.

임윤수(2006), "개발이익환수제도에 관한 연구", 법학연구 제21집, 한국법학회.

임윤수·최완호(2014), "개발이익환수제도 개선방안-기부채납을 중심으로", 가천법학 제7권 제1호, 가천대학교 법학연구소.

임지봉(2018), "법률유보원칙과 위임입법의 헌법적 한계 -헌재 2017. 6. 29. 2015헌마654 결정-", 법학논총 통권 제42호, 숭실대학교 법학연구소.

임현(2014), "독일의 공용수용절차", 한국토지공법학회 제96회 학술대회 자료집.

입법이론실무학회(2017), 인·허가의제 제도의 집행실태 및 개선방안에 관한 연구,

법제처.

장영수(2020), 헌법학 제12판, 홍문사.

장은혜(2015), "공용수용에서 사인수용의 법적 문제", 토지공법연구 제71집, 한국토지공법학회.

전광석(2021), 한국헌법론 제16판, 집현재.

정기상(2014a), "사업인정의제의 허와 실-사업시행의 편의와 수용의 절차적 정당성 사이에서", 법경제학연구 제11권 제2호, 한국법경제학회.

정기상(2014b), "수용권 남용에 관한 시론적 고찰", 사법 통권 제27호, 사법발전재단.

정기상(2017a), 공용수용과 손실보상법 실무 연구, 도서출판 유로.

정기상(2017b), "토지보상법의 최근 개정 동향-공용수용에 대한 실질적·절차적 통제의 강화를 중심으로", 사법 통권 제41호, 사법발전재단.

정기상(2019), "수용보상금 증감 청구소송의 심리구조에 대한 고찰", 사법 통권 제48호, 사법발전재단.

정기상(2020), "공용수용에 있어 공익성 검증 강화를 위한 사법심사의 역할제고방안 연구", 사법논집 제71집, 법원도서관.

정기상(2022a), "공용수용에 있어 공공필요의 검증과 헌법재판", 헌법논총 제33집, 헌법재판소.

정기상(2022b), "공용수용에 있어 공익성 검증 제고를 위한 제언: 권력분립의 원칙에 기반하여", 법경제학연구 제19권 제1호, 한국법경제학회.

정기상(2022c), "공용수용의 통제기제로서의 사업인정의 평가 및 개선방안", 법조 제71권 제3호, 법조협회.

정기상(2022d), "사업인정의 실효에 따른 재산권의 보장-재산권의 존속보장과 가치보장 관점에서", 사법 제60호, 사법발전재단.

정기상(2022e), "수용 목적 공익사업의 변환에 있어 재산권 보장을 위한 제언", 헌법재판연구 제9권 제1호, 헌법재판연구원.

정남철(2005), "공용수용의 요건 및 한계에 관한 재검토", 법조 제54권 제5호, 법조협회.

정남철(2009), "공익사업법상 수용제도의 문제점 및 개선방안", 토지공법연구 제45집, 한국토지공법학회.

정남철(2017), "국토계획법제의 현안 및 개선과제", 아주법학 제10권 제4호, 아주대학교 법학연구소.

정남철(2018), "공용수용의 요건인 '공공필요'의 판단기준과 개헌과제", 토지보상법 연구 제18집, 한국토지보상법연구회.

정연주(1990), "공용침해의 허용조건으로서의 공공필요-서독기본법 제14조 3항 1문의 해석을 중심으로-", 연세 법학연구 제1호, 연세대 법학연구소.

정연주(1993), "사인을 위한 공용침해", 석정 허영민 박사 회갑기념 논문집.

정연주(2015), "골프장 설치를 위한 토지수용", 공법연구 제43집 제3호, 한국공법학회.

정연주(2021), 헌법학원론 제2판, 법영사.

정재황(2021), 헌법학, 박영사.

정종섭(2018), 헌법학원론 제12판, 박영사.

정준현(2010), "인·허가의제의 법적 효과에 관한 입법현황", 행정판례연구 제15집 제2호, 한국행정판례연구회.

정태용(2002), "인·허가의제제도에 관한 고찰", 법제 제530호, 법제처.

정하명(2010), "사인수용에 대한 미국 연방정부와 주정부의 법적 대응", 공법학연구 제11권 제4호, 한국비교공법학회.

정하중(2003), "헌법상의 재산권보장체계에 있어서 경계이론과 분리이론", 서강법학연구 제5권, 서강대학교 법학연구소.

정하중(2012), "행정행위의 공정력, 구속력 그리고 존속력", 행정법의 이론과 실제, 법문사.

정하중·김광수(2022), 행정법개론 제16판, 법문사.

정해영(2019), "의제된 인허가의 처분성", 아주법학 제13권 제2호, 아주대학교 법학연구소.

조병구(2012a), "개발이익 배제원칙에 대한 소고", 법경제학연구 제9권 제2호, 한국법경제학회.

조병구(2012b), "이른바 '알박기'에 대한 법경제학적 고찰", 청연논총 제9집, 사법연수원.

조인성(2021), "행정기본법(안)상 인허가 의제제도와 토지행정법상 인허가 의제제도 비교분석", 토지공법연구 제93집, 한국토지공법학회.

제정부(2000), "민간사업시행자에 의한 토지수용 법제", 법제 제507호, 법제처.

최계영(2007), "고시·공고에 의한 처분의 제소기간", 법학논총 제24권 제3호, 한양대학교 법학연구소.

최계영(2008), "행정소송의 제소기간에 관한 연구", 서울대학교 법학박사학위논문.

최계영(2011), "민간기업에 의한 수용", 행정판례연구 제16권 제1호, 한국행정판례 연구회.

최계영(2022), "하자의 승계와 쟁송법적 처분", 행정판례연구 제27집 제1호, 한국행 정판례연구회.

최완호·장희순(2011), "부동산 개발이익환수제도의 개선방안", 부동산학보 제45집, 한국부동산학회.

최우용(2009), "지방행정체제개편과 자치권보장에 관한 공법적 고찰", 공법학연구 제10권 제4호, 한국비교공법학회.

최용전(2016), "도시정비법상의 정비계획수립 및 정비구역지정권한 이양에 관한 연 구", 토지공법연구 제75집, 한국토지공법학회.

최정일(2012), "독일에서의 수용유사침해보상의 법리와 그것의 한국법제에의 수용 가능성에 관한 고찰", 행정법연구 제34호, 행정법이론실무학회.

최진수(2009), "개발이익환수제도의 유형과 위헌심사기준에 관한 소고", 성균관법 학 제21권 제1호, 성균관대학교 법학연구소.

표명환(2003), "독일기본법상의 재산권의 내용규정과 수용", 공법연구 제31집 제3 호, 한국공법학회.

표명환(2012), "헌법상 재산권의 내용규정과 헌법재판소의 보장 법리에 관한 고찰- 입법자의 역할과 헌법재판소의 통제를 중심으로-", 법학연구 제46집, 한국 법학회.

하명호(2008), "처분에 있어서 절차적 하자의 효과와 치유", 행정소송 Ⅱ, 한국사법 행정학회.

하명호(2020), 행정법 제2판, 박영사.

한국토지공법학회(2017), 토지수용 대상 사업의 합리적 조정 및 공익성 강화를 위 한 법제도적 개선방안 연구, 국토교통부.

한수웅(1996), "재산권의 내용을 새로이 형성하는 법규정의 헌법적 문제", 저스티 스 제32권 제2호, 한국법학원.

한수웅(2021), 헌법학 제11판, 법문사.

한재명·최진섭(2020), 사회기반시설 투자에 따른 개발이익 환수제도 개선방안, 한 국지방세연구원.

허강무(2012), "공익사업 생활대책의 의미와 정당보상원리", 행정판례연구 제17권 제2호, 한국행정판례연구회.

허강무(2013), "도시계획시설사업의 수용 및 보상에 관한 법적 쟁점", 행정법연구 제35호, 행정법이론실무학회.

허강무(2018), "공익사업의 공익성 감화를 위한 입법정책 개선방안", 가천법학 제 11권 제4호, 가천대학교 법학연구소.

허영(2021), 헌법이론과 헌법 신9판, 박영사.

허완중(2012), "헌법 제23조 제1항과 제3항의 구별", 재산권 보장과 위헌심사, 헌법 재판연구원.

홍강훈(2013), "분리이론·경계이론을 통한 헌법 제23조 재산권조항의 새로운 구조 적 해석", 공법연구 제42집 제1호, 한국공법학회.

홍강훈(2016a), "원칙(Prinzip)과 규율(Regal)의 엄격한 구분에 근거한 기속행위와 재량행위의 새로운 구별기준", 공법학연구 제17권 제3호, 한국비교공법 학회.

홍강훈(2016b), "헌법 제37조 제2항의 공공복리와 제23조 제3항의 공공필요의 관계 에 관한 연구-헌재 2014. 10. 30. 2011헌바172등 결정에 대한 평석", 공법 연구 제45집 제1호, 한국공법학회.

홍강훈(2021a), "소송물이론 및 소권실효에 근거한 하자승계의 새로운 해결방안 - 하자승계의 소송법적 해결론-", 공법연구 제49집 제4호, 한국공법학회.

홍강훈(2021b), "하자승계 문제의 소송법적 해결론에 따른 하자승계 관련 대법원 판례들의 문제점 분석 및 비판", 공법연구 제50집 제2호, 한국공법학회.

홍정선(2019a), 행정법원론(상) 제27판, 박영사.

홍정선(2019b), 행정법원론(하) 제27판, 박영사.

홍준형 외(1996), 행정절차법 제정연구, 법문사.

황창근(2016), "공공필요의 소멸과 환매권의 보장", 가천법학 제9권 제1호, 가천대 학교 법학연구소.

황치연(2012), "과잉금지원칙", 헌법재판 주요선례연구Ⅰ, 헌법재판소.

〈영미문헌〉

Alexander, Gregory S.(2006), *The Global Debate over Constitutional Property: Lessons for American Takings Jurisprudence*, The University of Chicago

Press.

Barry, Brian(2011), *Political Argument(Routledge Revivals)*, Routledge.

Bell, Abraham(2009), "Private Takings", *University of Chicago Law Review* Vol.76(2).

Bell, Abraham/Gideon Parchomovsky(2006), "The Uselessness of Public Use", *Columbia Law Review* Vol.106.

Bell, Abraham/Gideon Parchomovsky(2007), "Taking Compensation Private", *Stanford Law Review* Vol.59(4).

Bell, John(1993), "Public Interest: Policy of Principle?" in Roger Brownsword(ed.), *Law and the Public Interest : Proceedings of the 1992 ALSP Conference*, Franz Steiner Verlag Wiesbaden GmbH.

Benson, Bruce L.(2005), "The Mythology of Holdout as a Justification of Eminent Domain and Public Provision of Roads," *The Independent Review* Vol.10(2).

Blume, Lawrence/Daniel L. Rubinfeld(1984), "Compensation for Takings: An Economic Analysis," *California Law Review* Vol. 72(4).

Boukaert, Boudewijn/Gerrit De Geest(1995), "Private Takings, Private Taxes, Private Compulsory Services: The Economic Doctrine of Quasi Contracts", *International Review of Law and Economics* Vol.15(4).

Calandrillo, Steve P.(2003), "Eminent Domain Economics: Should 'Just Compensation" Be Abolished, and Would "Takings Insurance" Work Instead?", *Ohio State Law Journal* Vol.64(2).

Çoban, Ali Riza(2004), *Protection of Property Rights Within the European Convention on Human Rights*, Ashgate.

Coyne, Thomas J.(1985), "Hawaii Housing Authority v. Midkiff: A Final Requiem for the Public Use Limitation on Eminent Domain?", *Notre Dame Law Review* Vol.60(2).

Dana, David A.(2007), "Reframing Eminent Domain: Unsupported Advocacy, Ambiguous Economics, And The Case For a New Public Use Test", *Vermont Law Review* Vol.32.

Durham, James Geoffrey(1985), "Efficient Just Compensation as a Limit on Eminent Domain", *Minnesota Law Review* Vol.69.

Eberle, Edward J.(1987), "Procedural Due Process: The Original Understanding", *Constitutional Commentary* Vol.4(2).

Echeverria, John D.(2020), "What Is a Physical Taking?", *UC Davis Law Review* Vol.54.

Epstein, Richard A.(1985), *Takings: Private Property and The Power of Eminent Domain*, Harvard University Press.

Epstein, Richard A.(1993), "Holdouts, Externalities, and the Single Owners: One More Salute to Ronald Coase", *The Journal of Law & Economics* Vol.36(1).

Epstein, Richard A.(2012), "Physical And Regulatory Takings: One Distinction Too Many", *Stanford Law Review* Vol.64.

Fischel, William A.(2004), "The Political Economy of Public Use in Poletown: How Federal Grants Encourage Excessive Use of Eminent Domain", *Michigan State University Law Review* 2004.

Fischel, William A./Perry Shapiro(1988), "Takings, Insurance, and Michelman: Comments on Economic Interpretations on 'Just Compensation' Law", *Journal of Legal Studies* Vol.17.

Freeman, R. Edward(1984), *Strategic Management: A Stakeholder Approach*, Pitman.

Garnett, Nicole Stelle(2003), "The Public-Use Question as a Takings Problem", *George Washington Law Review* Vol.71(6).

Garnett, Nicole Stelle(2007), "Planning as Public Use?", *Ecology Law Quarterly* Vol.34(2)

Glazer, Amihai/Lawrence S. Rothenberg(2005), *Why Government Succeeds and Why It Fails,* Harvard University Press.

Heller, Michael/Roderick M. Hills Jr.(2008), "Land Assembly Districts ", *Harvard Law Review* Vol.121(6).

Hoting, Shaun(2009), "The Kelo Revolution", *University of Detroit Mercy Law Review* Vol.86.

Hudson, D. Zachary(2010), "Eminent Domain Due Process", *Yale Law Journal* Vol.119(6).

Jones, Stephen J.(2000), "Trumping Eminent Domain Law: An Argument for Strict Scrutiny Analysis Under the Public Use Requirement of the Fifth Amendment", *Syracuse Law Review* Vol.50(1).

Jung, Kisang(2017), "Overall Due Process in Takings in Korea" in Iljoong Kim et al.(eds.), *Eminent Domain : A Comparative Perspective*, Cambridge

University Press.

Kelly, Daniel B.(2006), "The Public Use Requirement in Eminent Domain Law: A Rationale Based on Secret Purchases and Private Influence", *Cornell Law Review* Vol.92(1).

Kowal, Tim(2006), "The Restitutionary Approach to Just Compensation," *Chapman Law Review* Vol.9.

Krier, James/Christopher Serkin(2004), "Public Ruses," *Michigan State Law Review* 2004.

Kulick, Peter J.(2000), "Rolling the Dice: Determining Public Use in Order to Effectuate a Public-Private Taking: A Proposal to Redefine Public Use", *Law Review of Michigan State University-Detroit College of Law* Vol.3.

Landry, Mark C.(1985), "The Public Use Requirement in Eminent Domain-A Requiem", *Tulane Law Review* Vol.60.

Lee, Hojun(2017), "Public Interest Criteria and Korea's Scrutiny System" in Iljoong Kim et al.(eds.), *Eminent Domain : A Comparative Perspective*, Cambridge University Press.

Lehavi, Amnon/Amir N. Licht(2007), "Eminent Domain, Inc.", *Columbia Law Review* Vol.107(7).

Lewis, Racher A.(2005), "Strike that, reverse it: Country of Wayne V. Hathcock: MIichigan redefine implementing Economic Development through Eminent Domain", *Villanova Law Review* Vol.50(2).

Lindsay, Jonathan et al.(2017), "Compulsory Land Acquisition in Developing Countries : Shifting Paradigm or Entrenched Legacy?" in Iljoong Kim et al.(eds.), *Eminent Domain : A Comparative Perspective*, Cambridge University Press.

McHarg, Aileen(1999), "Reconciling Human Rights and the Public Interest: Conceptual Problems and Doctrinal Uncertainty in the Jurisprudence of the European Court of Human Rights", *The Modern Law Review* Vol.62(5).

Merrill, Thomas W.(1986), "The Economics of Public Use", *Cornell Law Review* Vol.72.

Merrill, Thomas W.(2005), "poletown Overruled: Recent Michigan Case Tightens the Reins on the Public Use Requirement-The Misplaced Flight to Substance", *Probate and Property* Vol.19(2).

Merrill, Thomas W./Henry E. Smith(2007), "The Morality of Property," *William & Mary Law Review* Vol.48(5).

Miceli, Thomas J.(2011), *The Economic Theory of Eminent Domain: Private Property, Public Use,* Cambridge University Press.

Miceli, Thomas J./Kathleen Segerson(2007), "A Bargaining Model of Holdouts and Takings," *American Law and Economics Review* Vol.9(1).

Michelman, Frank I.(1967), "Property, Utility, and Fairness: Comments on the Ethical Foundations of 'Just Compensation' Law", *Harvard Law Review* Vol.80(6).

Moss, Kary L.(1995), "The Privatizing of Public Wealth", *Fordham Urban Law Journal* Vol.23(1).

Munch, Patricia(1976), "An Economic Analysis of Eminent Domain", *Journal of Political Economy* Vol.84(3).

Munzer, Stephen R.(1990), *A Theory of Property*, Cambridge University Press.

Niemann, Paul/Perry Shapiro(2008), "Efficiency and Fairness: Compensation for Takings," *International Review of Law and Economics* Vol.28(3).

Park, Sungkyu(2017), "Distribution of Development Surplus in Takings" in Iljoong Kim et al.(eds.), *Eminent Domain : A Comparative Perspective*, Cambridge University Press.

Posner, Richard A.(2006), "Judicial Autonomy in a Political Environment," *Arizona State Law Journal* Vol.38(1).

Posner, Richard A.(2007), *Economic Analysis of Law 7th edition*, Wolters Kluwer.

Pritchett, Wendell E.(2003), "The "Public Menace" of Blight: Urban Renewal and the Private Uses of Eminent Domain", *Yale Law & Policy Review* Vol.21(1).

Pritchett, Wendell E.(2006), "Beyond Kelo: Thinking About Urban Development in the 21st Century", *Georgia State Law Review* Vol.22.

Radin, Margaret Jane(1982), "Property and Personhood", *Stanford Law Review* Vol.34(5).

Rice, James M.(2017), "The Private Nondelegation Doctrine: Preventing the Delegation of Regulatory Authority to Private Parties and International Organizations", *California Law Review* Vol.105.

Rubenfeld, Jed(1993), "Usings", *Yale Law Journal* Vol.102(5).

Sax, Joseph L.(1971), "Takings, Private Property and Public Rights," *Yale Law Journal*

Vol.81(2).

Schäfer, Hans-Bernd(2017), "Taking Law From an Economic Perspective with Reference to German Law" in Iljoong Kim et al.(eds.), *Eminent Domain : A Comparative Perspective*, Cambridge University Press.

Schauer, Frederick(2006), "The Court's Agenda － And the Nation's", *Harvard Law Review* Vol.120(1).

Shavell, Steven(2004), *Foundations of Economic Analysis of Law*, Harvard University Press.

Shavell, Steven(2010), "Eminent Domain versus Government Purchase of Land Given Imperfect Information About Owners," *The Journal of Law and Economics* Vol.53.

Somin, Ilya(2009), "The Limits of Backlash: Assessing the Political Response to Kelo", *Minnesota Law Review* Vol.93(6).

Somin, Ilya(2011), "Let There Be Bight: Blight Condemnations in New York After Goldstein and Kaur", *Fordham Urban Law Journal* Vol.38(4).

Sullivan, Kathleen M./Gerald Gunther(2016), *Constitutional Law 19th edition*, Foundation Press.

Sunstein, Cass R.(1987), "Lochner's Legacy", *Columbia Law Review* Vol.87(5).

Taylor, Elizabeth A.(1996), "The Dudley Street Neighborhood Initiative and the Power of Eminent Domain", *Boston College Law Review* Vol.36(5).

Treanor, William Michael(1985), "The Origins and Original Significance of the Just Compensation Clause of the Fifth Amendment", *Yale Law Journal* Vol.94.

Weisbrod, Burton A. et al.(1978), *Public Interest Law - An Economic and Institutional Analysis*, University of California Press.

Williams, C. Matthew(2009), "Restitution, Eminent Domain, and Economic Development: Moving to a Gains-Based Conception of the Takings Clause," *The Urban Lawyer* Vol.41(1),

〈독일문헌〉

Battis, Ulrich et al.(2014), *BauGB-Baugesetzbuch Kommentar*, 12.Aufl., C.H. Beck.

Detterbeck, Steffen(2011), *Allgemeines Verwaltungsrecht mit Verwaltungsprozessrecht*, 9.Aufl., C.H. Beck.

Hanne, Wolfgang(2021), *Das öffentliche Baurecht in der Praxis*, 2.Aufl., Wolters Kluwer.

Heinz, Kersten/Klaus Schmitt(1992), *Vorrang des Primärrechtsschutz und ausgleichspflichtige Inhaltsbestimmung des Eigentums*, NVwZ.

Hesse, Konrad(1985), *Grundzüge des Verfassungsrechts der Bundesrepublik Deutschland*, 15.Aufl., C.F. Müller.

Jackisch, Axel(1996), *Die Zulässigkeit der Enteignung zugunsten Privater*, Peter Lang.

Jarass, Hans D. et al.(2022), *GG-Grundgesetz für die Bundesrepublik Deutschland Kommentar*, 17.Aufl., C.H. Beck.

Maunz, Theodor/Günter Dürig(2009), *Grundgesetz Kommentar*, 53.Aufl., C.H. Beck.

Maurer, Hartmut(2011), *Allgemeines Verwaltungsrecht*, 18.Aufl., C.H. Beck.

Ossenbühl, Fritz/Matthias Cornils(2013), *Staatshaftungsrecht*, 6.Aufl., C.H. Beck.

Riedel, Daniel(2012), *Eigentum, Enteignung und das Wohl der Allgemeinheit*, Duncker & Humblot.

Schmidbauer, Wilhelm(1989), *Enteignung zugunsten Privater*, Duncker & Humblot.

Schenke, Wolf-Rüdiger(2017), *Verwaltungsprozessrecht*, 15.Aufl., C.F. Müller.

Wolff, Hans J. et al.(2010), *Verwaltungsrecht* Ⅱ, 7.Aufl., C.H. Beck.

Wolff, Hans J. et al.(2017), *Verwaltungsrecht* Ⅰ, 13.Aufl., C.H. Beck.

Wüstenbecker, Horst(2010), *Verwaltungsrecht AT 2 mit Staatshaftungsrecht*, 12.Aufl., Alpmann & Schmidt.

〈프랑스문헌〉

Auby, Jean-Marie et al.(2016), *Droit administratif des biens* 7e édition, Dalloz.

Chabanol, Daniel(2018), *La Pratique du Contentieux Administratif-Droit & professionnels* 12e édition, LexisNexis.

Conseil d'État(2009), *Les établissements publics*.

Debbasch, Charles et al.(1994), *Droit administratif des biens*, PUF.

De Gaudemont, Christelle et al.(2014), *Code constitutionnel et des droits fondamentaux* 3e édition, Dalloz.

Frier, Pierre-Laurent/Jacques Petit(2017), *Droit administratif* 11e édition, LGDJ.

Gaudemet, Yves(2014), *Droit administratif des biens* 15e édition, Lextenso.

Foulquier, Norbert(2019), *Droit administratif des biens* 5e édition, LexisNexis.

〈일본문헌〉

山田幸男(1968), "計劃行政法における若干の法律問題", 自治論文集.

高田賢造(1970), 新訂 土地收用法, 日本評論社.

高原賢治(1978), 財產權と損失補償, 有斐閣.

成田頼明(1989), 土地政策と法, 弘文堂.

寺尾美子(1993), "アメリカにおける開發利益社會還元制度", 開發利益還元論, (財)日本住宅總合センター.

碓井光明(1993), "イギリスにおける開發利益社會還元制度", 開發利益還元論, (財)日本住宅總合センター.

三木義一(1993), "ドイツにおける開發利益社會還元制度", 開發利益還元論, (財)日本住宅總合センター.

磯辺力(1993), "フランスにおける開發利益社會還元制度", 開發利益還元論, (財)日本住宅總合センター.

原田純孝 外(1994), 現代の都市法, 東京大學出版會.

今村成和(2004), 損失補償制度の研究, 有斐閣.

土地收用法令研究會(2005), 改正 土地收用法の解說, 大成出版社.

中村孝一郎(2006), "規制的收用法理における『正統な州の利益の實質的促進』テスト", 南山法學 第29卷 第3号.

村川秦支(2007), "Kelo v. The City of New London 再開發における土地收用", 用地ジャーナル 第16卷 第3号.

芦部信喜(2007), 憲法 第4版, 岩波書店.

福永実(2009), "経濟と收用 : 経濟活性化目的での私用收用は合衆國憲法第五修正 「公共の用」 要件に反しない", 大阪経大論集 第60卷 第2号.

久保茂樹(2011), "日本における公用の裁判統制-フランス法との比較の見地から", 新世代法政策學研究 第11卷.

伊藤榮壽(2011), 所有法と團體法の交錯: 區分所有者に對する團體的拘束の根據と限界, 成文堂.

小澤道一(2012), 逐條解説 土地收用法(上) 第3次改訂版, ぎようせい.

見上崇洋(2017), "住民參加の權利性と權利主体について: 再開發事業の同意權の法的性質と共通利益", 現代都市法の課題と展望: 原田純孝先生古稀記念論集, 日本評論社.

佐藤幸治(2020), 日本國憲法論 第2版, 成文堂.

판례색인

대법원

대법원 1991. 10. 22. 선고 90다20503 판결 ·· 302

대법원 1991. 11. 26. 선고 90누9971 판결 ·· 354

대법원 1992. 2. 11. 선고 91누4126 판결 ·· 388

대법원 1992. 3. 13. 선고 91누4324 판결 ·· 422

대법원 1992. 3. 27. 선고 91누3819 판결 ·· 392

대법원 1992. 4. 28. 선고 91다29927 판결 ·· 320

대법원 1992. 11. 13. 선고 92누596 판결 ······················· 273, 379, 385

대법원 1992. 12. 22. 선고 92누13929 판결 ·· 388

대법원 1993. 2. 9. 선고 92누4567 판결 ··· 424

대법원 1993. 4. 13. 선고 92누17181 판결 ·· 398

대법원 1993. 4. 27. 선고 92누15789 판결 ·· 366

대법원 1993. 5. 27. 선고 92누19033 판결 ·· 206

대법원 1993. 8. 27. 선고 93누5437 판결 ·· 398

대법원 1993. 11. 9. 선고 93누14271 판결 ·· 424

대법원 1994. 1. 11. 선고 93누8108 판결 ··············· 92, 101, 255, 296, 390

대법원 1994. 1. 25. 선고 93누8542 판결 ···································· 408, 422, 425

대법원 1994. 2. 22. 선고 93누15120 판결 ·· 170

대법원 1994. 5. 24. 선고 92다35783 전원합의체 판결 ·························· 168

대법원 1994. 5. 24. 선고 93누24230 판결 ································· 230, 378

대법원 1994. 5. 24. 선고 93다51218 판결 ·· 166

대법원 1994. 11. 8. 선고 93누21927 판결 ·· 398

대법원 1994. 11. 11. 선고 93누19375 판결 ·· 358

대법원 1995. 2. 10. 선고 94다31310 판결 ·· 301

대법원 1995. 8. 22. 선고 94다5694 전원합의체 판결 ·························· 393

대법원 1995. 11. 16. 선고 95누8850 전원합의체 판결 ························ 389

대법원 1995. 12. 22. 선고 95누30 판결 ··· 264

대법원 1996. 2. 9. 선고 95누12507 판결 ··· 424

대법원 1997. 9. 30. 선고 97다26210 판결 ·· 204

대법원 1997. 11. 11. 선고 97다36835 판결 ·· 291

헌법재판소

사항색인

정 기 상

[학 력]

서울대학교 법과대학 졸업(2004, 최우등)
서울대학교 법과대학원 법학석사(2010)
서울대학교 법과대학원 법학박사과정 수료(2016)
UC Berkeley Visiting Scholar(2021)

[경 력]

제45회 사법시험 합격(2003)
제35기 사법연수원 수료(2006)
- 서울서부지방법원 판사(2009)
- 서울행정법원 판사(2011)
- 부산지방법원 동부지원 판사(2013)
- 수원지방법원 판사(2017)
- 사법연수원 교수(2018)
- 서강대학교 법학전문대학원 겸임교수(2019)
- 변호사시험 출제위원 겸 채점위원(2020)
- 서울중앙지방법원 판사(2020)
- 창원지방법원 마산지원 부장판사(2021)
- (현) 수원고등법원 고법판사
- (현) 법원실무제요발간위원회 행정분과위원회 집필위원
- (현) 한국토지공법학회 이사

[수 상]

제26회 한국법학원 법학논문상(2022)
헌법재판소 헌법논총 우수논문상(2022)

[저 서]

- Eminent Domain-A Comparative Perspective-, Cambridge University Press(2017, Chapter Contributor)
- 우리나라 수용법제에 대한 법경제학적 검토, 한국개발연구원(KDI) 공공투자관리센터(2013, 공저)
- 공익사업 시행 시의 손실보상과 손해배상에 관한 연구-민간투자사업을 중심으로-, 한국개발연구원(KDI) 공공투자관리센터(2016, 공저)

- 공용수용과 손실보상법 실무연구, 유로출판(2017, 단독집필)
- 사법과 세법 제2판, 유로출판(2022, 공저)
  등 10여 종의 책

[논 문]
- "수용절차상 재결신청청구제도에 관한 연구", 인권과 정의 제428호(2012. 9.)
- "영업손실보상의 대상인 영업의 개념과 범위", 사법 제1권 제24호(2013. 6.)
- "구분소유적 공유자의 권리에 대한 수용 후 환매에 있어 구분소유적 공유관계의 인정 여부", 민사판례연구 제36권(2014. 3.)
- "사업인정의제의 허와 실", 법경제학연구 제11권 제2호(2014. 8.)
- "토지보상법상 사전보상 절차 없이 공사에 착수한 사업시행자의 손해배상책임", 저스티스 통권 제149호(2015. 8.)
- "공용수용에 있어 공익성검증 강화를 위한 사법심사의 역할제고방안 연구", 사법논집 제71집(2020. 12.)
- "공용수용의 통제기제로서의 사업인정의 평가 및 개선방안", 법조 제71권 제3호(2022. 6.)
- "수용 목적 공익사업의 변환에 있어 재산권 보장을 위한 제언", 헌법재판연구 제9권 제1호(2022. 6.)
- "공용수용에 있어 공공필요의 검증과 헌법재판", 헌법논총 제33집(2022. 11.)
  등 40여 편의 논문

[주요 강의 및 발표]
- 국토교통부 주관 한-ASEAN 토지보상 역량 강화를 위한 ASEAN 공무원 초청연수 강의(2014, 2015)
- KDI International Conference 'Shifting the Paradigm for Sustainable Development : Eminent Domain and Property Rights'에서 발표(2015)
- KOICA 주관 베트남 법관 초청연수에서 토지보상법 강의(2018)
- 대한변호사협회 주관 변호사시험 합격자 연수 강의(2019)
- 한국법경제학회 컨퍼런스 '공용수용 및 손실보상의 정상화를 위한 패러다임 전환'에서 발표(2021)

E-Mail : snujks@scourt.go.kr / snujks@naver.com

유민총서 18

공용수용의 공공필요 검증론

초판 1쇄 인쇄 2023년 01월 03일
초판 1쇄 발행 2023년 01월 10일

지 은 이   정기상
편   찬   홍진기법률연구재단
주   소   서울특별시 종로구 동숭3길 26-12 2층
전   화   02-747-8112   팩   스 02-747-8110
홈 페 이 지   http://yuminlaw.or.kr

발 행 인   한정희
발 행 처   경인문화사
편 집 부   김지선 유지혜 한주연 이다빈 김윤진
마 케 팅   전병관 하재일 유인순
출판번호   제406-1973-000003호
주   소   경기도 파주시 회동길 445-1 경인빌딩 B동 4층
전   화   031-955-9300   팩   스 031-955-9310
홈 페 이 지   www.kyunginp.co.kr
이 메 일   kyungin@kyunginp.co.kr

ISBN   978-89-499-6676-2 93360
값 32,000원